"十三五"江苏省高等学校重点教材（编号：2020-2-278）

融媒体传播导论

主　编　吴　兵
参　编　(按姓氏笔画排序)
　　　　李　凌　吴　兵　吴一夫
　　　　张晓慧　柳　竹　魏　超

南京大学出版社

图书在版编目(CIP)数据

融媒体传播导论 / 吴兵主编. —南京：南京大学出版社，2023.7
 ISBN 978-7-305-26764-2

Ⅰ.①融… Ⅱ.①吴… Ⅲ.①传播媒介-研究 Ⅳ.①G219.2

中国国家版本馆 CIP 数据核字(2023)第 017843 号

出版发行　南京大学出版社
社　　址　南京市汉口路 22 号　　邮　编　210093
出 版 人　金鑫荣

书　　名　融媒体传播导论
主　　编　吴　兵
责任编辑　铁　路

照　　排　南京紫藤制版印务中心
印　　刷　江苏苏中印刷有限公司
开　　本　787×1092　1/16　印张 16.75　字数 400 千
版　　次　2023 年 7 月第 1 版　2023 年 7 月第 1 次印刷
ISBN 978-7-305-26764-2
定　　价　47.00 元

网　　址：http://www.njupco.com
官方微博：http://weibo.com/njupco
官方微信：njupress
销售咨询热线：(025)83594756

* 版权所有，侵权必究
* 凡购买南大版图书，如有印装质量问题，请与所购图书销售部门联系调换

前　言

随着全球互联网的快速发展以及数字技术、网络技术、智能技术在信息领域的广泛运用,融媒体传播已经成为现代传播的必然趋势。

加拿大学者麦克卢汉运用生态学视角,观照了媒介的孕育、发展、融合和消亡。在媒介生态学看来,功能上的差异导致旧媒介或被新媒介取代,或寻求与新媒介共生,或彼此融合形成新的媒介。被称为数字时代麦克卢汉的美国学者保罗·莱文森将这种进化归纳为"提升、过时、再现和逆转"四过程;安东尼和诺瑟克则称之为"媒介融合与防守",认为新媒介与旧媒介的这种相互促进,实际上是生态资源的深度分配,其本身是媒介资源不断优化的进程。[①]

考察人类传播历史后可以发现,任何时代媒介的进化都是人类在社会生产劳动中物质交往和精神交往更深层次需要的结果,这是媒介进化的根本动因。正如马克思所说:"自然界没有制造出任何机器,没有制造出机车、铁路、电报、走锭精纺机等等。它们是人类劳动的产物,是变成了人类意志驾驭自然的器官或人类在自然界活动的器官的自然物质。它们是人类的手创造出来的人类头脑的器官;是物化的知识力量。"[②]媒介的进化和媒介的产生一样,都是人的本质力量的不断外化(对象化)的结果。

现代通信技术的发展与媒介形态的演进具有强相互关系。2009 年 3G 网络建成后,手机视频、手机电视直播等移动流媒体服务迅速发展,受众的媒介接触习惯、信息获取方式开始由 PC 端向手机移动端转移;2014 年 4G 网络实现商用,得益于高速率、强灵活性、高兼容性的网络,微信、微博、新闻客户端迅速崛起,在成为新的信息入口的同时,也成为媒介生态的重要组成部分;5G 网络、大数据、云计算、智能技术的加速,使用户的媒介使用行为产生的海量数据成为一种基础性战略资源,数据新闻、算法分发重新塑造了信息生产分发流程,并成为许多新兴信息平台的底层架构,传统媒体受众进一步向融媒体传播平台迁移。

2014 年 8 月 18 日,中共中央全面深化改革领导小组第四次会议审议通过了《关于推动传统媒体和新兴媒体融合发展的指导意见》,媒体融合开始成为中国的国家战略。此后,中国又相继出台了《关于加强县级融媒体中心建设的意见》《县级融媒体中心建设规范》《县级融媒体中心省级技术平台规范要求》《关于加快推进媒体深度融合发展的意见》等多个文件。2019 年 1 月,习近平总书记在《求是》上发表了《加快推动媒体融合发展　构

---

① MAHLER A, ROGERS E M. The diffusion of interactive communication innovations and the critical mass: the adoption of telecommunications services by German banks[J]. Telecommunications Policy, 2001, 23(10-11): 719-740.

② 《马克思恩格斯全集》(1版46卷下),第219页。此段话在2009年出版的《马克思恩格斯文集》中被修订为"自然界没有造出任何机器,没有造出机车、铁路、电报、自动走锭精纺机等等。它们是人的产业劳动的产物,是转化为人的意志驾驭自然界的器官或者说在自然界实现人的意志的器官的自然物质。它们是人的手创造出来的人脑的器官,是对象化的知识力量。"参见《马克思恩格斯文集》(8卷),人民出版社2009年版,第197—198页。

建全媒体传播格局》一文。文中指出，以前是"人找信息"，现在是"信息找人"，全媒体不断发展，出现了全程媒体、全息媒体、全员媒体、全效媒体，信息无处不在、无所不及、无人不用，导致舆论生态、媒体格局、传播方式发生深刻变化，新闻舆论工作面临新的挑战。要探索将人工智能运用在新闻采集、生产、分发、接收、反馈中，用主流价值导向驾驭"算法"，全面提高舆论引导能力。在党的二十大报告中，习近平总书记进一步强调，要加强全媒体传播体系建设，塑造主流舆论新格局。加快构建中国话语和中国叙事体系，加强国际传播能力建设，全面提升国际传播效能，形成同我国综合国力和国际地位相匹配的国际话语权。

近年来，国内业界通过成立各类融媒体中心，不断强化新闻采集、生产、传播中的融合力度。国内不少新闻院校也打破按媒体类型划分专业方向的传统，把培养既有融媒体传播的基本理念，又能充分了解报纸、广播、电视、网络等媒体特点、掌握不同媒体使用技能的"全媒型"人才，作为新闻传播学人才培养的改革方向。融媒体传播虽是现代传播发展的必然，但无论是传统媒体还是新型媒体，都因各自的某些特殊属性而具有不可替代的独特优势。正如习总书记指出的那样，传统媒体和新兴媒体不是取代关系，而是迭代关系；不是谁主谁次，而是此长彼长；不是谁强谁弱，而是优势互补。新闻传播者既要适应媒体融合这一根本趋势，掌握融媒体的传播动因、传播影响、传播理念、传播方式、生产模式，又要懂得融媒体传播平台中不同媒体的传播特征、受众群体、传播效果。只有全面了解和掌握了这些媒体各自的传播特点、传播优劣，方能真正把握融媒体传播的内涵、实质，方能既让不同媒体传播"各美其美"，又能跨越传统媒体和新型媒体的楚河汉界，形成"美美与共"的融合传播，实现传统媒体和新型媒体的共生、共存和共赢。

基于此，本教材分为融媒体传播理论篇和融媒体传播平台篇两部分。融媒体传播理论篇五章分别介绍融媒体传播的基础理论；融媒体传播平台篇五章对报纸、广播、电视、网络、新型媒体等五种媒体的传播特征、传播过程、受众群体进行了较为详尽的阐述。同时，每章都专设了融媒体传播案例，并分别列出了本章思考题和阅读参考书目，以确保教材体例也能像融媒体传播那样，"融"能融得进，"合"能合得成。

本教材是集体合作的成果。编写分工为：吴兵编写第一章、第二章、第三章和融媒体传播案例；柳竹编写第四章；李凌编写第五章；张晓慧编写第六章；吴兵、魏超编写第七章、第八章；吴一夫编写第九章、第十章。初稿完成后，吴兵对各章进行了通篇校对，统一了人名、地名、专业术语及格式体例，改正了一些明显的错误并对文字进行了修改润色。

本书在编写过程中，参考了国内外相关研究成果；出版过程中，责任编辑王益荣作了认真细致的编辑修订，南京大学出版社为本书出版做了大量的工作，在此一并表示诚挚的谢意。

"世异则事异，事异则备变。"技术的快速进步使融媒体传播也呈加速度之势，本书编著者虽希望尽可能比较全面地反映出融媒体传播发展的图景，但不能也不敢奢望能完全准确地阐释出当代这一趋势的理论和实践，加之学力所限，故错误难免，敬请学界业界同仁指正。

吴　兵

2023 年 6 月于南京

目 录

上篇　融媒体传播理论

第一章　融媒体传播基础 ········· 002
- 第一节　传播与传播演化 ········· 002
- 第二节　大众传播与媒介 ········· 008
- 第三节　印刷媒体与电子媒体 ········· 015
- 🎬 融媒体传播案例 ········· 025
- 本章思考题 ········· 028
- 阅读参考书目 ········· 028

第二章　融媒体传播命题 ········· 029
- 第一节　融媒与一体化 ········· 029
- 第二节　融媒传播动因 ········· 036
- 第三节　融媒传播影响 ········· 046
- 🎬 融媒体传播案例 ········· 050
- 本章思考题 ········· 050
- 阅读参考书目 ········· 051

第三章　融媒体传播理念 ········· 052
- 第一节　互联网为中心的泛融合 ········· 052
- 第二节　技术支撑下的内容建设 ········· 055
- 第三节　自媒体和社交媒体同行 ········· 057
- 第四节　人工智能推动融合传播 ········· 064
- 🎬 融媒体传播案例 ········· 071
- 本章思考题 ········· 072
- 阅读参考书目 ········· 072

第四章　融媒体生产模式 ········· 073
- 第一节　PGC生产模式 ········· 073
- 第二节　UGC生产模式 ········· 082
- 第三节　PUGC生产模式 ········· 091
- 🎬 融媒体传播案例 ········· 099
- 本章思考题 ········· 100
- 阅读参考书目 ········· 100

第五章　融媒体传播的伦理与法规 ·· 101
第一节　融媒传播伦理概述 ·· 101
第二节　融媒传播伦理的基本准则 ·· 107
第三节　融媒传播法规基本体系 ··· 113
🎬 融媒体传播案例 ·· 123
本章思考题 ·· 123
阅读参考书目 ··· 123

下篇　融媒体传播平台

第六章　报纸媒体传播 ·· 126
第一节　报纸媒体概述 ·· 126
第二节　报纸媒体传播特征 ·· 137
第三节　报纸媒体的传播内容与版面编排 ··································· 139
第四节　报纸媒体的受众分析和传播效果 ··································· 145
🎬 融媒体传播案例 ·· 152
本章思考题 ·· 153
阅读参考书目 ··· 153

第七章　广播媒体传播 ·· 154
第一节　广播媒体概述 ·· 154
第二节　广播媒体传播特征 ·· 159
第三节　广播媒体受众分析 ·· 162
第四节　广播媒体传播效果 ·· 168
🎬 融媒体传播案例 ·· 171
本章思考题 ·· 172
阅读参考书目 ··· 172

第八章　电视媒体传播 ·· 173
第一节　电视媒体概述 ·· 173
第二节　电视媒体传播特征 ·· 175
第三节　电视媒体受众分析 ·· 179
第四节　电视媒体传播效果 ·· 184
🎬 融媒体传播案例 ·· 189
本章思考题 ·· 190
阅读参考书目 ··· 190

第九章　网络媒体传播 ·· 191
第一节　网络媒体概述 ·· 191
第二节　网络媒体传播特征 ·· 200

第三节　网络媒体受众分析 ⋯⋯⋯⋯⋯⋯⋯⋯⋯⋯⋯⋯⋯⋯⋯⋯⋯⋯ 205
　　第四节　网络媒体传播效果 ⋯⋯⋯⋯⋯⋯⋯⋯⋯⋯⋯⋯⋯⋯⋯⋯⋯⋯ 216
　⚽ 融媒体传播案例 ⋯⋯⋯⋯⋯⋯⋯⋯⋯⋯⋯⋯⋯⋯⋯⋯⋯⋯⋯⋯⋯⋯ 225
　　本章思考题 ⋯⋯⋯⋯⋯⋯⋯⋯⋯⋯⋯⋯⋯⋯⋯⋯⋯⋯⋯⋯⋯⋯⋯⋯⋯ 226
　　阅读参考书目 ⋯⋯⋯⋯⋯⋯⋯⋯⋯⋯⋯⋯⋯⋯⋯⋯⋯⋯⋯⋯⋯⋯⋯⋯ 226

第十章　新型媒体传播 ⋯⋯⋯⋯⋯⋯⋯⋯⋯⋯⋯⋯⋯⋯⋯⋯⋯⋯⋯⋯⋯⋯ 227
　　第一节　新型媒体概述 ⋯⋯⋯⋯⋯⋯⋯⋯⋯⋯⋯⋯⋯⋯⋯⋯⋯⋯⋯⋯ 227
　　第二节　新型媒体传播特征 ⋯⋯⋯⋯⋯⋯⋯⋯⋯⋯⋯⋯⋯⋯⋯⋯⋯⋯ 233
　　第三节　社交媒体 ⋯⋯⋯⋯⋯⋯⋯⋯⋯⋯⋯⋯⋯⋯⋯⋯⋯⋯⋯⋯⋯⋯ 239
　　第四节　"云"传播 ⋯⋯⋯⋯⋯⋯⋯⋯⋯⋯⋯⋯⋯⋯⋯⋯⋯⋯⋯⋯⋯⋯ 247
　　第五节　智能化媒体 ⋯⋯⋯⋯⋯⋯⋯⋯⋯⋯⋯⋯⋯⋯⋯⋯⋯⋯⋯⋯⋯ 251
　⚽ 融媒体传播案例 ⋯⋯⋯⋯⋯⋯⋯⋯⋯⋯⋯⋯⋯⋯⋯⋯⋯⋯⋯⋯⋯⋯ 257
　　本章思考题 ⋯⋯⋯⋯⋯⋯⋯⋯⋯⋯⋯⋯⋯⋯⋯⋯⋯⋯⋯⋯⋯⋯⋯⋯⋯ 258
　　阅读参考书目 ⋯⋯⋯⋯⋯⋯⋯⋯⋯⋯⋯⋯⋯⋯⋯⋯⋯⋯⋯⋯⋯⋯⋯⋯ 258

参考文献 ⋯⋯⋯⋯⋯⋯⋯⋯⋯⋯⋯⋯⋯⋯⋯⋯⋯⋯⋯⋯⋯⋯⋯⋯⋯⋯⋯⋯⋯ 259

上篇
融媒体传播理论

第一章 融媒体传播基础

教学目的与要求

通过本章学习,了解传播、大众传播的基本概念、人类传播的演化;懂得大众传播的形成以及大众传播媒介的基本特性,掌握纸质媒体、电子媒体的传播特征,为后续学习打下基础。

传播是人特有的表征,是人之所以为人的关键所在。人与动物的不同,就在于人会进行有意识的活动,包括进行有意识的传播活动,即为适应物质生产而主动进行物质交往,并在物质交往中直接产生精神交往,包括思想、情感、教育等。

第一节 传播与传播演化

传播产生于人类在生产劳动和社会生活中相互交流信息的需要。正如马克思所说,生产本身是以个人之间的交往为前提的,而这种交往的形式又是由生产决定的。远古时期,生产力的发展水平低下,导致人类的传播能力有限,传播内容少,难以有系统的思想交流。随着语言、文字等传播介质的产生,人类进入文明时代。20世纪以来,随着电子技术、无线技术、网络技术等多种现代技术的出现,人类的传播活动产生了革命性的飞跃——从小群体、区域化传播进入跨洲际、全球化传播。正如有学者所言,传播技术"从传播的早期开端起,它一直演变成今天精密的科技系统和网络,从而改造了世界上的传播,从几千年里破天荒第一次,物理的空间不再是阻碍人类在国际传播领域中互动的一个不可逾越的障碍。过去的'空间地理'已经变成'阅历的地理'"[①]。传播技术的发展不断提升人类的传播能力,也不断改变着人类的传播观念、传播方式、传播范围和传播内容。

一、传播

传播是从英文Communication翻译而来。据英国著名的马克思主义文化理论家、文

[①] 叶海亚·R.伽摩利珀.全球传播[M].尹宏毅,译.北京:清华大学出版社,2003:2.

学批评家雷蒙·威廉斯(Raymond Williams)考证,这个词自从15世纪以来其现代的普遍意涵就已经存在。最接近的词源为古法文词 *communicacion*。这个古法文词源自拉丁文 *communicationem*,它是一个"表示行动的名词"(nounofaction),是从拉丁文 *communicare* 的过去分词演变而来,可追溯的最早词源为拉丁文 *communis*——意指"普遍"。因此,*communicate* 是指"使普及于大众""传授"的动作。Communication 最初指的是这种动作。15世纪末期起,指涉物体的用法变成普遍的:"acommunication"这一直是它的主要用法。从17世纪末起,Communication 出现一个重要的引申意涵——"传播媒介、通信工具"。在道路、运河与铁路蓬勃发展的时期,communications 是一个普遍的抽象名词,代表这些通信设施。进入20世纪,随着其他传递讯息与维系社会联系的工具不断发展,communications 也可用来指涉这些媒介。显然,随着词义的演化,Communication 不仅具有传播之义,还有通信、交通、传达、联络、沟通或交流之意。①

作为交流的 Communication 研究早已有之,而社会整合力量意义上的传播 Communication 术语则来自美国著名的社会学家和社会心理学家、美国现代社会学的奠基人、芝加哥学派代表人物之一查尔斯·霍顿·库利(Charles Horton Cooley)。库利第一次全面阐释了传播在社会发展中发挥的巨大作用和影响。他在1909年出版的《社会组织》一书中,提出"传播指的是人与人关系赖以成立和发展的机制——包括一切精神象征及其在空间中得到传递、在时间上得以保存的手段。它包括表情、态度、动作、声调、语言、文章、印刷品、铁路、电报、电话以及人类征服空间和时间的其他任何最新成果"②。最先将报业当作社会与文化机构进行研究的,则是被称为"大众传播的第一个理论家"的美国社会学家罗伯特·E.帕克(Robert Ezra Park),他将传播限定为"一个社会心理的过程,凭借这个过程,在某种意义和某种程度上,个人能够假设其他人的态度和观点;凭借这个过程,人们之间合理的和道德的秩序能够代替单纯心理的和本能的秩序"③。对于帕克和芝加哥学派而言,传播远远超出单纯的信息传递和交流,传播被看作是人类联结的同义词——创造和维持社会。如美国实用主义哲学学派创始人之一、机能心理学之父约翰·杜威所言:"社会不仅是由于传递、由于传播而得以存在,而且完全可以说是在传递、传播之中存在的。"④

20世纪80年代传播学引入中国后,国内学界业界也对 Communication 一词作了较为广泛的研究。目前,主要从两方面看待"传播":

第一,"社会信息的流动或社会信息系统的运行。是人们通过有意义的符号与通道,表达某种思想、观点、态度或情感,输出与接收某种信息的社会互动过程。对人的行为具有明显的影响作用"⑤。即从信息的发送者到信息的传播渠道,再到信息的接收者的传播过程,这种定义注重对传播者、传播内容、媒介、受众以及传播效果的研究。

第二,把传播看作是一个文化或者仪式过程。即传播是人类社会生活中通过信息传

---

① 雷蒙·威廉斯.关键词:文化与社会的词汇[M].刘建基,译.北京:生活·读书·新知三联书店,2005:119.
② 郭庆光.传播学教程[M].北京:中国人民大学出版社,1999:2.
③ E·M 罗杰斯.传播学史:一种传记式的方法[M].殷晓蓉,译.上海:上海译文出版社,2012:191-192.
④ E·M 罗杰斯.传播学史:一种传记式的方法[M].殷晓蓉,译.上海:上海译文出版社,2012:191-160.
⑤ 夏征农,陈至立.大辞海:政治学社会学卷[M].上海:上海辞书出版社,2015:638.

递建立某种关系和互动模式的过程,是与权力、文化、意识形态以及日常生活密不可分的社会过程。这种定义则要求对传播的研究关注传播过程中的文化、意义、权力和意识形态斗争。

二、传播演化

人类和动物的区别最重要的是,动物是依靠自身的本能应对外部事物,而人类除了本能以外还能够在理性的作用下作出决定。这种理性就来自人类在认识外部世界之后,能将这种经验、认知在彼此之间传递,以更好地适应社会生产。因此,自古以来,人们就渴望获取外部世界准确、完整而即时的信息,并因此产生了不同的信息传播方式。

(一)符号传播

远古时期,人类主要通过烽火、图案、结绳、击鼓等符号、实物或形体动作传播信息。古希腊哲学家亚里士多德在《宇宙论》中描述了公元前500年的一项复杂的信号传输计划,其目的是在一天内把波斯国王的小亚细亚帝国里所发生的每一件重要的事情都通告给他。古希腊作家埃斯库罗斯在《阿伽门农》中描写了征服特洛伊的消息(公元前1184年)传到400英里以外的迈锡尼的情形;这一喜讯是越过一座座山顶,"一个又一个烽火台"传递的,"快马加鞭,笼罩在辉煌的荣耀之中,如同一轮奇异的新太阳"[1]。荷马于公元前700年左右在《伊利亚特》中写道:"这样,在某个遥远的、四面楚歌的岛屿上,战士们终日固守城墙,孤注一掷,杀得昏天黑地;但太阳一落山,一串烽火的火焰升起,射入云霄,以向邻近的岛民报警,使援军乘船赶来。"

中国古代相关记载也比比皆是。如《易·系辞下》就有符号传播的描述:"上古结绳而治,后世圣人易之以书契。"世界许多国家也都有类似"结绳记事"的记载。如印加古国的大小城镇就设有专职的结绳官,他们掌握着结绳的规则与技巧,就像现代的报务员精通电码系统一样,由他们通过结绳将国家大事记载下来,同时根据需要向人们宣布和解释有关情况。

中世纪南美洲的印加人大约从公元1200年开始,采用一种包括烟雾信号和结绳在内的复杂的通信系统。这种记数的绳子由接力信差在一天内传递达150英里之遥。此外,北美的印第安人还常常用树皮、皮条穿上大小不一、颜色各异的贝壳来记载历史、财产、契约等。时至今日,在一些尚无文字的民族仍保留着使用结绳记事的方法来传播信息。另外,号、鼓,甚至普通人的喊叫,都被许多不同的文化用来扩展物理声音的传播范围。[2]

普列汉诺夫在《论艺术——没有地址的信》一书中列举了许多例子。其中一例是:德国科学家斯巴恩在巴西一条河岸上看到土人画的一条鱼,他就让随从的印第安人在河里撒网,果然抓到几条同河岸上画的一样形状的鱼。可见土人画鱼正是为了传递这里有鱼的音讯。除了符号传播以外,还有用实物表达特定的意思,同样可以看成是符号传播。

---

[1] 叶海亚·R. 伽摩利珀.全球传播[M].尹宏毅,译.北京:清华大学出版社,2003:8-9.
[2] 叶海亚·R. 伽摩利珀.全球传播[M].尹宏毅,译.北京:清华大学出版社,2003:11.

希罗多德在《希波战争史》里记述了这样一件事:波斯国王大流士率军征讨黑海一带的斯奇提亚人时,收到过敌方送来的一份奇特的"礼物":一只鸡、一只鼠、一只蛙和五根箭。这份"礼物"表达什么意思呢? 大流士认为,这是斯奇提亚人自己带着土和水向他投降,他的理由是,老鼠是土里的东西,他和人吃着同样的东西,青蛙是水里的东西,而鸟和马则是很相像的,箭是表示斯奇提亚人献出了他们的武力。但是也有人得出的结论与大流士正好相反,认为这表明,"波斯人,非他们变成鸟并高飞到天上去,或是变成老鼠隐身在泥土当中,或是变成青蛙跳到湖里去,他们都将会被这些箭射死,永远不会回到家里去"。事实证明,后者的解释是正确的。在这一事例中,实物已失去了实际的身份,而变成一种特定的符号,成为传递特定信息的媒介,被赋予了传播的功能。①

图 1-1 符号传播

(二) 口语传播

打猎是远古人们主要的生产活动和生活来源。由于人们需要相互叙述打猎收获和要领、转告所见所闻,但简单符号不能表达复杂的信息,因此人类始终在寻找更好的传达信号,并在生产生活的实践中慢慢创造了新的传播工具——口头语言。

口语传播是以口语述说来传达思想、消息与态度。② 口语传播是人类传播史上的第一次革命,人类经验、知识、思想得以交流、传承、共享,从而使人类与动物彻底区别开来。

早期人类的口头语言非常简单。历史学家们认为,人类最早的语言可能只是少量的名词及感叹词,可能是用不同的语调来表示不同的意义,以"咕噜"喊叫为主,并依靠手势、姿势、面部表情和眼睛活动等加以补充。随着口头语言的不断成熟,人类的分类、抽象、分析、综合及推测等思维能力得到进一步加强,在传播的深度、广度及精细度上有了明显的进步。通过部落、团体、民族集会、田间地头传闻、民谣、行吟诗人的说唱等方式,使人类与自然的斗争经验得以相传。这种面对面传递信息的形式,不知延续了多少年代,形成了人们日常劳动和生活的格局,反映了远古社会人类互通信息的一个重要渠道。语言传播在讨论、教育、情感表现等方面都有特殊的优势。美国传播学者格林柏格认为,在媒介高度发达的时代,对广大公众最重要和最不重要的消息,大都通过口头方式传播。在现代社会,各种记号即原始图画的变形的使用,同样非常频繁。③

随着人们劳动能力的不断提高,口语传播无法保存、不便查阅、传播范围小、容易变形的弱点越来越难以适应更加复杂的社会化生产活动,人类又在长期的生产实践中创造了文字语言,并由此开启了书写传播时代。

---

① 李彬.现代传播探源[J].现代传播,1995(2):1-8+35.
② 郑超然,等.外国新闻传播史[M].北京:中国人民大学出版社,2000:3.
③ 张昆.简明世界新闻通史[M].武汉:武汉大学出版社,1994:12.

(三) 文字传播

文字可能起源于绘画。其时间大致上与动物的驯养处于同一时期。[①] 施拉姆在《人类传播史》一书中指出，长期以来人类对有效记忆能力的期望是文字发明的基柱之一。早在战国时期，中国就有了仓颉根据野兽的脚印研究出汉字的传说。"仓颉之初作书，盖依类象形，故谓之文；其后形声相益，即谓之字。"(《说文解字序》)"昔者仓颉作书，而天雨粟，鬼为夜哭"(《淮南子·本经训》)。据考证，公元前3100年，埃及产生了象形文字；公元前16至11世纪，中国殷商时期有了甲骨文；公元前800年左右，《荷马史诗》已经被文字记录下来了。

文字是人类思想的新工具，是人类进入文明社会的一个重要标志。"这一发明使得有可能携带信息越过地球的曲线，带着比讲话的人的声音能传到的，或烽火信号或旗帜或标石能被看到的，或鼓声能被听到的更远的地方。文字能保存大事或协议的记录供以后使用，这样，人们就可以储存一部分经验而不用费尽脑筋去铭记。因此，他们就能有较多的时间处理现有信息和为未来制订计划。这也必定大大加速了人在想要改变生活方式时就予以改变的能力"[②]。米拉波甚至认为人脑最伟大的两种发明就是文字和货币，因为"这是思想的共同语言和自身利益的共同语言"[③]。

(四) 印刷传播

印刷传播是人类传播史上第三次革命。早在公元六七世纪隋唐年间，中国就有了雕版印刷。[④] 中国工匠毕昇在宋朝庆历年间(1041—1048)发明了活字印刷术。南宋时期，中国还出现了锡合金铸成的金属活字。在西方中世纪后期，中国的印刷技术传到中亚和欧洲，为文化交流提供了条件，在世界文化传播史上具有深远的意义。

虽然古代中国是世界上印刷术最发达的国家，但并没有产生过像近代报纸那样以新闻为主的定期连续出版物。近代人类大规模印刷传播活动得益于活字印刷术的发明或重新发明。[⑤] 1450年前后，德国人约翰·古登堡在吸收各类印刷技术的基础上，发明了"铅活字版机械印刷机"[⑥]，使活字印刷术从手工转向机械，印刷效率大大提高，印刷品变得非常便宜。这种新型的印刷技术很快在欧洲并随之在世界普及。公元1564年，第一部用金属活字印刷的俄文书在莫斯科出版；1539年，北美洲的墨西哥城也有了欧式印刷机；公元

[①] 让-诺埃尔·让纳内.西方媒介史[M].段慧敏，译.桂林：广西师范大学出版社，2005：16.
[②] 威尔伯·施拉姆，威廉·波特.传播学概论[M].陈亮，等译.北京：新华出版社，1984：14.
[③] 哈罗德·伊尼斯.传播的偏向[M].何道宽，译.北京：中国人民大学出版社，2003：5.
[④] 李良荣.新闻学概论[M].上海：复旦大学出版社，2001：57.
[⑤] 美国纽约大学新闻和大众传播学教授米切尔·史蒂芬斯(Mitchell Stephens)认为，中国很早便步入了新闻史，造纸术和印刷术均起源于中国，甚至可以说，最早的印刷报纸也现在中国，约翰·古登堡或许只是重新发明中国古代的活字印刷术。详见米切尔·史蒂芬斯的《新闻的历史》(3版)，北京大学出版社2014年版，第45、55页。
[⑥] 多数文献认为应在15世纪中叶。法国学者让-诺埃尔·让纳内认为，古登堡的发明约在1438年。详见《西方媒介史》，广西师范大学出版社2005年版，第18页。

1788年,英国首批开拓澳大利亚的移民为澳洲带去了第一台印刷机,又过了7年,一个英国人带着一台印刷机来到了南非开普敦,此后,世界各大洲都陆续有了新式的印刷技术。

记事性的小册子是印刷新闻传播的萌芽,而不定期的新闻印刷品则是印刷传播的雏形,它们的发展促进了近代报纸的产生。印刷可以迅速、大量、廉价地复制信息,原先被统治者和上层社会垄断的文化知识得以扩散,各种新思想、新信息深刻影响了人类的精神生活和文化发展。恩格斯对印刷术的发明给予了高度评价,他翻译了西班牙诗人曼努埃尔·霍赛·金塔纳的长诗《咏印刷术的发明》。① 诗中写道:"你是启蒙者,你这崇高的天神,现在应该得到赞扬和荣誉","印刷术问世流行,看,刹那间,欧罗巴吵吵嚷嚷,多么激动,多么震惊",原先"禁锢在独卷手抄书内的思想,无法传播四面八方",印刷术"让真理之声四处传扬,千千万万回声在山谷震荡,鼓着灵感的双翼,青云直上!"②

印刷传播标志着人类已经掌握了复制文字信息的技术原理,有了对信息进行批量生产的观念,标志着人类从此进入了大众传播时代。

(五)电子传播

公元1844年5月24日,美国人塞缪斯·莫尔斯用他发明的莫尔斯电码,从华盛顿特区向马里兰州巴尔的摩发送了"上帝创造了什么"的首份电文。尽管两地相距只有20英里,但这是人类历史上第一次成功的有线电信传送,不仅标志着人类电子传播的发端,也标志着人类传播史上第四次传播革命的到来。

20世纪后半叶以来,数字技术、网络技术、移动技术、移动技术、智能技术等各类新型技术不仅深刻影响了人类社会的传播生态,也从不同方面改变了世界政治、经济、军事、文化等各领域的进程。以广播电视、网络为代表的电子传播彻底突破了时间和空间的限制,使信息传播瞬息万里,挣脱了印刷传播物质运输的束缚,为信息传播开辟了一条便捷、高效、省钱、省力的通道,使人类逐步进入全球化传播时代。正如麦克卢汉在《理解媒介》一书中所阐述的那样,20世纪的"电子媒体"——电话、广播、电影、电视——正在打破文本对我们的思想和感官的绝对统治。我们再也不会封闭于印刷文字的个人阅读之中,而要再次变成一个整体,整个地球正在融合为一个

图1-2 1892年,纽约到芝加哥的电话线路开通,电话发明人贝尔当众试音:"喂,芝加哥!"

---

① 《咏印刷术的发明》的作者是西班牙诗人和政治活动家曼努埃尔·霍赛·金塔纳。原诗最初由作者发表于1803年马德里出版的《诗集》。1840年,恩格斯将其译为德文,并和西班牙原文同时刊登在《谷登堡纪念册》上。详见《马克思恩格斯全集》(1版41卷),第704页。

② 曼努埃尔·霍赛·金塔纳:《咏印刷术的发明》,转引自《马克思恩格斯全集》(1版41卷),人民出版社1982年版,第41—50页。在1982年新华出版社翻译出版的美国史学家埃德温·埃默里和迈克尔·埃默里《美国新闻史》中,将此归于恩格斯的描述,国内一些教材也沿用这一说法。如2000年中国人民大学出版社出版的《外国新闻传播史》,第12页。

村落。

当前，随着电子媒体技术的日趋融合，数据、影像、语言等表现元素之间的互换性、互联性更加明显，人类传播已经从时间、空间的统一拓展到成本、资源、力量的统一，这一转变表明了"媒体融合"(Media Convergence)传播时代的到来。

第二节 大众传播与媒介

从社会普遍联系上看，一切事物的联系都需要通过有形或无形的媒介来完成。大众传播正是利用有形的媒介（如报纸、广播、电视、网络等）既完成与普遍的、多数的人的联系，也让这些"普遍的、多数的"人通过大众传播实现彼此之间的相互联系。大众传播与媒介也因此成为传播研究的重点。

一、大众传播

大众传播是现代大众媒介出现以后形成的一种传播方式。与以往的人际传播、组织传播等传播形态相比，大众传播契合了现代社会信息传播以及人与人之间联系的需要。

（一）大众传播概念

大众传播(Mass Communication)的"mass"可译为"大众"，也可翻译成"大量"。国内一般译成"大众"。有人认为大众传播这一术语是美国传播学者拉斯韦尔首先提出来的，但美国学者罗杰斯认为，是洛克菲勒基金会的约翰·马歇尔在1939年8月邀请12名学者参加为时一年的研讨班的信上，创造了大众传播这个术语。[①] 1945年11月16日，在联合国教科文组织制定的《组织法》中，大众传播初次出现在正式的文献中。[②]

"大众"(mass)与"受众"(audience)原本属于两个不同的话语范畴，前者被认为是"伴随大众社会理论的形成而出现的一个特定的概念。这种理论认为，19世纪末20世纪初是人类进入大众社会的一个分界点"[③]。而后者是传播学的概念——"是所有接受媒介内容的读者、听众、观众，或者指媒介信息传递的目标对象"[④]。实际早在1848年，法国人路易·布郎在《法国革命史》中就提出媒介的大众传播的力量："市民书籍时代的终结，大众报纸时代的到来。"[⑤]

美国社会学家沃斯认为，"大众"(mass)与"公众"(public)不同。后者(public)是指具有政治自觉意识的"公众"。在早期西方社会理论视域中，这一词汇的应用带有负面的意

[①] E.M.罗杰斯.传播学史：一种传记式的方法[M].殷晓蓉,译.上海：上海译文出版社,2012:226.
[②] 佐藤卓己.现代传媒史[M].诸葛蔚东,译.北京：北京大学出版社,2004:5.
[③] 郭庆光.传播学教程[M].北京：中国人民大学出版社,1999:167.
[④] 丹尼斯·麦奎尔.大众传播理论：第5版[M].崔保国,等译.北京：清华大学出版社,2010:5.
[⑤] 佐藤卓己.现代传媒史[M].诸葛蔚东,译.北京：北京大学出版社,2004:42.

涵,"总体看,'大众'是与'贵族''精英'相对立的范畴。大众社会论者往往以知识贵族、政治精英自居,用有色眼镜来看待民众。具体说,西方大众社会理论主要是从这样几层含义上使用'大众'概念。第一种含义,大众是'无定形的过往人群',是在资本主义工业化、城市化、世俗化生产生活模式下产生的一种新类型的人;第二种含义,大众是一个心理聚合体;第三种含义,大众是没有任何资质的普通人、平庸之人的聚合体;第四种含义,大众是越出各种边界、丧失社会身份,尚未被整合进诸如阶级这样广泛的社会集团的数量众多的暴民;第五种含义,大众是一些被整编进资本主义制度中的异化的、被牢靠地控制的'无产阶级''劳工阶级'。显然,西方大众社会理论实际上都倾向于依照群氓的公式来理解它,即把民族中大多数人看作是容易受骗、变化无常、趣味习俗低下、无阶级使命的乌合之众"①。其基本特征为:人数众多——在数量上和规模上超出了其他社会群体或者集团;分布广泛——由不同文化、阶级、地位和职业的人构成,分布在地球的各个角落;流动性强——大众的范围也随对象问题而时有变化,成员处于流动的状态;匿名集合——由众多互不相识的成员组成;无组织性——成员缺少明确的自我意识和自我束缚,在受到外界的刺激和动员时易产生某些行为方式,而不能作为一个主体而自主行动;同一倾向——他们之间无支配个人行动的共同规范,但都容易受到外部力量的操作和影响。美国传播学者查尔斯·莱特在谈到大众媒介在文化递传活动中的负功能时就认为:"从消极方面看,由大众传媒进行这种教育活动,进一步扩大了'大众'社会,因为"标准化教育使社会成员失却个人性格,而由于这种标准化,又可能使亚文化的多样性与创造性受到损害"。②

总之,作为早期美国传播研究先驱的社会学家们,如芝加哥学派的帕克、库利、杜威、米德等,最早关注的是大众媒介对来自欧洲的大规模移民(认为大众传媒的听众、观众、读者多数是未受过专门教育的新对象,所谓"大众"社会,其平均教育水准是不高的)的影响,将大众媒介作为社会整合的重要力量,研究如何有效运用大众媒介解决社会问题,以维护现行的社会制度。最早使用"大众"概念框架来分析"受众"的,是美国社会学芝加哥学派的赫伯特·布鲁默(Herbert Blumer)。他将受众视为现代社会各种因素相互作用的结果,并称为"大众",以与此前的"群体""群集"和"公众"区别开来。但"大众传播的受众无疑就是大众本身,受众具备着大众的一切特点"。

随着各类新型媒介的出现,传统大众(受众)角色——无论是被动的信息接收者、消费者、目标对象还是主动的寻找者,或许已经被咨询者、对话者、社交者、生产者、传播者等诸多角色中的任何一个所取代,大众式的受众既存在也不存在。但正如丹尼斯·麦奎尔(Denis Mc Quail)所言,只要大众媒介依然存在,关于受众的传统含义和传统现实也将继续存在并且仍然适宜。因为,"我们仍然找不出其他替代性的词汇,而可能会继续使用'受众'一词来涵盖不同的情况"。③

从大众媒介的信息采制、发布、流通以及效果等不同角度分析,"大众传播"概念可以有多种定义方法。譬如:"大众传播是指职业传播者使用机械媒介(如印刷报刊的印

---

① 郗彩红.西方大众社会理论中"大众"概念的不同义域[J].学海,2007(4):92-95.
② 查尔斯·莱特,陈乔.大众传播的正负功能[J].新闻大学,1984(1):99.
③ 丹尼斯·麦奎尔.大众传播理论:第5版[M].崔保国,李琨,译.北京:清华大学出版社,2010:367.

刷机,播送广播、电视的电讯机械)广泛、迅速和连续地传播信息,以期在大量的、各种各样的传播对象中唤起传播者预期的意念,试图在各方面影响传播对象的一个过程"[1];"指特定的社会集团通过文字(报纸、杂志、书籍),电波(广播、电视)、电影等大众传播媒介,以图像、符号等形式,向不同特定的多数人表达和传递信息的过程"[2];"人类社会信息交流的方式之一,职业工作者(记者、编辑)通过机械媒介(印刷媒介、电子媒介)向社会公众公开地、定期传播各种信息的一种社会性信息交流活动"[3];"由职业的传播者通过大众传播媒介,向人数众多的不特定人群进行的传播"[4];"专业化的媒介组织运用先进的传播技术和产业化手段,以社会上一般大众为对象而进行的大规模的信息生产和传播活动"[5];"当消息来源(通常是某个组织)使用一项技术作为媒介与大规模的受众进行沟通时,就被称为大众传播"[6]。

综合上述各类定义,从传播学学科的视角可以得出:大众传播是向人数众多的群体实施的传播;由职业工作者通过一定的载体(工具),用特殊的符号完成;它是一种交流的活动;传播主体是特定的社会集团或媒介组织。简言之,大众传播是一种信息的生产和传播活动,大众传播中的主体是从事信息生产和传播的专业化媒介组织;对象是社会上的一般大众,即"受众",客体则是信息。

需要注意的是,随着互联网等新的互动媒介的出现,很多新媒介虽然具有"大众媒介"的特征,但它们又不是上述定义中的"大众传播"。譬如,一个非职业的传播个体在自己微信圈中发布的内容,可以被圈中人转发到其他微信圈,不断形成裂变式传播,甚至还能平移到传统大众媒介上,产生事实上的大众传播效果。

(二)大众传播特点

郭庆光在《传播学教程》中将大众传播的特点归纳为:
(1)传播者是从事信息生产和传播的专业化媒介组织;
(2)是运用先进的传播技术和产业化手段大量生产、复制和传播信息的活动;
(3)传播对象是社会上的一般大众;
(4)传播的信息既具有商品属性又具有文化属性;
(5)属于单向性很强的传播活动;
(6)是一种制度化的社会传播。[7]

英国学者丹尼斯·麦奎尔和瑞典学者斯文·温德尔在他们所著的《大众传播模式论》中,将其归纳为:一切传播的公众性与开放性;接近"发送"设施的有限性与有控性;发送者

---

[1] 威尔伯·施拉姆,威廉·波特.传播学概论[M].陈亮,周立方,李启,译.北京:新华出版社,1984:1.
[2] 沙莲香.传播学[M].北京:中国人民大学出版社,1990:145.
[3] 刘建明.宣传舆论学大辞典[M].北京:经济日报出版社,1992:290.
[4] 陶涵.新闻学传播学新名词词典[M].北京:经济日报出版社,1997:36.
[5] 郭庆光.传播学教程[M].北京:中国人民大学出版社,1999:111.
[6] 斯坦利·巴兰,丹尼斯·戴维斯.大众传播理论:基础、争鸣与未来[M].曹书乐,译.北京:清华大学出版社,2004:10.
[7] 郭庆光.传播学教程[M].北京:中国人民大学出版社,1999:112.

与接受者之间关系的非人格化；发送者与接受者之间关系的不平衡性；发送者与接受者之间制度化安排的介入。①

美国学者沃纳·赛佛林和小詹姆斯·坦卡德借用赖特的观点，认为大众传播针对较大数量的、异质的和匿名的受众；消息是公开传播的，在时间安排上通常可以同时到达大多数受众，在特征上是稍纵即逝的；传播者一般是某个复合组织，或者在某个复杂的组织之下运作，这通常需要庞大的开支。② 上述对大众传播特点的分析，有助于进一步理解"大众传播"的内涵。

二、媒介

社会学意义上的媒介指的是事物之间联系的中介。科学社会主义的伟大创始人马克思和恩格斯从人类历史发展的角度，提出现代交往媒介本质是人类对象化劳动——物化的知识力量，并将电报、蒸汽动力轮船、内陆运河、火车、公路、现代报刊、一便士、邮政厅、巨大的工业城市等促进人类交往的中介归入"媒介"的范畴。而在传播学科语境中，这个概念有其特殊的内涵和外延。

（一）媒介概念

从传播学的意义上看，任何大众传播研究的核心都是媒介。③ 英文"media"是"medium"的复数形式。medium 源自拉丁文 *medius*，本意是中介、中间。从 16 世纪末期起，这个词在英文中被广泛使用，最迟从 17 世纪初起，具有"中介机构"或"中间物"的意涵。19 世纪中后期开始，"media"一词与传播技术关联在一起，并逐渐形成当代的基本指向——作为传播的载体、渠道或手段。④ 然而，从广泛的意义上看，只要能使双方（人或事物）发生关系的人或事物⑤，或任何"赋予事物以意义，将体验转换为知识的符号传播载体"⑥都是媒介。正如美国传播学派集大成者施拉姆所言，媒介既指"插入传播过程中，用以扩大并延伸信息传送的工具（如活字印刷）"；又指"旨在加速扩展信息交换的一种社会机构（从宣讲人、教堂、戏班子，到咖啡馆、图书馆以及金字塔这样的名胜古迹）"；同时，"我们必须把大众传播媒介出现之前就已经存在的能够表达意思的鼓声、烽火以至于宣讲人和集市都归于媒介一类，因为它们都扩大了人类进行交流的能力"。⑦

而从"媒介即讯息"角度看，媒介的范围则更为广泛："所谓媒介即讯息只不过是说：任

---

① 丹尼斯·麦奎尔，斯文·温德尔.大众传播模式论[M].祝建华,译.上海:上海译文出版社,1987:7.
② 沃纳·J.赛佛林,小詹姆斯·W.坦卡德.传播理论:起源、方法与应用[M].郭镇之,等译.北京:中国传媒大学出版社,2006:4.
③ 斯蒂文·小约翰.传播理论[M].陈德民,叶晓辉,译.北京:中国社会科学出版社,1999:575.
④ GUILLORY J.Genesis of the media concept[J].Critical Inquiry,2010,36(2):321-362.
⑤ 中国社会科学院语言研究所词典编辑室.现代汉语词典[M].北京:商务印书馆,1996:862.
⑥ 佐藤卓己.现代传媒史[M].诸葛蔚东,译.北京:北京大学出版社,2004:3.
⑦ 威尔伯·施拉姆,威廉·波特.传播学概论[M].陈亮,周立方,李启,译.北京:新华出版社,1984:121,144.

何媒介(即人的任何延伸)对个人和社会的任何影响,都是由于新的尺度产生的;我们的任何一种延伸(或曰任何一种新的技术),都要在我们的事务中引进一种新的尺度。任何媒介的'内容'都是另一种媒介。任何媒介或技术的'讯息',是由它引入的人间事物的尺度变化、速度变化和模式变化。"[1]

本书中的"媒介"仅取新闻学、传播学意义上的技术(工具)以及传媒组织、机构。

1. 技术范畴的定义

从技术角度看,媒介较为完整的定义应出自信息论的创始人、贝尔实验室的数学家克劳德·香农(Claude E.Shannon)。1948年,香农在《贝尔系统技术杂志》上发表了两篇论文,提出了信息的概念。1949年,他与W·韦弗合作的《传播的数学原理》正式提出信息论,并阐述了一种线型传播模式(信息源、发送机、信道、接收机、消息接收者)。其中,信道是发送机到接收机之间用以传输信号的媒质。它可以是一对导线、一条同轴电缆、一段射频的频带、一束光线等等。香农所说的信道就是传输信息的媒介,是信源和信宿交换信息的通路。整个通信系统中除了信源和信宿的其他部分都属于媒介范畴,因此信道通常包括编码、输码和译码装置。媒介就是一个完整的拥有信息输入和输出端的系统。此外,信道不仅承担了信息的传输,而且也承担了信息的存储任务。

2. 传播学范畴的定义

美国传播学者哈罗德·D.拉斯韦尔(Harold D.Lasswell)1948年提出了"5W"模式,将传播学研究划分为控制分析、内容分析、媒介分析、受众分析和效果分析五个领域。其中媒介分析所研究的媒介在多年的传播学发展过程中,从技术角度逐渐演化至更为宽泛,分化到不同的范畴,包括从符号、信号、讯息到传播工具,以及传播机构、传播环境、传播行业等。

因此,传播学范畴的媒介有两层含义:第一,"一般指介于传播者与受传者之间的用以负载、传递、延伸特定符号和信息的特质介质,如报纸、期刊、书籍、广播、电视、互联网等传播介质"。第二,是指"在信息传递过程中负载、传递、延伸特定符号和信息的实体工具或平台,如报社、期刊社、出版社、广播电台、电视台、互联网站等传播机构"[2]。由于信息无法自身传递,也无法被自身运载,必须通过特定的介质才能实施,从这个意义上讲:"媒介就是插入传播过程之中,用以扩大并延伸信息传送的工具。"[3]此外,无论是中介、工具都没法采集、组织、传播信息,还需要使用这些工具的组织和个人方能实现。从这个意义上讲,"传播媒介只不过是旨在加速并扩展信息交换的一种社会机构"[4]。

随着媒介社会化的加速,大众媒介这种社会机构对社会生活的渗透越来越深,影响越来越大。从力量层面上看,它具有吸引并引导公众注意力的能力;有对社会公众的意见和

---

[1] 马歇尔·麦克卢汉.理论媒介:论人的延伸[M].何道宽,译.南京:译林出版社,2011:18.
[2] 夏征农,陈至立.大辞海.文化新闻出版卷[M].上海:上海辞书出版社,2015:65.
[3] 威尔伯·施拉姆,威廉·波特.传播学概论[M].陈亮,周立方,李启,译.北京:新华出版社,1984:144.
[4] 威尔伯·施拉姆,威廉·波特.传播学概论[M].陈亮,周立方,李启,译.北京:新华出版社,1984:144.

信念的劝服能力；能对公众实施有意的或者无意的影响行为；能够对社会现实作出建构（定义）；能赋予社会事物以及特定人的地位和合法性；能够快速广泛但有选择性告知；更易于被政治和经济权力所使用。①

（二）媒介分类

国际电信联盟（International Telecommunication Union，ITU）将媒介分为感觉、表述、表现、存储、传输五类。即感觉媒介（Perception Medium）：包括声音、文字、图形和图像，以及物质的质地、形状、湿度等；表述媒介（Representation Medium）：为了加工感觉媒介而构造出来的一种媒介，如语音编码、图像编码等各种编码；表现媒介（Presentation Medium）：感觉媒介与通信电信号进行转换的一类媒介；存储媒介（Storage Medium）：用于存放媒介的一类媒介，如硬盘、光盘等；传输媒介（Transmission Medium）：用来将媒介从一处传送到另一处的物理传输介质，如各种通信电缆。这种从技术角度分析媒介的功能和特点，有助于我们全面系统理解媒介的具体表现形式。

美国学者 A·哈特把有史以来的传播媒介分为三类。第一类是示现的媒介系统。即人们面对面传递信息的媒介，主要指人类的口语，也包括表情、动作、眼神等非语言符号，它们是由人体的感官或器官本身来执行功能的媒介系统。第二类是再现的媒介系统。包括绘画、文字、印刷和摄影等等。在这一类系统中，对信息的生产和传播者来说需要使用物质工具或机器，但对信息接收者来说则不需要。第三类是机器媒介系统。包括电信、电话、唱片、广播、电影、电视、计算机通信等等。这些媒介，不但传播一方需要使用机器，接收一方也必须使用机器。② 英国学者 Diana Laurillard 则把媒介分为：描述性（Narrative）——包括过去的传统媒体（印刷、电视、视频、DVD），它只进行描述；交互性（Interactive）——包括实验室、DVD 和网络；通信性（Communicative）——论坛、在线邮件组，通过通信媒体，可以互相交流、协同合作；可适应性（Adaptive）——实验室和仿真，它对学习者的特定行为作出特定反馈，以帮助学习活动进行；产出性（Productive）——包括生产论文、产品和模型的媒体，应用软件 Word、PowerPoint、Dreamweaver、Photoshop 都属于这类产出性媒体，学习者利用这类媒体可以进行深度学习。③ 本书从运用载体、传播偏向、感官延伸、传播范围、参与程度等方面加以分类。

1. 运用载体

媒介从运用载体看可分为纸质媒介和电子媒介。纸质媒介使用纸张介质，采用文字、图片符号传播；电子媒介使用无线、有线通信介质，采用声音、图像、口头语言等符号传播。

2. 传播偏向

媒介从传播侧重点上可分为偏向时间的媒介和偏向空间的媒介。加拿大著名传播学

---

① 丹尼斯·麦奎尔.大众传播理论：第 5 版[M].崔保国，李琨，译.北京：清华大学出版社，2010：70.
② 郭庆光.传播学教程[M].北京：中国人民大学出版社，1999：36.
③ LAURILLARD D. Rethinking university teaching in a digital age[Z].Learning Tools Conference,Oslo, April 2001.

者哈罗德·伊尼斯（Harold Adams Innis）在《传播的偏向》一书中提出了"传播偏向论"，认为传播和传播媒介都有偏向，大体上分为：口头传播偏向与书面传播偏向、时间的偏向与空间的偏向。"所谓媒介或倚重时间或倚重空间，其含义是：对于它所在的文化，它的重要性有这样或那样的偏向。"[①]他认为，倚重时间的媒介，如羊皮纸、黏土和石头，性质耐久，有利于宗教的传承、维持宗教帝国的统治权威；倚重空间的媒介，如莎草纸、电报和广播，质地轻便，有利于政治帝国的空间扩张和远距离控制。

3. 感官延伸

麦克卢汉从"一切媒介均是感官的延伸"[②]出发，将媒介分为热媒介（或称为高清晰度媒介）和冷媒介（或称为低清晰度媒介）。前者包括照片、电影、收音机等，后者则有卡通、电视、电话等。按麦克卢汉的解释：热媒介只延伸一种感觉，具有"高清晰度"。高清晰度是充满数据的状态，并不留下那么多空白让接受者去填补或完成，而冷媒介提供的信息少，大量的信息由使用者自己去填补或完成。因此，热媒介要求参与度低，冷媒介要求参与度高。但热媒介有排斥性，冷媒介有包容性。[③] 麦克卢汉所谓的参与主要不是指思想的卷入，而是指媒介调动人们感知的方式。

4. 传播范围

所谓传播范围，是指媒介传播内容可以在空间扩散的距离。如报纸的发行区域，广播、电视的覆盖范围，等等。以此标准，媒介可分为地域性媒介、全国性媒介和国际媒介。[④]

5. 参与程度

按照媒介使用者在使用过程中的参与度，亦可分为旧媒介、新媒介和新新媒介。1967年，美国哥伦比亚广播公司（CBS）技术研究所所长P·戈尔德马克发表的一份关于开发EVR（电子录像）商品的计划，首次提出了"新媒介"（New Media）概念。但当时仅指有别于大型专业设备的小型录像机。1969年，美国传播政策总统特别委员会主席罗斯托（E. Rostow）在向美国总统尼克松提交的报告书中也多处提到"新媒介"，之后"新媒介"之说开始在美国流行并传播到世界各地。

保罗·莱文森是软媒介理论的重要人物。他认为，所有媒介都可分为旧媒介、新媒介和新新媒介。他提出，互联网诞生之前的一切媒介都是旧媒介（Old Media），如书籍、报刊、广播、电视、电话、电影等。旧媒介的突出特征是空间和时间定位不变、媒介自上而下控制、专业人士（PGC）生产。新媒介（New Media）是指滥觞于20世纪90年代中期的互联网上的第一代媒介。其特征为，一旦上传到互联网上，人们就可以使用、欣赏并从中获益，并按照使用者方便的时间去使用。新新媒介（New New Media）是指滥觞于20世纪末、兴

---

① 哈罗德·伊尼斯.传播的偏向[M].何道宽,译.北京:中国人民大学出版社,2003:11.
② 马歇尔·麦克卢汉.理论媒介:论人的延伸[M].何道宽,译.南京:译林出版社,2011:33.
③ 马歇尔·麦克卢汉.理论媒介:论人的延伸[M].何道宽,译.南京:译林出版社,2011:36-37.
④ 互联网时代如果不论传播影响力,仅从传播范围上看,地域性的媒介也可以是国际性的媒介。

盛于21世纪互联网上的第二代媒介,特征为:① 生产消费者(消费者即生产者);② 生产者多半是非专业人士;③ 个人能选择适合自己才能和兴趣的新新媒介去表达和出版;④ 新新媒介一般免费,付钱不是必须的;⑤ 新新媒介之间既互相竞争,又互相促进;⑥ 新新媒介的服务功能胜过搜索引擎和电子邮件;⑦ 新新媒介没有自上而下的控制;⑧ 新新媒介使人人成为出版人、制作人和促销人。[1]

国内外学界业界一般认为,"旧媒介"主要指广播电视、报纸杂志等传统媒介,"新媒介"主要指那些以技术(Technology)、媒体(Media)、电信(Tele—com)三者结合的新型产物,其核心是数字技术、智能技术的运用程度。

第三节　印刷媒体与电子媒体

印刷术的产生使印刷媒体能更加便利、以更加低廉的价格在社会上广泛流行;电子技术的发明使电子媒体能跨越时间和空间,从而提高了人类的传播距离和范围。无论是马克思和恩格斯提出的"用时间消灭空间",还是麦克卢汉的"地球村"都早已成为现实。但如果从对人类个体以及人类社会思维方式的影响看,印刷媒体和电子媒体又有很大的不同,这与两类媒体的传播特点密切相关。

一、印刷媒体

作为人类最古老、最久远的媒体之一,印刷媒体始终以其特有的优势,在人类传播活动中发挥着极其重要的作用。

(一) 印刷媒体的概念

印刷媒体亦称纸质媒体。[2] 纸质是各类纸张的总称。印刷媒体是以各类纸张为载体、以印刷方式传播信息的媒体。如书籍、刊物、报纸、图片、宣传单、小册子等。本节中只讨论报纸、书籍和期刊。

1. 报纸

亦称"新闻纸""报章"。是"以刊载新闻和时事评论为主,以定期、连续、散页的方式向公众发行的出版物。是以传播新闻为主、反映和引导舆论的重要宣传工具"[3]。

中国最早的报纸起源于唐朝的邸报(又称"邸抄",亦作"邸钞"),并有"朝报""条报"

---

[1] 保罗·莱文森.新新媒介[M].何道宽,译.上海:复旦大学出版社,2012:1-3.
[2] 造纸术和印刷术出现后,才有纸质媒体或印刷媒体之称。本书统一采用印刷媒体的称谓。
[3] 夏征农,陈至立.大辞海:文化新闻出版卷[M].上海:上海辞书出版社,2015:71.

"杂报"之称,是专门用于朝廷传告朝政的文书和政治情报的新闻文抄。[①] 宋代出现了在中下级官员中流传的非法的民办小报。明代则产生了合法民办京报。

大约在公元前1世纪罗马恺撒大帝时期,出现了西方最早的手抄新闻——《每日纪闻》(也叫"公报""罗马公报")。这是一种在涂有石膏的特制木板上写上元老院和国民会议的简要记录,以及官吏任命、军队调动、宗教仪式和其他重要事项,放在公共场所供人阅读,并另抄许多复本分发到罗马帝国的主要城市的一种新闻纸。在14—15世纪,欧洲各国出现了一种叫新闻信的手抄新闻。

近代报纸产生于16世纪的意大利威尼斯。1566年《威尼斯新闻》以单页印刷出版,成为最早的印刷报纸;1609年德国的《报道或新闻报》成为最早的印刷周报;世界上最早的日报是1660年在德国出版的《莱比锡新闻》(最初为周报,1663年改为日报);1833年美国的《纽约太阳报》成为最早出现的廉价大众化报纸。

中国近代最早的中文日报是1858年开始在香港出版的《中外新报》。近代由国人自办的最早的日报是由艾小梅于1873年在汉口创办的《昭文新报》,但中外学界普遍将王韬翌年创办的《循环日报》视为最能体现中国人自办报纸的时代气质和追求的报纸,林语堂还将王韬称为"中国记者之父"[②]。

目前,国内外对报纸尚无统一的分类标准。本章依李良荣主编的《新闻传播学大辞典》的分类标准:按办报方针可分为政治性报纸、商业性报纸;按阶级属性可分为无产阶级报纸(工人报纸)、资产阶级报纸;按报纸内容可分为综合性报纸、专业性报纸;按出版周期可分为日报、周报(及周二报、周三报等)、半月报、月报;按当日出版时间可分为早报、午报、晚报;按载体可分为纸质报纸、缩微报纸、电子报纸;按发行范围可分为全球性报纸、全国性报纸、地方性报纸;在中国还按行政级别分为中央级报纸、省级报纸、地市级报纸、县级报纸。[③]

作为现代媒介之一,报纸虽然品种多样、种类繁多、分类不一,但多数报纸彼此之间互有交叉。主要包括:

(1)日报。每日出版或每周出版5次以上的报纸。通常在凌晨至上午之间印刷、发行,多为以报道国内外重大新闻为主的综合性报纸。如《人民日报》《光明日报》《工人日报》《解放军报》《中国青年报》等。

(2)晚报。每天午后至傍晚前出版的综合性报纸。新中国成立后的晚报,注重社会、文化、体育和娱乐新闻以及副刊,为人们的生活、休息和娱乐服务。20世纪90年代中期,在中国都市报兴起后,不少晚报向都市报转型。

(3)晨报。每天清晨发行的综合性报纸。20世纪90年代后,在中国出版的晨报多为新闻性与服务性并重,具有明显市场运行特征的都市报。

(4)机关报。简称为"党报"。是国家机关、政党、社会团体等出版的报纸,代表该国家

[①] 有学者认为,《邸报》大约出现在公元前2世纪左右,是世界上最早的报纸,虽然名称屡有改变,但发行却一直没有中断过,其性质和内容也没有多大变动,比《每日纪闻》大约要早一个世纪。
[②] 李彬.中国新闻社会史[M].北京:清华大学出版社,2009:63.
[③] 李良荣,陈绚.新闻传播学大辞典[M].北京:中国大百科全书出版社,2014:57.

机关、政党、团体发言并宣传其政治主张与方针政策,以期影响社会舆论,树立自身良好形象。

随着现代社会生活的发展和读者对信息需求的多样化,除以传播时事、政治新闻与评论为主的报纸外,还有以传播知识、提供娱乐或生活服务为主要内容的报纸。

2. 书籍

书的总称。是"以传播为目的而用文字、图画或其他符号将经过编辑的精神文化内容记录在一定载体上制成卷册,非定期也非连续出版的出版物"①。

书籍的历史和文字、语言、文学、艺术、技术和科学的发展有着紧密的联系。它最早可追溯至石、木、陶器、青铜、棕榈树叶、骨、白桦树皮等物上的铭刻。古代书籍用人工书写,所用材料和装帧形式随着不同时期的发明也不断变化。

约公元前 30 世纪,埃及纸草书卷是最早的埃及书籍雏形。纸草书卷比苏美尔、巴比伦、亚述和赫梯人的泥版书更接近现代书籍的概念。

中国从春秋时代开始,常用简、片、帛写书,故有简、册、帛、简帛文字之称。竹片称"简",木片称"札"或"牍",一根简上多则几十个字,少则八九个字,通过绳子之类的东西按次序编连成书,若干简编缀在一起的叫"策"(册)。通常用丝线编连的叫"丝编",用麻绳编连的叫"绳编",用熟牛皮绳编连的叫"韦编"。传说孔子勤读《易经》,致使编连竹简的皮绳多次脱断,从而有了比喻读书勤奋的"韦编三绝"的成语。

中国东汉以后,竹片、木片渐为纸张代替,形成卷轴。唐代以后,逐渐由手抄改为刻板印刷,并由卷轴演变为现今常见的册页形式。公元 868 年,中国唐代王玠印制了一本被认为是世界上迄今唯一保存完整的最古老的书《金刚般若波罗蜜经》,现存于伦敦大英博物馆。② 虽然有学者提出,近代西方第一本印刷图书于 1473 年在法国里昂出版。③ 但多数学者认为,西方最早的印刷图书应是约翰·古登堡和福斯特于 1456 年和 1460 年印制的《圣经》。④

3. 期刊

又称杂志。是"根据一定的编辑方针,将众多作者的作品汇集印刷并装订成册,定期或不定期出版的连续出版物"⑤。称为杂志,是强调刊物内容的包罗万象;称作期刊,是强调刊物的刊期及出版周期。⑥ 若按内容,可划分为哲学社会科学、文化教育、文学艺术、自

---

① 夏征农,陈至立.大辞海:文化新闻出版卷[M].上海:上海辞书出版社,2015:149.
② 迈克尔·埃默里,埃德温·埃默里,南希·L.罗伯茨.美国新闻史:大众传播媒介解释史[M].展江,译.北京:中国人民大学出版社,2009:2.
③ 让-诺埃尔·让纳内.西方媒介史[M].段慧敏,译.桂林:广西师范大学出版社,2005:19.
④ 迈克尔·埃默里,埃德温·埃默里,南希·L.罗伯茨.美国新闻史:大众传播媒介解释史[M].展江,译.北京:中国人民大学出版社,2009:2-3.
⑤ 夏征农,陈至立.大辞海:文化新闻出版卷[M].上海:上海辞书出版社,2015:149.
⑥ 唐玉宏.从中国近现代期刊发展史看期刊的社会功能[J].中州学刊,2006(11):248-250.

然科学技术和综合类。① 若以出版周期,可划分为季刊、月刊、半月刊、周刊。

期刊产生于17世纪中叶,最初作为学者之间的通信手段。世界上最早的期刊是1665年由法国议院参事戴萨罗律师创办于巴黎的《学者杂志》。按创办人所言,其性质纯粹是"满足人们的好奇心和不用花费多大力气就能学到东西的一种手段"②。1815年在东南亚马六甲出版的《察世俗每月统记传》(英文名 Chinese Monthly Magazine)是最早出版的中文近代期刊。③ 英国和法国从18世纪起,报纸与杂志开始明显地分离。

中国早期的报纸和杂志的内容是混杂的,有新闻也有各种杂文和文学作品,简单装订成册,通常将这个时期的报纸和杂志统称为"报刊"。戈公振在1927年出版的中国新闻史研究的开山之作——《中国报学史》一书中,除强调报纸和杂志在印刷方式、出版周期、外观、发行数量等方面的不同外,重点从"刊载内容"上区分了报纸和杂志,认为,"报纸以报告新闻为主,而杂志以揭载评论为主,且材料之选择,报纸是比较一般的,而杂志是比较特殊的",但同时认为,"杂志终属报纸之一部分,则可直率地加以判断者也"④。在中国出现现代"报刊"后约二十年,报纸和杂志的分野得到明确。

进入21世纪以来,电子期刊迅速发展。电子期刊是以光盘、网络为载体,经过信息技术人员加工处理,运用现代技术检索手段以满足信息需求的出版物。从投稿、编辑出版、发行订购、阅读乃至读者意见反馈的任何阶段都不需要使用纸张,与传统的印刷型期刊有本质的区别。

(二) 印刷媒体共性特征

1. 内容的深广性

电子媒体出现之前,印刷媒体作为重要的传播介质,在历史上承担着传播信息、教化民众、文化传承的重任。因使用者需具有一定的文字读写能力,故也被认为是"读书人""文化人"的专利,即使是在电子媒体高度发达的今天,印刷媒体仍是深层次知识和深度学术交流的重要载体。它不仅能够深刻表现和传达人类细致入微的情感,而且也是人类思想传播的重要渠道。此外,由于印刷媒体可以直接刺激人们的想象力,也需要读者具备一定的抽象思维能力,这也在一定程度上影响了印刷媒体的传播范围和受众人数。

2. 阅读的便利性

印刷媒体以纸张为载体、以文字等方式承载信息,多数体积较小、携带方便,读者可以自由选择阅读时间、地点、阅读内容;既可挑选重点,做一目十行的"浅阅读",也可做细嚼

---

① 国家新闻出版署.2019年新闻出版产业分析报告(摘要).[EB/OL].(2020-11-03)[2020-12-28]. http://www.nppa.gov.cn/nppa/upload/files/2020/11/c46bb2bcafec205c.pdf.

② 有学者认为,最早的杂志是德国人约翰·里斯特创办的《每月评论启示》(1663—1668)。

③ 有学者认为,1833年创刊于广州的英文版刊物 Eastern Western Monthly Magazine(中文名为《东西洋考每月统记传》)是最早的中国期刊,它主要以介绍西方科学技术为内容,同时也介绍中国古代文化。

④ 戈公振.中国报学史[M].北京:生活·读书·新知三联书店,2011:6-7.

慢品、反复思量的"深阅读",加之可供相互借阅、传阅,读者人数有时是印刷数的几倍甚至十几倍。

3. 内容的长留性

印刷媒体的内容可以长久地凝固和存留,便于读者反复诵读,并在反复阅读中获得新的感知和体验——"书读百遍,其义自现",形成印刷媒体特有的反复接触的积累效果,对于保存人类文化和传统具有重要的作用。

4. 传播的滞后性

由于印刷媒体是"白纸黑字",能反复阅读,这就要求内容准确无误,既避免读者误解误判、郢书燕说,又能经得起历史的检验。我国规定,报纸编校差错率不超过万分之三的、期刊编校差错率不超过万分之二的,其编校质量为合格。[①] 因此,印刷媒体在内容选择、校勘上要更加细致,加之需经过设计、印刷、装帧、发行等一系列过程,制作周期一般都较长,时效性相对较弱。特别在传播新闻时,无法与广播、电视、网络的"现在的新闻现在报"的传播时效性相比。

(三) 印刷媒体个性特征

1. 报纸媒体的新闻性

报纸以报道新闻(包括消息、通讯、评论、图片)为主,强调"真实、准确、公开、及时",具有鲜明的"新闻纸"特性。首先,所刊载的内容主要以"新近发生或正在发生的事实"的新闻为主。这就决定了有事实才有新闻,没有事实就没有新闻,事实的存在决定新闻的存在,刊载的新闻不能无中生有,向壁虚构,更不能"合理想象"。其次,必须是"有什么样的事实写什么样的新闻",要按事物的本来面目描述世界,不能按主观愿望改变和制造新闻事实。再次,必须是"已经发生和正在发生的事实才能成为新闻",尚未变为现实的猜测和设想不是新闻。

2. 书籍媒体的丰富性

书籍不仅是人类最古老的传播媒介之一,而且也是人类文化得以长久传播的主要媒介。人类正因有"化当世莫若口,传来世莫若书";"一时劝人以口,百世劝人以书"之意识,才能在数千年的文明史上留下历史、文化、军事、科技、教育、医药等各类汗牛充栋的书籍。

首先,根据书的内容,可分为自然科学和人文社会科学书籍;根据出版地域,可分为中国书籍与外国书籍;根据时间的不同,可分为历史书籍与现代书籍,等等。

本书以作者对书籍内容的贡献度,分为专著、编著、编写三类。

(1) 专著。亦称著作。国内外各学科专家所撰写的关于某一学科或主题的专门性学

[①] 国家新闻出版署.关于印发《报纸期刊质量管理规定》的通知.[EB/OL].(2020-06-18)[2020-12-28].http://www.nppa.gov.cn/nppa/contents/312/74929.shtml.

术著作。从内容上来说,是对某一知识领域的探索,是新的学术研究成果。它属于一派一家之言,并以本专业的研究人员及专家学者为主要读者对象。①

(2) 编著。参考并利用已有的资料写成书。② 它也是一种著作方式,基本上属于编写,但有独自见解的陈述,或补充部分个人研究、发现的成果。③

(3) 编写。亦称汇编。主要指把若干作者或同一作者的多篇文章收集编排成书,如文件汇编、作品选编等。④

虽然专著、编著、编写都是著作权法确认的创作行为,但独创性程度和创作结果不同。著作的独创性最高,产生的是绝对的原始作品;编写的独创性最低,产生的是演绎作品;编著则处于二者之间(编译类似于编著,但独创性略低于编著)。

其次,可反复重印、再版。报纸主要报道事实,以新闻类为主,除专业研究外,可收藏价值最低,主要是一次性印刷消费产品,绝无可能事后再次印刷。期刊的内容相对丰富。一些学术期刊在某一学术领域有研究(参考)价值,具有一定的收藏意义,但也不可能再次印刷。只有书籍特别是那些经得起时代检验的经典作品,虽时隔几年几百年甚至上千年,仍能够再次印刷出版,并受到不同时代人们的喜爱。一些作者会在对自己作品反复修改的基础上,推出第 2 版、第 3 版,甚至更多版次。此外,一些作品还会被世界不同国家译成不同语言,甚至一部作品会有同一种语言的几十种译版。譬如,自 1848 年 2 月 21 日《共产党宣言》在伦敦第一次以单行本问世后,就先后被译为多种语言、多种版本。2021 年,在我国国家图书馆与中共浙江省委宣传部共同主办的《共产党宣言》专题展上,就展出了包括中文、德文、俄文、英文、法文等 55 种语言在内的《共产党宣言》版本 306 种,其中仅中文版本就有 78 种。⑤ 一些宗教类、教材类图书的印数更是无从计算。即使是在电子媒体大行其道的当下,书籍仍以它的思想性、文化性、历史性受到人们的欢迎。2019 年我国(未涵盖中国香港、中国澳门、中国台湾地区)新版图书有 22.5 万种、25.0 亿册(张),而重印图书则达到 28.1 万种、62.0 亿册(张)。⑥

3. 期刊媒体的汇聚性

期刊在出版周期上虽比报纸长,时效性较差,但因其具有内容丰富、体裁多样、栏目众多、紧跟时尚、针对性强等特点,广受特定人群的喜爱。它既能载各类深度新闻作品,又能以不同栏目的方式,汇短小文章、格言、名言、警句、故事;既可连载中外不同的历史、文化作品,又可聚国内外科学技术的最新成果和最新发展。

---

① 刘建明.宣传舆论学大辞典[M].北京:经济日报出版社,1993:727.
② 郝迟,盛广智,李勉东.汉语倒排词典[M].哈尔滨:黑龙江人民出版社,1987:1046.
③ 刘建明.宣传舆论学大辞典[M].北京:经济日报出版社,1993:727.
④ 熊武一.当代军人辞典[M].北京:新华出版社,1988:217.
⑤ 306 种版本《共产党宣言》亮相国图[EB/OL].(2021-07-09)[2023-02-10].http://m.gmw.cn/baijia/2021-07/09/1302395659.html.
⑥ 国家新闻出版署.2019 年新闻出版产业分析报告:摘要[EB/OL].(2020-11-03)[2020-12-28].http://www.nppa.gov.cn/nppa/upload/files/2020/11/c46bb2bcafec205c.pdf.

二、电子媒体

(一) 电子媒体概念

目前,国内外尚无统一的电子媒体概念,且此概念也常和电力媒介、视听媒介、电子传媒、电子传播、数字媒体、数字媒介混用,甚至在同一文献里也交替使用。譬如:"电子传播指的是 20 世纪兴起的广播和电视这两种大众传播媒介。无线电的发射和接收以及电视的关键是电子,因而把它们称为电子传播"[①];"广播的发明标志着人类向电子传播时代的决定性转变"[②];"电报标志着传播第一次从传递中分离出来,开创了电子媒介的新时代"[③];"电子媒体是以电磁技术为标志的第四次信息革命的产物"[④];"电子媒体必须在电力支持下才能工作。不是将电流当成机器动力,而是当成通信手段,这在历史上是一个巨大的进步"[⑤];"若加细察的话,又可发现电子媒体内部不断推陈出新,从电报、传真、广播电视一直到计算机网络,简直令人应接不暇"[⑥];"借助置身于我们外延的中枢神经系统,借助电子媒介,我们创造了一种动力"[⑦];"我们西方的价值观念建立在书面词的基础上,这些观念已经受到电话、电台、电视等电力媒介相当大的影响"[⑧]。

除概念混用外,对电子媒体种类的区分也不相同。美国传播学者威尔伯·施拉姆将大众传播媒介分为印刷媒介(报纸、杂志和书籍)和电子媒介(电影、广播和战后出现的电视)。[⑨] 国内一些文献中既使用电子媒体又使用电子传媒,同时还将电子邮件、电子读物、电子报纸"网络电子版"等纳入其中。如:"由于许多报纸、杂志、电台、电视台都有自己的电子版,上网获取新闻已成为一种普遍现象(年轻人中尤其普遍)。"[⑩]还有学者认为,电子媒体就是广播、电视、网络。

本书编著者认为,可从概念的内涵和外延两个方面考量。概念内涵是构成概念元素之总和,是对事物本质的反映;概念外延是概念所能代表的个体和集体的总和,是概念所能应用的范围。电子媒体概念应是"类"和"种差"两个要素的合成。"类"是指存在于多个不同种的对象上,表现出主体和其他同类物体所共同具有的部分本质;"种差"则表现出主体的部分本质,而此部分本质则为主体和其他同类异种之差异。因此,电子媒体有狭义概念和广义概念之分。

---

① 郑超然,程曼丽,王泰玄.外国新闻传播史[M].北京:中国人民大学出版社,2000:30.
② 支庭荣,邱一江.外国新闻传播史[M].广州:暨南大学出版社,2004:128.
③ 支庭荣,邱一江.外国新闻传播史[M].广州:暨南大学出版社,2004:129.
④ 黄鸣奋.西方数码艺术理论史[M].上海:学林出版社,2011:646.
⑤ 黄鸣奋.西方数码艺术理论史[M].上海:学林出版社,2011:652.
⑥ 黄鸣奋.西方数码艺术理论史[M].上海:学林出版社,2011:701.
⑦ 马歇尔·麦克卢汉.理解媒介:论人的延伸[M].何道宽,译.南京:译林出版社,2011:78.
⑧ 马歇尔·麦克卢汉.理解媒介:论人的延伸[M].何道宽,译.南京:译林出版社,2011:103.
⑨ 威尔伯·施拉姆,威廉·波特.传播学概论[M].陈亮,周立方,李启,译.北京:新华出版社,1984:1.
⑩ 支庭荣,邱一江.外国新闻传播史[M].广州:暨南大学出版社,2004:249.

狭义的电子媒体是指采用电子技术，通过无线电波或导线，传输声音、图像的媒介。专指广播、电视、电话、电报等基本被传播组织或机构控制的媒介，可视为"前电子媒体"；广义的电子媒体泛指一切以现代技术为基础，以电力为驱动源，可实现人机交互、人人交互的中介。既包括广播、电视、电影、电话、电脑、网络、平板电脑、手机等硬媒介，又包括博客、播客、微信、QQ等软媒介。"电力驱动、媒介"是两者之"类"，"人机交互、人人交互"是两者之"种差"。

本书采用广义的电子媒体概念，其主要理由为：

1. 媒介只是传播的中介

电子媒体是"利用带电的粒子、电波、电磁材料、光电材料等的能量变化，或是能量平衡的状态来表达知识"[①]的中介。虽然使用某种技术可作为媒介概念定义的依据，但还要看其是否构成了这个概念元素之总和。当代电子媒体早已是电子、数字、网络、移动、智能等多种技术融合的产物，仅用"电子""数字""网络"等某个技术作为定义依据，很难反映出其整体技术特征。

2. "信息运动"没有改变

当下虽然媒介都普遍采用了数字技术，但并没有改变"信息运动"传输的基本方式，毕竟"在没有超越光障之前，再没有比电速更高的加速度了"[②]。因此，比起狭义电子媒体强调"信息运动"速度对时空桎梏的突破，广义电子媒体强调的是当下人们的信息生存方式。

3. 更能反映出其"人性化"特征

正如保罗·莱文森所说，媒介演化具有"人性化趋势"（Anthropotropic），后继的媒介必然是对以前媒介的补足和补救——即他所称的"补救性媒介"或"补偿性媒介"（Remedial Medium）。当下的电子媒体正在"补足和补救""前电子媒体""人性化"的不足——无论是大众传播、个体传播抑或人机之间，都可实现一对一、一对多、多对多的交互。

显然，采用广义电子媒体概念不仅可以解决很多称谓不同实则同一的电子媒体形态，也可更好地从当前人类信息生存方式出发，将其视为继人际传播"对话式"媒介、大众传播"独白式"媒介之后的"电子对话式"的媒介。[③]

（二）电子媒体共性特征

当下不同电子媒体传播特征的差异并非那么明显。首先，部分原因是现在某些媒介是通过几个不同类型的传送来进行传播，因而降低了媒介原始的独特性以及使用的经验；其次，以数字化为基础的技术整合又进一步增强了这种趋势，并使媒介之间原来清晰的管

---

① 谢清俊.知识、资讯与媒介[EB/OL].(2004-03-03)[2023-03-11].http://www.ascc.net/nl/84/1124/03.txt.
② 马歇尔·麦克卢汉.理解媒介：论人的延伸[M].何道宽，译.南京：译林出版社，2011：78.
③ 支庭荣，邱一江.外国新闻传播史[M].广州：暨南大学出版社，2004：276.

理界限变得模糊,不同媒介更加相似;再次,全球化趋势正在降低所有国家的媒介内容与机构之间的独特性;最后,全国性与全球性的媒体持续合并趋势加剧。[①] 尽管如此,不同电子媒体在某些方面(如内容选择、接触习惯、心理接受等)还是存在较明显的差异。

1. 传播的及时性

电子媒体以每秒 30 万千米(每秒绕行地球 7 圈半)实施传播,可瞬间抵达,随时将最新的信息告知受众。"新闻是易碎品""今天的新闻是金子、昨天的新闻是银子",说明新闻传播"及时性"的价值。新闻报道晚了会减弱它的新意、削弱它的价值。特别是在新闻媒体林立、信息激增的现代社会,若传播速度慢了,新闻就会"老化""失效",从而变成"旧闻",甚至被人所"不闻"。电子媒体的及时传播使"今天的新闻今天报"(Today News Today, TNT)进化为"现在的新闻现在报"(Now News Now, NNN)。因此,每当世界重大事件发生后,电子媒体都是人们获取信息最重要的媒介,人们可随时随地、耳闻目睹、亲自参与到新闻事件的发展演变中。正是这种瞬间传播构建起了麦克卢汉眼中的"地球村",使人类从"部落化——非部落化——再部落化"成为现实。

2. 受众的广泛性

广播、电影、电视、网络、手机等电子媒体组成的电子传播体系覆盖了地球每个角落,拥有最广泛的受众,同时也是使用消费时长最多的媒介。随着互联网的高速发展,传统电子媒体与新型电子媒体正加速融合。广播电视等传统电子媒体和 IPTV、互联网电视、短视频、H5 等新型电子媒体结合后,展示出全新的价值增长点。而智能手机的普及和功能拓展,使世界手机用户总数正在一天天接近世界人口总数,未来以手机为代表的新型电子媒体或最终成为所有媒介中的"第一媒介"。

3. 交流的互动性

电子媒体借助视听兼备、生动直观、及时快捷的传播优势,融大众传播与人际传播于一体,有效调动了受众的主动参与意识、参与热情。特别是电子媒体的"自媒体"功能更是满足了社会个体自我表达、自我生产、群体共享的需求,既有"点到点"的互动,也有"点到面"的互动,互动范围更加广泛、互动对象更加精确、互动速度更加快捷、互动内容更加丰富、互动形式更加多样。

4. 表现的丰富性

电子媒体兼有文字、摄影、音乐、舞蹈、戏剧等多种艺术表现手段,且充分运用声音、图像、文字等传播符号,使其传播具有强烈的生动性和感染力,在一定程度上还具有人际传播的亲和力。譬如,广播电视以录音报道、现场报道的生动真实感吸引受众;电影以故事情节以及视听的震撼力吸引受众;网络以动画、超链接、直播吸引受众。

---

① 丹尼斯·麦奎尔.大众传播理论:第 5 版[M].崔保国,李琨,译.北京:清华大学出版社,2010:33.

(三) 电子媒体个性特征

1. 广电媒体的线性传收

"报纸是个面,广播电视是条线。"广电媒体播出时间、播出内容是按线性顺序排列的[①],既不能"快进"也不能"快退",接受者同样也须按上述顺序收听收看,无法采用类似印刷媒体那样的跳跃式浏览;时间节点有强制性,内容接收转瞬即逝,如果没听清看清、听懂看懂、没理解没记住,也只能作罢,难以推敲琢磨。

2. 网络媒体的交互共享

交互性是指围绕新闻事件,传媒与受众之间的信息双向沟通和传输,反映着受众对社会生活的关注度和参与度。互联网出现之前,受时间、空间及线性传播的限制,传受双方既不处于平等地位,也无法实现及时交流互动。互联网不仅创造了平等、互动、共享的平台,而且还实现了"一对一、一对多、多对多"的交流,彻底改变了传者与受者之间的关系。也正是这样交互性的存在,带来了海量的信息——网民既是接收者又是传播者,节点既是信宿又是信源。正如罗伯特·梅特卡夫定律(Robert Met calfe's Law)所预示,一个网络的有用性或者效用等于使用者数量的平方,也就是说网络用户数量越多网络的价值越大。[②] 联网的计算机越多,每台电脑的价值就越大,"增殖"以指数关系不断变大。这种"既以为人,己愈有;既以与人,己愈多"[③]的互动共享带来的海量信息是网络媒介独有的特征。

3. 手机媒体的功能融合

手机是集各种功能于一体的真正带体温的贴身媒介。1979年,保罗·莱文森就预测了这种能使人类无限地、随心所欲地获取信息"便携式的无绳媒介"。他认为:"便携式的无绳媒介的进化将继续推进,任何人都可以通过它随时获取到任何地方的信息。无论室内还是户外的信息,而且哪怕是地球外的太阳系甚至在整个广袤的宇宙中的信息也一样能够轻松获取到。在汽车里安装收音机、在飞机里欣赏电影和电视,这些'无系统化'系统才刚刚起步。最终它能使地球上的每个人机会均等地无限制获得信息,在无间的真实环境里享用信息。"[④]

首先,手机媒介融合了人类交流方式。"人类有两种基本的交流方式:说话和走路。可惜,自人类诞生之日起,这两个功能就开始分割,直到手机横空出世,将这两种相对的功能整合起来,集于一身。手机之前的一切媒介,即使是最神奇的电脑也把说话和走路、生产和消费分割开来。唯独手机能够使人一边走路一边说话,一边走路一边发短信。于是,

---

① 这里主要还是指传统的广播和电视,现代数字广播电视已经具有了非线性的功能,如快进、暂停、回看等。但与印刷媒体相比,其线性传播的特性仍然十分明显。
② 简·梵·迪克.网络社会:新媒体的社会层面:第2版[M].蔡静,译.北京:清华大学出版社,2014:61.
③ [魏]王弼,注;楼宇烈,校释.老子道德经注[M].北京:中华书局,2011:200.
④ LEVINSON P. Human replay: a theory of the evolution of media. New York: New York University Press,1979:275-276.

人就从机器跟前和禁闭的室内解放出来,进入大自然,漫游世界。"①

其次,手机媒介融合了大众媒体与自媒体。传统大众媒体面对的是匿名、不特定的人群且难以及时互动,传播效果难以知晓。手机媒介既可以实施大众传播(如微博、论坛、手机直播),又能进行"一对一、一对多"(如微信圈)的小范围传播;既可公开传播也可私密传播;既可做大众媒介、组织媒介(如单位微信圈)也可做"小众媒介""个人媒介"。传统大众媒体"点对面"的传播,意味着个体只能作为受众群的一员存在,任何传媒都不会针对他的需求传播,个体需求只有通过对大众媒体"大众化"的产品挑选得到间接满足。而手机媒介的"点对点"传播,可以通过定制各种服务,实现对不同个体的直接满足。

再次,手机媒介融合了不同社会关系的交往方式。社会关系是人们在物质生产和精神生产过程中产生、发展和建立起来的人与人之间的关系。社会交往必须依赖某种媒介来实现。手机媒介将社会不同的人纳入不同的强弱关系群里,结成不同类型的虚拟社群并日益模糊传播和社交、工作和生活的界限。从社交方式上看,它由共同的爱好聚合成虚拟社区、基于平等地位确保互动共享、多个体支持单双向交叉;从传播内容上看,没有大众媒介题材体裁的限制、没有长短的要求、形式上可简可繁、语言上可雅可俗,一张图片、一段微视频、一段语音,甚至一个简单的表情符号或一个漫画形象都可以用于个体之间的社交表达。这种类似"傻瓜化"的传播,不仅可以随时随地随心地发布个人所见所闻所感,而且也在传播过程中通过"加关注""点赞"实现个体之间的社会交往。

最后,手机媒介融合了不同行业。随着互联网基础设施建设不断优化升级,交通、环保、金融、医疗、家电等行业与互联网融合程度不断加深,互联网服务呈现智慧化和精细化特点,手机媒介正在成为全功能的移动终端。仅以中国手机移动支付为例。由于电子商务、社交应用、数字内容相互融合,社交电商模式已经拓展到电子商务业务。在此基础上,绝大多数支付机构接入网联,提高了资金透明度和网络支付的安全性。

融媒体传播案例

复兴大道70号

2019年,为庆祝新中国成立70周年,人民日报社新媒体中心推出沉浸式横屏手绘长图H5《复兴大道70号》。作品以超长画卷与"一镜到底"的形式,通过丰富多元的场景变化与精细翔实的内容细节,描绘了新中国成立70年来的光辉岁月,记录了时代变革与社会发展的沧桑巨变,被网友赞为"当代版《清明上河图》"。据不完全统计,作品线上浏览量超3.5亿,点赞量超千万,单条微博阅读量1.1亿。② 该作品获第30届中国新闻奖创意互动类二等奖。

《复兴大道70号》画卷以复兴大道为主轴线,通过横屏滑动画卷,串联起时间与空间、

---

① 保罗·莱文森.手机:挡不住的呼唤[M].何道宽,译.北京:中国人民大学出版社,2004:119.
② 刘镇杰,刘若轩."复兴大道70号"是如何引爆网络的[J].青年记者,2020(4):28.

场景与事件。画卷以"开国大典"为起点，用户横屏滑动画卷，就可以沿着"复兴大道"一直前行，追随新中国70年的发展轨迹。整个作品在手机端长约55屏，覆盖500多个历史事件和场景，包括4000多个人物、500余座建筑，创造了同类融媒体产品的最大尺寸和最全内容。而内容打造方面有三个显著特点：

首先，在内容选择方面，项目团队前期对新中国70年来的历史进行了全方位的梳理，在画面内容的选择上实现了"国家大事件"与"百姓小生活"的结合。一方面展示了国家发展的巨大成就，例如开国大典、"一五计划"、第一颗原子弹、恢复高考、深圳经济特区、加入世贸组织、北京奥运会、国产大飞机C919、港珠澳大桥通车、大兴机场等令国人难忘的历史瞬间和辉煌印记；另一方面也细致描绘了70年来百姓生活的点滴变化，例如识字班、供销社、煤气包公交车、喇叭裤和"迪斯科""大哥大"、BP机等，呈现一代代人共同的生活记忆。在长图浏览过程中，用户宛如进入了时光隧道，无论是哪一个年龄段的人，都能在其中找到自己熟悉的场景，产生对祖国伟大变化的自豪感。网友评论道："看到最后一幕突然泪目"，"这是唯一一个让我横着手机看哭的图"。

其次，画面高度还原历史、严格忠于事实。项目团队查阅了历年的《人民日报》，翻阅了30多本历史图册，看了多部关于新中国发展史的纪录片，搜集整理了上千张珍贵的历史图片，保证场景都有据可依。大到历史事件，小到墙体上的标语、字体，不同时代人物的着装、发型等，都力保画面还原历史，带给用户更加真实的体验。

再次，长图的细节丰满并通过精细化的绘制，设置了很多值得推敲、富有趣味的彩蛋，让用户能够时不时收获不期而遇的惊喜感。每个年代的人都有自己的专属记忆，彩蛋式细节的加入，给用户提供更多浏览"惊喜"。例如20世纪50年代冬天人们用户外水龙头打水前，需要先用热水把冻住的水龙头化开。这样一个简单的场景，却是老一辈人儿时的记忆。四合院里用脸盆捕鼠、去照相馆拍天安门背景照、推着小竹车带孩子上街……许多细节虽然只是街边一角，却是当时百姓生活的真实写照，特定年代的真实生活场景，增强了用户对媒体产品的亲切感和认同感。

除了历史记忆外，对于当下的时代印记也进行了细致地展现。共享单车、无人驾驶、刷脸支付、时光博物馆、《流浪地球》《哪吒》、周杰伦、李宇春、TFboys、IG夺冠等，也激发了广大网友特别是年轻网友的热情和参与度，不少网友纷纷留言表示，很高兴看到了自己的时代记忆出现在了长图之上。这也扩大了产品在不同群体中的影响力和关注度。

从主题上看，整个长卷以"鸿篇巨制"的方式，勾勒出新中国70年波澜壮阔、砥砺奋进的足迹。这里有国家发展的轨迹、有社会进步的脉搏、有每代人的际遇与梦想。

从互动上看，《复兴大道70号》融合了文字、画面、声音、动画、"换脸"交互、分享海报等各项内容，创造了用户可沉浸、可参与的环境，让受众自主地、积极地体验新闻产品，实现沉浸式的体验。

从构图上看，经历了文案策划、草图勾勒、风格打磨、上色制作、场景拼接等一系列烦琐的制作流程，最终成稿以一条长街串联起时间线，通过"一镜到底"的形式呈现，采用了散点透视构图法，纵向布局与横向延展相结合，为用户提供了更能设身处地的视角，以强代入感纵览70年的波澜壮阔。

从声音元素运用看，作品在手绘长图的基础上，加入了丰富的年代声效。在街景中，叫卖声、自行车铃铛声、孩童的玩闹声不绝于耳。画面中出现《祖国的花朵》电影海报时，《让我们荡起双桨》的悠扬歌声便会响起；画面中出现《西游记》的拍摄场景时，熟悉的片头曲也会将用户带回到守着电视看唐僧师徒的假期。

除声效外，长图H5还加入了丰富的动画元素。骑车的邮递员、指挥交通的交警、玩"老鹰捉小鸡"的儿童、跳迪斯科的年轻人，动态画面和鲜活的人物大大增加了长图的立体感和场景感。此外，长图H5中还特意增加了AI"换脸"技术，用户可以"亲自"到历史场景中去体验一把。在不同年代，观众可以上传自己的照片，生成属于自己的年代纪念照。例如宣传农村土地改革的宣传员、指挥交通的交警或者是为北京奥运喝彩的观众。同时，团队还设计了属于特定年代的口号，比如："同志们！动员起来，参加土地改革，积极生产！""恢复高考了！祖国在期待我们，人民在期待我们！"充满年代感的纪念照，唤起了人们心底的记忆，个性化的分享图，也有助于激发用户在朋友圈、微博等平台自发转发的热情。丰富的产品形态和交互内容，让用户真正成为身临其境的历史见证者。特别是对于年轻受众来说，通过"换脸"，经历自己不曾经历的时代，给他们带来新奇感和趣味性。不少网友大呼"过瘾"，称赞作品"很有代入感"。

从传播渠道融合度上看，作品实现了线上线下的同时发力。线上方面，《复兴大道70号》在人民日报两微一端推出后，立刻刷屏朋友圈。特别是利用微博的开放性和话题聚焦效应，迅速打开话题度和影响力。同时在快手等短视频平台上线，将长图传播扩展至不同兴趣圈的"老铁们"，创造了现象级的传播量。除两微一端等常规渠道外，本次产品的传播还联合多家商业热门App，实现跨平台、跨行业的传播突破，创造了意想不到的惊人传播。如通过淘宝、天猫、支付宝、饿了么、虾米、飞猪、UC、一淘等十余家商业App的开屏图、推送等方式进行传播，大幅度提升长图的曝光度和影响力；在淘宝、支付宝等App的首页搜索栏里，用户搜索"复兴大道"或"复兴大道70号"关键词，页面即自动弹出长图，这种搜索触发式的"黑科技"让受众直呼神奇。仅在淘宝平台，国庆假期期间，用户自主搜索量超过了2700万，非常多的用户在自己的朋友圈、微博、抖音号自发传播："用淘宝搜一下复兴大道，一定会吓你一跳！"这种新奇的玩法也打破了平台门槛，实现了平台之间的交叉传播，仅在抖音平台上，关于在淘宝搜索"复兴大道70号"的话题，就有1000多万的浏览量。除了线上平台，线下传播也是本次产品传播的重点。团队联合北京大兴机场线、机场站百米大屏传播了长图，联合广州、南宁、成都、宁波等多地推出"复兴大道70号"地铁主题专列、地铁主题长廊，同肯德基携手在北京、上海、深圳等地推出"复兴大道70号"主题店。通过打造"网红打卡地"，同步利用快闪、直播等丰富多样的传播形式让长图"落地"，给普通人带来"看得见、摸得着"的感官体验。

实践证明，在从可读到可视、静态到动态、一维到多维的发展趋势中，打造全媒体产品、努力实现"人人参与、人人传播"的全媒体式传播是新媒体产品策划的重要出发点。除加强内部渠道整合、发挥本平台传播优势外，推动同外部渠道合作，特别是与流量型App及线下渠道合作，形成交叉传播互动，打造多维度多链条传播模式，有利于实现传播效果的最大化。[①]

[①] 刘镇杰,刘若轩."复兴大道70号"是如何引爆网络的[J].青年记者,2020(4):29.

本章思考题

1. 何为传播与大众传播？
2. 人类传播经历了哪几个基本阶段？
3. 大众传播的主要特征有哪些？
4. 纸质媒体的共性和个性特征各有哪些？
5. 电子媒体的共性和个性特性各有哪些？

阅读参考书目

1. 雷蒙·威廉斯.关键词:文化与社会的词汇[M].刘建基,译.北京:生活·读书·新知三联书店,2005.
2. 迈克尔·杜斯,玛丽·布朗.追溯柏拉图:传播学起源概论[M].王海,译.北京:科学出版社,2018.
3. E.M.罗杰斯.传播学史:一种传记式的方法[M].殷晓蓉,译.上海:上海译文出版社,2012.
4. 阿芒·马特拉,米歇尔·马特拉.传播学简史[M].孙五三,译.北京:中国人民大学出版社,2008.
5. 董璐.传播学核心理论与概念[M].北京:北京大学出版社,2016.
6. 让-诺埃尔·让纳内.西方媒介史[M].段慧敏,译.桂林:广西师范大学出版社,2005.
7. 丹尼斯·麦奎尔.麦奎尔大众传播理论:第5版[M].崔保国,李琨,译.北京:清华大学出版社,2010.
8. 马歇尔·麦克卢汉.理论媒介:论人的延伸[M].何道宽,译.南京:译林出版社,2011.

第二章 融媒体传播命题

教学目的与要求

通过本章学习,了解融媒体传播的基本概念、类型,掌握当代融媒体传播的内外动因;懂得融媒体传播产生的相关影响,为后续学习打下基础。

尽管"融媒体传播"是现代传播的新命题,但严格说来,人类传播从来都是多种传播方式的并行——语言、文字、图像等多种媒介始终起着相互融合、共同发力的作用。如此,应该怎样看待当下的"融媒体传播"呢?

第一节 融媒与一体化

作为新闻传播的前沿课题,国内外学界和业界无论是在理论上还是在实践中,对"媒体融合传播"尚未形成共识。尽管多数学者认为,媒体之间的融合传播已经形成且将会不断深化,但"假融合""反融合"的观点也时有出现。归纳如下:

观点1:虽然数字化使不同媒介在技术上具有了操作层面上的同质能力,但"融合并不是数字化的产物,而是早已有之"[1]。新媒介与旧媒介之间的关系也从来没有隔绝过,仅在不同时期有不同渗透方式。譬如,早在20世纪20年代,美国论坛报业公司就在其旗下的《芝加哥论坛报》(Chicago Tribune)和WGN广播电台之间进行了一些融合实验。[2] 因此认为,"媒体融合"不是新概念。

观点2:媒介技术的同质化使媒介的结合愈发紧密,但不同媒介仍保持各自的独立性,并没有因为某种技术的出现,使媒介之间产生融合的化学反应,加之传播市场、传播对象的不断分化、细化,媒介不是融合了,而是更加细化了。

观点3:新旧媒体功能不同,如水和油,可以混合但无法融合。譬如,《人民日报》即使

---

[1] 2018年5月16日,瑞士卢加诺大学传播科学学院媒介与新闻所副主任、中国传媒研究中心主任、欧洲媒介传播教育学会传播历史分会副主席Gabriele Balbi教授在山东大学新闻传播学院的讲座。https://www.jc.sdu.edu.cn/info/1036/1848.htm.

[2] LAWSON-BORDERS G.Media organizations and convergence:cases studies of media convergence pioneers[M].[S.l.]:Lawrence Erlbaum Associates Inc,2006:69.

有了人民网、官方微博和微信公众号,但这未必就是融媒体传播。虽然人民网的评论部分释放了《人民日报》本身具有的评论能力,其微博也让《人民日报》显得年轻了,其微信公众号在一些重大突发新闻事件中也发挥了新媒体的作用,但这实际上是传统媒体的新媒体前移,它的目标是伸长旧媒体的触角,只是更快地触及新媒体的受众。但旧媒体的新媒体前移并没有形成媒体融合,看上去反而造成了彼此隔阂,结果是媒体融合渐行渐远,新媒体和旧媒体之间出现了巨大的鸿沟。①

观点4:现代传播的发展,使媒体既融合也反融合,媒体融合与"反媒体融合"②始终存在。

上述观点表明,"媒体融合"概念引发多种质疑不仅缘于"convergence"含义的广泛性,还可以归因于"media"一词含义的广泛性。从不同角度出发,"media"一词有不同的维度,因此也使得"媒体融合"一词有不同的阐释理解方式。③

一、融媒体传播概念

"融媒体传播"的基础是"媒体融合"。因此,对前者的界定,只有在释清了"媒体融合"之后,才能较为准确地理解"融媒体"的传播。

(一) 概念考源

媒体融合(Media Convergence)④中的"convergence"一词的含义历经了很多变化,在不同领域意思不尽相同。它源于拉丁语"convergere",原意是"走到一起(coming together)",最早于1713年出现在英国的著名自然哲学家威廉·德汉(William Derham)的《物理神学》(*Physico-Theology*)一书中,意指"光线的聚合和发散"(convergence and divergence of the rays)。⑤ 进入19世纪后期以来,"convergence"开始大量出现于科普小说以及生物学、气象学、地质学、数学、人类学、心理学、政治学、经济学等学科和领域。而且,在不同领域中,convergence渐渐形成了一个大致相同的定义——用于描述事物日益汇集且不断趋于相似的过程。⑥

有研究认为,媒体融合的思想可以追溯至20世纪60年代的麦克卢汉。在麦克卢汉

---

① 刘宏,孟昭瑞.对媒介融合的反思[J].东南传播,2016(2):7-9.
② "反媒体融合"(Media Deconvergence)概念由韩国学者Jin Dal Yong于2011年提出。它指的是媒体和通信公司由融合走向解体,是对媒体和通信市场融合的背离,但它不是分歧,因为反融合也是与融合并行发展的过程。瑞士Gabriele Balb教授认为,正如人口有向城市和农村的双向流动那样,"反媒体融合"不是对媒体融合的反对,或许以"逆媒体融合"理解更为生动和准确。https://www.jc.sdu.edu.cn/info/1036/1848.htm.
③ 王壹,程刚,马鑫磊.媒介融合视角下的融合新闻文献综述:2006—2016[J].新闻知识,2016(2):26.
④ 英文Media Convergence也可译为"媒介融合",两个概念常混用。本书中"媒体"主要指新闻传播机构,"媒介"既可以指工具、技术等中介物,也可指具体的媒体。如广播媒介。
⑤ KOPECKA—PIECH K. Media convergence concepts[EB/OL].(2011-03-15)[2013-11-05]. http://sm.id.uw.edu.pl/Numery/2011_3_46/kopecka.pdf.
⑥ 陈映.媒介融合概念的解析与层次[J].北京邮电大学学报,2014(1):1-7.

"媒介即讯息"的视野里,没有一种媒介能够独立存在。"任何媒介的'内容'都是另一种媒介。文字的内容是言语,正如文字是印刷的内容,印刷又是电报的内容一样。"这种媒介观事实上便已包含媒体融合思想的基因。① 但"Convergence"一词与大众传播真正意义上的联姻源于20世纪70年代中叶计算机和网络的发展。在计算机、互联网技术大力发展的背景下,西方国家开始了数字转换(digital switch)、增值网络服务(VAN, value added network services)等新的产品和服务。据此,1977年,法悖(Far ber)和巴冉(Ba ran)发表了《计算和通讯系统的聚合》(*the convergence of computing and telecommunication systems*)一文②,而麻省理工学院媒介实验室主任尼古拉斯·尼葛洛庞帝则提出"'广播电视业''计算机业'和'印刷出版业'将在数字化浪潮下呈现交叠重合的发展趋势"的观点,并用"三个重叠的圆圈"来描述计算机、印刷和广播三者的技术边界,认为三个圆圈的交叉处将成为成长最快、创新最多的领域。③ 不同工业即将和正在趋于融合这一远见卓识第一次通过这个著名图例演示出来。尼葛洛庞蒂因而获得数百万美元的赞助,使他得以于1985年创办了后来声誉卓著的媒体实验室。随后,新闻传播界愈来愈多的思想家也开始意识到科技发展对新闻媒体的影响。1980年,哥伦比亚广播公司主席威廉·帕雷(William Paley)在广播界年会上发表讲演,重点论述了新闻信息传播机制的融合(the convergence of delivery mechanisms for news and information)给业界所带来的新挑战。

目前,普遍认为,"媒体融合"(Media Convergence)最早由美国马萨诸塞州理工大学伊契尔·索勒·普尔(Ithiel De Sola Pool)提出。1983年,他在《自由的科技》一书中提出了"传播形态聚合(the convergence of modes)"的概念。④ 认为,数字技术的发展是导致原来泾渭分明的传播形态聚合的原因,各种媒介呈现出多功能一体化的趋势。

需要指出的是,英文"Convergence"与中文"融合"一词并不完全等同。在《牛津高阶英汉双解词典》中,"Convergence"有两种含义:线条、运动物体会于一点、向一点会合、聚集;两种事物相似或者相同(用于比喻义)。中文"融合"作为动词使用时,是指"几种不同的事物合成一体"⑤。显然,英文"Convergence"更具有"汇聚""靠拢"之义,并且在外表、性质上具有更多的相似性,而中文的"融合"则表达了类似于化学反应之后物质的新的形态。

若将媒介认作是一种传播技术或者一种载体,那么"媒体融合"则被阐述为"不同的网络平台提供在根本上具有相似服务的能力,抑或是像电话、电视以及个人电脑这些消费终端的合二为一"⑥。如美国学者鲍德温所言,媒体融合的实质是媒介内容的数字化以及网络的IP化,并最终表现为包括报刊、电影、广播、电视、网络的传播媒介与包括新闻、影视

---

① 陈映.媒介融合概念的解析与层次[J].北京邮电大学学报,2014(1):1-7.
② 宋昭勋.新闻传播学中Convergence一词溯源及内涵[J].现代传播,2006(1):51.
③ APPELGREN E.Convergence and divergence in media:different perspectives.[EB/OL].(2004-05-13)[2013-11-05].http://elpub.Scix.net/data/works/att/237elpub2004.content.pdf.
④ POOL IDS.Technologies of Freedom[M].Cambridge MA:Harvard University Press,1983:24.
⑤ 现代汉语辞海编辑委员会.现代汉语辞海[M].武汉:湖北辞书出版社,2003:932.
⑥ KROON D A ME.European Commission:Results of Public Consultation on the Green Paper on the Convergence of the Telecommunications, Media and Information Technology Sectors [J]. Iris Legal Observations of the European Audiovisual Observatory,1999,4:3.

音乐制作等在内的信息源聚合形成一个"整合宽带系统"或"全方位服务网络"[1]，即"传播媒体的所有形式聚集到一个电子化、数字化的平台上"；若把媒体融合的前提看成是"媒介是一种组织"，那么"融合"就主要是一个新闻生产视角下的概念，即普尔教授的"媒介间界线日渐模糊（blurring the lines between media）"以及"过去为不同媒体所提供的服务，在今天可以由一个媒体提供"，"过去为一种媒体所提供的服务，在今天可以由不同的媒体提供"。并且可以从公司架构、媒体运作方式以及成员工作方式三个层次来理解。其中，从公司架构层面看，所有权的融合（ownership convergence）是其最主要的融合方式[2]；若从媒体运作方式层面看，媒体融合主要是种策略性融合（tactical convergence）抑或可以理解成结构性融合（structural convergence）；若从成员工作方式角度来理解，媒体融合还说明了新闻工作人员能力要求和工作方式的一种转变，这种转变指的是一种"在包括报纸、电视、广播、互联网、PDA以及任何媒介组合上发布信息、广告等内容的能力"[3]；若从用户体验角度来说，媒体融合改变的是用户不同的媒介体验。

所谓"用户体验"，最早被广泛认知是在20世纪90年代中期，由用户体验设计师唐纳德·诺曼提出和推广。ISO 9241—210标准将用户体验定义为："人们对于正在使用或期望使用的产品、系统或者服务的认知印象和回应。"最初的用户体验产生在IT应用设计领域，主要是来自用户和人机界面的交互过程。但人们很快发现，"实际上任何个人、任何产品、任何行业的竞争背后都是用户体验的竞争。掌握用户体验，就可以掌控未来大业"[4]。用户体验必定影响大众媒体内容生产及经营模式的变革。用户体验改变表现为接收装置的融合，用户各种网络服务账户的融合，通信、传播网络之间的融合，服务项目的融合。即用户享受的是在多个设备上的内容同步和集成型"一站式"的服务，可以说只要使用一个多功能的接收装置，就可以随时随地接收、下载和收看到传媒内容。就行业而言，媒体融合指的是IT、电讯、传媒和家用电器产业之间相互渗透，然后整合出一个巨大的"融合型产业"[5]。

如果对上述不同理解进行归纳，可视为微观、中观和宏观三个层面的融合。

微观层面上，强调媒介技术的基础作用和驱动作用。如美国新媒体研究专家约翰·帕夫利克（John Pavlik）在《新媒体技术》一书中提出的，融合是指所有的媒介都向电子化和数字化这一种形式靠拢，这个趋势是由计算机技术驱动的，并在网络技术的推动下变得可能[6]；还如美国传媒学者约瑟夫·R.多米尼克（Joseph R. Dominick）定义的，媒体融合是各种传播技术的混合；再如英国传媒经济学家道尔（Doyle）提出的，媒体融合是电子通信技术、计算机技术和媒体的融合。

---

[1] 托马斯·鲍德温,等.大汇流：整合媒介、信息与传播[M].官希明,等译.华夏出版社,2000.

[2] 蔡雯.新闻传播的变化融合了什么：从美国新闻传播的变化谈起[J].采写编,2006(2):57-59.

[3] ZHANG Y E.Examining media convergence:Does it converge good journalism,economic synergies,and competitive advantages? [J].Dissertations & Theses·Grad works,2008.

[4] "用户体验"[EB/OL].(2023-02-12)[2022-03-28].http://baike.baidu.com/view/274884.htm#sub5077647.

[5] 魏然,黄冠雄.美英媒体融合现状与评析[J].社会科学文摘,2016(02):113.

[6] 约翰·帕夫利克.新媒体技术：文化和商业前景:第2版[M].周勇,张平锋,译.北京:清华大学出版社,2005.

中观层面上,强调要涵盖传媒产品形态融合、传媒业务运作系统融合和传媒组织机构融合等。如英国传播政治经济学家格雷汉姆·默多克(Graham Murdock)提出的,媒体融合主要包括传媒文化形态的融合、传播系统的融合和传媒公司所有权的融合;还如美国新闻学会媒介研究中心主任安德鲁·纳齐森(Andrew Nachison)从"融合新闻"(Convergence Journalism)层面提出的,"印刷的、音频的、视频的、互动数字媒体组织之间的战略的、操作的、文化的联盟"[1];再如美国密苏里新闻学院的章于炎、乔治·肯尼迪(George Kennedy)、弗里兹·克罗普(Fritz Cropp)等从传媒经济学角度提出的,媒体融合是大众传播业的一项正常的项目或者说是一个渐进的发展过程,它整合或利用处于单一所有权或混合所有权之下的报社、广播等电子媒体,以增加新闻和信息平台的数量,并使稀缺的媒体资源得到最优配置。

宏观层面上,强调媒体融合涵盖传媒业、电信产业、IT产业、电子产业等所有参与融合的产业。如美国学者凯文·曼尼(Kevin Maney)在他的《大媒体潮》(*Megamedia Shakeout*)一书中提出的,这种融合是把传统大众传媒业、电信业、信息(网络)业都统合到一种新产业之下——"大媒体业"。

(二) 狭义概念

狭义的媒体融合主要以新闻业(Journalism)为阐述对象,强调以技术为中心,不同媒体形态日趋交叉渗透式的"融合"发展,既有物质实体上的变更,又有传播形态上的变更。前者有网络电视、手机电视、电子杂志等,后者有博客新闻等。需要指出的是,尽管英文"Journalism"是指整个"新闻业","Media"更多是指工具化的中介,但西方新闻学界也经常用"Journalism"代替"Media"。因此,在狭义的范畴下,"媒体融合"和"新闻业融合"是可以互换的概念,这种融合更接近于新闻业或媒体"内容表达方式的融合"。也就是说,是一种信息传输通道多元化条件下的新作业模式,是把报纸、电视台、电台等传统媒体,与互联网、手机、手持智能终端等新兴媒体传播通道有效结合起来,从而实现资源共享、集中处理,并由此衍生出不同形式的信息产品,然后通过不同的平台传播给受众。

(三) 广义概念

如果说早期的媒体融合(或狭义媒体融合)仅指媒介内部或媒介之间较为松散的协作、合作,抑或是某种新产品之后产生的某种融合(譬如,机顶盒出现后,想通过机顶盒将电视和电脑合为一体)的话,那么当前"媒体融合"的内涵比以往任何时期都更加丰富,外延也更加宽泛。"融合"既指向新闻传播业、通信技术业等某个具体行业,更强调社会不同领域在技术、资本等相关因素的推动下产生的更加广泛的渗透。也就是说,从更广泛的意义上讲,当前的"媒介"重新恢复了其社会学的原有之意——任何能使双方产生联系的人或物都是"媒介"。因此"融合"也不仅仅发生在某个行业内部或相关行业、相近行业之间,更多含有"在技术、资本、平台等各类中介的共同作用下,社会各要素彼此关联之后形成的总体环境"之意。

---

[1] 蔡雯.新闻传播的变化融合了什么:从美国新闻传播的变化谈起[J].中国记者,2005(9):74-76.

本书虽然采用的是广义上的媒体融合的概念,但由于讨论的重点是信息传播的融合,故本书所指的"媒体融合"仅限于"在以数字技术、网络技术和电子通信技术为核心的科学技术的推动下,组成大媒体业的各产业组织在经济利益和社会需求的驱动下通过合作、并购和整合等手段,实现不同媒介形态的内容融合、传播渠道融合和媒介终端融合的过程"[1],讨论的是新闻传播业一体化的现象、方法和手段。

二、融媒下的一体化

新闻传播业融合产生的一体化,主要表现为:媒介技术、信息终端的物质性融合后的一体化;内容生产、传播渠道的功能性融合的一体化;传播理念、媒介所有权、媒介结构等新闻业态融合后的一体化。

(一)物质性融合

物质性融合是媒体融合的基础和前提。正是媒介技术的飞速发展、不同信息终端的逐渐趋同,才从根本上导致整个新闻业的巨变。

1. 媒介技术融合

数字技术、网络技术、移动技术、智能技术、数据技术的广泛使用,大大降低了各类媒介获得与传送数据、影像、语言等信息的时间、空间及成本。媒介技术越来越同质化,"你中有我、我中有你",不同媒介之间的互换性与互联性更加紧密,新闻传播行业与其他行业、产业之间也具有了更加广泛的融合。

2. 信息终端融合

从信息传播的角度看,终端融合可将通信、数据、影音等多元功能整合于单一终端上。如智能手机不仅可以进行语音通信,而且可以收看电视、收听广播以及连通互联网,进行信息搜索、评论等活动。[2] 更重要的是,终端融合后,信息媒介还实现了购物、社交、支付、医疗等以往需多种终端才能实现的功能,"一机在手,游走天下",不仅是信息获取的解放,更是社会物质交往和精神交往的解放。

(二)功能性融合

新闻传播业有了技术性融合的基础,其内容生产方式的融合、传播渠道的融合也就顺理成章了。

1. 内容生产融合

内容生产融合首先表现为媒体内部内容生产者之间的工作融合。如报道某个新闻

---

[1] 蔡雯,王学文.角度·视野·轨迹:试析有关"媒介融合"的研究[J].国际新闻界,2009(11):87-91.
[2] 陈映.媒介融合概念的解析与层次[J].北京邮电大学学报,2014(1):1-7.

时,记者可以为报纸提供新闻稿,也可以在新闻现场进行网络直播。其次是传统电子媒体、印刷媒体之间内容生产的融合。如报纸媒体既可以制作网络新闻,也可以制作短视频新闻。再次,媒体内容生产也不再局限于媒体内部,而是可以通过不同媒体的分工合作完成。而内容生产中的文字、声音、影像、动画等不同传播符号和表现形式也可相互交流、重复使用,具有一次采集、多重形态、多种使用的可能。

2. 传播渠道融合

传播渠道融合的基础是传输网络的融合,即信息传播普遍采用了互联网络这个同一渠道。在 IP 成为基础传输协议之后,信息传播不再受限于不同传输网络之间的标准与规格,传输网络亦因此产生中立性以及互连互通的特质。在这个统一的渠道中,电信业可提供可视图文、数据检索、电视会议、视像点播,整合报刊、电视、互联网等多种传媒功能的增值服务;电视业者亦可提供互联网或电话等通信服务。[①] 信息传播业历来是"得渠道者得天下",但现在不同媒体借助网络的融合,与不同信息接收人群进行了无缝对接,形成了全领域、全时空的覆盖。不同媒介都可以由此建立自己的全网集控体系,实现渠道拓宽和市场延展。

（三）新闻业态融合

在物质性融合和功能性融合的双重影响下,整个新闻传播业发生了群体性思变,其结果必然是对新闻业态的全面重组重整的变革。

1. 媒介传播理念融合

媒介传播理念融合是指在媒介技术发生革命之后,特别是互联网对社会全面影响之下,新闻传播业从早期"＋互联网"转向将不同媒介统一在互联网之中,强化"互联网＋"形成的综合效应,以共同协助、普遍分享、相互推介为指导,形成"印刷的、音频的、视频的、互动性数字媒体组织之间的战略的、操作的、文化的联盟"[②]的理念。

2. 媒介所有权融合

媒介所有权与媒介制度（媒介所有制 Media Ownership）有密切联系,但媒介所有权并不等于媒介制度。前者是指媒介集团所拥有的媒介数量、媒介形态以及使用和控制的能力,包括拥有者的特征、控制的集中程度、交叉所有权和竖向结合[③];后者是指媒介生产资料的归属权,即媒介归谁所有、谁控制和决定媒介产品的生产和传播。媒介所有权实则是媒介拥有者的媒介产权（Media Property Rights）。

在媒介私人所有制度下,媒介所有权融合可以使媒介拥有者降低成本、增加效益、提

[①] 陈映.媒介融合概念的解析与层次[J].北京邮电大学学报,2014(1):1-7.
[②] 美国新闻学会媒介研究中心主任 Andrew Nachison 对"媒体融合"的定义。详见蔡雯.新闻传播的变化融合了什么:从美国新闻传播的变化谈起[J].中国记者,2005(9):74-76.
[③] 蓝仁哲,廖七一,冯光荣,等.加拿大百科全书[M].成都:四川辞书出版社,1998:400.

高利润，既可以跨行业、跨领域、跨国界地兼并，又可以进一步强化传播信息权力的垄断，以实现资本增值的最大化。正如美国记者兼学者本·H.贝戈蒂克安（Ben H.Bagdikian，也译为本·巴格迪肯）在《媒体垄断》(*The Media Monopoly*)一书前言中所言，进入21世纪之后，控制美国大众传媒的权力迅速向上层集中，这个国家最有影响的新闻、评论和提供日常娱乐的机构被六家大型跨国公司控制，每一家都附属于一家更大的母公司，一些母公司的主业是与传媒无关的其他产业。① 他们在全球建立起来的错综复杂的关系网，已经使他们成为国际性的卡特尔。美国的财富以前所未有的速度从普通大众向极少数最富有的家庭转移；他们操纵制订对他们有利但有损于公共利益的媒体法律法规，为了追求高利润不断炮制出浅薄无聊和为自己公司服务的商业化新闻；他们整合起来的力量使得他们日益成为用娱乐的行为模式和价值体系来培养下一代的主要因素。这一惊人的变化不是被主流媒体所忽视，就是在偶尔的报道中被美化了。②

我国社会主义初级阶段以公有制为基础的媒介所有制属性，决定了我国媒体融合的目的是满足人民群众不断增长的信息使用需求。一方面适应现代传播发展的需要，发挥好媒体服务社会的作用，另一方面也是为了充分运用好新技术、新应用，创新媒体的传播方式。因此，要推动传统媒体和新兴媒体在内容、渠道、平台、经营、管理等方面的深度融合，要通过融合打造一批形态多样、手段先进、具有竞争力的新型主流媒体，要通过融合建成几家拥有强大实力和传播力、公信力、影响力的新型媒体集团，以形成立体多样、融合发展的现代传播体系。

3. 媒介结构融合

媒介结构融合是指媒介组织将以往以职能为主的"并列结构"设置，转向以信息为核心的"中心制结构"设置。即以往媒体内部按不同职能设置有总编室、采访部、新闻部、专题部、评论部，各部门信息采制主要以完成各自职能、服务于各自职能需求为目的。而"中心制结构"则以融合传播需求为目的，采用类似"中央厨房"的方式，实现统一采集、统一制作、分层传播。

第二节　融媒传播动因

国内外学界业界对当下媒体融合的动因有不同的认识。1983年美国学者伊契尔·索勒·普尔提出"传播形态融合"时认为，是数码电子科技的发展导致了历来泾渭分明的传播形态的聚合。但以史观今，正如媒介进化从来是多重动因复合之下的结果一样，当下媒体融合的加速既有技术、市场、产业的因素，也有更深层次的政治、经济、文化的动因。

---

① 这六家母公司分别是：通用电气（General Electric）、维亚康姆（Viacom）、哥伦比亚广播公司和西屋公司的联合体、迪士尼（Disney）、贝塔斯曼（Bertelsmann）、时代华纳（Time Warner）和默多克（Murdoch）的新闻集团（News Corp）。

② 本·H.贝戈蒂克安.媒体垄断[M].吴靖，译.石家庄：河北教育出版社，2004：4-6.

一、数字化是融媒体传播的主导力量

人类传播的历史表明,信息传播是人类社会生产实践的需要,生产技术的不断创新一方面推动了社会生产力的发展,另一方面也促进了人类传播能力的不断提升。20世纪90年代以来,信息数字化、传播网络化、文本多媒体化、接收方式智能化、传受交互化等技术的不断推出,改变了传统的传播方式与传播手段,打破了不同媒体、载体之间的界限,为形成新型的媒体关联结构创造了条件。

数字化基于0和1的二进制数字技术。广义上的数字化(Digital)是指数字技术在社会生活各个领域的全面渗透。在传播领域则表现为以数字技术全面替代传统模拟技术的现实。数字化使通信网络、计算机网络和大众媒体网络具有了统一的技术接口,这也是许多媒介理论家将计算机和网络的结合看作是终结所有媒介的"元媒介"[①]的逻辑来源。尽管迄今人们还无法确定"网络+计算机"就是人类的"通用媒介"或最终媒介,但新闻传播领域的数字化对融合传播的影响却是不争的事实。

首先,数字化使信息制作由过去离线制作变为在线制作。数字网络不仅是媒体传播的渠道,也成为信息在线制作的基本环境。在线制作弱化了信息生存的时间概念,使接收不再受到时态的限制,制作本身也打破了传统的采集方式,从资料收集、新闻采写、影像制作,到审编、排版、美工再到最后的"成品打包"等所有流程,都完全摆脱了传统媒体"离线式"的采集制作方式,而完全以在线的方式出现。

其次,数字化使多媒体文本成为主要的传播文本。传统媒体对文字、声音、动画、图像、图片等传播符号或存在使用上的局限,或虽能尽用(如电视)但诸多符号之间却又无法链接,不能通过传播层面去实现传播符号之间的相互确证与相互索引,难以实现传播效果的最大化。而"多媒体传播手段使各媒体借他种媒体的优势为己用,形成跨媒体运作"[②],从根本上满足了真实面对、客观再现对信息的需求,而链接技术又为多种符号的相互确证与相互索引提供了桥梁,使信息接收者与信息传播者之间有了更多的交流手段。

也因如此,美国学者艾伦·凯(Alan Kay)和阿黛尔·戈德堡(Adele Goldberg)将数字计算机视为可通过数字化模拟所有现有媒介的单一技术,且将其称为终结所有未来媒介的媒介——"元媒介"[③]。尽管对此说存有争议,但媒体融合的推动力在于数字技术的革命,而网络与计算机的"合谋",则使所有媒体内容都数字化了,如数字出版、数字广播、数

[①] "元媒介"与"元数字媒介"基本是同一概念。无论是使用哪种概念的学者都力图表明:计算机和网络的联手,可能确实成功地完善了所有的媒介。详见约翰·麦克马伦,佟亚洲,陈曦.进化、融合与反应:对新媒介的新认识[J].国外理论动态,2019(5):59-70.

[②] 张海鹰.网络时代传播环境的变化给大众传媒带来的挑战和机遇[J].新闻大学,1999(4):70.

[③] 约翰·麦克马伦等学者则认为,这并不预示网络和计算机会终结未来各种媒介的出现,或有可能性,即大量的新数字媒介将在社会中得到发展、接纳和塑形。媒介会朝着更高阶段成倍增长。他们提出的证据为,数字基础技术及其原初功能可见性即可计算性的出现激发了一系列具有新的表达和交流潜力的数字媒介的出现,类似于YouTube和Twitter这样的网络平台。详见约翰·麦克马伦,佟亚洲,陈曦.进化、融合与反应:对新媒介的新认识[J].国外理论动态,2019(5):67.

字电视、数字音乐,等等。

总之,数字化不仅使传播变成了个性化的、参与式的、可移动的,而且也延伸了传统媒体的"触角"。

二、后信息时代信息生产模式的变革

在日常经验理解中,信息是具有新内容、新知识的消息、新闻、语言文字符号等所反映的内容。进入20世纪,信息一词从普通用语转变为科学术语。在实用信息科学中,控制论创始人维纳(Norbert Wiener)作为思考信息日常用法之外的第一人,提出"信息就是信息,不是物质或能量"的著名论述,认为信息是物质、能量的性质、特点、运动状态等规律的反映。信息以物质、能量为载体,它既不是物质也不是能量,但信息无处不在、无处不有,只要有物质、能量存在的地方就有信息。它以波的运动形式来反映物质、能量运动的整体内容,是事物之间相互联系的媒介。因此,从本体上看,物质是本源的存在,能量是运动的存在,信息是联系的存在。信息是物质存在方式和状态的自身显示。信息以能量和物质为媒介,自由地超越空间和时间进行传播,它是"当我们适应外部世界,并根据对外部世界的感觉做出我们的调整时与外部世界交换事物的内容的名称"[1]。

不同学科领域对信息的认识不同。信息论的创始人香农认为,在通信过程中,接收者对发送内容的不确定性随着内容的接收被部分或全部消除,信息是被消除的不确定性。而"在社会学领域中,信息学指的是操纵大众媒体等的传媒学和调配金钱这种信息流通的经济学。而从人文科学者的角度来说,信息学则是语言及编辑语言的文学,或者是思考音乐、绘画等信息内容和心灵关系的认知心理学"[2]。在新闻传播学领域,信息主要指社会信息,是人在社会生产和交往活动中交流的信息,伴随着人的精神和心理活动,是"物质载体和精神内容的统一,主体和客体的统一,符号和意义的统一"[3];是"人类与现实之间的一种基本关系"[4]。然而,"无论在何种领域中,信息就是人类和人类的活动本身,是无限接近哲学中所谓存在意义的。它就是一个应该处于中心位置的广义概念"。因此,广义上的信息是"对客观事物变化和特征的反映;是客观事物之间相互作用和联系的表征;是客观事物经过感知或认识后的表现。由于来源于客观,所以客观性是信息的根本属性"[5]。随着人们对信息认识的不断加深,以信息为标志对人类社会发展所作出的预测、判断的研究成果不断问世,"技术""工业""信息""后""革命"也成为很多未来学家论著中的热门词汇。

美国著名社会学家丹尼尔·贝尔将人类社会的发展分为"前工业社会""工业社会"和"后工业社会"。他认为,前工业社会主要是同自然界的竞争,即社会的资源来自采掘工

---

[1] 马克·布尔金.信息论本质·多样性·统一[M].王恒君,嵇立安,王宏勇,译.北京:知识产权出版社,2015:2.

[2] 川口盛之助.大趋势:世界的终结与开始[M].詹雪,译.北京:东方出版社,2018:204.

[3] 郭庆光.传播学教程[M].北京:中国人民大学出版社,2011:4.

[4] 马克·布尔金.信息论本质·多样性·统一[M].王恒君,嵇立安,王宏勇,译.北京:知识产权出版社,2015:14

[5] 伍仁和.信息化战争论[M].北京:军事科学出版社,2004:3.

业,受到报酬递减律的制约,生产率低下;工业社会是同经过加工的自然界竞争,它以人与机器之间的关系为中心,利用能源把自然环境改变成为技术环境;后工业社会则是"人与人之间的竞争"——即在以信息为基础的"智能技术"同机械技术并驾齐驱的时代,能否更好地组织、运用这些新技术资源能力的人之间的竞争。他意指的"后工业社会"有三个组成部分:"在经济上,它从制造业转为服务业;在技术上,它是以科学为基础的新工业的中心;在社会学上,它是新的技术权贵的兴起以及新的阶层原则的开始。"①

美国未来学家阿尔温·托夫勒认为,无论是丹尼尔·贝尔的"后工业社会",还是其他学者所称的"电子技术时代""科学技术革命",抑或他自己原先所称谓的"超工业社会"等命题都不是合适的。他提出,人类到现在已经经历了两次巨大的变革浪潮。第一次浪潮是历时数千年的农业革命,第二次浪潮是工业文明的兴起,其特征是标准化、同步化、专业化和集中化。他认为,人类正在经历第三次浪潮的变革。这种以多样化可再生的能源为基础的生产方式,使大多数近代化生产流水线相形见绌,特别是第二次浪潮中采用的"大规模群体化传播"正在消退,开启了"非群体化传播工具时代",显示出人类彼此用以交流信息的数量有了巨大的跃进。而"这种发展,说明了为什么我们现在正在变成一个'信息社会'",由此,"第三次浪潮挣脱了陈旧而负担过重的第二次浪潮信息领域的框框,并建立起一个将取而代之的新的信息领域"。② 世界著名的未来学家、《大趋势》的作者约翰·奈斯比特则提出,1956—1957 年是时代发展的一个转折点,它标志着"工业社会"的结束和"信息社会"的开始;日本经济学家松田米津在《信息社会》中则提出信息社会在 1975—2000 年将发展到第四个阶段,即实现个人的电脑化。

类似对社会发展的分类还有很多。如美国麻省理工学院教授尼葛洛庞帝根据数字化的发展,在 20 世纪末提出了"后信息社会"的概念。他在《数字化生存》一书中,将"后信息社会"又称为"比特时代""数字化时代",认为这是继工业时代和信息时代之后的一个新时代。他和其他未来学者都认为,工业时代是原子时代,是在任何时间与地点都以统一的标准化方式重复进行的机器化大生产的经济形态;信息时代是电脑时代,经济规模相同,但时间和空间对经济的影响减弱了,人们能随时随地制造比特,大众传媒覆盖整个世界,但为迎合个别人的特定服务也空前发展。英国牛津大学哲学与伦理信息教授、牛津大学互联网研究院主任卢西亚诺·弗洛里迪还提出了"第四次革命"的概念。认为,迄今为止,"我们仍在把信息与通信技术看作人与外部世界、人与人之间沟通的工具。而事实上,它已经成了环境、人类学、社会等的发展甚至是解释外部世界的力量"③。他提出,人类在经历了哥白尼革命、达尔文革命、神经科学革命之后,已经来到了第四次革命的时代——自我认知革命。自我认知革命由信息与通信技术(information and communication technologies)引发,所以亦称为"图灵革命"。他在《第四次革命》一书中写道,"我们越来越多地将自己的记忆、决定、日常安排和其他活动,以一种与我们不断融合的方式,委派或外包给这

---

① 丹尼尔·贝尔.后工业社会的来临:对社会预测的一项探索[M].高铦,王宏周,魏章玲,译.北京:商务印书馆,1984:539.
② 阿尔文·托夫勒.第三次浪潮[M].朱志焱,潘琪,张焱,译.北京:新华出版社,1996:182-183.
③ 卢西亚诺·弗洛里迪.第四次革命[M].王文革,译.杭州:浙江人民出版社,2016,前言.

些数字信息智能体去打理";"我们就是信息体";"人机交互已成为一种双向的关系";"人类独一无二的地位将被取代"。①

本书编著者认为,这些多种预测或观点既充满了人们对社会发展的向往,其中包含着对信息的全新认识,当然也不乏作家们"一边忖度读者的阅读心理,一边使用理论进行高度武装的、充满感情的论著"②。如果仅从信息变革上看,目前人类已经开始进入后信息时代,其重要标志之一就是信息生产模式(方式)的变革,即所谓"后福特主义"生产模式已经成为主导。

第二次产业革命建立现代大工业之后,以美国福特公司为代表的"福特主义"③生产方式逐步推向欧洲和世界主要资本主义国家。"福特主义"生产方式以市场为导向,以分工和专业化为基础,强调大规模生产、标准化产品、垂直型的组织形式、刚性生产(即劳动技能、管理结构、组织边界及产品等方面所表现出的刚性特征)、生产者决定论以及寡头垄断型的市场结构。④"福特主义"标准化的生产模式提升了生产效率,使资源配置最优化。

在大众传播领域表现为信息生产的复制化、标准化和批量化。这种信息生产模式一方面可通过大量的复制,取代以往独一无二的存在⑤,有助于信息的大量产生和快速传播,丰富人们的物质交往和精神交往;另一方面,流水线式的生产也导致大量同质化、标准化甚至是冗余信息的泛滥。法兰克福学派第一代的主要代表人物、德国哲学家西奥多·阿多诺(Theodor Wistuqrund Adorno)曾对这种文化工业生产方式有过如下批判:"古典作品中每一个作品都是独特的创造,都有其独特魅力,是其他作品无法取代的。而流行音乐的主题、形式、作曲、调式和技巧等都是标准化的。"⑥很多学者也认为,这种标准化生产的信息既不能真正解决人们"信息茧房"(information cocoons)⑦的困境,也容易因过量的"信息潮"产生精神压力。⑧

20世纪60年代中期到80年代初,一系列偶然事件所导致的外来冲击以及福特主义大规模生产发展所带来的一系列变化,改变了"福特主义"生产组织的外部条件。大规模生产带来收入上的增长和收入分配上的差别,使社会中阶级、种族、性别、生活方式上的差

---

① 卢西亚诺·弗洛里迪.第四次革命[M].王文革,译.杭州:浙江人民出版社,2016:108-111.
② 川口盛之助.大趋势:世界的终结与开始[M].詹雪,译.北京:东方出版社,2018:4.
③ 美国汽车大王亨利·福特在1914年引进了世界上第一条操作自动化的汽车装配生产线。西方马克思主义奠基者之一的葛兰西把这种起源于美国、扩散到欧洲,大规模、机械化、僵化的生产模式称为"福特主义"。
④ 赖土发.从福特主义到后福特主义:中国工业化进程面临的机遇和挑战[J].福建论坛,2004(11):26-28.
⑤ 瓦尔特·本雅明.机械复制时代的艺术作品[M].王才勇,译.北京:中国城市出版社,2002:10.
⑥ 西奥多·阿多诺.文化工业再思考[M].//文化研究:第1辑.天津:天津社会科学出版社,2000:203.
⑦ 美国哈佛大学教授凯斯·R.桑斯坦(Cass R. Sunstein)认为,随着网络技术的发达和信息的剧增,人们可以随意选择想关注的话题,但如果公众只注意自己选择的东西和使自己愉悦的领域,久而久之,个人被禁锢在自我建构的信息环境中,就像蚕茧一般的"信息茧房"。详见《信息乌托邦:众人如何生产知识》,法律出版社2008年版。
⑧ 大量的心理学研究成果表明,因信息剧增担心失去重要内容,人们会时刻关注各类信息而无法摆脱无休无止的"刷信息",从而对人们产生巨大的精神压力——"信息强迫症"。

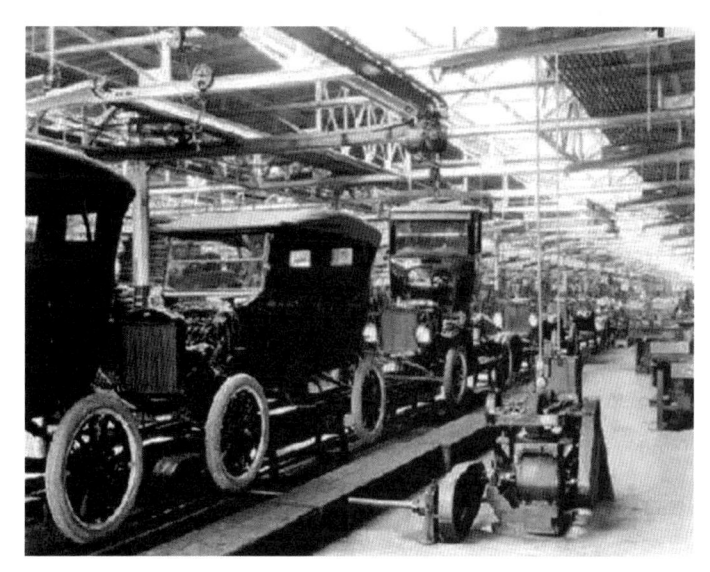

图 2-1 福特主义生产方式

别越来越大,同时也导致了消费品市场的饱和,全球资本主义体系内出现了"福特主义危机"——通货膨胀、失业、停滞、利润率全面下降。这种内在缺陷导致的"福特主义危机"使资本主义劳动过程向"后福特主义"(Post-fordism)转变。"后福特主义"认为,最大利润来自为特定消费者的特定需求提供产品或劳务的过程。[①] 而"后福特主义"的生产模式正是"以满足个性化需求为目的,以信息和通信技术为基础,生产过程和劳动关系都具有灵活性(弹性)的生产模式"[②]。市场开始向多元化市场转变,标准化的产品生产向多样化、多品种、个性化生产转变。

后信息时代的信息生产也开始按照"后福特主义"的生产模式进行——个性化需求、大规模定制、水平型组织形式、弹性生产、竞合型的市场结构、消费者主权论。如尼葛洛庞蒂所称,在后信息时代,大众传播的对象往往是单独一人,"未来的界面代理人可以阅读地球上每一种报纸、每一家通讯社的消息,掌握所有广播电视的内容,然后把资料组合成个人化的摘要。这种报纸每天只制作一个独一无二的版本"[③]。

三、资本支持下跨国企业的全球性扩张

资本有广义和狭义之别。狭义的资本概念特指资本主义经济中的资本,广义的资本概念包括的范围更广,如资本主义前就有商业资本和借贷资本。我国社会主义经济中也运用资本的概念,它指的是社会主义市场经济条件下,投入企业生产和经营活动的固定资

---

① 谢富胜.资本主义的劳动过程:从福特主义向后福特主义转变[J].中国人民大学学报,2007(2):64-70.
② 赖土发.从福特主义到后福特主义:中国工业化进程面临的机遇和挑战[J].福建论坛,2004(11):27.
③ 尼葛洛庞帝.数字化生存[M].胡泳,等译.海口:海南出版社,1996:181.

产和流动资产的价值形态。① 这里所讲的资本特指资本主义经济中的资本,是指通过购买工人的劳动力能够获得剩余价值的价值,反映着资本主义的生产关系。在生产资料私人占有制度下,"资本是对劳动及其产品的支配权力"②。

在现实生活中,资本的存在形态总是表现为货币、厂房、机器、原料、商品等一定的物。但货币与生产资料本身存在于多个社会经济制度中,不能将他们与资本画等号。资本的本质不是物,这些物本身不能反映资本的实质。只有在资本主义制度下,这些物在运动中带来剩余价值才能成为资本,资本的实质是体现在物上的生产关系。正如马克思所指出的:"生产资料和生活资料,作为直接生产者的财产,不是资本。它们只有在同时还充当剥削和统治工人的手段的条件下,才成为资本。"③

马克思主义认为,资本具有生产和社会的双重属性。作为生产属性的资本,其行为表现为从投入到产出的循环往复,目的是实现自身的保值增值。而它的社会属性则表现为,"资本不是一种物,而是一种以物为中介的人和人之间的社会关系"④。这种社会关系的性质是由生产资料所有制性质决定的。在以生产资料私有制为基础的资本主义市场经济中,资本实现保值增值的过程,体现了资本雇佣劳动的关系。资本的所有行为目的都是实现利润最大化。为了实现利润最大化,资本可能无所顾忌、无孔不入、无所不为。

马克思和恩格斯很早就认识到,现代交往媒介具有强大的"用时间消灭空间"的能力,能充分满足资本扩张的需要。他们指出:"大规模的生产,资本的积聚,劳动的结合,分工,机器,改良的方法,化学力和其他自然力的应用,利用交通和运输工具而达到时间和空间的缩短,以及其他各种发明,科学就是靠这些发明来驱使自然力为劳动服务,劳动的社会性质或协作性质也由于这些发明而得以发展。"⑤因此,"资本越发展,从而资本借以流通的市场,构成资本空间流通道路的市场越扩大,资本同时也就越是力求在空间上更加扩大市场,力求用时间去更多地消灭空间"⑥。也就是说,资本不断利用和改进运输和传播工具,减少用于在两地间移动货品、人和信息的时间,以往作为影响和限制资本扩张重要因素之一的"空间距离"的重要性大大降低了。

随着全球互联网的快速发展,传播时空的融合,高新技术的运用,资本的扩张速度越来越快。北美著名传播政治经济学代表人物赫伯特·席勒认为,"二战"后,以美国为主导的资本主义经济体系不但通过把信息文化传播领域集中发展为新的资本积累场域,而且通过全球扩张和"文化帝国主义"策略来克服制度性危机。全球商业化的传播体系是通过整合与兼并、跨领域经营与国际化三个相互联系的维度实现的。⑦

---

① 在我国社会主义初级阶段市场经济中,资本、资金和资产这三个范畴常常是通用的。详见夏征农,陈至立.大辞海:经济卷[M].上海:上海辞书出版社,2015:21.
② 马克思.1844年经济学哲学手稿[M]//马克思恩格斯文集:第1卷,北京:人民出版社,2009:130.
③ 马克思.资本论:第1卷//马克思恩格斯全集:第23卷,北京:人民出版社,1972:835.
④ 马克思.资本论:第1卷//马克思恩格斯全集:第23卷,北京:人民出版社,1972:834.
⑤ 马克思.工资、价格和利润[M]//马克思恩格斯文集:第3卷,北京:人民出版社,2009:51-52.
⑥ 马克思.政治经济学批判:1857—1858年手稿[M]//马克思恩格斯文集:第8卷,北京:人民出版社,2009:169.
⑦ 曹晋,赵月枝.传播政治经济学:英文读本上[M].上海:复旦大学出版社,2007:5.

20世纪80年代开始,西方新自由主义经济观开始冲击市场。20世纪90年代,全球化的浪潮也加快了跨国企业在全球的扩张步伐。世界各国的技术革新、政策放宽等一系列的重大变化,推进了信息、电信、文化、娱乐、传媒、出版、金融、证券等众多行业之间的相互渗透和融合,在全球形成了大规模并购、重组的浪潮,多元化成为大公司的发展战略。与此同时,资源配置、整合方式也发生了结构性变化,许多新的业态应运而生,形成新的经济增长点,并直接改变了传统的产业结构,以顺应行业边界模糊的发展趋势。而资本对传播业的扩张的"横向集中往往发生在当一家媒介公司购买另一家媒介公司的主要股份,后者可能并且不与前者的行业直接相关,或者其主要的资金来源根本与媒介无关"[1]。其结果就是在媒介、传播和信息的不同领域中出现了大量巨型的全球企业。在美国主要集中于时代-华纳、贝塔斯曼、新闻集团、迪士尼、索尼、微软、谷歌、通用电气、维亚康姆等九家公司。"这些公司通过控制生产、分配和放映等环节来完成纵向整合,而它们的横向整合跨越了一系列的媒介产品,包括软件和硬件,并在全球范围内,利用国际劳动分工,灵活而更符合成本效益地使用劳动力、资本、研究和发展。他们的经济权力非常集中。"[2]不仅能够通过廉价的数字循环利用产生新的利润,而且也容易造成世界范围内的信息垄断,产生了如美国著名学者诺姆·乔姆斯基所说,不仅在全世界制作意识共识,而且形成"电子文化帝国主义"。

四、信息商品化的加剧

商品是通过市场交换,能满足人们某种需要的劳动产品,商品具有使用价值和价值两个因素,它体现一定的社会生产关系,是一个历史范畴。

商品首先具有使用价值,能够满足人们的某种需要,对人类和社会有用。一切有用的物品,无论是不是商品都具有使用价值。马克思在《资本论》中指出:"有使用价值之物,可以无价值。对人类有效用但非起源于劳动之物,便是这样。空气,处女地,自然草地,野生林木等等,皆其例。"[3]因为它们不是为了交换的劳动产品,没有价值,但有使用价值。其次,商品是劳动产品,但是劳动产品不一定都是商品。如果某种劳动产品直接用于劳动者自己或家庭成员的生产消费或生活消费,或无偿地供他人使用,或作为相互交换的礼品,就不是商品。通过市场交换的产品才是商品。可见,商品就是通过市场交换而供他人或社会使用的劳动产品。

价值是凝结在商品中的无差别的一般人类劳动,即商品价值。它反映的是人类的脑力和体力的耗费。两种使用价值不同的商品之所以能够按一定数量比例交换,原因就在于交换双方的产品中耗费的劳动量是相等的,或者双方的价值是相等的。因此,价值体现着商品生产者之间相互比较劳动耗费量和交换劳动的社会经济关系。[4] 在现代社会中,广

---

[1] 文森特·莫斯可.传播政治经济学[M].胡春阳,等译.上海:上海译文出版社,2013:205.
[2] 文森特·莫斯可.传播政治经济学[M].胡春阳,等译.上海:上海译文出版社,2013:208.
[3] 马克思.资本论:第1卷[M].郭大力,王亚南,译.上海:上海三联书店,2009:5.
[4] 徐光春,等.马克思主义大辞典[M].武汉:崇文书局,2018:104-105.

义的商品并不单单指有形的物品,还包括信息服务在内的各种服务。信息除了具有社会属性外还具有商品的属性。即信息通过市场交换,满足人类和社会生产需要和精神需要。在以生产资料公有制为基础的社会主义市场经济条件下,承认信息的商品价值,有助于发展社会主义经济,有助于用各类信息服务满足人民群众不断增长的物质和文化需求。

随着信息与数字经济之间的联系越来越紧密,资本与新的生产要素"数据"之间的结合也越来越紧密,信息商品化不断渗透到资本主义的传播过程和机构中,资本主义社会传播异化有了新的特征。马克思首先把异化同私有制的统治和私有制统治下的社会制度联系起来,用异化来分析劳动与资本的关系。他在《1844年经济学哲学手稿》中提出了"物的异化"与人的"自我异化"的命题。指出,在私有制统治下,"劳动所生产的对象,即劳动的产品,作为一种异己的存在物,作为不依赖于生产者的力量,同劳动相对立"[①]。北美传播政治经济学的领军人物文森特·莫斯可(Vincent Mosco)运用马克思主义政治经济学的观点,对资本主义媒介私人所有制度下传播商品化进行了深入的阐述。他认为:"商品化指的是将使用价值转换为交换价值的过程,即将价值由其满足个人和社会需求的能力确定的产品转化为价值由其市场价格设定的产品。"[②]资本主义信息传播的商品化首先是内容的商品化。新媒介主要基于数字化过程,通过扩展测量和监管、包装和重新包装信息与娱乐节目的各种机会,数字化扩展了传播内容的商品化。而这种内容的商品化,反过来进一步提升了资本主义意识形态国家机器的能力。"传播被视为一种特殊的、异常强大的商品,因为除了创造剩余价值的能力(因此像所有其他商品一样运作),它还包含了象征和图像,其意义有助于塑造意识……资本主义的大众媒介已经通过制造反映了资本利益的信息等手段,扩展了商品生产的过程。"[③]即传播除了信息商品的使用价值以外,其交换价值中还包括了特殊的价值——反映制造者"意识的价值"。其次是受众的商品化。早在20世纪50年代,传播政治经济学的奠基人之一达拉斯·斯麦兹就提出了"受众商品理论"(audience commodity theory)。1977年,达拉斯·斯麦兹在其著名的《传播:西方马克思主义的盲点》一文中指出,欧洲批判研究片面关注传媒内容在资本主义社会的再产生中所扮演的意识形态作用,忽略了传媒业在资本主义社会中所起的关键性的经济作用,忽略了垄断和消费资本主义阶段的大众媒体如何将受众制造成为商品,而这正是西方马克思主义传播学中的"盲点"。达拉斯·斯麦兹运用马克思关于价值和使用价值的两重性,特别是劳动创造剩余价值的观点,探讨了资本主义商业传播体制下媒介、受众、广告商的隐藏的三角关系。指出,垄断资本主义制度下大众生产、广告支持的传播商品是受众和阅读。媒介生产的真正商品既不是标价出售的广告时段,也不是媒介提供的优良的电视节目,传播受众既是消费者也是"注意力经济"中的劳动者——节目只是提供给顾客的"免费午餐",其目的就是要将观众吸引到节目上来。"免费午餐"的享用者在消磨时光同时也成为商品。"总而言之,受众只是商品而已。作为商品,受众在市场上被生产者和购买者(后者

[①] 马克思.1844年经济学哲学手稿:第3版[M].北京:人民出版社,2000:52.
[②] 文森特·莫斯可.传播政治经济学[M].胡春阳,等译.上海:上海译文出版社,2013:169.
[③] 文森特·莫斯可.传播政治经济学[M].胡春阳,等译.上海:上海译文出版社,2013:172.

就是广告商)进行交易。这些市场以垄断资本主义惯常的方式定价。"[1]受众商品具有的规格就是"人口统计特征",包括年龄、社会性别、收入水平、家庭构成等各类资料,这些都成为媒介"第二次售卖"的商品。再次是生产过程与消费一体的商品化。达拉斯·斯麦兹从历史唯物主义的立场出发,提出的"受众商品理论"已经被历史所证实,"这个理论是'制造经济'走向'信息经济'的划时代发现,它为后来数字经济的理论航程点亮了指路明灯"[2]。传统经济学将生产和消费分为两个不同的领域,20世纪60年代电子技术的出现,使人们开始认识到这种技术或许能弥合生产和消费之间的距离。加拿大传播学者麦克卢汉就提出,电力技术[3]"结束了陈旧的二分观念,即文化与技术、艺术与商务、工作与闲暇的二分观念"[4]。特别是随着信息技术(Information Technology,缩写 IT)和通信技术(Communications Technology,CT)在转向以计算机为核心的信息通信技术(Information and Communications Technology,ICT)[5]之后,信息生产(生产者)与信息消费(消费者)的界限越来越模糊。"这些(指信息通信技术)既是生产的技术,也是消费的技术……信息和通信技术在工作和消费界限的模糊化过程中扮演了至关重要的角色,在服务者和被服务者之间构成了不断变化的界面。"[6]一方面,它构成了"数字经济"的重要基础,成为这个时代的带头产业;另一方面,它形成了"在生产中消费、在消费中生产"的融合模式。这种"既是生产者又是消费者的经济"[7],被称为弥补了有史以来生产者与消费者的分裂。

总之,随着信息时代信息(数据)地位作用的不断提升,"资本对网络连接性的占有与专用"[8]也不断增强,信息商品化趋势加剧,资本主义经济由"金融资本主义转向数据资本主义"[9]。虽然它对整个资本主义的生产关系、生产方式和社会政治制度产生了重大影响,但并没有改变资本主义的性质,而"媒体融合"也顺应了信息资本主义经济扩张的需要。

---

[1] 达拉斯·斯麦兹.传播:西方马克思主义的盲点[M]//姚建华.传播政治经济学经典文献选读.北京:商务印书馆,2019:22.
[2] 郭镇之.传播政治经济学经典文献选读:序[M]//姚建华.传播政治经济学经典文献选读.北京:商务印书馆,2019:1.
[3] 麦克卢汉著作中的"电力技术"(Electric Technology)相当于现在的"电子技术"。
[4] 马歇尔·麦克卢汉.理解媒介:论人的延伸[M].何道宽,译.北京:商务印书馆,2000:426.
[5] 信息通信技术是信息技术与通信技术相融合而形成的一个新的概念和新的技术领域。以往通信技术与信息技术是两个完全不同的范畴:通信技术着重于消息传播的传送技术,而信息技术着重于信息的编码或解码,以及通信载体的传输方式。随着技术的发展,这两种技术慢慢变得密不可分,从而渐渐融合成为一个范畴。
[6] 乌苏拉·胡斯.高科技无产阶级的形成:真实世界里的虚拟工作[M].任海龙,译.北京:北京大学出版社,2011:102,117.
[7] 阿尔文·托夫勒.第三次浪潮[M].朱志强,等译.北京:新华出版社,1996:5.
[8] 丹·席勒.数字化衰退:信息技术与经济危机[M].吴畅畅,译.北京:中国传媒大学出版社,2017:13。
[9] 维克托·迈尔-舍恩伯格,托马斯·拉姆什.数据资本时代[M].李晓霞,等译.北京:中信出版社,2018:13.

第三节　融媒传播影响

人类始终在"用新媒介和新技术使自己放大和延伸"[①]。"融合媒介"虽早已有之,但当下媒体融合的深度和广度则超过历史上任何时期。如果说曾经的媒体"联合""协作"是低层次的融合,那么今天以数字技术为支撑的媒体融合,则更接近于一种高级的阶段,其影响不仅是在信息传播的层面,更体现在对整个社会变革的巨大推动。本节仅从生产、渠道、终端、经营和管理五个方面,阐述融媒传播的影响。

一、内容融合的高产高能

媒体的核心竞争力是生产优质产品的能力,内容融合既是媒体融合的基础,也是媒体融合的重中之重。在"消费生产者"时代,内容生产过程中融入了消费者的参与。受众既是媒体生产的重要生产要素,又是推动媒体内容变革的关键力量。

内容融合既包括内容生产融合,也包括内容表现形式、内容表达话语融合。

(一)内容生产融合降低了各类成本

从内容生产角度看,媒介通过并购,提高了信息产品的生产能力,扩大了信息产品的生产规模,从而达到了规模效益,同时降低了生产成本;其次,媒体融合使内容生产模式具有了一定程度上的一致性,生产的同一内容或近似内容可在不同终端上使用,用"一次生产、多次加工、多种服务、多层传播"方式,提高内容产品的使用效率。

图 2-2　融合传播下的新闻采访

[①] 马歇尔·麦克卢汉.理论媒介:论人的延伸[M].何道宽,译.南京:译林出版社,2011:85.

譬如,一个新闻事件发生后,采访小组可以打破文字、图片、摄像之间的界限,组成熟悉各种技术手段的"多媒体记者",他们将采集的素材迅速传回编辑部门,然后再由精通各类媒介的编辑在图表制作和设计网络交互式传播的专家配合下,制成不同类型的新闻产品。因此,可在信息采制、人力使用、技术设备、传输网络等资源上实现一定程度的共享,提高了资源的利用率,摊薄了固定和可变成本。再次,由于生产规模扩大,在相关投入、采购上也降低了成本。最后,媒体融合使一种媒体的生产经验可以在多种媒体内共享,有助于累积生产经验,同样可以降低生产成本。

(二)内容表现形式兼顾了"事""理""情"的不同侧重

新闻报道往往既包括"事态"(基本事实)、"理态"(事实的原因、背景),也包括"情态"(对事实的主观感受),不同受众对"事态""理态""情态"的所需和感受各不相同。一般而言,新兴媒体多偏向"情态",传统媒体更加重视"理态"。同样面对"事态"时,新兴媒体更强调快速及时、海量多样、互动共享,而传统媒体则更强调准确严谨、客观理性、深度权威。此外,新兴媒体虽具有渠道多样、来源广泛、功能各异、实时传播的优势,但也存在大量碎片信息、不实虚假信息,而传统媒体往往更加谨慎报道核心事实,善于对信息进行深度整合与挖掘。内容表现形式融合兼顾了不同媒体的表现重点,既有"分工"又有"合作",形成"事态""理态""情态"的不同侧重,满足了受众的不同偏好以及在不同情境下的信息消费需求。

(三)内容表达话语融合产生了融媒体语法

新型媒体初出之时,多数信息的发布或直接照搬传统媒体内容,或对传统媒体的内容做文本、图片、音频、视频的简单修改。随着以"去中心化、开放、共享"为主要特征的网络2.0(Web2.0)时代的到来,特别是随着多媒体元素的增加,新闻业界借助各种技术手段,逐渐发展出了一套日趋成熟的融媒体新闻话语体系,新闻的"融媒体语法"得以确立,包括超文本、链接、标签、整合的融媒体内容、固定图片、可移动的图片、图表、信息制图、地图等。媒介从业人员可综合运用多媒体,生产"全媒体"的集合形式的"融合新闻"(Convergence Journalism)。譬如,《纽约时报》的"雪崩"报道就是"融媒体语法"的典型范例。该专题将文字、图片、视频、动漫和交互式图形无缝融合,形成连贯的"叙事流",自然流畅且方便易读,给读者带来了全新的在线新闻阅读、视听体验。[①]

二、融合渠道后的无缝对接

渠道是运送产品的载体,是信息流向受众的途径。"得渠道者得天下",渠道融合决定着媒体融合的实效。新闻的个性化生产首先要求其内容是具有社会价值的,即"为多数闻者所注意",更重要的是在云技术时代实现"我报道"和"我选择"之间的深度价值互动和共享。没有渠道,内容就是库存;没有渠道,媒体就没有传播。所以渠道即是传播力,媒体生

---

① 完整报道可参考 https://play.tudou.com/v_show/id_XNjE1MTMxMzky.html.

命力重要来源之一就在于有效的传播渠道。

渠道融合表现在对以往不同媒体传播渠道的融合上。如广播传播渠道、电视传播渠道、报纸传播渠道,等等。当这些渠道融合后,可以使不同媒体与不同信息的接收人群实现无缝对接,达成各类传播媒体相互助力、拓宽渠道、延展市场,形成"全渠道"覆盖。譬如,在报纸版面、电视屏幕有进入网页内容的"二维码",可以借助后者进入网络渠道。再譬如,商业网站链接新闻网站就是借用前者的品牌优势和渠道优势,拓展自己的传播渠道,并形成商业品牌和新闻品牌的互补效果。

从"媒介即讯息"的角度上看,内容与渠道是可以互转的——同样的内容在不同的渠道中呈现的效果不同,甚至连性质都可能发生根本性改变。因此,不同媒体渠道的融合既解决了不同情境下不同信息的消费方式,又实现了内容与渠道的互转。

三、终端融合之后的"沉浸场景"

终端是产品与用户接触的一个点。终端融合决定着媒体融合的高度。终端融合可链接不同介质和终端,打破媒体平台与商务平台、社交平台、支付平台之间的藩篱,形成以人为中心,内容提供商、广告商、应用服务商、用户等各取所需,互利共赢的综合平台。如果将大众传播称为"第一媒介时代",分众传播称为"第二媒介时代"的话,融媒体传播则可以视为以"沉浸"为基础的"第三媒介时代"——以人为中心、连接所有媒介形态的人类大环境,让用户产生依赖甚至"沉浸"其中,无处不在而又润物无声。

终端融合不是对新媒体技术的简单"嫁接",而是构建"一体化"的开放平台,打造"一体化"的平台生态系统,共存互补、有机结合、创新发展。强调的是特性不同、传播力不同、影响力不同的媒体介质间的聚合,实现的是资源的优化配置和传播效果的最大化。譬如,社交平台已经成为互联网新业务的服务入口和用户来源,促进社交平台与新闻媒体有效对接,建立自有渠道和第三方渠道交叉覆盖体系,以增强黏性,集聚更多的忠实用户。终端融合扩展了媒介的功能,使传播与人们的生活日益交织,传播就是生活、生活也是传播,人们的社会生活难以区别哪些是传播活动,哪些不是传播活动,而仅仅是一种不知不觉的行为,人的一切行为就是在不知不觉中进行的。

显然,终端融合造就了"沉浸场景",使传播活动、生产活动、交换活动等交织在一起。如果说李普曼勾勒出的"拟态环境",仅仅让人们感受到媒介的强大力量,那么当今无处不在的平台融合则已经成为人们生命必不可少的"数据细胞",而这些"数据细胞"具有惊人的繁殖能力。正如加拿大技术哲学家、环境传播学的创始人之一尼尔·波斯曼所说,当代新媒体的"技术变革不是数量上增减损益的变革,而是整体的生态变革",同时"它改变一切"。[①]

四、经营融合之后的混合模式

经营融合决定着媒体融合的市场能力。传统媒体在长期运营过程中,形成了以广告

---

① 尼尔·波斯曼.技术垄断:文化向技术投降[M].何道宽,译.北京:北京大学出版社,2007:9.

为主体、以内容为副产品的营收模式。譬如,报纸以发行数量和发行范围为依据带来的广告增值,广播电视以收听收视为依据带来的广告增值,等等。然而,随着各类新型媒体的出现,世界各国的报纸发行种类、发行量不断降低,广播电视的收听收看人群也在不断缩小,以往传统媒体的经营模式已经难以为继。仅以中国报纸为例。2014—2020年,中国出版的报纸种类分别为1912、1906、1894、1884、1871、1851、1810,呈逐年下滑趋势;与此同时,中国报纸总印数、报纸平均期印数、总印张数也在减少,2020年,中国报纸出版总印数为289.14亿份,较2019年减少了28.45亿份,同比减少8.96%;报纸平均期印数为15692.99万份,较2019年减少了1610.35万份,同比减少9.31%;总印张数为654.69亿印张,较2019年减少了141.82亿印张,同比减少17.81%。报纸种类、总印数、报纸平均期印数、总印张数的不断下滑,造成营收的大幅下滑。2020年中国45家报刊出版集团主营业务收入较2019年减少了48.50亿元,同比减少11.20%,利润总额较2019年减少了3.77亿元,同比减少9.35%。[1] 与报纸、广播电视等传统媒体相比,新兴媒体业务始终保持增长态势。2020年,中国数字出版收入11781.7亿元,增长19.2%。新媒体上市公司各项经济指标全面增长,实现营业收入增长13.7%、资产总额增长5.5%、利润总额增长134.1%。[2]

显然,在媒体快速发展之时,无论是为了取得媒体影响力还是获得持续发展的资金和能力,传统媒体和新兴媒体都需要积极探索和拓宽市场。相比新兴媒体,传统媒体面对市场变化,其采用新的运营模式的能力还远远不够。而媒体融合后,可以通过并购、收购、资本运用等重新组合方式,使大型传媒集团拥有不同类型的媒介,并在这些媒介之间实现内容相互推销和资源共享,使传统媒体和新兴媒体都具有既各有特色,又相互补充的混合运营模式。

五、管理融合之后的结构重组

管理融合是媒体融合发展的制度保障,决定着媒体融合的最终成败。从中国媒体发展的现实看,传统媒体和新兴媒体融合发展,必须打破旧有的条条框框,特别是破除制约融合发展的政策性壁垒。管理融合后,可以从体制上打破政策性壁垒,改变目前"九龙治水,各管一块"的模式弊端,对网上网下、不同业态的媒体形式进行统筹把控,顺应媒体融合的一体化趋势,同时在结构上重组媒体组织。从以往媒体融合的教训来看,传统媒体和新兴媒体存在着突出的"合而不融,分立单干"的尴尬现状。管理融合后可以重组媒体的内部组织结构,实现媒介资源、生产要素的有效整合,有利于打造一支适应现代新闻采编生产流程的复合型全媒体人才队伍,培养适应新媒体环境的管理人才、技术人才、经营人才。

---

[1] 中国报纸出版情况及报刊出版集团经营现状分析[EB/OL].(2022-01-17)[2022-07-17]. https://www.chyxx.com/industry/202201/993062.html.
[2] 2020年新闻出版产业分析报告[EB/OL].(2022-12-16)[2022-07-17].https://www.nppa.gov.cn/nppa/upload/files/2021/12/910c52660b947756.pdf.

融媒体传播案例

好在有你

本案例是新华网紧密结合 2019 年 7 月 25 日国务院新闻办《平等、参与、共享：新中国残疾人权益保障 70 年》白皮书的发布，从大学生志愿者发起的保障残疾人社会发展权利的"光明影院"无障碍电影项目入手，与中国传媒大学合作编创的我国首个无障碍媒体融合报道。

报道将视障孩子妈妈讲述的女儿随着社会进步艰辛而茁壮成长的故事与我国残疾人事业发展历程紧密勾连，图文声像影综合运用，生动展示 70 年残疾人事业发展历程，使用户真切感受到"尊重和保障残疾人的人权和人格尊严，使他们能以平等的地位和均等的机会充分参与社会生活，共享物质文明和精神文明成果，是国家义不容辞的责任，也是中国特色社会主义制度的必然要求"。

作品注重产品形态与传播语态创新，着力探索媒体形态与融合语态的创新，通过传播角色融合、内外视角融合及语境融合，营造了满足用户使用习惯、视听心理感受和内在情感需求的新闻场景，增强了用户的代入感、体验感和认同感。

在报道手段上，作品充分发挥了文字、图片、视频、音频等多种信息表达元素以及链接、互动体验等多种交互手段，刻画了鲜活的人物形象，讲述了曲折的故事，同时以长图梳理 70 年来我国残疾人事业发展及特殊教育事业发展历程，在尊重用户阅听流畅感与沉浸度的同时，巧妙结合人物故事，拓展报道历史厚度。并以契合多种用户需求的无障碍场景融入，将产品独有的无障碍编辑与融媒体表达形态进行优化组合，将无障碍解说整体嵌入文本，在满足视障群体阅听习惯的同时，给予普通用户超语音播报新闻的深度参与感；利用强化故事叙述与主题表达的交互设计——设置弱视汉字识别、读谱弹键及"点亮光明"个性海报等互动因素，增强了用户体验，强化了理性化情绪传播。

总之，整个报道通过典型人物的感人故事，融合多种媒体手段，引导用户感受国家社会发展大历史的强劲脉搏，由小见大，展示了 70 年来我国残疾人事业的发展进程和伟大成就。选题思路精准、报道视野开阔。报道既有动人至深的感性表达，又有多维时空的历史呈现和力透纸背的深度剖析，内涵深刻，意蕴深远。

本章思考题

1. 如何看待媒体融合的命题？
2. 媒体融合包括哪几类融合方式？
3. 媒体融合传播的内外动因何在？
4. 融媒体传播的影响有哪些？

阅读参考书目

1. 张成良.融媒体传播论[M].北京:科学出版社,2019.
2. 鲍立泉.技术视野下媒介融合的历史与未来[M].武汉:华中科技大学出版社,2013.
3. 许颖.媒介融合的轨迹[M].北京:中国人民大学出版社,2011.
4. 克劳斯·布鲁恩·延森.媒介融合:网络传播、大众传播和人际传播的三重维度[M].刘君,译.上海:复旦大学出版社,2012.
5. 文森特·莫斯可.传播政治经济学[M].胡春阳,黄红宇,姚建华,译.上海:上海译文出版社,2013.
6. 丹·席勒.信息资本主义的兴起与扩张[M].翟秀凤,译.北京:北京大学出版社,2018.
7. 乌苏拉·胡斯.高科技无产阶级的形成:真实世界里的虚拟工作[M].任海龙,译.北京:北京大学出版社,2011.
8. 迈克尔·布若威.制造同意:垄断资本主义劳动过程的变迁[M].李荣荣,译.北京:商务印书馆,2015.

第三章 融媒体传播理念

---教学目的与要求---

通过本章学习,了解融媒体传播的基本理念,掌握互联网思维的意义、价值;内容为王的基本内涵;自媒体的属性、特征以及传播优势与不足,懂得在全息媒体、全程媒体、自媒体时代,大数据、算法和智能技术对传播的影响。

互联网的发展使人类传播图景发生了根本性改变。正如联合国教科文组织在《世界文化报告》中所指出的那样,"信息技术,特别是互联网及网页,具有改变世界及人类的潜力,计算机空间(Cyberspace),即这些新关系发生的空间,使我们的时空概念、表现方式和语言发生了变化"[①]。

第一节 互联网为中心的泛融合

在互联网出现之前,无论是印刷媒体还是电子媒体,彼此之间也都存在一定程度的融合,但这种融合实际是不同媒介功能之间的部分替代关系,而不是完全整合关系。互联网出现之后,传统媒体认识到互联网传播的巨大优势,展开与互联网的融合,"互联网+"思维应运而生。

一、"互联网+"思维

1998年,在互联网进入中国的第四年,有学者就敏锐地发现,互联网具有自己的思维方式,指出:"国际互联网络已经并正在形成独特的文化类型。这种网络文化类型拥有自己独立的技术语言,自己的思维方式,自主的沟通标准,具有极为独特的生存状态。"[②]随着互联网在全球的快速发展,世界传统工业经济也向互联网经济转型,这使得旧有的社会经济规律、行业市场格局、企业经营模式等不断被改写,出现了全新的经济格局。

[①] 联合国教科文组织.世界文化报告 1998:文化、创新与市场[M].关世杰,等译.北京:北京大学出版社,2000:192.
[②] 曹增节.国际互联网的文化意义分析[J].中共浙江省委党校学报,1998(2):55.

图 3-1 "互联网＋"思维示意图

2011年,百度公司创始人李彦宏针对中国信息化商业模式,首次提到"互联网的思维";2012年,小米CEO雷军提到"互联网思想"时,将其总结成"专注、极致、口碑、快"的"七字诀"。随着对互联网思维认识的不断加深,人们普遍认为,互联网思维并不是某种单一的思维,更不是某种或几种方法,而是"在互联网对生活和生意影响力不断增强的大背景下,企业对用户、产品、营销和创新,乃至对整个价值链和生态系统重新审视的思维方式。互联网思维不是技术思维,不是营销思维,也不是电商思维,而是一种系统性的商业思维,而且不只适用于互联网企业,而是适用于所有企业"[1]。也有人将此喻为互联网时代互联网公司的一种精神——"互联网精神",并将这种精神归纳为"创新""交流""效率""免费"[2]。

2015年,中国政府在全国"两会"的政府工作报告中,正式提出了"互联网＋"和工业互联网的概念。"互联网＋"的"＋"号代表着各个传统行业。"互联网＋"代表一种新的经济形态,即充分发挥互联网在生产要素配置中的优化和集成作用,将互联网的创新成果深度融合于经济社会各领域之中,提升实体经济的创新力和生产力,形成更广泛的以互联网为基础设施和实现工具的经济发展新形态。

二、新闻传播领域"互联网＋"思维

既然"互联网＋"的"＋"号代表着各个传统行业,"互联网＋"的思维自然也渗透到了新闻传播领域。但早期的媒体融合是传统媒体将互联网作为对自身传播能力不足的补充,如建立网站、移动客户端、开设官方微博和微信公众号等。虽然在传播内容、传播渠道、传播平台、传播经营和管理上有一定程度的融合,但这种融合仅仅是以"＋互联网"的方式进行的,其中心并不在互联网,只能算是媒体相加。这种融合尽管可能有局部性或短

---

[1] 陈雪频.定义互联网思维[J].上海国资,2014(2):70.
[2] 冯洪全.互联网精神[J].深圳特区科技,2000(3):26-27.

时期的小成功,但面对传播技术数字化、传播渠道网络化、信息终端移动化、内容分析数据化的现实,这种"＋互联网"的理念无法真正实现深度融合,也不可能有全局性、长时期的大成功。

2014年8月18日,习近平总书记主持中央全面深化改革领导小组第四次会议,审议通过了《关于推动传统媒体和新兴媒体融合发展的指导意见》。习近平明确提出,推动传统媒体和新兴媒体的融合发展,要强化"互联网"思维。有学者认为,"互联网思维",即用互联网的传播特征来思考媒体融合,例如即时传播、海量传播、平等和互动交流、充分运用大数据和云计算、用户体验等等。总之,要即时甚至提前筹划,满足公众多样化和个性化的信息需求。[1] 也有学者认为,互联网思维的核心逻辑就是"互联互通",就是要把过去相对割裂的、局部的、分散的社会资源通过互联互通的方式,使在传统社会被闲置、被轻视、被忽略的"一盘散沙"式的各种资源和相关要素能被有效激活。[2]

本书编著者认为,新闻传播领域"互联网＋"思维的核心是以互联网为中心,借助大数据、人工智能、深度学习、人机交互等迭代技术,对传播市场、受众、内容、价值链乃至对整个媒介生态进行的系统性认识和运作。其目的就是要以互联网整合传统媒体和新兴媒体,实现双方在传播内容、传播渠道、传播平台、传播经营和管理等各方面的深度融合,以此促进双方的协调进化与共赢发展。而从微观层面看,"互联网＋"思维还可以细化为:使用便捷、参与度高、数据分析便利、汇聚共赢、用户体验等。

互联网时代的信息传递和获取已经比传统方式快了很多,也更加丰富。但便捷思维不仅表现在受众获取信息的便捷上,而且要体现在与信息相关的各个方面。包括终端利用、功能转换、渠道融通等。受众虽然不知道自己需要什么,但一定知道自己不需要什么。提供使用上的一切便利是最基础,也是最能让受众直接感受到的。

互联网让人们表达表现自己成为可能。每个人都有表达自己的愿望,都有参与到一件事情创建过程中的愿望。让一个人付出比给予更能让他有参与感。在信息社会,互联网技术禀赋所带来的"平均赋权",使个人和机构的话语权趋于均等,因此,传统媒体应该在与自办新媒体"一体化"的基础上,重新寻找自身存在的价值,也就是用"互联网思维"思考其运作机制、商业模式和内容形式。尤其应在内容上寻找自己的独特定位,放弃"大而全"的扩张冲动,成为"小而美"。而用户体验就是使用户在物质和精神两个方面能获得特殊的体验。

总之,强化"互联网思维"必须适应新兴媒体即时和海量传播、平等和互动交流的特点,改变单向传播、受众被动接受的方式,注重用户体验,满足多样化和个性化的信息需求,充分运用大数据和云计算,重视首发、首播,借助商业网站的技术和平台,扩大移动终端的覆盖面。

---

[1] 陈力丹.用互联网思维推进媒介融合[J].当代传播,2014(6):1.
[2] 喻国明,姚飞.强化互联网思维推进媒介融合发展[J].前线,2014(10):54-55.

第二节　技术支撑下的内容建设

媒体融合只有坚持以先进技术为支撑、以内容建设为根本,方能使媒体融合传播真正落到实处。

一、先进技术为支撑

科学技术的每次进步不仅对人类的传播理念产生了重大影响,而且也深刻改变了人类的传播方式。从19世纪中叶开始,世界自然科学突飞猛进,其标志性成果是细胞学说、能量守恒和转化定律、生物进化论这三大发现。自然科学的新发展为马克思主义科学世界观提供了丰富的科学依据。马克思和恩格斯指出,人类生存的第一个前提,也就是一切历史的第一个前提,这个前提就是,人类为了能够创造历史,必须能够生活。而在这个前提解决之后,"已经得到满足的第一个需要本身、满足需要的活动和已经获得的为满足需要而用的工具又引起新的需要,而这种新的需要的产生是第一个历史活动"[1]。马克思和恩格斯用辩证的历史唯物主义的观点,指出了科学技术发明是人类社会不断进步的产物。恩格斯在写作《自然辩证法》时,还曾详细列出与信息传递活动相关的技术发明:公元前160年左右发明了羊皮纸,公元6世纪发明了羽毛笔尖;棉纸在7世纪从中国传到阿拉伯人那里,在9世纪输入意大利;14世纪初叶有了破布造纸,15世纪初叶伦敦有了路灯、威尼斯有了邮局,有了木刻和印刷,并在同世纪的中叶产生了铜版雕刻术,等等,而"现代自然科学——它同希腊人的天才的直觉和阿拉伯人的零散的无联系的研究比较起来,是唯一可以称得上科学的自然科学"[2]。

现代科学的进步大大提升了社会生产力,也更加便利了人类的信息传播。特别是进入15世纪以后,科学技术的快速发展增强了人类社会的交往能力,产生了世界范围的交往,并反过来进一步促进了传播技术演进的加速度趋势——人类社会从语言传播到文字传播经历了几十万年;从文字传播到印刷传播花费了几千年。而进入15世纪后,印刷传播到电影、广播的出现只花费了四百年;而从广播媒体到电视媒体仅花费了约16年时间;从1945年英国人克拉克提出卫星传播的概念到1957年苏联发射第一颗人造卫星只用了12年的时间;从电视到电脑则只有10年的时间。从受众数量上看,如果以拥有5000万消费者为一个里程碑计算,收音机用了38年,电视机用了13年,互联网从1993年对公众开放到拥有5000万用户只花了4年时间。正如马克思和恩格斯所言,新闻传播的本质是满足人类社会的"物质交往"和"精神交往",现代交往媒介的实质是科学和知识的力量,是人的智力和创造能力的发展。

---

[1] 马克思,恩格斯.德意志意识形态[M].//马克思恩格斯文集:第1卷.北京:人民出版社,2009:531-532.
[2] 恩格斯.自然辩证法[M].//马克思恩格斯文集:第9卷.北京:人民出版社,2009:405.

纵观媒体发展的历程,每一次大的变革,无不肇始于技术的驱动。现代科技的加速发展,推动新闻传播从"铅与火""光与电"走到了"数与网",各类新型技术的出现使"传媒业已不是简单的'知识密集型'行业,而是'资本—知识—技术—人才'密集型行业"①。这表明,技术前沿已成为传播环境下的必争之地。谁重视技术的运用,谁就最容易到达受众;谁掌握了技术,谁就占有了渠道,也就聚拢起用户和内容。因此,必须顺应传播移动化、社交化、视频化的趋势,同时积极运用大数据、云计算等技术,发展移动客户端、手机网站等新应用、新业态,不断提高技术研发水平,以新技术引领媒体发展、驱动媒体转型升级。

二、内容建设为根本

内容建设是指技术层面的渠道和平台之外的内容要素的建设。传播历史表明,无论技术如何发展,它始终是外在的、为内容服务的,内容才是核心,才是决定媒体生存与发展的内在之魂。特别是在当前传播技术已经成为媒体的"基础设施"之后,"内容建设"对于媒体而言更是发展的重中之重——"无内容不新闻""无内容无品牌"。

(一)信息的有用性

这是信息传播的基本属性。从受者心理亦即当下的用户思维考量,有价值的信息包括新知识、新政策、新经验、新形势(新动向、新趋势)、新见闻以及新人物等,可帮助受众认识事物、掌握知识、了解形势、受到启发,或给人趣味,或唤起人的情感共鸣。而碎片化传播时代,简洁、明快地传播有用信息,对满足公众的信息需求,及时引导舆情弥足珍贵。②譬如,获第30届中国新闻奖短视频专题报道类一等奖的《十八洞村龙金彪的Vlog|脱贫之后》就是内容有用、有情的好作品。这个作品在拍摄过程中,主创团队与村民同吃同住,与故事主角一起上山下田,用笔和摄影机记录下大量最鲜活的一手内容。作品既让人们了解了这个中国普通山村在脱贫后如何做到不返贫,且能致富奔小康的生动故事,又让人们通过这个有骨、有血、有肉的故事,以一知万、以微知著,全面感受到中国全面建设小康社会的伟大实践。

(二)叙事的情感性

传播的中心是人,而"人之有情乃为人类一大特点"。通过在报道中加入情感元素以唤起公众情感共鸣是重要的新闻叙事方式。国外有学者还提出过"情感性的策略仪式"(the strategic ritual of emotionality)的概念,认为,叙述情感的新闻实践已经制度化和系统化了,报道的客观性和新闻故事的情感化二者并不冲突。③ 国内学者也提出了"情感传播"的概念,认为它是基于常见的某些情境、特定主题和叙事模式,激发个体和集体情感,

---

① 闵大洪.传播科技纵横[M].北京:警官教育出版社,1998:242.
② 许建俊.媒体融合攻坚:三问"内容为王"[J].新闻采编,2018(3):8.
③ 张志安,彭璐.混合情感传播模式:主流媒体短视频内容生产研究:以人民日报抖音号为例[J].新闻与写作,2019(7):57-66.

引起情感共鸣,加剧情感张力。[1] 这些情感表达不仅体现在内容本身具有的情感元素,也体现在背景音乐与内容在情感上的相互促进,而其激发的情感多侧重强烈的爱国主义、英雄主义和人本主义情怀。

(三)呈现的混搭性

互联网在加速不同媒体融合的同时,也必然要求内容表现形式上的"混搭"。从语义学上讲,"混搭"(Mix and Match)包含"混合"和"搭配"之意。其最早源于时尚界,旨在把风格、质地、色彩、差异较大的衣服搭配穿在一起,以产生一种与众不同的效果。随着这个词的快速变化,"混搭"已经被不同行业赋予了不同的含义。如"混搭建筑""混搭音乐""混搭文化""混搭饮食"等等。但无论哪个领域的"混搭",所表示的基本含义都没有发生根本改变,都是将两种或两种不同且差异较大的元素进行有意的搭配,从而形成既带有融合性,又具有个性化特征的新组合体。

内容呈现的"混搭"是指媒体的内容、元素、手段、形式等的融合化传播。"混搭"作为媒体融合后的综合表现手法和操作模式,它突破了以往媒体相对单一的传播理念和表现方式,不仅具有跨界运用的基本特征,而且也具有了多内容、多形式、多元素的拼接、混合和搭配的可能。比如,新闻内容和娱乐形式进行混搭产生的娱乐式新闻;室内情景剧与科普教育混搭产生的室内情景类的科普节目,等等。显然,内容呈现的"混搭"是不同媒体的传播理念、传播模式、传播手段更加深入的有机融合、有机协调、有机渗透之后的必然产物。[2] 融合传播在新闻内容表现上,通过加入微电影、短视频、短评、漫画等元素,既增强了新闻的可读性,也容易提高新闻的关注度。

总之,技术支撑的内容建设,既强化内容质量,使内容有深度、有品位、有价值,又强调内容适应先进技术的要求,做到内容传播有合适的形态、能让公众广泛参与,有效实现内容与技术相互支撑、内容与渠道有机结合,以给内容资源带来新附加值,从而不断提升内容传播的有效性和感染力,增强媒体信息内容的核心竞争力,最大限度地将内容优势转化为发展优势。

第三节 自媒体和社交媒体同行

传统新闻报道须具备三个条件,即载体、组织与人员、新闻采编权。自媒体和社交媒体虽没有新闻采编权,但正如前文所述,媒体融合本质上关涉传播关系的转型,生产过程已融入了媒介消费者的参与。因此,当下媒体融合已将自媒体和社交媒体作为融合发展的重要力量。

---

[1] 蒋晓丽,何飞.情感传播的原型沉淀[J].现代传播,2017,39(5):12-15.
[2] 吴一夫.媒体融合与"混搭传播"[J].中国传媒科技,2014(22):58-59.

一、以自媒体强化内容的生产

"自媒体"(We Media)是以个人采集、制作并借助各类社会化平台实施传播的媒体,因此又称公民媒体(Citizen Media)、参与式媒体(Participatory Media)、另类媒体(Alternative Media)、地下媒体(Underground Media)、我们的媒体(We Media)等。

2003年,在美国新闻学会媒体中心出版的一份研究报告中,自媒体被定义为"是普通大众经由数字科技强化、与全球知识体系相连之后,一种开始理解普通大众如何提供与分享他们本身的事实、他们本身的新闻的途径"①。即社会公众用以发布自己亲眼所见、亲耳所闻事件的载体。2006年,美国硅谷IT专栏作家丹·吉尔默在其专著《自媒体:草根新闻,源于大众,为了大众》中提出,自媒体是以博客、播客、维客、新闻聚合、论坛、即时通信等新媒体为载体的个人媒体的统称。② 显然,自媒体是社会个体实现自我表达而能进行自我生产、主动积累、群体共享,同时兼具私密性、公开性、"点到面""点到点"传播的对等传播载体。如,脸谱(Facebook)、推特(Twitter)、微博、QQ、个人日志、个人主页、微信,等等。

(一)准入门槛低,使用者众多

对广播电视、报纸等传统媒体而言,媒体运作需要花费大量的人力和财力去维系,同时媒介组织的成立也需要经过国家有关部门的核实和验证。在传播高成本、严控制之下,大众传播只能是少数社会组织、机构的行为,即使是在媒介准入相对自由的西方国家,由于资本的扩张、传媒集团的垄断化、跨国化,传媒行业的准入门槛也是越来越高。英国学者詹姆斯·库瑞在《资本主义与报业控制》一文中指出,从19世纪中叶到19世纪晚期,掌握资本的阶级通过改变报业的经济基础,以实现本阶级在意识形态领域的主导地位的政治目的,原来还有的无产阶级的报纸在开放后的报业市场上不但没有增加,反而越来越少了。③ 他发现,"在19世纪,新闻的生产和传播在很大程度上被三家国际新闻大集团控制——英国的路透社、法国的哈瓦斯社、德国的沃尔夫",而"这个趋势在最近几十年中又有所扩展,传播公司不断寻找新的产品市场、低成本劳动力和政府监控与管制最少的地区"④。

而自媒体是公民"自己的媒体",它集拥有者、雇员、记者、编辑等多种角色于一身,既不属于任何媒体组织,也不受制于高成本的羁绊,更不要求有传媒专业知识,这就让"人人都有麦克风""个个都是总编辑"成为可能。任何人只需简单注册申请,根据服务商提供的网络空间和可选模版,就可以利用版面管理工具,在网络上发布文字、音乐、图片、视频等信息,从而轻松创建自己的"媒体"。

---

① 百度词条[EB/OL].(2018-11-16)[2018-11-28].http://baike.baidu.com/view/45353.htm.
② GILLMOR D.We the media:grassroots journalism by the people,for the people[M].O'Reilly Media,2006.
③ 曹晋,赵月枝.传播政治经济学:英文读本上[M].上海:复旦大学出版社,2007:7.
④ 文森特·莫斯可.传播政治经济学[M].胡春阳,黄红宇,姚建华,译.上海:上海译文出版社,2013:207.

（二）个性化表达，长尾式效应

2004年，美国《连线》杂志主编克里斯·安德森提出"长尾效应"理论（又称"长尾理论"）。他认为，传统营销过多关注"二八定律"中的"二"，即少数、集中、有强大购买力的群体，而忽视了多数、分散、购买力相对较低的对象。而网络时代营销成功的关键并不在传统需求曲线的头部，而在于需求曲线中那条无穷长的尾巴，只要存储和流通的渠道足够大，需求不旺或销量不佳的产品所共同占据的市场份额，可以和那些少数热销产品所占据的市场份额相匹敌甚至更大。当前中国直播带货、网络营销，以及每年"双十一"的购物狂欢，都印证了"长尾"汇集的巨大影响力。

传统新闻学也强调"影响有影响的人"，新闻传播的这种"二八定律"虽然在当下仍有重大的传播效应，但自媒体传播产生的长尾影响同样不可忽视。自媒体作者多数来自非职业的媒体人，他们人数众多，随时把他们看到的、想到的、听到的等一切觉得有价值的东西都在网上发布，发布的内容可长可短、评论可多可少、语言可雅可俗，加之很多人能熟练使用网络语言，能准确把握网络话题的热点和"吐槽点"，使得自媒体不仅具有得天独厚的亲民优势，而且时常能产生巨大的汇聚效应。

（三）时空不受限，有机运动多

自媒体传播不仅时间上不受发行周期、播出时段的限制，空间上不受版面、时长、地域的影响，每时每刻都能产生海量的信息，使报道能从"新近发生的事实"提速到报道"正在发生的事实"，而且也在客观上起到了"有机运动"的效果。

马克思曾指出，"有机的报纸运动"是报纸的内在规律。对新闻传播来说，新闻的时效性与新闻的真实性是一对矛盾，要求在有限的时间内完整而真实报道正在发生的事件是困难的。媒体的有机运动表现为，一方面，媒体有自然的分工，按照不同的分工，依据共同的规律，联系不同的社会阶层，承载不同的内容，满足不同受众的要求，这种不同分工决定了媒体中的不同存在、繁衍和发展；另一方面，无论是主流媒体还是自媒体，某条信息可能是片面甚至是错误的，但大量的（或后续的）信息会自然纠正前面的误差。这样在有机的运动下，不同媒体和信息传播者就从不同角度、依事件发生顺序形成报道的总和，就会让全部事实完整地揭示出来。大量自媒体的存在以及海量信息的汇聚印证，客观上助推了媒体的有机运动。

（四）传者良莠不齐、内容真伪并存

自媒体是随着互联网的产生而兴起的。互联网从技术结构上瓦解了集中控制，加之突破了时空限制，任何人在任何时间、任何地点能以任何方式传递信息。此外，依靠开放平等的网络平台，能确保不同自媒体之间的互动，实现了点与点、点与面之间的平等交流，在一定程度上为个体提供了表达空间。但自媒体的传者多数并非专业信息传播者，受知识结构、传播目的、专业素养等各种因素影响，或单凭自我价值取向或诉求进行信息生产发布，或是发布未经证实的信息，或是从真真假假的信息中挑选契合自我认同的信息转发。这种生产发布方式虽然保证了信息生产发布的独立性、自由性和自主性，但"作坊式"

信息产品的真实性、可靠性有时难以得到保证,时常导致信息失实、误报,甚至成为谣言的集散地。

"渠道拓展理论"认为,人们的特定经验会影响他们对于某种媒介渠道丰富度的感知,而高丰富度人群对媒介渠道的经验、对传播伙伴的经验、对传播主题的经验,以及对组织背景的经验,都能增强信息在流通中的自我净化功能。由于自媒体用户数目巨大,平台又具有强大的互动性,当一条吸引眼球的信息在自媒体上出现时,会有很多自媒体使用者对其真实性进行质疑和求证,虚假新闻的错误得到矫正的概率往往也更大。[1]但同时,自媒体发表信息时也应更加强调对社会道德的自觉遵守,不传播没有经过确证的信息,不以"娱乐""求证""辟谣"等所谓"倒逼真相"的方式,故意渲染、扩散不良信息。否则,不仅欺瞒了社会大众,而且也会导致从"信息误读"到"社会误读",破坏社会公共秩序,危害社会稳定发展。

二、以社交媒体强化互动体验

社交媒体(Social Media,也译为社会媒体)指互联网上基于用户关系的内容生产与交换平台,是"基于Web2.0的思想和技术的互联网应用,支持用户自主创造和交换内容"[2]。包括社交网络、照片分享、新闻聚合、视频分享、现场直播、虚拟世界、社交游戏、社会化搜索以及即时通信等。

当前,移动技术突破了有线网络对使用地点的限制,构建起了Anyone(任何人)、Anything(任何事)、Anytime(任何时间)、Anywhere(任何地点)、Anyway(任意方式)的"5A"传播、沟通、交流、共享的媒介生态。无线网络WN(Wireless network)、移动终端MT(Mobile terminal)、操作系统OS(Operating system)已成为影响和改变人们社交的关键要素。操作系统的每一次提升都为人们的社会交往提供了更加便利的、更加智能的人机对话语言,并继而演化为人与人之间更加便利的社交语言,而操作系统技术的提升也使其对第三方软件更加兼容,使更多的移动App成为人们社交过程中的重要桥梁,为人们广泛的社交需求提供了便利;手机硬件性能的不断进步,使大屏移动终端、高清屏幕、高清摄像、高内存及高性能CPU成为可能,为基于特定信息载体形式的文字社交、音频社交、视频社交、图片社交提供更好的技术支持;移动网络宽带技术更是直接影响移动传播行为及时快捷程度最重要的技术力量。显然,无线网络、移动终端、操作系统构成的"WONTSM"移动时代的技术图谱,正不断推动着社交媒介生态的更新。

(一)用"短直快多视"增强社交体验

广义上所有的媒介都是人类的社交媒介,但传统大众媒介主要以公共服务方式为不同群体提供交流,更加注重大制作、大篇幅、大视野、大深度的"巨内容",而社交媒介则与此相反,它"补救"和"补偿"了传统大众媒介在建立、维系社会个体关系功能上的不足,更

---

[1] 吴兵,张冲.自媒体文化建设的自律与自净[J].网络传播,2013(8):67-69.
[2] 扎法拉尼,阿巴西,刘(Liu,H.).社会媒体挖掘[M].刘挺,等译.北京:人民邮电出版社,2015:5.

加注重人们的交流和互动需求,并突出了这种交流互动中的生活化、个性化特征。因此,从社交方式上看,它由共同的爱好聚合成虚拟社区、由平等地位确保互动共享、由多个体支持单双向交叉;从社交内容上看,没有大众媒介题材体裁的限制、没有长短的要求,形式上可简可繁、语言上可雅可俗,一张图片、一段微视频、一段语音,甚至一个简单的表情符号或一个漫画形象都可以用于个体之间的社交表达。这既是社交平台微介质的技术架构使然,也是人们社交行为圈子化、小众化、精准化的要求。因此,那些内容短小、形式活泼、表达幽默的内容往往成为社交文化产品的主力,人们也在这种社交中,进一步固化了短(简短)、直(直白)、快(快速)、多(多语言)、视(视频)的体验,而这种快速扫描、跳跃略读,讲求速度至上、效率至上、实用至上、相互娱乐、众声喧哗的社交体验,既是当前社会信息消费的基本心理,也是对自我个性的强化。

(二) 用娱乐因子增强社交的黏性

美国传播学者尼尔·波茨曼认为,"表达思想的方式将影响所要表达思想的内容"。譬如"阅读文字意味着要跟随一条思路,这需要读者具有相当强的分类、推理和判断能力"[1]。当前,在人们随时、快速、广泛社交需求的现实条件下,娱乐因子正日益成为增强社会交往的主要黏性剂。

首先,追求快乐和享受是人类的天性。微信之所以能在短时间成长为拥有数亿多用户的社交平台,根本在于它满足了不同年龄、不同职业、不同教育背景、不同收入阶层人群的社会交往、群体宣泄、心理松弛的需求。其次,由于社会关系是"通过个体交往形成的信息和情感、能量和物质、思想和行为交流的有机渠道"[2],而为了维系和建立更多、更广泛的有机渠道,人们往往更喜欢用包括各种感官性甚至是身体性的"娱乐元素"来撬动其他人的泪点、笑点、痛点和尖叫点,以赢得人们的关注,增强与其他人社会交往的黏性。再次,社交媒介自身特性决定了它在实现人与人之间社会交往、知识转化方式方面的独特性——超强的元素融合和技术加载能力,使其具有最多样化和融合化的知识转化手段。而在多种知识转化手段中,以图片、视频、动漫和交互式图形无缝融合形成的娱乐"叙事流"无疑是最有效的方式。

(三) 用社交延伸内容的价值

移动网络技术的快速发展以及智能手机的日益普及,催生了社交网络服务(Social Networking Service,缩写为 SNS)。马克思说:"人即使不像亚里士多德所说的那样,天生是政治动物,无论如何也天生是社会动物。"[3]马克思指出,"个人是社会存在物","人是一个特殊的个体,并且正是他的特殊性使他成为一个个体,成为一个现实的、单个的社会存

---

[1] 尼尔·波茨曼.娱乐至死[M].章艳,译.南宁:广西师范大学出版社,2004:32,55.
[2] 邓伟志.社会学辞典.[M].上海:上海辞书出版社,2009:8.
[3] 马克思.资本论:第1卷[M]//马克思恩格斯文集.北京:人民出版社,2009:379.

在物,同样地他也是总体、观念的总体、被思考和被感知的社会的主体的自为存在"[1],也就是说"人的本质不是单个人所固有的抽象物,在其现实性上,它是一切社会关系的总和"[2]。这也是人之所以会有传播活动的社会原因——物质交往和精神交往。

传统媒体报道的新闻主要是为了满足多数人相对共性的信息需要。正如美国学者卡斯珀·约斯特所言,"新闻报道主要关注公众利益的相关消息……通常情况下,只有公众的注意力关注于某件事情或者某种现状时,才会产生新闻"[3]。这说明,传统新闻虽然可以部分程度上帮助人们了解社会,消除对外界的不确定性,但难以实现个体与个体、个体与群体以及不同群体之间的内部交往和外部交往。尽管"小世界理论"证明,在现实社会中,社会网络中的任意两点(两个人)都可以通过一条比较短的路径进行连接,即所谓的"六度分割理论"。但现实社会中,个体拥有的社会资源(教育程度、收入高低、家庭背景)越多,可用于建立社会关系的成本就越充分,社会关系的数量就越多;而那些拥有社会资源较少,社会交往时间有限,社交能力不足的社会个体,要在现实社会中建立广泛社会关系并非易事,但通过线上社交的方式,可大大降低建立不同社会关系的人力成本、时间成本以及其他社会成本,这无疑为个体与个体、个体与群体以及不同群体的社会交往提供了便利。此外,在现实社会中,人们还常常受社会习俗、阶层、地位等条件的制约,形成"人以群分"的社会层级交往群体。而线上社交本身是以目的为指向的交往,个体之间的聚合互动或源于好奇心,或出于特定需求,或基于共同爱好,尽管个体之间并不一定了解"他在社会中的地位,他的阶级立场或社会身份,也没有任何一个人知道他在天赋和才能——他的智慧、力量等——的分配中的命运"[4]。彼此之间的社会关联度相对较低,甚至没有见过面,但并不影响他们之间的交往。加之线上交往还可以匿名化,交往过程中可以控制互动的时间和互动的速度,能够更方便地找到和自己相似的人进行社会交往,这在一定程度上增强了特定情境中个体与个体、个体与群体以及与不同群体之间的互动数量、互动内容和互动频率。

图 3-2 社交媒体重塑社会关系结构

正是线上社交传播主导的媒介生态的变更,使得"新闻的定义发生了改变:它从一种机构特权转变为信息传播生态系统的一部分,各种正式的组织、非正式的集体和众多的个

---

[1] 马克思.1844年经济学哲学手稿[M]//马克思恩格斯全集:第42卷上.北京:人民出版社,1979:122,123.
[2] 马克思.关于费尔巴哈的提纲[M]//马克思恩格斯文集:第1卷.北京:人民出版社,2009:501.
[3] 卡斯珀·约斯特.新闻学原理:中文版[M].王海,译.北京:中国传媒大学出版社,2015:31.
[4] 石毓彬,杨远.二十世纪西方伦理学[M].武汉:湖北人民出版社,1986:527.

人都杂处在这个生态系统中"①。新闻的功能和作用也随之发生改变,内容的角色由消费品转变为连接器,内容的功能由消除不确定性到社交表达。② 也就是说,它从满足多数人了解世界的主导因素,转向主要以满足个体与个体、个体与群体,以及不同小群体之间建立、维系社会关系和社会交往的需要。比如,给别人发新闻的目的,也许并不是让别人了解这个新闻内容本身,而主要是社会交往之需要——引起他人关注,以此表达个人情感、社会存在、关系维系等等,从而成为满足人们内部交往和外部交往的"新新闻"③。

此外,传统大众媒介时代,由于大众媒介掌握在少数人(包括权力组织、经济集团组织和意识形态精英)手中,传播权为相对单一的组织控制,选择何种事实、报道哪些事实、什么时候报道都由媒介控制者所决定。媒介组织的意志成为新闻生产的主要导向,而对新闻价值的判断,也是基于多数群体世界交往的价值需求或新闻生产者自身对新闻价值认知的因果关系的命题而进行的人工推导。随着新型终端的大量涌现,媒介已由过去少数人拥有转到多数人拥有,新闻的控制权被分化,并随之带来什么是新闻、哪些新闻可报道认知的分化,特别是在大数据、人工智能、云计算等技术支持下,有效满足社会交往,已经成为内容生产以及实现内容价值的重要因素。类似"今日头条"的"悟空问答"那样,其本身不一定报道新闻,而主要想通过设置看似需要得到答案的问题,以"邀请回答"的方式聚拢受众,并在寻求答案汇聚的过程中,形成基于与公众互动的注意力聚合;另一方面,社会公众也努力通过自创、转发、分享、评论的方式,实现内部社交与外部社交的需求。因此,人们对内容的情感、情绪因素的需要有时甚至超出了对知识、事实和真相的关注。如果说传统新闻是供人们了解事实、知识、文化的话,那么,通过社交媒体的运用可以让内容的价值得以延伸——更好地帮助人们建立、维系社会关系的"悦读"消费。这种"悦读"和因"阅读"知识、文化、真相后产生的所得、所感、所悟下的豁然开朗带来的满足感和喜悦感不同,而是因通过自创、娱乐、分享、交流、互动后产生的情感交流、情感互通、情绪宣泄后的愉悦感,更是在满足了参与感、存在感、归属感以及有效呈现自我后的喜悦感。

(四)用场景构成内容的重要细节

传统新闻的细节往往是新闻报道中表现人物性格、事件发展、社会环境和自然景物的最小组成单位,甚至被喻为新闻中"放大的小故事"。因此,新闻报道强调对新闻细节的处理。然而,无论是环境细节、人物语言细节还是场景细节,都不可能成为传统新闻报道的主体内容或新闻报道的本身。在社交传播特别是移动传播时代,新闻"细节"也在发生改变。

以社交为目的的传播意味着,人们谈论什么内容并不重要,更重要的是和谁谈、谈什么、怎么谈、谈多久,所谓"交谈是王道,内容只是谈到的那个事"④。因此,对于以社交为目的的传播而言,"信息并无好坏之分,更多取决于'合适的信息'能否在'合适的时间'出现

---

① 克莱·舍基.人人时代:无组织的组织力量[M].胡泳,沈满琳,译.杭州:浙江人民出版社,2015:46.
② 刘胜男.算法时代"好内容"的定义[J].新闻与写作,2017(6):69-71.
③ 吴兵,吴一夫.论社交传播时代的"新新闻"[J].今传媒,2019,27(2):1-4.
④ 克莱·舍基.人人时代:无组织的组织力量[M].胡泳,沈满琳,译.杭州:浙江人民出版社,2015:79.

在'合适的人'面前"①。从专业新闻传播者的角度看,由于用户移动传播过程中地理位置的变更,用户消费场景相应发生变化,而场景改变意味着消费者对所处场景的关注大于对其他内容的关注,因此,场景成为专业新闻传播者基于数据计算内容关注的主要细节。而对于个体而言,关注他人所处场景所发的内容,及时回馈,加以评论、点赞,既表明了自己与他人的密切关系和信任,又可以进一步沟联形成新的社交话题。这些表明,"在社会化媒体传播的环境下,传播、转发、分享、点赞的内容可能不是原有意义上的新闻,与新闻有关的场景中的任何一个细节——这样的细节在原有的新闻视野下只是花絮——也可能成为舆论场中最热点的新闻"②。

从媒介发展的眼光看,当前新闻的变化实际是媒介不断进化的必然结果。正如美国学者保罗·莱文森所言,媒介进化不取决于任何别的因素,而是完全由人的需要主宰,人的生存发展决定着媒介的使用和发展。而"媒介技术的每一次进步都浸透着人类渴望突破自身交流困境的努力,而每一种新的媒介技术的使用和普及都在其特殊的社会文化背景之中形成一种全新的交流构型"③。从这个意义上看,运用社交媒体延伸新闻的价值,同样也是人类突破自身交流困境努力的结果,是对传统新闻个体与个体、个体与群体以及不同群体之间内部交往与外部交往功能不足的一种"补救",是媒介进一步向人性化需要演化的必然。

第四节　人工智能推动融合传播

一般认为,人工智能的最早工作起源于1943—1955年的美国。1956年达特茅斯会议的召开标志着人工智能技术的上升发展。这年夏天,美国学者约翰·麦卡锡(John McCarthy)、马文·明斯基(Marvin Minsky)等10位科学家在美国达特茅斯大学开会研讨"如何用机器模拟人的智能",首次提出"人工智能"(Artificial Intelligence,简称AI)的概念,标志着人工智能学科的诞生。

一、人工智能概念

人工智能本身是一个大领域,它涵盖逻辑、概率和连续数学、感知、推理、学习和行动以及从微电子设备到机器人行星探测器的所有内容。美国学者罗素(Russell,S.J.)和诺维格(Norvig,P.)在他们合著的《人工智能:一种现代的方法》一书中提出,若从"像人一样思考"的维度,可以将人工智能定义为"有头脑的机器","与人类思维相关的活动,诸如决策、问题求解、学习等活动的自动化";若从"像人一样行动"的维度,可以定义为"创造能执行一些功能的机器的技艺,当由人来执行这些功能时需要智能","如何使计算机能做到那些

---

① 徐志斌.社交红利:从微信、微博等社交网络中带走用户与收入[M].北京:北京联合出版公司,2014:71.
② 赵前卫,刘晓来.公共传播视角下的社会化媒体微传播[J].青年记者,2017(33):39.
③ 钟晶晶.突破人类交流困境的努力:从媒介技术演进看博客的兴起[J].新闻记者,2006(3):16.

目前人比计算机更擅长的事情";而从"与人类表现的逼真度"维度,又可以定义为"通过使用计算模型来研究智力","使感知、推理和行动成为可能的计算的研究";从"合理性"维度,它也可以被定义为"计算智能研究智能 Agent 的设计","关心人工制品中的智能行为"。[1] 简单地说,人工智能是研究开发能够模拟、延伸和扩展人类智能的理论、方法、技术及应用系统的一门新的技术科学,研究目的是促使智能机器会听(语音识别、机器翻译等)、会看(图像识别、文字识别等)、会说(语音合成、人机对话等)、会思考(人机对弈、定理证明等)、会学习(机器学习、知识表示等)、会行动(机器人、自动驾驶汽车等)。[2]

人工智能被认为是横跨 20 世纪和 21 世纪的三大尖端技术之一。[3] 从最初的神经网络、模糊逻辑,到现在的深度学习、图像搜索,经历了一系列起伏的发展。成功的人工智能算法需要大数据、强大的电脑运算能力以及优秀的人工智能算法。[4] 20 世纪 50—70 年代,受当时技术的限制,人工智能发展并不太理想。之后,随着人工神经网络[5]的广泛认知、计算能力提升和人工智能算法的改进,人工智能技术进入飞速发展期,同时,基于神经网络的深度学习、基于生物进化的遗传算法以及辅助学习的模糊逻辑和群体算法等也开始了大规模的实践。随着互联网的发展,人工智能已经广泛运用到了智能搜索、语音识别、图像识别、生活预测、人际交互等多个方面,不仅影响到人类生活的方方面面,而且极大地提高了人类生活生产效率,促进了全球智能化社会的迅速发展,并成为新一轮科技革命和产业变革的重要驱动力量,具有溢出带动性很强的"头雁效应"。有学者预测,人工智能革命在经历了互联网智能化、商业智能化之后,将很快进入实体世界智能化和自主智能化阶段。

二、大数据、云计算和智能算法

(一)大数据

"数据"(Data)在拉丁文里是"已知"的意思,也可以理解为"事实"。如今,它代表着对某件事物的描述。大数据(Big Data)"并非一个确切的概念。最初,这个概念是指需要处理的信息量过大,已经超出了一般电脑在处理数据时所能使用的内在量,因此,工程师们

---

[1] 罗素,诺维格.人工智能:一种现代的方法[M].殷建平,等译.北京:清华大学出版社,2013:4.
[2] 谭铁牛.人工智能的历史、现状和未来[J].求实,2019(4):40.
[3] 人们认为,20 世纪三大尖端技术分别为人工智能、空间技术和能源技术;21 世纪的三大尖端技术为人工智能、基因技术和纳米工程。
[4] 李开复.AI·未来[M].杭州:浙江人民出版社,2018:25.
[5] 人工神经网络(Artificial Neural Networks,简写为 ANNs),也简称为神经网络(NNs)或称作连接模型(Connection Model)。它是一种模仿动物神经网络行为特征,进行分布式并行信息处理的算法数学模型。这种网络依靠系统的复杂程度,通过调整内部大量节点之间相互连接的关系,从而达到处理信息的目的。何明.大学计算机基础[M].南京:东南大学出版社,2015:240.

必须改进处理数据的工具"[1]。也可简单界定为"一般的软件工具难以捕捉、存储、管理和分析的数据"[2]。英国学者维克托·迈尔-舍恩伯格将大数据定义为"是指不用随机分析法这样的捷径,而采用所有数据的方法"[3];"至少是尽可能多的数据的基础上的"[4]。认为"大数据是人们获得新的认知、创造新的价值的源泉;大数据还是改变市场、组织结构,以及政府与公民关系的方法"[5]。

随着信息社会的发展,人的行为、位置甚至身体的生理数据等每一点变化都成为可记录和分析的数据。"谷歌公司每天要处理超过 24 拍字节的数据,这意味着其每天的数据处理量是美国国家图书馆所有纸质出版物所含数据量的上千倍。脸谱公司每天更新的照片量超过 1000 万张,YouTube 每月接待多达 8 亿的访客,平均每分钟就会有 1 段长度在 1 小时以上的视频上传。Twitter 上的信息量几乎每年翻一番,每天都会发布超过 4 亿条微博。"[6]但大数据并不单纯代表"数据大",它也不是绝对意义上的大(虽然在大多数情况下是这个意思),而是指这些数据已经不再是静止和陈旧的——总量的变化导致的信息形态的变化,从一种量变的增长转变成质的改变。

大数据价值本身的被认知与被挖掘建立在数据化上,但数据化不是数字化,"数字化"是信息技术"T",不过是将模拟数据转换为二进制码方便计算机存储和分析,而"数据化"则是信息的本身"I",是把日常生活、生产、商业等方方面面的现象转化为可制表分析的量化形式的过程。譬如,社交媒体就是"数字化"的结果,人们通过社交媒体进行沟通交流的是信息,这些信息包括文字、图片以及各类上传、点击、使用时间等等,这些信息只有被"数据化"并通过分析,才有可能分析人们交往沟通的意图、情绪、目的、爱好等相关行为。也就是说,"数据化"的目的是分析"信息的信息",是运用大量看似零散、无用的"元信息"来分析预测人们的行为。而"有了大数据的帮助,我们不会再将世界看成是一连串我们认为或是自然或是社会现象的事件,我们会意识到本质上世界是由信息构成的","一旦世界被数据化,就只有你想不到,而没有信息做不到的事情"[7]。

(二)云计算

"大数据"处理需特定的计算方式,普通电脑无法完成,因此,"云计算"应运而生。

---

[1] 维克托·迈尔-舍恩伯格,肯尼思·库克耶.大数据时代:生活、工作与思维的大变革[M].盛杨燕,周涛,译.杭州:浙江人民出版社,2013:8.

[2] 涂子沛.大数据[M].桂林:广西师范大学出版社,2012:57.

[3] 维克托·迈尔-舍恩伯格,肯尼思·库克耶.大数据时代:生活、工作与思维的大变革[M].盛杨燕,周涛,译.杭州:浙江人民出版社,2013:39.

[4] 维克托·迈尔-舍恩伯格,肯尼思·库克耶.大数据时代:生活、工作与思维的大变革[M].盛杨燕,周涛,译.杭州:浙江人民出版社,2013:41-42.

[5] 维克托·迈尔-舍恩伯格,肯尼思·库克耶.大数据时代:生活、工作与思维的大变革[M].盛杨燕,周涛,译.杭州:浙江人民出版社,2013:9.

[6] 维克托·迈尔-舍恩伯格,肯尼思·库克耶.大数据时代:生活、工作与思维的大变革[M].盛杨燕,周涛,译.杭州:浙江人民出版社,2013:11.

[7] 维克托·迈尔-舍恩伯格,肯尼思·库克耶.大数据时代:生活、工作与思维的大变革[M].盛杨燕,周涛,译.杭州:浙江人民出版社,2013:125.

CPU 是计算机的核心,但绝大多数计算机的 CPU 利用并不充分,如果能把无数台个人电脑上被闲置的 CPU 计算能力整合到一起,就可以形成一台"超级计算机"。"云计算"与超级计算机类似,也是要将众多数量的 CPU 集合起来,其区别在于:"云计算"所能使用的 CPU 的数量远远超过现有任何一台超级计算机。但这些 CPU 分布在世界各地,其是否处于可用状态等都是随机的,为解决这些问题,需要有一台超级计算机作为服务器,这台服务器不负责具体程序,而是将世界各地的 CPU(当然需要用户同意)连接并管理起来,并接受用户的计算要求,将计算任务分解成无数个小任务,再将这些小任务分配给世界各地闲置的 CPU 计算,然后回收结果,再将计算结果集纳成最终结果。

"大数据"与"云计算"是一个问题的两面。如果说"大数据"是信息社会最高的但又是很难发现其价值的话,那么"云计算"就是要致力于去征服这些数据,并使其隐藏价值得以显现出来。以《纽约时报》为例,它有 1100 万份 1851 年—1922 年文章的扫描文件要从 TIFF 格式转换为 PDF 格式,由于数量(4TB)非常庞大,需要大量的硬件设施和大量的转换时间。得力于"云计算",《纽约时报》将所有的文件传送到亚马逊的 S3 简单存储服务平台,亚马逊采用 EC2 弹性云计算方式,运用 100 台电脑进行并行分布运算,结果仅花了四个小时和大约 3000 美金。[①]

"云计算"也使社会科学研究的方法发生了改变。早在 2008 年,美国《连线》杂志主编克里斯·安德森就认为"数据爆炸使得科学的研究方法都落伍了"。传统用一系列的因果关系来验证各种猜想的研究范式已经不再实用,它已经被无须理论指导的纯粹的相关关系研究所取代,大量的数据从某种程度上意味着"理论的终结"[②]。被称为大数据时代预言家的维克托·迈尔-舍恩伯格在其《大数据时代》一书中同样写道,大数据时代具有三个改变理解和组建社会的方法:第一,不再依赖于随机采样;第二,不再热衷于追求精确度;第三,不再热衷于寻找因果关系。

显然,大数据的意义在于,通过分析全体数据,发现和理解信息内容及信息与信息之间的关系,用数据"说话"。尽管随机采样也能通过量化方法让"数据说话",但"大数据"更加注重通过分析全体数据而不是依靠少量数据样本分析。因此,它不再追求精确性,同时也不再探求"为什么",而只论是什么——即不追究因果关系,而只关注事物的相关关系,且以此来预测事物可能的发展趋势。譬如,亚马逊公司不仅从每个用户的购买行为中获得信息,还将每个用户在其网站上的所有行为都记录下来加以分析,使得亚马逊公司对于客户的购买行为和喜好有了全方位了解,对于其货品种类、库存、仓储、物流及广告业务都有着极大的效益回馈。[③]

[①] 栾轶玫.人即终端:关于未来媒体的最终想象[EB/OL].(2014-06-12)[2022-07-17].http://media.people.com.cn/n/2014/0612/c385878-25141082.html.

[②] 维克托·迈尔-舍恩伯格,肯尼思·库克耶.大数据时代:生活、工作与思维的大变革[M].盛杨燕,周涛,译.杭州:浙江人民出版社,2013:92-93.

[③] 冯海超.透视美国大数据爆发全景[EB/OL].(2013-01-08)[2018-11-28].https://tech.huanqiu.com/article/9CaKrnJyNFk.

（三）智能算法

数据量的大小是决定算法整体效能和精准度的关键所在。就深度学习而言，数据量越多，人工神经网络获得的样本数据就越多，就越能够正确地识别出形态，准确辨认真实世界里的东西，这样就能产生良性的循环——数据量越多就会产生越好的商品，商品越好就会吸引到更多用户，用户越多就会产生更多的数据，更多的数据又能进一步改善商品。[1]20世纪50年代数据不多，运算力也不强，但互联网的崛起带来了海量的数据，这使得人工神经网络的性能得到了极大提升，成为"深度学习"。2017年，在中国一场重要科研研讨会上，时任美国总统的唐纳德·特朗普出现在会议现场的大屏幕上，他以流利的中文说："人工智能正在改变世界，科大讯飞真的很棒。"特朗普当然不会说中文，这是中国科大讯飞公司运用人工智能算法，通过对特朗普大量演讲数据训练后的结果，该算法模拟制作的声音，无论是声调、语气，还是风格，几乎都完美地模拟出了特朗普的声音。[2]

深度学习的算法使用了大量来自特定领域的数据，为做出最佳决策，则在系统中输入这些数据，当数据与期望结果直接相关时，就可以运用找到的这些关联性所积累的庞大知识，做出比人类更好的决策。但深度学习还属于弱人工智能（亦称狭义人工智能），仅应用于特定领域做出决策、预测和分类的人工智能运用。

三、人工智能在新闻传播中的应用

目前，人工智能技术加速发展，呈现出深度学习、跨界融合、人机协同、群智开放、自主操控等新特征，并全方位介入信息的生产、分发、互动、反馈等流程，在数据新闻、机器人写作、信息推送、监测舆情、效果判读等领域得到了广泛运用，并对新闻传播业产生了重大影响。譬如，2018年俄罗斯世界杯比赛期间，新华社通过MAGIC生产了37581条短视频，总共被播放了1.166亿次，引起了国际新闻界的广泛关注。之所以被命名为MAGIC，是因为它结合了机器生产的内容（MGC）和人工智能（AI）。它主要由四个智能子系统支持：智能数据工坊、智能媒资平台、智能生产引擎以及智能主题集市。该系统被用于新闻制作的各个阶段，从寻找线索到新闻采集、编辑、分发和最终的反馈分析。[3]

国内新闻传播学者认为，人工智能在新闻传播领域的应用有三个不同阶段——计算机辅助阶段、弱人工智能阶段和强人工智能阶段。20世纪50年代计算机辅助报道开始出现，这是人工智能的启蒙阶段在传媒领域的体现。计算机辅助新闻报道优化了新闻生产流程，它能帮助记者捕捉新闻线索、寻找新闻事实、推断事件原因。当前写稿机器人、智能翻译等的出现，使计算机辅助正在向弱人工智能转变。弱人工智能改变了新闻传播的微观生态，它实现了人与机器的工作协同，使人类借助机器实现了对传统新闻生产的超越。强人工智能时代的新闻传播将融会到机器神经中去，媒体与社会的互动变得更加频繁和

---

[1] 李开复.AI·未来[M].杭州:浙江人民出版社,2018:26,33.
[2] 李开复.AI·未来[M].杭州:浙江人民出版社,2018:26,130.
[3] 高悉淼.人工智能将给新闻业带来哪些变革[J].青年记者,2018(36):81.

深刻,媒体的内外传播生态会更加复杂,这既是对新闻传播的挑战,也是新闻传播的发展机遇。①

2019年1月25日,习近平在中共中央政治局第十二次集体学习时提出,从全球范围看,媒体智能化进入快速发展阶段,我们要推动关键核心技术自主创新不断实现突破,探索将人工智能运用到新闻采集、生产、分发、接收、反馈中,用主流价值导向驾驭"算法",全面提高舆论引导能力。② 这为人工智能在中国新闻传播中的进一步运用和发展指明了方向。

(一)新闻机器人

新闻机器人并不是实在的机器人,是指利用特定的语言程序,对所搜集的数据进行模式化的加工,将目标数据文本"嵌入"已有的模板,进而生成一套精密完整的计算机程序,用于新闻报道的内容生产③,是"机械化、自动化"的形象表达。

新闻机器人的前身是"计算机辅助新闻"。1967年,美国底特律市骚乱事件的新闻报道中,时任底特律自由新闻社记者的菲利普·梅耶使用大型计算机分析得出"在校大学生和高中辍学者参与骚乱的比例一样高"的结论。2006年初,美国商业数据供应商汤普森公司开始使用计算机程序对相关财经数据进行加工处理,并整合成完整的新闻报道文本,用以取代传统财经新闻记者所从事的事实类报道工作。2013年,美国叙事科学软件公司(Narrative Science)推出"羽毛笔"(Quill)软件。

图3-3 新闻机器人写作

这款软件能自动收集网络上的相关数据并加以分析。譬如,财务数据和体育成绩——分析它的算法,围绕它写一个故事,并增加"表达性和唯一性",再加上图片和图表来产生像人类写出的文章。

新闻机器人真正引起人们的关注,始自2014年3月"地震机器人"发表在《洛杉矶时报》上的报道。"地震机器人"是该报记者肯·史文克所编写的一套程序,能够将美国地震局测量到的数据直接转化、编写成短消息。在不到五分钟的时间里,新闻机器人所写的报道经过人工校对,就上传到了《洛杉矶时报》的网站。可以看出,省时省力、快速写作是新闻机器人的两大特点。

1. 省时省力

由于新闻机器人是基于特殊的计算机程序,收集、统计、分析而自动生成的新闻生产

---

① 骆正林.人工智能与新闻传播生态的三次变迁[J].新闻爱好者,2020(6):16-20.
② 习近平.加快推动媒体融合发展 构建全媒体传播格局[J].中国报业,2019(7):5-7.
③ 肖曾柯.探析人工智能技术对新闻生产领域的影响:以传感器和新闻机器人为例[C]//.Proceedings of 2019 7th ICASS International Conference on Education and Management(ICEM 2019),2019:505-509.

方式,中间过程没有人的参与,只要算法程序正常,机器人就可以无休止地工作,既有效减少了新闻记者、新闻编辑在常规新闻写作和查阅资料等方面的工作时间和压力,节省了新闻生产过程中耗费的人力、物力、财力和时间,也赋予新闻工作者更多的自主时间从事更有价值的新闻采访报道。譬如,美国《纽约时报》的互动新闻小组就创建了一个可以通过照片识别国会议员面孔的应用程序。因为美国国会有 535 名议员,而他们总是轮流发言,要记住每个人的脸并不是一件容易的事情。通过将演讲者的照片与数据库相匹配,该应用程序能够帮助记者发现一些国会议员参与过的重要活动,因此获得许多重要的线索和启发。[①] 此外,人工智能算法还可以自动在平台上找出假新闻。譬如,"今日头条"使用那些被举报为假新闻的标签的数据,以训练算法识别假新闻,甚至专门训练了一套算法来撰写假新闻,然后让两套算法相互比较,并在相互学习中比较优化算法。

2. 快速写作

利用新闻机器人可迅速对一些类似事件历史同期数据进行查阅调取,并进行科学的数据分析和比对,挑出数据中"反常"的方面,以快速发现和捕捉新闻,迅速制作稿件。2014 年 7 月,美联社使用其写稿软件 Wordsmith 平台撰写财报文章,每个季度撰写三四千篇,相当于人工同类报道的 14 倍;2015 年 9 月 10 日,在国家统计局公布 8 月份 CPI 数据的第一时间,腾讯新闻写作机器人梦幻写手(Dream writer)就写出了新闻稿;2016 年巴西里约奥运会期间,"今日头条"的人工智能机器记者在赛事结束后几分钟内就撰写出简短的摘要报道,虽然撰写的文章不怎么优美,但速度惊人,有些赛事结束后两秒钟内,人工智能机器记者就完成了报道摘要;2017 年 8 月 8 日九寨沟地震发生后,中国国家地震台网研发的地震信息播报机器人就完成了《四川阿坝州九寨沟县发生 7.0 级地震》的新闻稿,仅用时 25 秒,全文 585 个字。

(二)智能算法推送内容

人工智能使用智能算法作为推荐引擎,依据足够数量的读者行为数据、足够强大的预测模型,了解研究学习个人喜好,从而有针对性地推荐个人喜爱的内容,衡量的要素主要有点赞、分享、转发量、浏览时间等。

传统新闻报道时代,因无法获得足够数量的读者行为数据,编辑只能做出推测,随着读者行为数据的增多,机器人就替新闻编辑分担这项工作——"数据比有经验的记者更能提示出哪些是符合大众口味的新闻"[②]。这样,新闻的选择往往不再依据从业人员的新闻敏感性取舍,更多取决于对数据的分析。譬如,"今日头条"的人工智能引擎在互联网上搜寻内容,使用自然语言处理和计算机视觉技术,消化整理来自合作伙伴以及特约撰稿人的大量文章与视频,再根据用户的以往行为,如点击、阅读、浏览、评论等,针对每个用户的兴趣、喜好、习惯,为用户高度定制、动态推送内容,甚至会修改标题,以吸引用户点击,而用

[①] 高悉淼.人工智能将给新闻业带来哪些变革[J].青年记者,2018(36):81.
[②] 维克托·迈尔-舍恩伯格,肯尼思·库克耶.大数据时代:生活、工作与思维的大变革[M].盛杨燕,周涛,译.杭州:浙江人民出版社,2013:180.

户点击量越多,"今日头条"就越推荐适合用户的内容。

可见,在大数据、人工智能、深度学习、人机交互的技术迭代下,新闻生产者通过强大的数据优势,对公众使用新闻的社会交往需求(包括阅读内容、阅读时间、下载数量、收藏方式、转发对象、分享频率、评论方式)进行精准计算,实现了由集体偏好转向个性化的资讯配置,以更好地满足用户需求。智能化处理提升了新闻价值,通过对海量内容的智能化匹配,实现精准推送给用户,新闻的时效性、准确性、地理与心理的接近性均大为增强。当然,至少在当前,无论是新闻机器人写作还是智能算法推送,并不能取代新闻记者、编辑的深度工作。新闻机器人虽然写作速度快,但通常只会套用事先设定好的文本模式进行填充,稿件既缺乏新颖性、多样性、灵活性和趣味性,也因无现场直观感受、现场采访,而难以驾驭解释性报道、批评性报道等需要深度解读的新闻体裁。正如美国学者比尔·弗兰克斯(Bill Franks)在其《驾驭大数据》一书中所言,数据只是源,"思想才是分析之父";"有价值和影响力的分析才是优质分析"。而优质的分析既要符合G(Guided 指导性)、R(Relevant 相关性)、E(Explainable 可行性)、T(Timely 及时性)原则,同时也要能提供答案、提供用户需要的东西,要能提供新的解决方案和对实际行动的指导意义。

因此,新闻工作者既要紧跟前沿科技,了解人工智能算法,充分利用人工智能在图像识别、智能抓取、分析判断、直觉感知、综合推理、综合集成方面的优势,形成新闻生产、新闻推送的"人机协同"效应;又要将更多的时间精力投入创意新闻、深度报道、新闻评论以及舆论引导等领域,由新闻事实的记录者转变为新闻报道的策划者、新闻意义的挖掘者、新闻舆论的引导者,通过丰富的人生阅历和职业经验,用个性化的文字和文风,创作出有人情味、有深度的新闻作品。[①]

融媒体传播案例

你收到的是 1927 年 8 月 1 号发来的包裹

快闪 H5 是深受受众欢迎的一种新的融媒体传播形式。

快闪是指在短时间内快速闪过大量文字、图片信息的一种视频表现方式。H5 一般指的是第 5 代 HTML(超文本标记语言的英文缩写),即用 H5 语言制作的数字产品。H5 的入口多,具有灵活的跨平台性、良好的交互性,可直接用移动设备上的各种浏览器进行访问,并能在朋友圈中发送,易形成裂变式传播,加之操作简单,往往比原生 App 获得的流量更多。快闪与 H5 的结合,使快闪 H5 有别于传统平面视频类信息。它集文化性、参与性、交汇性、趣味性为一体,能迅速刺激受众的视觉和听觉,可以在较短时间内吸引受众的关注,并产生较深的印象。在当前信息爆炸时期,表现形式单一的信息往往难以吸引受众的注意,而快闪 H5 则以大信息、快节奏吸引受众,在给受众产生视觉冲击的同时,由于将娱乐和时尚元素融入其中,使

---

① 韩冰.机器人新闻:人工智能与新闻生产的邂逅[J].中国报业,2018(18):10-11.

受众能在轻松愉快的情境下接纳信息。加之形式表现新颖，页面也很容易被受众评论、转发，在社交媒体上产生N次传播，形成汇聚效应。

2017年，为纪念中国人民解放军建军90周年，中国军网推出了"强军火炬"传递活动。其中，《你收到的是1927年8月1号发来的包裹》作为活动的主打产品，就是用快闪H5制作的上乘作品，也因此获得第28届中国新闻奖融媒互动类二等奖。

该作品依据《解放军报》刊载的文章《波澜壮阔90年，难忘的90个第一》，用快闪H5进行了二次创作，展示了从1927年南昌起义开始，中国人民解放军90年的光辉历程。整个作品以文字快闪为主，同时设有传递火炬和有奖竞答两部分。

作品开启后，首先出现在眼前的是一份包裹，并用文字告知观者："你收到的是1927年8月1号发来的包裹"，点击签收后，随即出现一枚八一军徽和一把火炬，作品由此展开。用文字快闪展示南昌起义、秋收起义、创建井冈山革命根据地、古田会议等难忘的90个第一，并用火炬传递方式，让观者将作品进行转发。

纵观整个作品，由于文字快闪形成了较强烈的视觉冲击力，且运用H5传播链条，较好实现了传播与互动，因而提升了整个作品的传播效果。

本章思考题

1. 如何看待传播技术的加速度发展对传播的影响？
2. 融媒体传播时代自媒体的作用主要表现在哪些方面？
3. 如何看待人工智能技术在融媒体传播中的地位和作用？
4. 大数据在当前新闻传播中的作用主要体现在哪些方面？

阅读参考书目

1. 史蒂芬·卢奇，丹尼·科佩克.人工智能：第2版[M].林赐，译.北京：人民邮电出版社，2018.
2. 维克托·迈尔-舍恩伯格，肯尼思·库克耶.大数据时代：生活、工作与思维的大变革[M].盛杨燕，周涛，译.杭州：浙江人民出版社，2013.
3. 汤姆·斯丹迪奇.从莎草纸到互联网：社交媒体2000年[M].林华，译.北京：中信出版集团，2015.
4. 艾伯特-拉斯洛·巴拉巴西.爆发：大数据时代预见未来的新思维[M].马慧，译.北京：中国人民大学出版社，2012.
5. 阿莱克斯·彭特兰.智慧社会：大数据与社会物理学[M].汪小帆，汪容，译.杭州：浙江人民出版社，2015.
6. 诺姆·莱梅尔史菜克.拉塔尔.人工智能时代，新闻人会被取代吗？[M].胡钰，王一凡，译.北京：清华大学出版社，2020.
7. 锡南·阿拉尔.炒作机器：社交时代的群体盲区[M].周泰云，译.北京：中信出版社，2022.
8. 保罗·莱文森.人类历程回放：媒介进化论[M].邬建中，译.重庆：西南师范大学出版社，2017.
9. 尼克.人工智能简史[M].北京：人民邮电出版社，2017.

第四章 融媒体生产模式

教学目的与要求

通过本章学习,了解融媒体不同生产模式的概念、发展背景;懂得不同生产模式产生的原因;掌握不同生产模式的基本特征和生产机制;能通过对未来发展的正确认识,把握不同生产模式的优劣条件。

随着互联网技术的快速发展和与之相伴而来人们思维观念的革新以及媒介使用方式的更迭换代,人类进入移动互联网(社交平台、微博客、智能手机以及客户端为代表)时代,传统媒体的内容生产模式,已经不能够继续满足人们飞速增长的信息知识需求和娱乐需要。

第一节 PGC生产模式

融媒体态势下,PGC(Professional Generated Content)模式即专业化生产模式,在传统媒体与新媒体加快融合发展的历史机遇期,以其内容生产的专业优势,利用新媒体技术支撑、内容生产、渠道平台等,打造专业内容生产传播矩阵,成为移动互联网时代融媒体传播主要模式之一和内容生产的基干力量。

一、PGC生产模式的基本概况

作为传统专业媒体内容生产传播的主要模式之一,PGC生产模式在媒体融合的大背景下,既深受专业媒体的影响,又与新媒体紧密联系,换句话说,融媒体态势下PGC生产模式的生产者、生产内容、生产方式以及内在的生产关系都有着其独有的特点和优势。

(一)PGC生产模式的概念

PGC,互联网术语,是英文Professional Generated Content的首字母缩写,即专业生产内容的意思。作为UGC生产模式成功典范的维基百科,在前自身历史的介绍中,对于内容生产模式PGC这一模式转变的描述为:"In July 2013, Wetpaint sold off its wiki service to Wiki Foundry, having changed its business model to the hosting of professionally generated content."(2013年7月,Wetpaint将其Wiki服务销售给Wiki Foundry,将其业务模式更改为集成专业生成的内容)。可以看出,专业一词构成了PGC生产模式概念的核心要义。

从融媒体传播实践来看,PGC生产模式某种程度上沿用了传统媒体的专业内容生产模式和方式,生产者既有专业媒体、工作室、企业机构等专业制作团队,又包括有意愿创造和分享精品的优秀的网络制作人和社会知名度高的明星名人等个人,因而使得生产主体更加专业化、生产内容更加个性化和多样化,加之PGC生产关系的生产、分配、交换和消费等环节使其具有交互性和开放性。也就是说,PGC生产模式是一种融合了传统媒体、社交网络和交互社群的融媒体专业内容生产模式,为用户创造了独特的使用体验。

(二) PGC生产模式的基本特征

融合不仅是新媒体最重要的发展趋势,更是新媒体与生俱来的发展特质,新媒体的发展在很大程度上要归功于媒体融合。[①] 也就是说,无论是传统媒体还是新媒体,集众智慧共同协作生产出优质的信息产品和内容,已是媒体融合时代最美的愿景,也正是在这个意义上,PGC(专业生产内容)生产模式在融媒体的蓬勃发展下顺势拐点而上,成为融媒体的主要生产模式之一。而PGC生产模式呈现出的差异化、专业化、产业化则从根本上保证了内容的优质,这也成为其最为鲜明的特点。

1. 差异化内容矩阵传播

PGC生产模式充分利用"尺有所长、任由所好"的用户需求差异化这一基础定位,既依托各类媒体平台吸引更多专业内容生产者的青睐和入驻,从而打造推出专业内容,也通过扶持和培养各类专业化、优质化的原创内容,对已有资源进行最大化利用和最高效整合,以视频网站为例,逐渐形成了以网络电影、网络节目、网络剧、视频短片和网络游戏等为主的视频网站PGC内容矩阵。除此之外,媒体平台特别是网络平台也会根据市场和用户对一些IP和品牌进行针对性开发和深度合作,在打造平台内容生态矩阵的同时实现高流量引入。

2. 专业化垂直生态服务

媒体融合态势下,PGC以特定领域专门群体为服务对象,通过非常准确的受众定位,依靠内容的专业性、准确性和深刻性,形成了以垂直于细分市场、垂直于专业内容和垂直于用户服务三方面的垂直生态服务体系。在细分市场方面,利用其专业化生产这一优势,生产的产品往往能够切入网站平台的细分市场,从而满足用户的个性化需求;在专业内容方面,以专业优质内容的实时更新和持续性生产,既黏合用户情感也打造品牌价值,专业内容传播则培养了大量精准用户,双管齐下构建了与用户"直连"关系的垂直内容服务圈;在用户服务方面,PGC融专业内容生产和市场运营一体化,使得内容能够最佳地直抵用户,创造独特的用户使用体验,增强用户黏性。

---

① 官承波.新媒体导论:第4版[M].北京:中国广播电视出版社,2012:317.

3. 产业化资源商业变现

面对媒体行业资源膨胀和盈利空间日益压减,打通IP资源、流量资源和媒体平台资源等方式成为PGC实现资源商业变现的主要方式。除了良好的运营和商业变现能力外,PGC的优质化内容生产、社群化营销传播方式以及全平台传播模式成为其实现产业化资源商业变现的基础:利用强大专业创作力量培育超级IP资源,通过专业细化内容精准吸引用户从而建立一批相互关联并且忠诚度极高的粉丝社群,加强对专业性内容的独立性品牌打造从而摆脱单一平台传播的束缚。正是以上这些方式形成了PGC产业化的资源商业变现模式,也成为PGC生产模式的鲜明特点之一。

(三)融媒体PGC生产模式与传统媒体专业化生产模式的共性与不同

1. 共性:专业化是显著特征

从内容生产主体看,媒体融合背景下,PGC模式内容生产主体与传统媒体的内容生产主体"专业化"特点明显,内容生产主体大多是具有一定专业素养、技术设备的专业媒体、原创个人、专业团队等,内容生产者往往专业性很强,具有"全媒体"采编能力素质;从内容生产方式看,两者在生产方式上更加精细、专业,能够有效运用新媒体技术手段,有规范生产制作流程和运营程序,具备产业化、体系化生产能力和手段,加之传统媒体不断融合发展,使得其生产方式更具专业性、技术性。从内容产品质量看,两者所生产的内容质量较高,具有较高的思想高度和专业深度,是引领社会风尚的主流产品,专业度很高,有些则会成为具有极高传播价值的"IP"品牌。

2. 不同:新媒体赋能是明显区别

媒体融合时代,新媒体迅速发展,相较于传统主流媒体的专业生产,融媒体PGC内容生产模式由于新媒体赋能,两者存在明显不同:从产品形式看,融媒体态势下,PGC内容生产模式以其差异化生产的天生优势,内容生产多元化、个性化特征明显,传统媒体虽然开始摆脱"千报一面""千网一面"的传统内容生产方式,逐渐向融媒体的PGC过渡转化,但因发展水平参差不齐还存在一定差距;从传受互动性看,新媒体和传统媒体在传播方面显著的不同在于能否有效地开展互动,融媒体PGC能够通过媒体平台的社交属性和互动优势,让受众参与各个方面、各个环节的互动,能够加强用户对媒体和内容的使用黏性,相比于传统媒体专业化生产,融媒体PGC传受互动性更强;从媒体技术看,传统媒体专业化生产虽说具有专业化的技术以及设备支持,但相较于新媒体技术,还是与融媒体背景下的以融媒体中心为代表的生产平台存在差距,也就是说,融媒体态势下的PGC内容生产技术性更强。

二、PGC生产模式的发展背景

融媒体PGC生产模式的兴起和发展具有其特殊的时代背景,移动互联网时代新媒介技术的不断发展成为 PGC 模式快速发展的技术支撑,媒介产业的蓬勃发展悄然解构着传统媒介的生态结构,媒体融合正在实现对媒介产业的全面覆盖,用户在海量的媒体产品中寻求高质量的个性化信息服务,国家层面顶层设计的政策支持,媒体融合上升为国家战略,正是在这样的发展背景下,PGC 模式作为融媒体内容生产的主要模式之一应运而生。

(一)技术环境:移动互联网时代新媒介技术的推动

融媒体生产方式变革发展的最重要前提是媒介技术的创新发展。荷兰著名传播学者丹尼斯·麦奎尔曾提出,"真正的传播革命所要求的,不只是传播媒介的变化或受众在不同传播媒介间分散的注意力,技术才是一如既往的、最直接的推动力"[①]。融媒体传播方式的演进总是以信息传播技术的发展为先决条件,计算机技术、互联网技术、移动终端技术等都是在移动互联网时代促进新媒介技术发展的主干技术。具体而言,4G、大数据、云计算等技术为融媒体建设和传播模式的发展变革提供了强有力的技术支撑和发展推动力。

一方面,移动互联网技术的升级换代,数据处理能力的升级改进,都会带来颠覆性的传播模式和传播渠道的变化,催生新的媒体传播生态。譬如,2015 年以来,中国传统媒体与新兴媒体的融合发展呈现出移动化(体现在智能手机终端的各种应用)、社交化(社交媒体的快速发展)、视频化(直播和短视频的兴起)、海量化(数据传输和保存等基础技术的蓬勃发展)等特点,形成了信息采集平台、内容集成发布平台、终端平台等具有高信息技术支撑的融媒体内容生产中心,融媒体生产方式的转变随之进入快车道。

另一方面,计算机技术、互联网技术催生的新媒体技术给人民群众的技术赋权,推动每个单独的个体都具备了内容传播的能力和渠道,传播者不仅数量众多且类型丰富,特别是以智能手机、平板电脑终端为代表的移动互联网智能终端凭借其便携性和多功能性,使得"人人传播"成为媒体业态。在此基础上,除专业媒体外,融媒体态势下在海量传播者中涌现出一大批以网络大 V、意见领袖、企业机构等为代表的准专业甚至是专业传播者,以专业的内容产品满足用户的个性化、差异化、优质化的信息需求,吸引了巨大的用户群体,形成了相对成熟且在不断发展的融媒体内容生产模式。

(二)经济环境:传媒产业的蓬勃发展

科技进步推动传媒产业的发展,传媒经济已成为世界各国经济发展的推动力之一。在碎片化和数字化发展背景下,传媒产业正在不断变革演进,商业运行模式也在发生改变,特别是移动互联网的发展已经改变了传统媒介产业的经营模式,多平台、多渠道发布传播,市场进一步细分。一方面,传统的媒体如报纸、广播、电视等已不再是同时控制着内容和渠道的媒体,而是通过多种平台提供内容的媒介;另一方面,新兴媒体抓住机遇迅速发展成为信息服务的新生力量,丰富了原有的传媒产业格局,在加速传媒业边界消失的同时,倒逼着传媒产业的蓬勃发展。

首先,产业互联网和数字经济的规模化发展,数字经济发展上升至多国战略层面,产业互联网的快速发展使得媒体升级加速,传媒产业的垂直领域都在寻求互联网技术对其

---

① 丹尼斯·麦奎尔.受众分析[M].刘燕南,李颖,杨振荣,等译.北京:人民大学出版社,2006:156.

智能化服务、专业化内容生产等进行数字化改造,新闻的传统生产模式逐渐被颠覆,新的内容产品在不断被创造,新的内容生产模式和变现模式被挖掘产生。其次,新的市场诉求表明,融媒体态势下媒体平台的精准信息投送服务催生了巨大的市场需求,无论是广告用户还是普通用户都正在舍弃无法提供精准传播的信息服务平台,来自市场和用户的强烈意愿正通过传媒产业运营传导到融媒体内容生产方式的 PGC 生产模式的实践中。最后,盈利模式的转型,传媒市场正在从卖方市场向买方市场转变,按照传播市场的需要组织媒体产品生产成了传媒产业最显著的形态,来自产业营销一线的市场需求不仅直接推动了作为设计与生产范畴的媒体融合步伐,也催生了融媒体生产内容的新的生产模式。

（三）社会环境:受众到用户的转变

媒体融合是一个"永远进行"的发现受众、接近受众、维系受众的持续往复进程。[①] 在以 Web3.0 为基础的融媒体时代,受众身份已从传统意义上的读者、听众、观众,转换成参与内容传播、体验或生产的互联网用户。而随着移动互联网和智能手机的普及,互联网移动端用户成为媒体的主要服务对象,作为用户的人们的生活和生存方式正在不断改变,媒体融合的快速发展使得人们获取信息的手段和方式变得多种多样,对信息的需求也更具个性化和差异化特点,产生了对信息千差万别的需求。

不仅如此,媒介产业规模和领域的发展及媒介产品的多样化,无疑使得受众拥有了在更多的选项中进行自由挑选的自主权,这意味着用户可以根据自己对信息的需求进行个性化选择,甚至定制专属于自己的媒介内容。在融媒体态势下,受众在不断分化细化的基础上其角色正发生着嬗变,这无疑从源头上倒逼融媒体内容生产模式发生根本性的改变。而且,任何媒介想要争夺到足够维持其生存和发展的注意力,就必须依靠多重媒介。[②] 也正是在这种逻辑下,UGC 向 PGC 的转变在受众基础发生变化的情况下成了必然趋势。

更重要的是,经过 UGC 模式的发展培养,在融媒体环境下用户的主动性越来越强,个性化需要越来越多,用户的话语权愈发显得重要,特别是新媒体用户多是随着移动互联时代成长起来的一代人,他们对新鲜事物乐于尝试,容易接受创新形式,媒体平台不再是传统意义上的新闻服务,除了满足人们的信息需求外,更是一种现代化的具有社交属性的娱乐形式和生活方式,这就需要更加细分的媒体平台和更专业的内容产品,来满足用户日益增长的信息服务需求,应对竞争日益激烈的传媒市场。

（四）政策环境:不断完善的政策法规支持

一是国家政策持续推动。譬如我国从 2014 年中央全面深化改革领导小组审议通过《关于推动传统媒体和新兴媒体融合发展的指导意见》,到 2020 年中共中央办公厅、国务院办公厅印发了《关于加快推进媒体深度融合发展的意见》,融媒体传播体系的建设发展一直得到国家战略层面的支持推动,这不仅有利于加快推动媒体深度融合发展,也为持续构建全媒体传播体系指明了方向。融媒体发展实践也证明,中国媒体在软硬件设施建设、

[①] 梅宁华,支庭荣.中国媒体融合发展报告:2019[M].北京:社会科学文献出版社,2019:295.
[②] 邓建国.媒介融合:受众注意力分化的解决之道[J].新闻记者,2010(9):56-60.

平台搭建、技术革新、流程再造、人才培养、机制体制改革等方面都取得了显著成绩。这些无疑都推动了PGC内容生产模式的创新发展。

二是行业监管不断完善。近年来,随着融媒体不断发展,国家和法律层面对其都进行了严格的行业监管。以中国短视频媒体平台为例。在融媒体态势下,异军突起的短视频行业成为融媒体传播体系建设中的重要内容,不论是国家互联网信息办公室还是国家广播电影电视总局,都为其健康有序发展而进行严格监管,甚至还通过发放"牌照"对短视频平台及其内容进行管制。由此可以看出,政府对融媒体内容生产各行业监管都在不断完善,为融媒体PGC内容生产的健康有序发展营造了良好的行业环境。

三是平台扶持力度加大。PGC模式的迅速发展离不开各媒体平台的扶持力度,最具代表的就是中国短视频行业。早在2015年,腾讯、优酷土豆、爱奇艺、搜狐、乐视等一线视频网站都在积极投资PGC内容的建设,其中腾讯视频联合启动"惊蛰计划",主要目的是签约并重点扶持日益获得用户认可的优质PGC项目;优酷土豆正式更名为"合一集团",投入百亿发展自制、PGC、UGC等网生内容。[①] 近几年来,各大媒体平台对PGC内容生产的扶持力度进一步加大,一些PGC作者更是获得平台的资金的有力支持。可以看出,大规模的扶持和各平台的优惠政策,为融媒体PGC生产模式的发展提供了很好的机遇。

三、PGC生产模式的内容生产机制

内容生产机制是内容生产过程中的各个要素以及各个要素之间的关系。通俗地说,也就是内容生产是由哪些要素构成,要素与要素之间具有怎样的关系,并且是通过什么方式协调完成内容生产过程的。在PGC生产模式的内容生产过程中,生产主体一般是专业媒体、原创的个人或团队以及企业机构等,他们拥有专业的知识技能储备,在内容的生产、分发和变现这一完整的过程中发挥着重要作用,并以其专业性优化了内容生产制作、发布传播的方式,提升了融媒体内容产品的传播效果和行业准入门槛。受众在内容生产这一过程中作为内容产品的接受主体,角色和身份随着PGC生产模式的创新而发生变化,在地位扭转的同时成为兼具"传受双方"的用户。总体而言,相较于传统媒体内容生产,融媒体PGC模式的内容生产机制有了很大创新和发展。而这一大进步又集中体现在专业化的内容生产能够有效催生优质的融媒体产品。本部分重点研究PGC模式的内容生产机制,分析探讨PGC模式内容生产主体、内容接收主体以及内容生产方式等,并总结在融媒体态势下PGC模式内容生产的特点。

(一)内容生产主体:专业化联合化制作引领生产

PGC模式内容生产主体一般包括两类:一类是具有专业原创能力的媒体平台和内容制作机构,有固定的团队和完备的专业技术设备,团队有明确的分工;另一类则是个人生产者,他们基本上单独作业,没有固定的团队或制作机构,一般是通过个人原创制作发布相关内容,虽然相比于UGC模式生产主体的即兴创作,这一类个人生产者有相关内容生

---

① 唐忠会,巢宇.UGC升级为PGC:融合态势下视频网站新变局[J].视听界,2017(1):96.

产的专业知识素养以及相关技术设备,但在后期发展上会因为持续生产力不足和生产资源短缺转向成立专业制作团队。

然而无论是哪一类的PGC生产主体,内容生产更具专业化,这也是其最鲜明的特点。一是传统媒体谋求生存发展进行技术产业改革,加速媒体融合,投入大量资金打造各级"中央厨房式"的融媒体中心,建设"全能型"采编队伍,不断为媒体融合发展注入动力和血液;二是在新媒体兴起早期,传统媒体发展的日渐式微导致部分传统媒体人转身投向新媒体领域,在某种程度上变相地为融媒体特别是新媒体的发展提供了人才支持;三是随着融媒体的不断发展,媒介产业盈利模式发生转变。以短视频行业的蓬勃发展为例。专业内容生产团队和影视公司代替分散的网络用户,成为视频网站内容生产的主力,他们自制的网络视频节目已逐渐脱离业余的观感印象。[①] 也因此保障了PGC模式内容生产的专业性。

随着PGC模式的不断发展和转化推广,PGC模式的内容生产主体逐渐从单一化走向联合化。一方面,个人原创制作者因创作持续力不足和原创资源缺乏,越来越多的专业个人生产者为寻求长期发展,转向进入专业内容制作团队中;另一方面,专业媒体、企业机构等团队创作者为避免独立制作发布的局限性以及为了寻求内容的形式拓展与质量提升,越来越倾向于和专业内容生产团队的合作,促使PGC模式获得越来越好的内容支撑。

(二)内容接收主体:角色身份转换参与生产

接收主体即受众,是信息传播的最终归宿。传统意义上的受众几乎没有主动性,是应声而倒的"靶子"。随着媒介技术的不断发展,新媒体语境下的"受众"一词,已远远超越其原本的意思。在融媒体态势下,从不同角度审视受众,特别是作为PGC模式内容产品的接收者,其内涵更是被进一步丰富和拓展。

从社交需求看,受众用户化。用户一般是指品牌或者某个产品的使用者消费者。融媒体背景下,在PGC模式内容生产媒体平台看来,其生产的信息内容即融媒体产品,传播的受众就是用户。具体而言,受众是基于某种需求而在海量的信息中选择内容产品,说明这一内容产品满足了受众的需求,在新的PGC模式的盈利模式下,用户在接收该产品的同时间接或直接进行内容付费,在这一刻受众即用户。此外,由于新媒体平台的交互属性,受众更具主动性和互动性,往往会在浏览某一融媒体信息产品的过程中有评论转发和与内容制作者进行互动等行为,也正是在这一过程中,受众某种程度上既影响内容制作,甚至是参与到了PGC媒体平台的内容生产过程。

从价值认同看,受众社群化。PGC模式的受众不再是以往大众传播学意义上的"大众",一方面,新媒体的发展催生了融媒体产品垂直化和个性化的服务;另一方面,受众因共同的兴趣和目标而逐渐聚集成为某一社群。如此,作为群体一员的受众因为共同的爱好和兴趣进行交流互动,从而通过这种互动和相同兴趣下的内容产品建立了某种基于价值观的情感联系。他们不仅参与到内容生产中,甚至为维护内容而主动为生产者解释和澄清,以确保该内容产品的正常生产。

---

① 徐帆.从UGC到PGC:中国视频网站内容生产的走势分析[J].中国广告,2012(2):55-57.

从依恋心理看,受众粉丝化。粉丝"广义上泛指所有体育赛事或娱乐节目的普通观众,狭义上特指对某一特定对象发自内心热爱、狂热策划、追捧的个体"[①]。作为融媒体时代网络媒介的新型受众,PGC模式的受众更是对其所热爱崇拜的内容生产主体进行追捧,并在此基础上产生一种依恋的心理状态。在这种心理状态的驱使下,这些"粉丝型"受众既是内容产品的生产宣传者,也是消费者和使用者。也就是说,由于粉丝自觉地参与到内容的生产过程中,特别是在内容产品的运营阶段以线上线下互动进行支持、宣传、消费,某种程度上提高了内容生产的质量和促进了精准传播。

（三）内容生产方式:创新发展实现效益生产

内容生产更趋精细。从碎片化向精细化转变,生产既有差异又有规模、系列的融媒体产品,是PGC模式内容生产创新发展的生动缩影。相比于初期阶段PGC在内容生产上的碎片化特点,PGC模式克服内容生产定位不清、持续生产能力不足等碎片化生产方式,通过明晰自身内容定位、加强系列化和规模化制作能力,持续挖掘和打造属于自己的"IP"产品和形象,不仅将自己生产的内容视为商业产品,还把受众当作用户,在增强用户黏性的同时,实行多元化发展进行"IP"衍生,推出各种周边产品,以丰富多样的融媒体内容产品,寻求多种变现渠道,实现打造精品、塑造品牌的精细化生产目标。

团队生产更趋主流。从个体生产向以团队为主的组织生产转变,既代表着融媒体生产模式由UGC向PGC的转化,也表明PGC模式的内容生产以团队生产为主流。这是由于随着粉丝数量的增多以及为更好地满足他们的需求,个体生产会自觉倾向于成立团队或加入某一团队,加之传统主流媒体进驻融媒体平台,从而形成以专业的融媒体产品的制作机构为主的生产方式。以短视频"Papi酱"自媒体为例。"Papi酱"在拿到天使轮投资之后就成立了"Papitube",签约和孵化了更多的短视频制作者,经过不断发展形成了自己的短视频矩阵,并且在持续发展壮大。

生产服务更趋垂直。随着传媒市场不断发展,用户需求和素养不断提升,传统媒体和新媒体融合进程加速推进,PGC生产模式的内容生产开始向垂直领域转变。一些纯娱乐的自媒体因过度娱乐化、内容同质化,从而让受众产生了审美疲劳,开始逐渐被用户和受众抛弃,随之而来的是PGC模式的内容生产开始不断细分,各个垂直服务领域逐渐被挖掘开发,不仅满足了用户的信息和服务需求,也使得PGC生产模式的生产更加多元化,内容产品更加多样化,用户和市场进一步细化。

四、PGC生产模式的主要不足及前景

马克思主义哲学表明,任何事物的发展都不是一帆风顺的,特别是新兴事物,总是在不断地发现问题和解决问题的过程中曲折发展的。随着媒体融合进程的加速发展,传媒环境也在随之发生变化,PGC模式在发展中也逐渐暴露出诸多制约其发展的不足和问题,

---

① 符昱叶.社会化网络时代中粉丝的消费心理观及营销策略[J].黑龙江生态工程职业技术学院学报,2018(11):53.

但作为当下融媒体主要生产模式，PGC 模式有新兴技术、海量用户、市场红利、国家政策等利好因素的支持，有极大发展潜力和发展前景。

（一）PGC 生产模式的主要不足

PGC 内容生产模式的不足主要表现为内容生产缺乏规范标准、专业制作团队人才缺乏、"IP"品牌化建设不够、产品版权问题易发等。

1. 内容生产缺乏规范标准

融媒体内容生产 PGC 模式的发展，融媒体内容产品呈现出专业化、多样性、差异化等鲜明特点，吸引了巨大的用户量，得到了市场的青睐，反过来又促进甚至是刺激了内容生产，使得 PGC 内容产品在形式、创意、内容等方面标准不同、规范不一甚至是质量参差不齐，某种程度上影响了传播效果，降低了受众的黏合度。如此，PGC 模式的内容生产就愈发需要一套行之有效的内容生产规范标准，在确保内容产品丰富起来的同时，更要在一定的规范标准特别是在符合社会主流价值观念和国家相关法律政策下不断做精做细做强，以确保 PGC 模式良性发展。

2. 专业制作团队人才缺乏

专业性是 PGC 模式的根本所在，但是就目前来看，融媒体内容生产 PGC 模式制作团队数量有限，团队专业人才缺乏，甚至是传统媒体也存在"全能型"采编人才缺乏的情况。在"内容为王"的今天，专业制作团队人才缺乏这一问题尤为明显。因此，发掘和培养更多优质专业人才，是 PGC 内容生产必须要面临和解决的问题。

3. "IP"品牌化建设不够

PGC 内容生产模式的专业化和规模化生产特点，在一定程度上决定了融媒体平台生产的内容产品易于拥有自身的特色亮点，具有一定品牌效应。但综观整个融媒体生态生产产业链，PGC 模式品牌化建设还远远不够，未形成规模的体系的品牌效应。一方面，人才的缺乏导致了优质内容生产难有规模性；另一方面，由于过分追求变现等商业目的，一些形成的品牌出现了"脱粉"现象，影响了品牌化效应的扩大。

4. 产品版权问题易发

版权问题一向是互联网发展亟待解决的问题之一。随着媒体融合的不断发展，互联网的开放和分享等特点更加剧了融媒体 PGC 内容生产的版权问题。相较于 UGC 模式，PGC 的原创性和专业性使得其在发展之初内容产品版权问题并不突出，但随着 PGC 模式的发展，转发分享等使得这一问题变得越发复杂，特别是在短视频行业体现得最为明显。因此，应加强 PGC 模式内容产品的版权保护，不断推进内容生产的原创性和品牌化以及个性化，确保其健康有序发展。

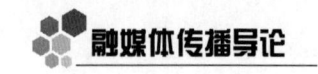

（二）PGC 生产模式的前景

当前，融媒体态势下，融媒体内容生产 PGC 模式正处于爆发式的增长期。PGC 内容生产的主要参与者如投资者、内容生产主体、媒体平台、内容消费用户、广告主，发挥着提供资金、生产内容、市场运营、消费、商业变现等功能作用，形成了一条完整的从内容生产到传播再到盈利的产业链，PGC 内容生产模式下的商业运作模式和传媒生态逐渐形成并日趋成熟。而随着媒体融合的进一步发展，势必会继续推动 PGC 模式的快速发展。一方面，PGC 应充分借助大力推进媒体融合的东风优势，在加强优质内容建设的同时，不断改进技术，持续发挥创新能力，整合各类资源。主流媒体不仅要重视自身平台的建设，也要加强与商业平台的合作，既要保证内容产品在自身平台的有效传播，还要拓展拓宽传播渠道，有效连接产品和市场，吸引受众的关注并取得认可。另一方面，要进一步丰富传播内容，在重视自身专业内容生产的同时，也要为用户生产内容提供便捷的平台，既保证专业内容的全面、丰富和专业性，同时要对用户内容进行专业梳理和内容整合以及审核把关，充分发挥媒体融合的优势，利用数据挖掘和资源整合，实现生产内容既具有专业化的水准，又能准确贴合用户的需要。

第二节　UGC 生产模式

随着新兴媒体与传统媒体的融合步入快车道，传统意义上的受众角色与身份发生变化，受众既是信息内容的接收者，也成为信息内容的生产者，用户生成内容（User Generated Content，简称 UGC）这一内容生产模式应运而生。在融媒体态势下，UGC 模式的兴起与发展打破了传统媒体的"专业主义壁垒"，凭借其短、平、快的优势，重塑了媒介生态与信息传播格局，进一步丰富了融媒体信息生产模式和传播路径，使"所有人向所有人的传播"成为现实。

一、UGC 生产模式基本概况

关于 UGC 生产模式的讨论必须以了解和掌握它的基本概况为前提。本部分从 UGC 生产模式的概念及产生、主要特征、与 PGC 生产模式的区别三个方面，简要介绍 UGC 生产模式的基本概况。

（一）UGC 生产模式的概念及产生

用户生成内容（User Generated Content，简称 UGC）又称为 UCC（User Created Content）或 CGM（Consumer Generated Media），字面意思是用户生成内容或用户创造内容，泛指用户通过各种方式在网络上发布的文字、图片、视（音）频等，是基于以提倡个性化为主要特征的 Web2.0 而兴起的概念。

目前，学界关于 UGC 还没有一个公认的定义，较有影响的界定是由世界经济与发展组织(OECD)在2007年的报告《参与式网络和用户创建内容：Web2.0、维基和社交网络》(Participative Web and User-created Content：Web2.0，Wiki sand Social Networking)中提出的："用户生成内容是由业余人士通过非专业渠道制作的、包含一定的创造性劳动并在网络上公开可用的内容。"该定义描述了UGC的三个特征：① 属于互联网上公开可用的内容；② 此内容具有一定程度的创新性；③ 非专业人员或权威人士创作。

从历史进程上来看，UGC并非一种全新的技术或理念。早在Web2.0来临之前，UGC的雏形就已经存在。20世纪80年代，风靡一时的全球电子布告栏系统Usenet便允许用户就某一给定话题展开讨论和分享。20世纪90年代后期，一些大众评论网站初现端倪，用户可以从不同角度，根据不同标准对某些事物(尤以商品为主)进行评价或评级。进入21世纪，虚拟社区的快速发展，让用户角色更加多样化，用户体验更为丰富，主动性和互动性有所提高。如今，UGC不仅在社会化媒体得以广泛应用，还被逐渐应用到新闻生产当中，"你写我看"的传统新闻生产模式受到挑战，呈现出"去中心化"的文本叙事风格。

(二) UGC生产模式的主要特征

总的来讲，UGC生产模式的主要特征表现为以下三个方面：

一是内容生产"去专业化"。传统意义上的内容生产包括选题策划、采访写作、摄像编辑、后期制作等多个环节，生产者主要由专业媒体的记者和编辑担当，体现了一定的专业性和规范性。与之相反，UGC生产模式呈现出鲜明的"去专业化"特征。一方面，UGC生产模式所需的技术成本、硬件成本和制作成本都比较低，内容生产周期较短，从而降低了操作门槛，使普通用户也能够在网络开放空间较为自由地按照个人偏好表达自己的观点和意见。以"秒拍"短视频为例，用户只需在手机中打开"秒拍"App，按下拍摄按钮，即可随拍随传。另一方面，UGC生产模式下，普通用户是内容生产的主体，其中占比较大的是我们通常所说的"草根用户"，他们没有经受过专业训练，同时缺乏专业的设备基础和资源，导致内容生产可能面临制作粗糙、同质化等问题。

二是内容生产主体用户化。传统大众传播时代，掌握内容生产权力的往往是专业化、职业化的从业者，受众基本上被排除在内容生产流程之外，即使有读者来信、听众电话、观众连线等受众参与形式，受众也无法真正左右内容生产的基本流程和观点立场。随着UGC生产模式的出现，"受众"的概念日益淡化，"用户"一词取而代之。不同于"受众"主要作为信息被动接收者的角色，"用户"融合了信息生产、传播、接收的多重身份于一体，传统的单一专业内容生产模式的藩篱被逐渐打破。以社交类问答网站"知乎"为例，用户可以在该平台发起一个问答话题，或回答他人的提问，并将本次交互的内容分享至其他新媒体平台，从而延续整个传播的动态过程。

三是更强调社交属性。UGC模式的社交属性主要表现为碎片化的信息内容与多点互动的传播方式。一方面，UGC生产主体即普通用户关注点的多样化与内容生产本身的低技术门槛，必然带来UGC信息内容碎片化特征。而碎片化的信息内容，恰好契合了当前人们因社会生活节奏加快和海量信息冲击而形成的碎片化媒介接触习惯，便于在众多用户中实现信息共享。另一方面，用户生产内容的初衷很大程度上是满足自身分享与交流的渴望，而融媒体平台所具有的互动机制，如点赞、评论、转发等功能，使用户与用户的互动、用户与专业媒体之间的线上线下沟通变得更加顺畅。在此过程中,用户的社交需求得到进一步满足,UGC也成为专业记者、编辑了解新闻热点、搜寻新闻线索的重要渠道。

(三)UGC生产模式与PGC生产模式的比较

为了更好地厘清UGC与PGC生产模式的差异,以下从生产理念、生产环节、发展趋势三个方面对两者进行比较。

1. 生产理念对比

UGC模式的社交属性决定了用户进行内容生产的绝大部分动因和目的在于分享,即通过分享生活、发表观点、传递信息、展示自我、寻求慰藉、实现自我价值。而PGC生产模式更多是出于扩大传播和增加盈利的考虑,换句话说,它既是一种传播行为,也是一种商业行为。以移动短视频为例,UGC生产者并不完全追求高点击率、高流量所带来的经济效益,而是重在通过公开或半公开的互动交流获得身心的愉悦与放松,而那些出于营利目的的UGC生产者,为了顺利实现流量变现,也会逐步转向PGC生产模式,即从UGC的单打独斗转变为PGC的专业团队行动,以便持续生产出更优质的内容,更好地满足用户对于高品质、高质量短视频的需求。

2. 生产环节对比

从内容生产主体来看,基于UGC模式的内容生产主体通常带有明显的"草根化"特质,由于其专业素质相对欠缺,所生产的内容虽然数量可观但质量参差不齐;而基于PGC模式的内容生产主体大多是具备一定专业素养和技术设备的专业媒体、权威人士或内容制作团队,比较注重内容的垂直深耕,因而所生产的内容专业性较强,有时甚至会成为极具传播价值的"IP"品牌;从内容生产流程来看,UGC生产模式比较粗放。大多数普通用户并不具备产品化思维与产业化、体系化的内容生产能力和手段,因而其内容生产以即兴创作为主,难以实现可持续化;PGC生产模式则更加精细,从内容设计、制作到平台投放和运营都遵循一定的规范。

3. 发展趋势对比

在融媒体发展背景下,UGC、PGC生产模式都催生了新的内容生产方式与传播路径,成为推动传统媒体融合转型的重要突破口,但同时也存在内容同质化、创意不足等倾向,如何立足各自优势实现差异化发展是现阶段亟待解决的问题。在当前的注意力经济时代,无论是UGC还是PGC生产模式,内容为王是颠扑不破的真理。具体来讲,UGC生产模式应在充分发挥用户黏性优长的基础上,加强平台把关与用户自我把关,努力推出更多原创度高、专业性强的优质内容;PGC生产模式则应进一步利用其专业优势、资源优势,在垂直细分领域继续深耕内容和用户体验,挖掘潜在受众,增强用户黏性,共同推动融媒体生产又好又快发展。

二、UGC 生产模式的生成动因

在移动互联时代，UGC 生产模式的形成受到媒介技术、互联网经济、社会文化、用户需求等多种动因的驱动，是这些看似独立而又紧密联系的因素合力驱动的结果。

（一）媒介技术驱动

美国传播学者施拉姆曾经用"一天之中最后的 3 秒钟"来形容媒体技术创新扩散的速度之快、时间之短。自 1946 年第一台电子计算机问世，到 1990 年万维网的诞生，再到 2010 年后移动互联网与智能手机的快速普及，这短短几十年对于人类历史来说不过弹指一挥间，却前所未有地跨入了媒介技术呈爆炸式速度更新、媒体组织与环境剧烈冲突融合的新时代。这样的时代背景下，各类新媒体平台如雨后春笋般出现，为用户开发了上传和下载内容渠道，凭借其平等、开放、虚拟、自主、即时、交互等特点，日渐成为用户畅所欲言的"观点自由市场"，用户从"枪弹论"下应声而倒、被动接收信息的"受众"身份，转变成移动互联网环境下集内容生产、传播、接收于一体的"用户"身份，从而催生了一种全新的内容生产模式——用户生产内容（UGC）。

（二）互联网经济驱动

从经济形态的演变来看，互联网经济形态深度塑造了人们的价值观与择业观，随之涌现出新的劳动阶层"斜杠青年"与"零工经济"等新经济形态。"斜杠青年"来源于英文 Slash，出自《纽约时报》专栏作家麦瑞克·阿尔伯的著作《双重职业》，指的是一群不再满足于"专一职业"的生活方式，而选择拥有多重职业和身份的多元生活的人群。[①] 事实上，"斜杠青年"不是简单地在传统雇佣制下从事一份全职或兼职工作，他们更倾向于借助互联网平台尝试不同的小"零工"，在主业之外拓展多元化的专长。这些自由职业者利用互联网和移动技术快速匹配供需方，形成了群体工作和经应用程序接洽的按需工作两种工作形式，这就是"零工经济"[②]。参与"零工经济"的数字劳动者呈现出愿意为了发展兴趣与专长而自发开展生产活动的面貌，而这正是 UGC 生产主体的核心精神。换句话说，UGC 生产主体可以被近似地认为是"斜杠青年"或数字劳动者队伍的一员，UGC 生产模式也就是"零工经济"的产物。

（三）社会文化驱动

从社会文化角度来看，UGC 生产模式最开始源于草根文化特别是青年文化对主流文化的"反叛"。彰显独立个性、勇于探索创新的青年文化使 UGC 体现出一种"解构主义"的色彩。具体来说，就是解构主流叙事手法和表现形式，通过对已有信息素材的加工处理，

---

① 旷世典."斜杠青年"职业定位新趋势[EB/OL].(2016-03-11)[2022-12-25]. http://theory.people.com.cn/n1/2016/0311/c49154-28190425.html.
② 王玉涵.浅谈斜杠青年与零工经济[J].中国商论,2017(35):189-191.

最终呈现出符合生产者自身情怀与格调的内容产品。仅以可能是中国最早流行的一条具有 UGC 性质的短视频《一个馒头引发的血案》为例，创作者胡戈通过对电影《无极》素材进行二次编辑，使故事情节伴以夸张的叙述手法、戏谑的旁白以及黑色幽默的语调，从中流露出青年文化对主流叙事的重构和"反叛"。而这样建立在青年文化之上的生成逻辑无疑是造成一些 UGC 内容产品浅层化、碎片化、缺乏思考深度的重要因素。

（四）用户需求驱动

从使用与满足理论来说，用户参与 UGC 内容的目的不纯粹是通过内容产品的一次或二次售卖来谋求盈利的最大化，很大程度上也是为了满足自己的某种心理需求。首先，UGC 生产行为类似于一种从用户兴趣出发以放松身心为目的的娱乐休闲活动，这就意味着内容生产过程本身是富有趣味性的，能够满足用户碎片化时间的娱乐需求；其次，基于互联网平台的即时性、互动性，普通用户在进行 UGC 内容产生产过程中，可能会获得一定的赞赏性评论与粉丝关注，这些正面的回馈有助于满足用户对于社交、尊重和自我认同的需求；最后，优质 UGC 内容的生产者可通过"打赏"机制，实现内容产品的流量变现，不仅获得可观的利润回报，也有助于提高其社会知名度，从而更好地满足用户社会地位与财富增值的需求。

三、UGC 生产模式的构成要素

平台、用户、内容是 UGC 生产模式的主要构成要素，分别作为 UGC 生产模式的载体、基础、核心而发挥重要作用。

（一）平台：UGC 生产模式的载体

UGC 生产同样需要借助一定的载体才能实现。随着各类互联网平台的异军突起，其开放互动的互联网传播特性使人人都能成为信息的发布者，不仅使传统内容生产方式发生变革，而且为 UGC 生产模式的实现提供了载体。

1. 平台的类型

目前，作为 UGC 生产模式载体的互联网平台可细分为以下五种类型。[①] 一是以社交为目的的网络平台。通过内容的发布、转发、点赞、评论等互动形式，由"强关系"的内容发布者和接受者共同完成内容生产，从而达到社会交往的目的，并由线上交往带动线下互动。二是以内容分享为目的的网络平台。文字类如博客、百度文库、新浪爱问等；视频类如优酷、土豆、YouTube 等；图片类如 Instagram 等。此类网站平台用户之间呈现出"弱关系"的交流格局，主要目的在于自我表达。三是以知识共筹为目的的网络平台。如维基百科、百度百科、知乎等网络平台。分散、异质的用户之间，通过对共同关注的问题进行解答，从而达到答疑解惑、知识更新的目的。四是以兴趣讨论为目的的网络平台。如以豆瓣

[①] 许同文.UGC 时代受众的角色及内容生产模式[J].青年记者，2015(12)：30.

网为代表的影视书籍评价分享平台,用户通过个人兴趣爱好,寻找、组建自己的圈子,参与话题讨论和信息交流。五是以自我表达、公共议论为目的的网络平台。如天涯论坛、凯迪社区、新浪微博等网络平台,为用户进行自我表达、参与公共讨论提供了场域空间,发挥类似于公共领域的作用。

2. 平台的特性

上述各类网络平台之所以成为 UGC 生产模式实现的载体,很大程度上应归因于网络平台所具有的适宜用户进行内容生产的媒介特性。一是低门槛。网络平台的门槛普遍较低,任何用户只需要完成注册并登录,就可以在平台上进行内容生产。并且在不触碰法律法规"高压线"的前提下,用户可以根据其喜好、特长等自由地进行个性化的内容生产。二是草根性。网络平台的低门槛准入机制吸引着"草根"阶层的积极参与,使平台用户呈现草根性的特点。人人都有麦克风、人人都是传播者,从而建构了相对平等的传播局面,打破了传统传播模式下的话语垄断。三是开放性。互联网平台是依托移动通信技术、互联网技术等新技术而生存和发展的,这些新技术使互联网平台具备了传统媒介所不具备的跨地域性和开放性,即网络平台是面向所有用户开放的,支持海量用户通过随机接入的方式同时进行内容生产与分享。四是即时交互性。网络平台具有即时交互传播的媒介优势,用户可以随时随地发布或获取信息,并通过转发与平台其他用户分享和交流,从而实现用户之间的即时共享、轻松互动和自由表达。

(二) 用户:UGC 模式的基础

用户是 UGC 内容的创造者,是网络平台的积极使用者,在 UGC 生产模式中发挥着基础性的作用。美国哈德逊研究所认为,从社会发展的大趋势来看,人类文明与科学技术的进步与突破就是要把原来由少数人掌控的财富、资源、信息和话语权等都逐渐民主化、大众化。[1] 互联网技术、平台的飞速发展打破了传统话语权分配格局,公众获得了前所未有的话语权。能说话才会想说话,话语权的获得让普通公众尤其是草根阶层的内容生产潜在能力得到了极大的释放。

1. 用户的特质

UGC 生产主体,即参与 UGC 生产模式的用户总体呈现出多样化、草根化、普泛化的特质。首先,用户具有多样化的特质。参与 UGC 生产的用户来自各行各业,在年龄层次、工作环境、社会阅历以及价值取向等方面存在着不同程度的差异,这让他们本身便带有"多样化"的标签,同时也代表着多样化的社会资源和智力资源。其次,用户具有草根化的特质。UGC 生产主体以普通用户为主,其中不乏在现实生活中处于社会中低层的"草根阶层"。这些草根用户参与内容生产主要是为了展示生活、展现自我、娱乐消遣,很少有纯粹功利性的内容生产,所生产内容也大多体现了富有人情味和接地气的平民化审美。最

---

[1] 先驱报.美媒:中国为什么出现"全民直播"现象[EB/OL].(2016-10-17)[2016-03-11].https://www.chineseherald.co.nz/news/international/page-48/.

后,用户还具有泛化的气质。互联网平台的低准入门槛、低操作难度使社会公众只需一部手机即可实现内容生产。这意味着社会中的大多数人都有机会和权利进行内容生产,使得普通公众"自我声音"的表达越来越成为一种趋势。一些用户甚至还可能因其在某一领域的专长、所掌握信息资源的独有性等而成为网络社群中的"意见领袖",也就是我们俗称的"网红",对其他社群成员的思想行为产生一定的引导作用。

2. 用户参与动机:使用与满足

1974年,美国传播学者E·卡茨首次提出"使用与满足"理论,在其研究的视野中,受众成员是有着特定"需求"的个人,他们的传媒接触活动是基于特定的需求动机来"使用媒介",从而使这些需求得到"满足"的过程。[①] 也就是说,受众使用媒体是为了满足自身的特定需求。同样,用户选择通过使用网络平台进行内容生产的目的也是满足自己的某种需求,归纳起来主要有以下几个方面:

(1)猎奇。所谓猎奇心理,通俗地说就是好奇心,是人们与生俱来的对新奇事物和现象产生注意和爱好的心理倾向。伴随Web2.0兴起的UGC生产模式,对于一度处于较为被动的信息接受状态的广大"受众"来说还属于新事物,他们对这样一个由用户主导的UGC生产方式感到新鲜并产生兴趣,在猎奇心理的驱使下,自然而然地主动参与其中。

(2)自我表达。在传统的大众传播语境中,社会成员表达自我的方式极其有限,渴望拥有更多的话语与表达权。而建立在Web2.0技术和思维方式上的互联网平台,不仅是UGC生产模式的载体,也是用户之间分享意见、观点、经验的工具和平台。用户通过内容生产与分享,能增加与其他用户沟通和交流的机会,这种打破时空地域的共享交流使用户自我呈现、自我表达的需求得到了极大的满足。

(3)娱乐消遣。英国哲学家赫伯特·斯宾塞(Herbert Spencer)指出,人类在完成维持和延续生命的主要使命后,尚有剩余的精力存在,这种剩余精力的释放,就是娱乐。[②] 特别是步入现代社会以来,生活工作节奏日益加快,人们亟须一种容易接触到且轻松的娱乐形式来缓解压力,而UGC生产模式的低门槛、趣味性、参与性等特点能为用户带来更具沉浸感的娱乐体验,刚好满足了用户娱乐消遣的心理需求。

(4)寻求认同。自我认同是个体摆脱孤独、寻求精神寄托的恒常现象,是人类自有文化以来心理生活的重要内容。用户在进行内容生产与分享的过程中,来自其他用户的关注、点赞和转发等正向反馈行为能强化其心中的满足感和愉悦感,进一步获得对自我价值的认可,这是用户寻求自我认同的直观体现。

(5)利益追求。经济利益是促使用户参与UGC生产的重要因素。对于用户而言,优质的内容尤其是原创性的内容,能吸引更多的关注度和流量,进而通过"粉丝打赏"和"流量变现"等方式获得经济利益。

[①] 官承波.传播学纲要[M].北京:中国广播电视出版社,2007:180.
[②] 陈晓莹.文化传播学[M].福州:福建人民出版社,2017:23.

(三) 内容：UGC 生产模式的核心

内容是 UGC 生产模式的核心。信息技术、互联网技术的迅速发展虽然催生出数量众多的网络平台及进驻用户，为 UGC 生产模式的实现提供了可靠的载体和基础，但是在这个"内容为王"的时代，一旦内容匮乏，UGC 内容生产模式也将失去其存在的意义。

1. UGC 内容类型

多样化、草根化、普泛化的 UGC 生产主体造就了形式多彩、各具特色的 UGC 内容产品。从生成方式角度看，UGC 内容可具体分为表达式、互动式、协作式、引导式、交叉式五类。

（1）表达式 UGC 内容多以情感抒发、观点陈述等形式呈现，如博客博文、QQ 空间状态、朋友圈动态等，其目的在于自我表达，反映当下的某种感受、认知和思想。

（2）互动式 UGC 内容多表现为用户针对某一共同感兴趣的话题进行讨论、交流，在互动的过程中不断产生新的内容需求以及内容生产，如贴吧、豆瓣等平台上的 UGC 内容多为互动式的。

（3）协作式 UGC 内容表现为不同用户针对某一问题或目标，在你一言我一语的相互协作中共同完成内容生产，其目的是使更多的用户了解和掌握事物的全貌。维基百科词条、知乎的问答都属于此类。

（4）引导式 UGC 内容是用户受外界引导所生产的内容。引导主体既可能是媒体机构也可能是个人。如门户网站的跟帖、调查、点赞等功能设置，抑或普通用户在百度知道、知乎等平台的提问，等等，都是为了引导更多用户参与内容生产。

（5）交叉式 UGC 内容。由于上述四种内容生成方式并非泾渭分明，而是存在着交叉现象，因此，用户在实际内容生产的过程中，往往受到多种生成方式的影响。譬如，用户之间的互动交流，伴随着相互引导，而这种引导式的互动可能引发协作式 UGC 内容。

2. UGC 内容传播

UGC 内容传播主要存在"自销"与"他销"两种方式。所谓"自销"，类似于传播学中的"自我传播"。"网络环境下，最典型的自我传播存在于博客之中"[1]，很多用户撰写博文都只是自言自语、自我问答、自我反省，尽管受众面较小，但人"需要思考，需要自言自语，需要自我发泄，需要自我陶醉，需要独特的、神圣的'小天地'，需要在这个小天地里耕耘、劳作和创作"[2]，用户通过这样一种内在于心的信息交流过程，使自己暂时远离各种纷扰，实现内心的宁静与升华。所谓"他销"，则类似于传播学中的"人际传播""群体传播"，用户将所生产内容实时分享给亲友、同事等强关系用户和以弱关系连接的用户甚至是陌生人，而这些受众群体也可能将内容分享至与他们有一定关联的用户，这样以内容生产者为起始点，形成了多个传播中心，经过多次分享实现扩散式传播。

---

[1] 寇紫遐.互联网作为交互式平台的形成[J].新闻界,2012(5):34.
[2] 居延安.信息·沟通·传播[M].上海:上海人民出版社,1996:32.

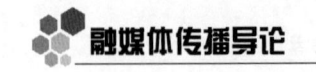

3. UGC 内容特征

UGC 内容主要具有以下三个特征：一是海量化。UGC 生产门槛低，用户只需借助电脑、智能手机等终端设备就可以随时随地根据自己的喜好进行内容生产，因此不断吸引着来自不同地域、行业、文化背景的用户参与其中，他们从各自角度反映社会生活与精神世界，使 UGC 内容总体呈现海量化特征。二是碎片化。网络平台的即时交互性让用户能够利用任何碎片时间进行内容生产，导致内容大多属于自发的、未经深思熟虑的碎片化内容，缺乏深度和完整性。三是一定的创造性。任何人都具有潜在的创造力。网络平台的出现和日趋完善，为普通公众提供了内容创造的平台。用户在进行内容生产过程中不可避免地会融入个人的认知、情感与价值判断，从而使内容产品包含一定的创造性成分。在海量 UGC 内容充斥用户视域的当下，创新性已成为衡量 UGC 内容质量的重要标准。然而不同用户创造思维与创造能力的差异，导致内容的创新程度参差不齐，普遍存在创意不足、同质化等问题。

四、UGC 生产模式存在的问题与不足

目前，虽然 UGC 生产模式仍处于快速发展期，但面临许多问题和不足，如内容质量偏低、版权侵权问题易发、平台监管机制有待完善、用户媒介素养有待提升，都在一定程度上限制了 UGC 生产模式的进一步发展。

（一）内容质量偏低

UGC 生产者的多样化、草根化、普泛化及其生产动机的多元复杂性等特点，致使 UGC 内容质量偏低，即"不具备有用性、完整性、准确性、时效性、可理解性、可信性等一种或多种信息质量属性，或者虽具备某种信息质量属性却性能低下"[①]，突出表现为两方面。一方面，内容缺乏准确性。由于受到用户认知水平及其所掌握信息资源的深度、广度等客观条件的限制，UGC 内容可能存在与事实不符、以偏概全的嫌疑，从而影响了内容的准确性和可靠性。显然，这并不是用户有意为之的结果。但不可否认的是，在网络平台中也有一些用户（如网络红人）为了快速博人眼球，罔顾事实真相，编造虚假的、耸人听闻的内容，这样的 UGC 内容不仅无准确性可言，而且严重扰乱了网络秩序和网络环境。另一方面，内容存在冗余成分。目前，大量"基本无害"却无用无意义的冗余内容充斥各类 UGC 平台。以论坛为例，存在大量的与话题无关或相关度不高的 UGC 内容，这些冗余内容的存在势必会影响用户的媒介使用体验，对其获取目标信息造成不必要的阻碍，甚至劣币驱逐良币，冗余内容遮蔽有效内容，导致有效内容的传播效果被削弱。

（二）版权侵权问题易发

融媒体背景下，UGC 内容生产者在依靠网络平台自由开放、即时交互性强等特征创

---

① 金燕.国内外 UGC 质量研究现状与展望[J].情报理论与实践，2016(3):16.

造海量内容产品的同时,由于部分用户的法律意识淡薄,加上平台监管不力、用户基数庞大难以追责、赔偿认定界线模糊等原因,版权侵权成为UGC生产模式发展的主要问题之一。UGC生产模式中的版权侵权现象集中表现为:一方面,相关平台的版权保护机制并不成熟完善,用户在网络上发布的内容很容易未经授权就被其他用户复制或转发,由此衍生出一系列版权纠纷;另一方面,一些用户为吸引更多关注,网络平台为丰富信息资源库,致使版权不清晰的作品充斥平台,包括电影、电视剧、综艺节目、卡通节目等内容,侵犯了权利人的信息网络传播权。

(三)平台监管机制有待完善

与当前互联网的快速发展相比,世界各国都存在着网络管理相关法规制度制订相对滞后的问题。以我国为例。现行法律既没有详细规范UGC生产者(用户)与载体(网络平台)的权利和义务,也没有对UGC生产内容作系统要求,导致一些平台商和用户在内容生产与传播方面享有极高的自由度,也让一些不良网络运营商钻了法律的空子。另外,从平台管理部门来看,有权行使监督管理权力的部门主要包括中共中央宣传部、中央网信办、工业和信息化部、教育部、公安部、文化部、国家新闻出版广电总局等,但多部门共同参与可能造成职责不清、责任不明的问题,难以形成合力协同发挥最佳监督效果。从平台自身来看,UGC平台以商业媒体平台为主,平台的商业属性、营利目的也使其在一定程度上忽视了对UGC内容的审查与把关,造成平台UGC内容多而杂。

(四)用户媒介素养有待提升

网络的虚拟性、隐蔽性与网络平台把关力度不足,让部分用户敢于将网络平台作为发泄不满情绪、传播小道消息的渠道,其UGC内容常常包含严重偏离客观事实的信息以及情绪化、非理性的观点。与此同时,受到网络炒作、网络推手的恶意引导,一些用户容易缺失理性判断能力而盲目跟风转发,使越来越多的用户被冲动性情绪和不当言论所裹挟,在集体无意识的支配下甚至引发群体极化现象,给网络舆论环境带来负面影响。

第三节 PUGC生产模式

媒体融合是解放和发展信息内容生产力,以满足经济社会发展对信息传播日益增长的需求,其本质是运用新兴技术提升传播的效率和效能。近年来,中国传统媒体和新媒体的融合发展呈现出一系列新特征,渐渐走向融合纵深,勾勒了一条清晰的从相加到相融的轨迹。但不可否认的是,传统媒体存在资源分散、传播力和影响力弱化、创新能力和发展动力不足的短板,而新媒体存在优质内容生产能力偏弱、引导效能不足的短板。[1] 具体到内容生产上,就是以传统媒体为代表的PGC生产模式虽然能保证质量,但很难获得有效的传播以及满足用户广度上的信息需求,以新媒体为代表的UGC生产模式虽有巨量传播

---

[1] 梅宁华,支庭荣.中国媒体融合发展报告:2020[M].北京:社会科学文献出版社,2020:3.

和海量信息以及巨大的用户群体,但内容质量却又无法保证。正是在这种媒体融合的态势下,业内提出融媒体 PUGC(Professional User Generated Content,即"专业用户生产内容")内容生产模式,通过结合 PGC 模式和 UGC 模式的发展优势达到互补的效果,既保证海量信息和巨量传播以及吸引巨大用户群体,也能生产优质内容实现价值传播,满足用户信息需求,实现传播效率和效能提升的目的。

一、PUGC 生产模式的基本概况

随着媒体融合进程加快、传媒市场发展、用户需求变化等,媒体平台的内容生产模式逐渐转向融合,形成了专业媒体及用户联合生产内容的 PUGC 模式,其具有参与与规范并行、宽度与深度并重、专业与个性并存等基本特征,有着 PGC 和 UGC 内容生产模式所不具备的发展优势。

(一) PUGC 生产模式的概念

PUGC 是英文 Professional User Generated Content 的缩写,是互联网术语之一,指在移动互联网时代融媒体背景下媒体内容生产中,将 UGC 与 PGC 相结合的内容生产模式。关于 PUGC 内容生产模式这一概念的提出在业界有多种说法,常见的有三种:一是喜马拉雅电台最早开始构想 PUGC,并于 2015 年 6 月 17 日在中国商业电讯《音频行业出不了知乎 PGC 比 UGC 走得更远》[1]一文中称之为独家、行业创举,PUGC 概念自此出现在公众视野里;二是 2015 年 4 月蜻蜓 M 联合创始人赵捷忻在全球移动互联网大会上首次提出了"PUGC"模式这一概念,即指的是"专业用户生产内容";三是 2016 年 4 月 30 日,福建厦门召开"中国体育电竞生态主题论坛"期间,英众文化 CEO 徐鲤先生从内容、用户、产业等多维度考量,在该论坛中提出了"PUGC"概念,从而引起了舆论的广泛关注。[2] 三种说法孰真孰假虽无从考据,但可以看出,PUGC 概念发端于业界实践,是一种全新的融媒体内容生产模式,是在媒体融合大发展的背景下产生的。

在移动互联网趋势下,内容生产的主体多元化特点愈加鲜明,传统的 PGC 已不能一家独大,UGC 模式逐渐成为融媒体内容生产的主要模式之一,越来越多的用户参与并进行内容生产时,PUGC 内容生产模式就成为可能。但这并不代表 PUGC 模式是 PGC 和 UGC 内容生产模式的简单叠加,而是一种全

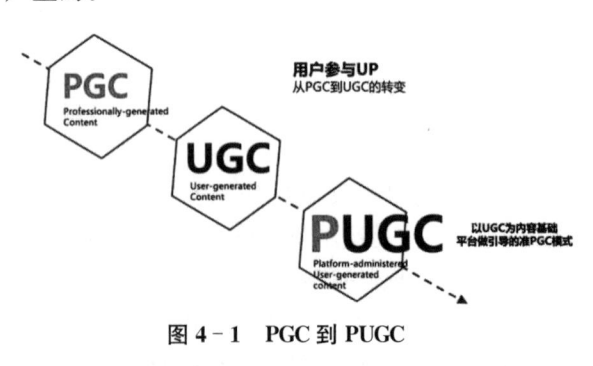

图 4-1 PGC 到 PUGC

---

[1] 音频行业出不了知乎 PGC 比 UGC 走得更远[EB/OL]. (2015-06-17)[2023-03-15]. http://www.iotworld.com.cn/html/News/201506/33eab152d3d03d8c.shtml.

[2] "PUGC"概念或将开启网络直播行业新纪元[EB/OL]. (2016-05-04)[2023-03-15]. http://game.people.com.cn/n1/2016/0504/c210053-28324610.html.

新的融媒体内容生产模式,在内容生产上 UGC 贯穿在 PGC 的整个过程之中,UGC 的生产形式需要 PGC 的支撑,PGC 的生产需要 UGC 的补充。也就是说,PUGC 模式中的生产主体既包括以传统媒体和互联网媒体为代表的专业媒体平台,也包括新媒体传播生态中的海量用户,即在 PUGC 这一模式下,两者都是融媒体背景下在移动互联网平台和客户端的内容生产者。而且,PUGC 模式的专业化并非仅指专业媒体所具备的专业能力,也代表着参与到内容生产的越来越专业的原创内容个人作者和团队制作者,他们都是在 UGC 的基础上发展而来,并随着不断发展正逐渐成长为 PUGC 模式下不亚于专业媒体的专业内容生产者。因此,融媒体 PUGC 模式是 UGC 与 PGC 的有机融合,不仅综合了两者的优势,并且有了全新的发展和创新。

(二) PUGC 生产模式的基本特征

1. 参与与规范并行

参与指的是受众作为内容生产者参与到媒体内容的生产制作环节,这主要体现在用户发布或主动提供信息内容参与到生产中,或是在交流互动中提供内容制作的想法和建议,这就是媒体内容生产的 UGC 模式。在这一模式中用户虽生产了大量的内容,但总体上质量不高。而 PGC 模式的内容虽专业质量高,但是用户黏度却不高、传播效益不好。PUGC 作为两者的有机融合,既保证了用户在内容生产上的意见和想法的交换和交流,提供了个性化和多元化的建议,增强了内容产品和平台的交互性,吸引了用户并培植了用户黏度,也使得原先 UGC 可能比较业余、粗糙的内容经过专业加工制作变得权威和高品质,让融媒体背景下的用户与用户、专业制作者与专业制作者、用户与专业制作者形成良性的互动提升,形成 PUGC 的显著特征之一,用户参与和内容规范二者融合发展。

2. 宽度与深度并重

PUGC 模式建立在 PGC 模式和 UGC 模式之上,通过利用融媒体平台的优势,借助 UGC 模式用户群体的广泛性和复杂性以及内容生产的丰富性和多样性,打造海量信息和巨量传播,以内容生产的宽度吸引海量用户和内容生产者。同时,PUGC 模式从 UGC 中筛选优质的、有潜力的内容生产者进行扶持培养,从而生产更具深度的、专业化的内容,为平台吸引更多的用户和更多的流量,促使商业模式的有力运作,以便创造更多价值。尤为重要的是,传统媒体 PGC 的加入和进驻,为 PUGC 内容生产拓展宽度的同时,凭借其雄厚的资金支持、专业内容生产队伍以及专业技术设备,都让 PUGC 的内容生产更加专业化、更有深度。特别是与 UGC 容易出现内容生产同质化和质量不高的情况相比,PUGC 模式的专业性越强、专业生产者越多,相应地水平不高的内容数量也就随之越少。

3. 专业与个性并存

PUGC 模式综合了 PGC(专业内容生产)和 UGC(用户内容生产)两种模式的优势,达到了"1+1>2"的效果。一方面,PGC 既可以深耕已有市场的内容生产,也可以利用专业化的技术手段对 UGC 采集的信息进行加工包装,赋予其主题价值产生话题性并进行规模化传播最终实现内容的价值;另一方面,UGC 可以广泛搜集内容生产信息素材,尤其是对突发事件的现场信息采集有着天然的优势,现场用户采集的相关信息内容更丰富、视角更多元,突破了地域、时间、专业的限制和局限。也就是说,PUGC 模式通过用户作者与专业媒体共同承担融媒体信息生产者的角色并各取所长,用专业信息生产的方式,赋予互联网中海量而又新鲜的用户生产内容以价值,同时又不忽视用户个性化的信息和服务需求,这就让融媒体内容生产既有专业性也有个性,可以说对信息内容生产与传播都产生重要的意义。

(三)PUGC 生产模式的发展优势

媒体融合的发展经历了从外部适应到内部的调整融合,即从 PGC 模式到 UGC 模式的并行而驰。当前,融媒体态势下,PGC 模式和 UGC 模式有着各自的优势,但不可否认的是,在发展上也都不同程度地出现这样那样的问题,而 PUGC 内容生产模式在以往内容生产模式的发展基础之上适时出现,可以说是融媒体传播内容生产的一个新的选择。某种程度上讲,生产模式的演化改进并不仅仅体现在外在的形式上,内容生产、运营方式、盈利模式等领域相比以往的媒体生产方式也起到了基础性、颠覆性的作用和效果。PUGC 不单是 UGC 或 PGC 等模式的补充,而是一种全新的、优化性的变革。[①] PUGC 模式有机融合了两种模式的优势,既有 UGC 的宽度又具备 PGC 的专业,内容产品兼具个性化与专业化、内容多元且高品质、交互性强且质量高,既能吸引用户也能沉淀用户。通过 PUGC,用户与专业媒体共同担任信息生产者,传统媒体和新媒体互利互惠,最终形成新媒体泛而新、传统媒体深而专、二者各有所长又相互借鉴的媒介环境。[②] 正是由于 PUGC 相对于其他内容生产模式具有以上无可比拟的优势和长处,其将成为未来很长一段时间融媒体内容生产的创新发展之路。

二、PUGC 生产模式的生成动因和内容生产者

PUGC 内容生产模式的出现和发展,是从 PGC 和 UGC 的基础之上演进而来,有着二者相似的技术、受众、市场、政策等基本条件。但作为融媒体内容生产的全新模式,PUGC 具有独特的产生条件和生成动因。同时,作为 PUGC 生产模式的内容生产者,也区别于 UGC 模式和 PGC 模式,并居于整个生产模式的重要环节,是 PUGC 模式优于 UGC 模式和 PGC 模式的关键所在。

(一)PUGC 生产模式的生成动因

1. 媒体融合发展的内在要求

当前,我们正处于媒体深度融合的新时代。特别是随着技术进步、信息传播环境和媒

[①] 苏慧莹.PUGC:UGC 时代新闻生产模式的转向[J].视听,2016(9):147.
[②] 苏慧莹.PUGC:UGC 时代新闻生产模式的转向[J].视听,2016(9):147.

体生态以及传媒市场发生巨变,媒体融合加速推进,传统媒体不断尝试内容创新、渠道拓展等,媒体融合发展已逐渐从相加变成融合,融合逐渐走向深入,这就对媒体内容生产提出了更高要求,融媒体平台更需要以内容产品为抓手,为用户提供更有针对性的信息服务,提升信息传播效率,吸引聚集大量用户。而从媒体平台化的角度来看,在媒体融合的大趋势下,媒体行业的发展趋势正由媒体、媒体型平台转变为平台型媒体。[①] 也就是说,基于互联网的面向机构、自媒体或网民的像"南方+""今日头条"这种以UGC为重要内容来源的聚合式平台正成为发展主流。因此,PUGC模式的出现并非偶然,而是媒体融合发展的内在要求和必然结果。

2. 用户体验要求更高的直接推动

UGC模式最早的内容生产主要集中在娱乐领域。一方面,单一生产模式下大量的内容产品质量不高、同质化严重、传播效果欠佳;另一方面,受众对高质量内容的需求却在不断增加,在信息接受上呈现出碎片化、娱乐化以及社交愿望强烈的新特点。这都在某种程度上推动了内容生产向更多垂直领域和专业化方向发展,迫使平台需要不断加大投入,吸引更多的创作者加入内容生产队伍中,而大批专业"纸媒人""广电人"转向新媒体,也使融媒体产品在垂直领域可以有更多高质量的产品出现。

3. 传媒市场差异化竞争的必然趋势

融合传播使越来越多的平台加入媒体的行列中,传媒市场竞争愈加激烈。各种融媒体平台只有不断激发自身内在潜力,以打造优质内容产品为核心,既以平台吸引海量用户,又通过精准定位提供专业化服务聚众用户,才能以差异化竞争有效应对传媒市场。PUGC模式既能深耕内容,又能增强用户黏度,能够做到保质增量两不误。因此,以"内容为王"的PGC模式和尊重用户体验的UGC模式有机融合而成的PUGC模式,就成了融媒体内容生产的必然选择。

(二) PUGC内容生产模式的内容生产者

在融媒体传播生态系统中,内容生产者发挥着关键作用,其优劣与否在某种程度上直接影响着整个媒介生态的运行。PUGC内容生产模式的内容生产者在整个生产流程中有三个层级。

一是作为传播者的一级生产者。是信息传播的发起人和传播内容的出发者,是信息传播起点的人、组织、社会构成的一个混合体。PUGC内容生产模式下,一级生产者既包括普通生产者(UGC),也包含专业生产者(PGC)。普通生产者是借助移动互联网平台由受众或消费者发展而来的,他们没有经过专业训练,内容的生产源于热爱或是为在社交过程中的分享,而专业生产者有专业知识和专业设备,并出于扩大传播和商业营利的目的。

二是作为媒介的二级生产者。二级生产者居于一级生产者和用户之间,是两者之间产生联系的桥梁。就其本质而言,二级生产者是传播信息的物质实体,也就是从事大众传

[①] 梅宁华,支庭荣.中国媒体融合发展报告:2020[M].北京:社会科学文献出版社,2020:9.

播活动的诸如报纸、电视、广播等媒体单位或机构。一级生产者通过二级生产者将生产制作的内容产品传播给用户。PUGC模式下,二级生产者更多指的是融媒体内容传播矩阵中的网络移动平台终端,即平台型媒体。而平台化的内容生产模式不仅意味着从流程上要实现策采编发、营销策略和数据编程的有机结合,通过"三合一"的方式为用户提供统一、协调的体验[①],更重要的是在保证专业的基础上,更加着力于有效提升用户的参与感。

三是作为营销的三级生产者。媒介经营管理的好坏直接影响着内容的传播和价值体现,做好媒介产品的营销是生产者生产内容的动力,是传播平台发展繁荣的保证。[②] 三级生产者指的是发行公司、广告公司、投资公司等营销单位,是整个媒介产品生产经营的龙头,影响制约着产品生产营销的全过程。PUGC内容生产模式下,融媒体内容产品的宣传推广处于媒介生态中的中游位置,上接传播者下联消费者,某种程度上参与了内容生产,对促进内容生产和用户消费有机互动发挥着重要作用。

三、PUGC生产模式的内容生产流程分析

融媒体时代彻底改革了新闻的生产和消费,在这样一个大趋势下,媒介机构要想在竞争中胜出,就要对先前的新闻生产流程进行全新再造,以期焕发新的生命力。[③] 融媒体态势下,首先,PUGC模式的内容生产是多媒介多媒体化的汇流收集,并包含UGC用户贡献内容,是多元化的内容生产;其次,PUGC的生产内容要经过价值判断和形式布局,判断其分类和去向,是多形式的内容生产;最后,PUGC内容生产的分发,通过不同平台渠道使得同一内容不同形式的内容产品实现全媒体、全方位的传播,是多平台的内容生产。

(一)多元化内容生产

在融合传播背景下,媒介内容生产朝着多元化方向发展,摆脱了"千报一面""千网一面"的传统内容生产方式,内容生产日益呈现差异化、多元化的特征。一方面,PUGC模式内容生产建立在全媒体平台传播矩阵基础上,进一步瞄准细分用户和垂直市场,强化内容生产的继续细分,在确保优质内容生产的同时,换位思考,基于用户的视角和市场的需要来选择、制作融媒体内容产品;另一方面,将用户生产和专业化生产进行整合,尽可能吸引用户并激发起参与热情和分享欲望,挖掘优质的UGC,让"平民精神"在"互联网思维"和专业优势滋养下,进一步提高UGC的内容质量,推动UGC向PGC进行转化,让非专业向专业靠拢,让专业汇聚更多力量,这种从UGC到PGC再到PUGC的融合发展让融媒体内容生产更加多元。

与此同时,PUGC模式内容生产将媒体平台所属的广播、电视、报纸、微信、微博、政务网站、门户网站、自媒体以及上下层平台中大量精彩的内容汇聚起来,形成一个巨大规模的"内容池",并且依靠PGC和UGC各自的优势,优化资源配置,挖掘内在潜力,创作更加

---

① 史安斌,贺飞.新闻产品思维:理念重构与实践创新[J].青年记者,2016(19):82-85.
② 张潇誉.移动电台的PUGC生态模式探索与实践研究[D].石家庄:河北大学,2016:23.
③ 栾轶玫.融媒体传播[M].北京:中国金融出版社,2014:90.

多元化的优质原创内容,继而实现对所属客户端、广播、电视、报纸、户外大屏、微博微信、抖音、快手等各种渠道的发布推送,从而以内容生产的多元化保证内容分发的多渠道,实现媒体资源的效能最大化。

(二) 多形式内容布局

2019年1月25日,习近平在中央政治局第十二次集体学习时提出了"四全媒体"——"全程媒体、全息媒体、全员媒体、全效媒体"这一组概念,其中,"全息媒体"是指以文字、图片、声音、画面、动漫、图表、H5等多形式、多维度、多侧面进行立体化呈现、沉浸式传播,让媒体成为一个全模态的适合多介质的信息载体,彰显内容供给的饱和度。[1] PUGC模式下的内容生产正是通过对同一内容进行多形式的判断布局,在内容产品形式上进行多维度价值挖掘,呈现出全息式传播的特点,形成多终端一起发力的传播矩阵。比起相对单一媒体、单一形式的内容传播,可以立体化地发掘和展示信息内在的价值,吸引不同类别的用户,实现更具规模的传播效应。也就是说,巩固用户的黏性和增强传播影响,不仅要依靠优质内容,还要强化融媒体内容产品的形式布局,即在新闻、媒体、传播的基础上,大力拓展政务、民生、电商等增值服务产品。在PUGC模式下,以"内容+广告"的二元内容形式已经让位于"新闻+政务+服务"的多点布局的内容形式。这一模式让新闻与广告的边界模糊化了,让融媒体内容产品的形式丰富起来,不仅实现了信息传播的目的,也优化了内容产品形式,让媒体在服务中获益,实现媒体的商业目的。特别是"线上+线下""媒体+智库""媒体+园区"等形式,极大丰富了融媒体内容产品形式,让PUGC的内容生产从单一的新闻角色向盈利、研究、服务、参与的多维角色转向,有效发挥了各级融媒体平台的传播优势,全面释放了融媒体内容产品的效能,不仅为媒体提供优质内容奠定经济基础,也为创新开发融媒体产品、促进媒体融合发展贡献了充足的动能。

(三) 多平台内容分发

媒体融合需要有互惠互利的开放平台。而开放的平台则意味着内容生产、呈现、传播和效果评价的生态化。PUGC内容生产就是在巨型平台和小微平台的开放合作中进行的。一般而言,巨型平台掌握着生产、发布的主动权,是硬新闻的生产主体;而小微平台具有将用户生活细分,进行垂直内容的生产和分发,满足个性化需求的优势。由于只有少数专业媒体可以打造大的融媒体平台(国内如人民日报、新华社等主流媒体都拥有自己的融媒平台),大多数媒体需要借助其他平台,这本身也是传播渠道融合的重要体现。因此,PUGC模式生产的产品除在自有平台发布外,还通过与其他平台合作的方式,将产品在不同平台上推送。特别是在商业平台成为流量之王的当下,即使是大的主流媒体也纷纷进驻商业平台,以扩大自身的传播力,这也使PUGC的内容产品多平台分发成为常态。一方面,部分PGC的产品在自己平台上传播效果不佳,而商业平台又在事实上控制着渠道和流量,这就迫使PGC必须依靠商业平台的渠道优势;另一方面,商业平台为谋求自身发展和商业变现,以及由于平台之间的竞争,也会主动吸纳主流媒体、专业制作团队等PGC和

---

[1] 沈阳."四全"媒体的新内涵与技术新要求[J].青年记者,2019(7):29-30.

UGC内容生产者发布他们的内容产品，从而吸引更多的用户。因此，多平台发布既是PUGC内容生产的必然选择，也是媒体融合发展的题中之义。

四、PUGC生产模式的不足

PUGC内容生产模式是融媒体时代的新生产物，具有极大的现实意义，不仅促进了融媒体内容生产的良性循环和丰富优质，也推动了媒体融合进程的加速发展。但PUGC生产模式也有其局限性。

一是内容生产的同质化和创新的不足。内容生产同质化的根本在于创新不足。一方面，不少商业平台为节约成本、迎合受众，在内容生产上有照搬和跟风现象，导致类型化产品竞争增多；另一方面，UGC生产门槛不断降低，内容生产数量虽不断增长，但质量上参差不齐，内容也容易跟风趋同。

二是内容生产者素质能力有待进一步提升。当前，大部分传统媒体机构已经成为具有全新定位与新型业务模式的融合传播平台，作为PUGC内容生产模式重要组成部分的PGC的成员，虽具备较强的专业技术能力，但媒体融合发展要求传播者要掌握全面的传播技术，能制作不同类型、适合不同平台传播的产品。而PUGC模式下的UGC内容生产者则更需要全面提升自身的媒介素养。

三是过度依赖商业平台。互联网商业平台对PUGC内容生产起到了至关重要的推广作用，让PUGC模式快速成熟起来，其也反过来丰富了各平台的内容。随着媒体融合的发展，不少主流媒体建立了属于自己的平台终端，但是大多数引流分流并不十分成功。而商业平台作为PUGC内容产品的主要传播渠道，一旦这个流量入口被限制或者堵上，PUGC内容产品无疑会遭受巨大打击。不仅如此，过度依赖商业平台，PUGC内容产品也难以形成自己的品牌，所打造的"爆款"也仅是在某些平台上形成热度和讨论，而这些内容产品的点击流量很难转化成PUGC内容产品所属媒体的用户量，影响着PUGC的品牌建设和长远发展。

因此，首先要强化创新，坚持内容为王。媒体融到深处终将回归内容。随着渠道和平台的逐渐发展完善，渠道资源的重要性将逐渐弱化，内容竞争将进一步成为影响成败的关键因素。一方面应着力于融媒体产品矩阵建设，坚持内容为王、导向为魂，优化产品生产结构要重视重点产品的制作生产，在打造爆款产品上持续发力，迎来流量陡增和用户激增；另一方面，树立用户思维，基于用户的视角和需要来选择、制作、传播内容，同时发动和激励UGC参与内容生产，切实增强内容产品的吸引力和感召力，不断聚人气、俘人心，切实让内容创新成为媒体融合背景下PUGC内容生产模式取得发展空间的基石。其次是不断提升内容生产者能力素质。融媒体时代，记者对内容生产的质量和数量负责，编辑则对媒体的定位、内容的分发与传播效果负责。[1] 在PUGC模式下，内容生产者既包括具有专业背景的记者编辑以及部分PGC团队制作者，也包括UGC的一般内容制作者。提升内容生产者的能力素质，一方面要加强专业内容生产者的综合能力素质培养，也就是在搭建

---

[1] 栾轶玫.融媒体传播[M].北京：中国金融出版社，2014：98.

融媒体平台基础之上,不断强化 PGC 的采编能力,能够制作融媒体内容产品;另一方面,要有针对性地培养和发展 UGC 内容生产者,利用建立内容规范、内容审核等机制,引导 UGC 内容生产者向 PGC 转化。再次,要建立健全多平台分发机制。每一个平台都具有其独特的媒体属性,应当根据不同的平台属性、针对不同的发布平台制定 PUGC 内容的不同渠道的分发机制。一是建强自有平台,完善自身平台的社交功能,利用以微信微博、抖音快手等为代表的商业平台社交属性,让用户之间彼此联系建立有效沟通;二是根据不同平台特点,实施 PUGC 内容产品的全网分发策略,瞄准 PGC 内容产品和 UGC 内容产品的不同属性分发给相对应的平台终端;三是加强与商业网站平台的合作,与商业平台实现共荣共生的状态,不断提升内容产品的传播影响力。

融媒体传播案例

十八洞村龙金彪的 Vlog丨脱贫之后

Vlog 是博客的一种类型,意思是视频记录,视频博客、视频网络日志(Video Blog 或 Video Log),Vlog 的作者以影像代替文字或相片,写个人网志,上传与网友分享。Vlog 新闻就是主流媒体以自媒体视频的形式报道新闻。

《十八洞村龙金彪的 Vlog|脱贫之后》运用现代技术融合创新,通过 Vlog 形式拉近与受众的距离,以个性化语言强力圈粉,在剪辑技术方面求"新",用融合传播彰显影响力。表现形式新颖,社会效果好,是一组带着泥土气息,又带有"网感"的小切口、大主题的好作品。作品获第 30 届中国新闻奖短视频专题报道类一等奖。

2019 年 11 月 3 日,是习近平总书记在湖南十八洞村首倡"精准扶贫"方略 6 周年,新湖南客户端推出新媒体短视频产品《十八洞龙金彪的 Vlog丨脱贫之后》,以十八洞村年轻村民龙金彪在脱贫后的故事为切入点,讲述十八洞村人脱贫后如何做到不返贫且致富奔小康的生动实践。

该作品主创团队已连续四年持续关注故事主角龙金彪的成长。此次主创团队又一次来到十八洞村,进行了为期半个月的村民走访与拍摄。拍摄过程中,主创团队与村民同吃同住,与故事主角一起上山下田,用笔和摄影机记录下大量最鲜活的一手内容。如村民在遭遇困难时质疑龙金彪"做不了别人的牛,就不要耽误别人的春",到最后为他加油。大量鲜活的故事细节和极富特色的苗家俚语,让故事有骨、有血、有肉。

除了鲜活的内容,还有丰富的形式。该作品的主创团队由新湖南客户端、华声在线、湖南日报等融合端、网、报为一体,在脚本创新、视频拍摄、创意设计上充分发挥了"融合"优势。如在短视频拍摄上,采取 Vlog 第一视角的方式,并且选择更有记录感的专业小机器 Gopro 记录故事主角龙金彪在生活、干农活等场景和他当时的感受,拉进故事主角与受众距离。后期制作中,融合了手绘、动画等多种新媒体元素,让作品更有"网感",活泼有趣,提升了读者的阅读体验感。正如主创人员所说,龙金彪是十八洞村的缩影,十八洞村是中国农村的缩影。在全面建成小康社会、实现中华民族伟大复兴的时代画卷里,每一帧每一笔,都是每一个像龙金彪这样的平凡人的点滴汇聚。新闻工作者只有扎根基层,脚踩大地,深入践行"四力",深挖时代主题,锐意创新传播,才能阔步前行,不负这个伟大的新时代。[①]

本章思考题

1. 简述融媒体不同生产模式的概念。
2. 不同生产模式产生的原因何在?
3. 不同生产模式的基本特征和生产机制如何?
4. 简述不同生产模式各自的优与劣。

阅读参考书目

1. 詹姆斯·格雷克.信息简史[M].高博,译.北京:人民邮电出版社,2013.
2. 西蒙·罗杰斯.数据新闻大趋势:释放可视化报道的力量[M].岳跃,译.北京:中国人民大学出版社,2015.
3. 刘滢.国际传播:全媒体生产链重构[M].北京:新华出版社,2016.
4. 托马斯·霍夫曼-沃尔贝克,等.媒体生产标准[M].金杨,译.北京:文化发展出版社,2020.
5. 吴晨光.源流说:内容生产与分发的44条法则[M].北京:中国人民大学出版社,2020.
6. 高阳.新媒体的逻辑:内容生产与商业变现[M].北京:社会科学文献出版社,2020.
7. 腾讯传媒研究院.众媒时代:文字、图像与声音的新世界秩序[M].北京:中信出版社,2016.

---

① 颜斌,廖慧文,周红泉.深挖"洞"挖新"洞":《十八洞村龙金彪的 Vlog|脱贫之后》创作心得[J].新闻战线,2020(24):56-59.

第五章 融媒体传播的伦理与法规

> **教学目的与要求**
>
> 通过本章学习,了解和掌握伦理与道德的基本概念及新闻传播伦理的基本理论范式,熟悉中国融媒体管理的相关法律知识。明确中国政府加强融媒体法制化进程的意义,学会以科学的、理性的态度,客观公正地评判融媒体背景下媒介传播存在的主要伦理问题,从而掌握媒体转型过程中的伦理困境的解决办法。

第一节 融媒传播伦理概述

新闻传播伦理指的是新闻传播过程中,作为新闻传播主体的传播者与客体所要遵循的一系列伦理道德规范。因为新闻传播活动的主客体范围相当复杂,在实际的传播实践中,新闻传播伦理也包含了传播主客体在承担其角色职责时应该具备的道德素养。

一、区分道德与伦理

伦理学是哲学门类中最关心"人间烟火"的一门学问。伦理学(ethics)又称道德哲学(moral philosophy),它从哲学的角度研究道德,用理性的方式去讨论社会生活中的两难问题。

在现有的伦理学研究中,哲学家们普遍将"伦理"(ethics)与"道德"(morality)加以联系和区分。"ethics"来源于希腊语"ethos",意思是"品格"(character),而"moral"出自拉丁文"moralis",意思是习俗(custom)或礼仪(manners)。伦理与道德可以视作近义词,但实际运用中又有所不同。道德较多地指人与人之间实际的道德互动关系,而伦理则更多指向这种关系的道理,是在处理人与人、人与社会相互关系时应遵循的道理和准则。伦理蕴含着文化的理性、科学、公共意志等。道德蕴含着文化的性情、人文修养等等。

伦理学所关心的问题,不仅仅关乎事实(fact),也属于价值(value)或价值判断,而价值判断就涉及实践的规范和要求,因此,引入法律的概念尤为必要。本章节所要探讨的问题有两个重要的维度,一是道德与伦理,二是伦理与法律。法律与伦理道德一样,都是为了改善人类的生活情境、解决利益冲突,引导人际合作,促进社会和谐。

社会转型往往伴随着诸多的伦理变迁，媒体融合的技术手段更是将很多媒介关注的热点话题推送到了人们眼前。我们从睁开双眼开始便不断接收着各式各样的信息，而社会伦理问题，尤其是媒介关注的热点。这当然与社会成员的切身利益相关，另一方面，社会转型带来的伦理冲突也确实具有较高的新闻价值。我们当然需要对周遭的社会变迁保持足够的关注，然而另一方面，我们也要对媒体恶性竞争所带来的急功近利的现象保持警惕。

因此，本章节试图在广义的伦理视角下，分别从新闻传播者、新闻受众、新闻传播媒介的角度，探讨泛传播时代构建新闻传播伦理道德的具体措施。

新闻伦理的外在表现为新闻伦理规范或者新闻职业道德的规范，简而言之就是从具体的新闻职业道德中提炼出共同的准则，从而调节新闻从业者与受众、新闻从业者和社会的各种关系。

本章节中，适应现当代融媒体环境的新闻伦理有以下特征，总结如下。

1. 符合传播发展规律

2. 符合新闻政策及宣传纪律，不逆时代而动

在新闻报道中，新闻传播者需要客观、真实地报道事件，最大限度地将事件还原，不能为了吸引公众关注度就刻意炒作，而是要做到真实报道、客观评价。与此同时，在新闻报道的过程中，禁止带有任何偏见，而是要保持公正，让社会大众来评判，坚持正确的舆论导向。

新闻政策是新闻工作者处理新闻活动的基本准则。它是维护新闻事业利益，保证新闻工作正常运行的必要条件。

3. 符合人民群众利益

是否符合人民群众利益是评价新闻媒介及新闻工作者行为最直接的标准之一，是对媒介正规性及新闻工作者最基本的要求。《新闻工作者职业道德准则》对新闻传播主体做出明确规定，要求其"全心全意为人民服务"，以人民的利益为出发点，切实维护他们的利益。第一，尊重公众。即在制作新闻信息时，满足大众对新闻信息的需求，确保新闻信息具有重要的价值。第二，忠于公众。要想保障新闻传播事业的良好发展，必须要保证其赢得社会大众的信赖。这就要求新闻传播者忠于社会公众，不弄虚作假，确保信息的准确、真实。第三，维护公众利益。在传播信息的过程中，碰到那些危害公众利益的事件，要敢于利用其自身的舆论监督职责，将各种丑陋现象揭露出来，并对其进行批判，切实维护公众的利益。

4. 符合新闻职业道德规范

新闻行业内部也会有一些基本的职业道德规范，通常以职业惯性的方式出现。新闻媒介及新闻工作者在长期的新闻实践中形成了很多职业道德规范与惯例。这些规范被社会视作行业的惯性和基本的要求，是维护新闻工作正常运行的前提条件。譬如新闻真实，数据来源可靠，报道客观，评论公正等等。媒体要依法报道，杜绝媒介寻租行为，传媒工作者不能违反行业纪律，不得以权谋私，报道对象要公正正直等等。随着网络技术的不断发

展和广泛应用,新闻传播者的约束力越来越小,产生虚假的空间也越来越大。但是,新闻传播者需要保持清正廉洁的作风,做到日行三省,不断发现、改正自身的错误,遵守良好的伦理道德。

传媒实践中,传播主客体的关系往往错综复杂,造成这种错综复杂的价值关系的主要因素有很多。首先,传播主体的复杂性。作为传播主体的新闻媒体组织构成复杂,不同的媒体组织追求的传播价值不同。政党媒体追求宣传效果,商业媒体追求赢利,自媒体追求传播流量。然而总的来说,无论是哪种性质的媒体,往往都兼顾传播效果和经济效益。其次,传播主体的复杂性还表现在,就传播媒体内部而言,传播主体包括媒体内部管理者、经营者、采编者、运营者等分工。每种职位分工也包含着诸多复杂的内部联系。再次,传播活动的社会环境也有复杂性,不同的环境和条件会造成价值课题性质和地位的变化。社会环境变化,尤其是政府新闻宣传部管理政策的变化,也会很快体现为媒体变革的内在动因,导致价值客体性质和地位的变化。最后,传播活动具有复杂性,传播活动不是简单的线性过程,而是环环相扣,循环螺旋上升的结构。日益精进的传播技术使得受众对优质传媒内容的需求空前提高,而这个过程中传播效果、经济效益和传播主体伦理之间又时常发生对冲。

二、何谓新闻传播伦理

新闻伦理学属于伦理学与新闻传播的交叉科学,根据周鸿书著的《新闻伦理学论纲》里的观点:"新闻伦理学是用伦理学的理论和原理来探讨、研究一切新闻领域的新闻道德意识现象、活动现象和关系现象,并揭示其本质和规律所建立的新闻道德科学的理论体系。"[1]

放眼全球,传媒特有的信息知晓和放大的权利,带来了高度的责任,因此新闻伦理是媒介发展的必然要求。无论是新闻的客观性原则还是传播道德审视与伦理的考量,都是新闻工作者的工作底线。而今融媒体时代,新媒体的技术赋权已经深深改变了新闻产业内容的生产、分发机制,进而改变着人们的生活方式。本章节所试图探讨的新闻传播伦理,就是在日新月异的传播技术影响之下,探讨伦理原则的适用性。

三、融媒体背景下传播伦理失范的表现

在如今泛传播的时代背景下,新闻传播伦理面临着更多维度的挑战,有悖传播伦理的事件。本书主要从传播主体责任、传播受众权益、传播媒介与社会三个角度出发,列举媒介伦理失范的具体表现。

(一)传播主体失范的表现

本章节中涉及的主要传播主体是从事专业新闻传播工作的传播角色,一是专业的媒

---

[1] 周鸿书.新闻伦理学论纲[M].北京:新华出版社,1995:13.

体组织和机构,如通讯社、报社、广播电台、电视台、杂志社、电影制片厂等;二是专业的采编人员如记者、编辑、导播、播音、主持人、撰稿人等等。由于传播主体往往来自不同的媒介组织,其报道标准、报道风格本应有所差异,而如今信息超载的背景下,为获取关注追求时效,时有不顾伦理责任,突破道德底线的行为发生。

1. 虚假新闻

虚假新闻(Fake news)泛指经由各国登记有案的正式新闻媒体,经由正常新闻发布渠道所散发的虚假新闻。是刻意以传统新闻媒体或是社会化媒体的形式来传播的错误资讯,目的在于误导大众,带来政治及经济的利益。虚假新闻的形态有凭空捏造的虚假报道,恶意剽窃和篡改事实,记者或者编辑造成的失误,"策划新闻""商业炒作""导演新闻"等。

真实性是新闻的生命,而新媒体网络环境下,传播主体身份丰富,信息来源考证不易,使得虚假新闻频频发生。技术的进步使得官方主流媒体、商业新闻机构和自媒体在讨论社会事务时均可表现出强大的力量。真实性含义的基本要点是新闻所报道的事实必须同客观实际相符合,具体要求有:① 构成新闻的基本要素(时间、地点、人物、事件等)必须准确无误。② 新闻中引用的材料,包括引语、数据、事件等必须准确、可靠。③ 新闻中使用的背景材料必须完全真实,而且要做到全面、客观、实事求是。④ 对新闻事实的解释和概括要合乎客观事实本身的逻辑,要力求从事实的整体和联系上深刻反映事物的内在规律,要防止简单、片面的认识事物的方法。

根据 Science 的研究报告,谎言比真相传播得更快、更深、更广、更远。真消息在社交媒体上传播到1500人的时间,比假消息长6倍,真消息的传播深度要达到10级,时间比假消息要长20倍。诸如恐怖主义、商业、科学、娱乐和自然灾害类的谣言,比所有其他类别更容易传播。随着社交网络的高速发展,假新闻的恶劣影响越来越受到重视。根据《2019年度微博辟谣数据报告》,2019年,微博站方共有效处理不实信息77742条,新增谣言案例470例。[①] 新冠肺炎疫情期间,中国互联网联合辟谣平台、新华社客户端"求证"互动平台、"共青团中央"微信公众号"疫情谣言粉碎机"功能、腾讯新闻较真平台等多机构设置新媒体辟谣平台,从侧面显示了新媒体信息传播的假新闻频发的弊端。另外,随着视频成为用户获取信息的主流方式,视频信息传播可能存在的导向性、煽情性、内容浅显等特征有解构主流话语体系的风险。因此,传统媒体融合新媒体发挥核实事实、实施价值导向的作用格外重要。

2. 媒介审判

"媒介审判"(trial by media)一词最早出现于美国,指新闻报道形成某种舆论压力,妨碍和影响司法独立和公正的行为。事实上新闻媒体在报道消息、评论是非时,对任何审判前或审判中的刑事案件,失其客观公正立场,明示或暗示,主张或反对处被告罪行,或处何种罪行,其结果都会或多或少影响审判。媒介审判是对司法公正性和独立性的干扰,媒体

[①] 微博辟谣2019年度报告:共有效处理不实信息77742条[EB/OL].(2020-01-20)[2022-07-25]. https://baijiahao.baidu.com/s?id=1656226065109403150&wfr=spider&for=pc.

超越自身的职能和角色对其进行是非评判,掀起"群情激愤"的舆论氛围,这无疑会干扰司法机关的正常审判,从而挑战法律的公正性和独立性,久而久之造成媒体公信力的下降。同时,媒介审判也侵犯当事人的正当权利,媒介审判甚至将司法审判的权力和自身的舆论监督权利的边界模糊化,将二者混为一谈,以"话语强权"代替舆论监督。由于媒介审判通常都是站在一个盲目的、非理性的角度上对案件进行大肆渲染,干扰司法机关的正常审判,这就极易发生错判、误判当事人的情况。2011年"药家鑫案"、2016年"于欢案""德阳女医生自杀事件"等事件中,皆有媒介审判的介入。

3. 煽情新闻

煽情新闻,广义上指激发读者感情的新闻。而通常意义上的煽情新闻,则是指夸大了的犯罪新闻、丑闻或灾祸报道,在感情上引起一般读者的不健全的反应。煽情新闻在扩大话题传播方面作用明显,加上因为它介于道德和法治的模糊地带,在传统与现代、个人隐私与公共舆论之间难免产生冲突,对它的关注尤其是媒体介入的尺度方面,存在较大争议。

4. 媒体寻租

所谓"权力寻租",就是指"公权者以权力为筹码谋求自身经济利益的一种非生产性活动",把权力商品化,或以权力为资本,去参与商品交换和市场竞争,谋取金钱和物质利益,如通常所说的权物交易、权钱交易、权权交易、权色交易等。

对于新闻界来说,所谓"媒体寻租",指的是实际掌握社会公共资源的某些媒体人通过公共权力的行使,实现媒(权)钱交易,换取自己的经济利益或其他好处的行为。媒体寻租的形式包括① 有偿新闻;② 有偿不闻;③ 新闻敲诈。而制造新闻与广告的混淆,则是一些媒体吸引广告的惯用手段。如电视、广播把广告信息纳进新闻资讯栏目,更有甚者,经过策划,把广告包装成经济新闻、科技新闻,有的围绕广告制造事件、虚构看点,以新闻的形式放大广告的传播效果。

(二)传播受众权益失范的表现

媒体融合使得新闻传播不再是单向、被动的接收过程,而是即时反馈的双向互动。信息传播的双向互动性为信息传播增添了新的看点和特征,可技术优势的另一方面,也冲击了原有的专业性、技术性门槛,使得传播受众的隐私及数据安全受到威胁。

1. 隐私遭受侵犯

隐私(privacy)是指个人与社会公共生活无关而不愿为他人知悉或者受他人干扰的私人事项。隐私权(the right to privacy)指个人有依照法律规定保护自己隐私不受侵害的权利。信息隐私权的规范基础一直伴随信息技术变革而相应调整,隐私概念的演化深刻对应于不同时期的技术发展。国家互联网信息办公室负责人2021年3月19日在新闻发布会上说,目前加紧制定出台《数据安全法》《个人信息保护法》,从而在法律层面为数据安全和个人隐私保护提供法律保障。正在加紧制定相关法规标准,建立数据资源的确权、开放、流通以及交易的相关制度,从而在运行机制上进一步完善数据产权保护制度,为我们的数据安全和个人隐私、个人信息保护提供制度保障。新冠疫情期间,成都新冠肺炎感染者赵小姐的个人信息在网络上被曝光,其中不但有她的姓名、身份证号、具体住址,还包括她前一晚每个时段的行程轨迹。网友们由此对赵小姐的私人生活展开各种不负责任的猜测和评论,有人对她进行人肉搜索,还有人打电话、发短信对她进行羞辱谩骂。疫情期间,患者或相关人员个人信息被泄露的事件多次发生。

2. 网络暴力与污名

新媒体的匿名性和网民的受众心理等,让意见的表达更加随便且缺乏理性,更容易出现话语的分歧和网络舆论的情绪化,情绪先行甚至可能会引发网络暴力。网络暴力与污名化是伴随着复杂的社会情绪而来的典型的议程失焦表现形式,其对于受众的名誉危害极其严重。首先,对未经证实或已经证实的网络事件,在网上发表具有伤害性、侮辱性和煽动性的失实言论,造成当事人名誉损害。其次,在网上公开当事人现实生活中的个人隐私,侵犯当事人的隐私权。对当事人及其亲友的正常

图 5-1 拒绝网络暴力宣传海报

生活进行行动和言论侵扰,也会致使其人身权利受损。2019 年 12 月,国家互联网信息办公室发布《网络信息内容生态治理规定》。根据规定,网络信息内容服务使用者和生产者、平台不得开展网络暴力、人肉搜索、深度伪造、流量造假、操纵账号等违法活动。

上述这些侵犯受众权益的伦理失范现象,一方面是由于宏观环境的影响,媒体竞争环境的日趋激烈,网络信息快速更迭,人文关怀变成了奢侈的追求。在大环境的驱使下,缺乏人文关怀的报道频现。另一方面,是由于受众普遍的媒介素养尚未适应急速成长的媒介环境,社会责任意识淡薄,对他人及社会造成了恶劣的影响。

(三)传播媒介失范的社会影响

新闻传播同时也受更大环境的制约,经济基础决定上层建筑,媒介如今日益下沉为我们的经济基础和生活方式,传播媒介一方面促使社会发生着翻天覆地的变化,另一方面,社会文化中那些道德与伦理,民族与文化情感,法律与公平正义的存在方式,也面临着转型的挑战。

1. 算法伦理与新闻失范

精确化的个性新闻推荐应该让渡于大众的隐私权保护,隐蔽的信息采集方式和深度挖掘势必会让隐私权的保护成为一句空话,民法意义的有关规定也形同虚设。譬如:用户在下载今日头条等新闻软件后,在开始使用时界面上都会出现需要收集包括地理位置、录音权限、通讯录等敏感的个人信息的隐私条款规定,倘若不同意,就无法使用某些特定功

能,这些规定无疑是信息平台窃取用户信息的硬性手段。因此,在信息安全和隐私条例的简单化与数据监控技术的大众化之间找到平衡点,将是算法时代信息安全工作的核心任务。

2. 后真相时代的反转新闻

由于"后真相时代"社会事物的片面性与复杂性、背景信息的不全面、客观数据的解读维度等因素,新闻反转现象越来越普遍。① 社交媒体尽管提供了更为多元化的信息但强化了认知偏差;② "回音室效应"让人们越来越封闭,而不是更加开放和包容;③ 算法主导的操作逻辑让人们生活在自己的过滤体系中;④ 互联网信任体系的破碎。如2017年的"榆林产妇坠楼"事件、2018年的"网红殴打孕妇"事件和泳池打孩子事件背后反转都引人深深反思。

3. 社会文化与新闻价值观

正如盖伊·塔克曼在其《做新闻》一书中所言,新闻行业所传递的是新近发生事实的报道,而报道是记录社会、传播信息、反映时代的一种文体。作为一种特殊的知识传播形式,为了让广大受众通过这一观察世界的窗口了解更多、更真实的信息,其传达的内容理应更具有严肃性。作为受众日常生活信息的主要来源,新闻在一定程度上反映了受众的审美意趣。同时,新闻媒体对信息的筛选和传播在一定程度上影响和塑造着受众的审美意趣以及道德风向。可见,新闻传播作为一面"镜子",既能够反映当下时代发展的特征和趋势,也能为受众进一步认知社会乃至自身提供参照信息。新闻报道的选题与价值观念同新闻从业者本身素质密切相关,因而新闻行业伦理构建的意义不仅在于保持行业内部的良性竞争和可持续发展,更关乎对整个社会伦理的引导。

第二节　融媒传播伦理的基本准则

古今中外对伦理的阐述汗牛充栋,本节以五种经典传播学伦理为基础,讨论融媒传播中的自律与他律问题。

一、五种伦理学理论

当权利与义务发生冲突时,传播者时常要面对艰难的道德抉择。实务操作中,传播学领域有五种经典的伦理学理论,如表5-1所示。

表5-1　国外五种经典传播学伦理

伦理原则	主要观点	传播伦理实践
亚里士多德:中庸之道	美德是在两种极端状况的中间部分	避免极端,平衡报道
康德:绝对命令	人类应该依照放诸四海皆准的道德原则行事	不欺骗,不造假

续　表

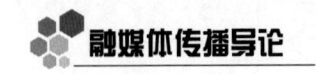

伦理原则	主要观点	传播伦理实践
密尔：功利主义	为最大多数人谋求最大幸福（利、善）的处事原则	面对选择时，选择利益最大或损害最小的做法
韦伯：意图伦理与责任伦理	一种对行为及其后果的评价与担当意识，它追问行为本身的善恶及行为可预见的后果	强调人应当对自己的行为承担责任，理性而审慎地行动
罗尔斯：无知之幕	只有当忽视一切社会差别时，正义才出现	无偏见的公平对待，优先考虑保护弱势权益

以上五种伦理学理论在具体的传播实践中，又可以概括为以下几个方面的责任：对自我的责任（个人道德）；对阅听人的责任（社会道德）；对媒体的责任（工作伦理）；对专业领域同僚的责任；商业道德。

1. 对自我的责任（个人道德）

人类行为的最根本动机，往往是自身的道德责任与道德准则。传播者自身的良知与道德观，也因此成为最直接与本能的选择。任何一种职业道德都在一定程度上贯彻和体现着社会的一般道德内容。职业道德实际上是高度社会化的角色道德，它从某一侧面反映了整个社会的道德状况。

2. 对阅听人的责任（社会道德）

要求媒体做出有利于社会且负责任的决定，成为全世界共同的社会期待。社会对新闻的道德期待至少应包含：
（1）对事实尽可能真实、正确而完整的报道；
（2）新闻内容应呈现社会的真实状况；
（3）新闻媒体要及时提供消息，让广大社会成员参与到社会事务当中来；
（4）新闻媒体要提供正确的价值观或价值评价标准。

3. 对媒体的责任（工作伦理）

媒体行业隶属于更大的社会组织，媒体组织均有其明确的业务宗旨。反映组织的外在目标与内在价值观，由于不同媒介组织经营策略的不同，连带影响其从业人员行事风格亦可能有差异。

4. 对专业领域同僚的责任（专业道德）

上文提到不同媒体机构之间具体标准有诸多不同，然而媒体从业者就专业领域而言，依然有一套通用的媒体产业分工细则和专业认同感。这种专业道德包含了资讯内容完整、真实，遣词造句准确、直接地表达事件的背景、环境、细节等。

5. 对广告主的责任(商业道德)

随着媒介产业市场化、产业化和集团化的进程,媒介产业资本化过程必将在中国出现和发展,这无疑给中国媒介产业的经济成分带来重大的变化。面对竞争日益加剧的媒体产业环境,恪守专业伦理,做出合适的道德抉择,不可避免地成为媒体组织和从业者做出决策时必须考虑的责任。经济成分的变化也是一把双刃剑,它可能带来多元、竞争、活力、创新等,但是同样可以带来新的垄断、非竞争、低俗化、公共利益的侵蚀等严重的问题。因此,对中国来说,媒体经济成分多元化应该是一个公平、均衡、良性、持续的变革过程。

二、新闻传播伦理中的"他律"与"自律"

正如罗尔斯所指出的:"如果人们失去了伦理学中的普遍指针,那么对于人们为什么宁愿采取这个行为而不愿意选择那个行为,就永远提不出任何道德的理由。这种情况使我们无法解决道德争端,从而导致了对于解决道德上二律背反的道德思考能力普遍不重视。"[1]

如上文所述,媒体道德秩序的维系有赖于多元力量的组合,即产业内部自律、外部自律、社会舆论、市场反馈及政府规范。此于媒体规范类型上,可进一步区分为:自律机制、他律机制与法律机制,三律并行,形成共同管理机制(co-regulation)。

(一)新闻他律

即指政府、组织及个人运用法律、法规对新闻媒介及其从业人员的大众传播职业行为进行强制性约束,以法制为核心。世界上多数国家采取集中模式,即以一个特定的团体或组织集中处理。如加拿大"广播标准协会"、美国"国家广告审议委员会"、日本"广告审查机构"等等。

新闻传播行为首先是媒介组织内部协作的结果。在一个完整的媒介组织中,有着由不同分工所区分的生产部门,它们共同协作才能完成传播过程。在媒介组织之外,新闻传播活动也要与其他社会组织协作才能完成。首先,媒介组织及其成员的社会活动范围毕竟有限,单凭媒介的力量远远不能将现实世界的各种变动全面呈现出来,这就必须依靠每一位社会成员、每一个社会组织的力量。因此,新闻传播的素材是全社会成员与媒介组织协作的结果。其次,新闻传播活动的进行是建立在物质资料基础上的,而物质资料的生产则需要其他组织的协作。再次,在现代商业社会,新闻传播行为也要依靠广告的支持,因此,广告企业与媒介组织的合作也是保障新闻传播活动得以顺利进行的基本条件之一。新闻传播的种种先天条件使得它必须接受政府与社会各界的监督。中国的新闻媒体监督管理内容与方式也有着独特的中国特色,主要表现在以下方面:

1. 多管齐下,加强管理

中国将行政监管与网络立法管理统一起来,多部门合作,加强管理。新闻媒体的运行

---

[1] 约翰·罗尔斯.正义论[M].何怀宏,何包钢,廖申白,译.北京:中国社会科学出版社,1988:356.

涉及新闻、教育、公安、文化、广播电影电视、出版、保密等多个国家部门,因此为了保障国家的信息安全,全国人民代表大会、国务院、信息产业部、新闻出版署、国家版权局、最高人民法院、卫计委、国家保密局、国家工商管理总局等各级各类相关机构纷纷根据自身职能特色和管理范围,制定新媒体的相关管理法规。不同的组织和机构在自己的职能范围内出台大量的管理文件,构成了中国多管齐下的新媒体监管系统。

2. 监管模式灵活多样

新闻他律与新闻自律以及法律机制相互补充,一方面,它们在某些内容上相互重合、相互渗透,另一方面,强调新闻他律有助于提高政府的威信与法律的尊严。他律和自律的分野在于政府和业界之间,媒体融合的业态之下,新闻和大众媒体的信息采集、获取、加工、传送、呈现等,都涉及了更多的环节,而日益壮大的新媒体,无论是其内容生产者还是传播者,都涌入了越来越多的非专业人士,适当的自由可以活跃传媒市场,然而如果失去了新闻他律的管理和约束,显然会走向自由的背面,断送新闻自由。

(二)新闻自律

新闻自律指的是新闻界组织的职业团体对团体内部成员的管束。它是一种基于对传媒职业基本职能的认识,为维护职业名誉而发自内心对职业行为的自我约束。新闻自律的特点在于,它有许多一般性的原则,但还有更多的面对具体问题进行的利弊权衡,因而带有一定的弹性,能够创造出一种伸缩有度的职业活动的空间。具体而言,又包括行业内部自律,即媒体本身自律规范和行业外部自律,即媒体产业工会自律自主规范。

从道德规范作用的形式看,道德规范对人的行为的约束体现出自律与他律的统一,就新闻伦理而言,新闻自律即新闻媒介及其从业人员的职业道德自律,是新闻媒介及其从业人员在道德上进行的自我约束。它通过自行制定的新闻行业自律章程、制度、工作守则、公约等,对自身从事的新闻活动进行自我约束、自我限制、自我协调和自我管理,使自己的行为符合国家的法律法规、职业道德和社会公德的要求。

早在1999年4月15日,国内新闻界具有代表性的23家网络版媒体代表齐聚北京,为加强中国新闻界新兴的网络媒体之间的交流和合作,营造中国网络媒体公平竞争的良好环境,促进中国网络媒体的健康发展,本着"合作、公平、发展"的精神原则通过了《中国新闻界网络媒体公约》,这一公约被视为媒体自律的典范。《公约》第一条就明确指出网络媒体应遵循职业道德,呼吁"无论是一个媒体单位,还是其相关从业人员,都应遵守新闻媒体所应有的职业道德,服从国家制定的有关新闻媒体的政策法律法规,遵循新闻媒体所具有的基本准则和基本规律"。[①]

具体来说,这种自律应该分为三个方面。首先,主动学习信息传播的知识,在知识储备上必须具备专业水平,能够合理掌控自己的信息制作和传播行为。其次,恪守传播道德。传播道德最基本的就是要客观、真实、全面地制作和传播信息。知名用户的信息传播行为不仅仅代表自己,还需要考虑信息传播所带来的后果。对于未经证实的信息就必须

---

① 韩爱平,张玉玲.网络新闻传播伦理[M].开封:河南大学出版社,2016:63.

先求证再传播,而不能先传播再求证。最后,要具有社会责任意识。媒体有一个最重要的功能——凝聚社会力量,引导社会舆论。新媒体知名用户作为一个具有社会责任的传播者,必须在感性和理性之间做出慎重的选择,而不能仅考虑个人的好恶和私利,丧失了作为真正"意见领袖"的地位。

新闻业界通过加强行业自律和管理,可以有效地化解与政府、社会间的矛盾,并缓解各种社会压力。传播速度日益加快的环境,对新闻报道的专业性与时效性确实提出了不小的挑战,但这并不表示新闻最根本的构成要素都要被放置一边。从某种程度上说,与强调新闻活动的他律相比,加强新闻自律具有更重要的意义。

人文关怀的提升需要结合从业者个人素质的提升和媒体行业的良性引导。正如塔奇曼所说,新闻是一种知识,那么新闻从业者便是传播知识的人。新闻媒介机构注重提升从业人员的人文素养、法制观念,加强信息采集专业技能。譬如,法制报道中涉及的利益攸关方、采访对象的隐私权,均对采访传播报道提出了很高的要求。传播者的人文素养、共情能力决定着报道质量。

而现代传播资讯伦理的面向,实际上包含了传播资讯与内容的开发、散播、接收以及沟通等方面,每一个方面都存在着控制的因素。这其中包含着消息来源的验证、媒介组织的内部运作、媒介垄断的控制、商业竞争的控制、政府的宏观把控、受众的反馈,以及国内外法律因素的规制等。其中任何一个环节,若是违反了新闻伦理的原则,就会伤害到传播媒介的公信力。

三、当代伦理体系建构中的媒体责任

如今以网络技术为核心的新媒体,已经成为不折不扣的双刃剑。人们一方面享受着信息技术的开放、兼容与效率,但另一方面,也默默适应着它对传统社会既有秩序的冲击。对新媒体传播的管理是世界各国面临的一个全新的系统工程。因为它涉及社会、经济、文化等领域中的诸多问题,如信息安全、知识产权保护、公民隐私权保护、未成年人免受色情危害等。

网络社会的组织结构和现实社会组织结构之间的区别与联系,融媒体时代技术赋权,网络通过技术手段隐藏了真实身份的人,并以网络拟制人格的组织单位。融媒体语境下,数字技术的提升与多元化传播,对时效性和传播效果提出了更高的要求。因此,在这种前提下,传受关系的界限日益模糊。因此,在这种大前提下,传统媒体自然发生了变化,传播活动呈现出多元化的特点。这一过程必然导致新闻传播伦理的变化。具体而言,以数字网络为代表的电子媒介伦理变迁,经历了以下变化。

1. "身体媒介"的工具属性

正如麦克卢汉所说,"媒介是人的延伸",电子媒介传播时代,人与人的传播行为逐渐以"节点"的形式存在,传播关系主要在"人与人"和"人与机器"之间形成,但占主导地位的为"人与人"之间的传播关系。在这一时期,人与人之间的传播活动呈现出更多"身体媒介"时代的属性。

新的大数据空间遍布各种复杂的算法机制和人工神经网络，海量的数据，包括个体行为模式、集群特征、天气状况、产品周期管理、眼球运动、步态、皮肤状态、人脸识别、安全漏洞、金融交易、血液构成，都通过各类计算机器进行搜集、挖掘、建构、读取和评估，这些自愿贡献或自动搜集的信息一旦重新组合并深度挖掘，就可能凝聚为影响巨大的信息支配工具。

2. 大数据背后的信息安全

目前，基于算法的新闻推送成为人们获取新闻信息的重要方式，新闻客户端定制的内容分发机制顺应了新信息爆炸时代受众的个性化受阅需求，但对算法技术的过度依赖也带来了新的媒介伦理风险。缺乏监察的算法极易成为恶性事件的帮凶。

3. "机器学习"与算法偏见

机器学习是一种从数据中挖掘和发现固有模式的方法。机器学习的有效性取决于用来进行训练的数据质量和数量，而机器是否有权进行个人信息挖掘等问题引发了重大的伦理争议。电子媒介时代，"电"和"算法"构建了现代媒介的两个维度。大数据解决的不仅仅是经验性问题，而是它带来的意识形态和组织方式。

在新闻传播领域，机器写作、智能分发、算法推荐等技术带来了更具个性化的服务和更高的传播效率，但后真相、个人和国家数据安全、算法偏见、被遗忘权等问题，也激起了广泛的讨论。机器越自由，就越需要道德准则。个性推荐的算法新闻让人长期沉浸于"算法偏见"的情境中而完全不自知。算法推荐机制以数据量化为统一标准分析后备资源，借助类似于公式化的量化模型，根据用户爱好、场景等因子进行信息筛选工作，在这个过程中存在潜藏的算法偏见。

由于电子媒介产生的时间不同，世界各国的管理体系和体制存在较大的差异。传统广播、电视、电影等电子媒介已经有上百年的历史，所以世界各国对广播、电影、电视等传统电子媒介的管理体系、体制相对比较成熟。而新兴的电子媒介，如网络媒介、手机、个人数字影像等，由于萌芽到现在不过几十年的时间，加之新兴电子媒介发展更新的速度快，因此，其管理还处于不断探索的过程中。

人类社会的发展史，也就是不断从封闭走向开放的历史。而电子媒介特别是互联网的发展，大大加速了这一进程。在传统社会，信息收集与流通渠道尚不畅通，信息不能及时迅速地在全球范围内流通，各个国家、各个地区之间形成相对封闭和独立的新闻信息场。这种信息的独立性和封闭性严重地制约着社会的其他各个方面，从而使人们的一切观念与活动，包括交往观念、道德观念、道德规范与道德行为也表现出相应的封闭性。

传统社会中地理的阻隔和人为设立的国家界线、地区界线、行业界线等，极大地限制了人们的交往与交流，信息流通的不充分，以及文化价值观念、宗教信仰、政治态度、风俗习惯、语言等的差异，成为国家之间、地区之间、人与人之间相互沟通了解的障碍，也因此形成了不同地区、不同民族、不同国家之间形形色色乃至互相冲突的道德观念、道德规范。而电子媒介网络的建设，使整个世界更加紧密地联结在一起。电子媒介"全民服务"的原则和技术优势，让分散于不同地区、行业的人们可以以较低的成本得到相同的信息和服务,并通过互联网络结成一个"地球村"。在这一条件之下,与传统道德相比较,电子媒介新闻道德将发生从封闭向开放的转化。

中国新闻事业是中国特色社会主义事业的重要组成部分。新闻工作者要坚持以马克思列宁主义、毛泽东思想、邓小平理论和"三个代表"重要思想为指导,深入贯彻落实科学发展观,高举旗帜、围绕大局、服务人民、改革创新,贴近实际、贴近生活、贴近群众,用马克思主义新闻观指导新闻实践,学习宣传贯彻党的理论、路线、方针、政策,继承和发扬党的新闻工作优良传统,积极传播社会主义核心价值体系,努力践行社会主义荣辱观,恪守新闻职业道德,自觉承担社会责任,敬业奉献、诚实公正、清正廉洁、团结协作、严守法纪,做到政治强、业务精、纪律严、作风正。[1] 由于新闻传播界的特殊地位,如果没有严格的伦理约束和崇高的道德标准,传播业将变得十分危险。新闻自律作为一种反求诸己的道德自省,需要媒体工作者常记于心。

第三节 融媒传播法规基本体系

法是人类共同生活体中,为形成秩序、维系和平(或解决冲突)、实现自由,通过权威机关之强制力所实施的规范。法与道德不同,除强制力外,前者为外部规范,重现实性;后者为心理内部规范,重理想性。需要指出的是,随着媒体融合的发展,新闻传播主体呈现出高度的多元化趋势,传统媒体与新媒体的关系,新媒体内容的生产是否需要遵从传统媒体的标准是有待探讨的新领域。而网络技术的迅速更新迭代,新的传播媒介不断涌现,使得融媒体新闻传播法律处于不断拓展、完善的过程当中。

新闻传播伦理的主要目的是对传播机构及新闻传播工作者的职业道德做出公正的评价,本教材总结的新闻专业道德评价主要依据如下。

首先,是《宪法》和法律的相关规定。《宪法》是我国的根本大法,任何组织与个人都应当在《宪法》规定的范围内活动。依据《宪法》,新闻媒介即新闻工作者应当承担维护和保障公民的知情权、坚持新闻工作为人民服务和为社会主义服务的方向,接受党和政府对新闻事业的领导和管理。任何侵害公民新闻自由,损害人民利益,背离社会主义方向,危害社会主义制度和有违党和政府依法对新闻事业实行领导和管理的行为都应当视作违法行为。[2]

其次,要立足于维持正常社会秩序。维护国家安全领域,《中华人民共和国保守国家秘密法》对新闻传播有着严格的保密规定和要求。新闻媒体及新闻工作者应当自觉履行相关义务,坚持中国共产党领导和为人民服务、为社会主义服务的价值方向。

最后,要维护公民合法权益,《民法典》《刑法》《刑事诉讼法》《未成年人保护法》等法律中亦有相当多适用于新闻工作的法律条款。这些法律条款对公民的隐私权、名誉权、荣誉

---

[1] 《中国新闻工作者职业道德准则》,中华全国新闻工作者协会第九届全国理事会第五次常务理事会2019年11月7日修订。

[2] 蓝鸿文.新闻伦理学简明教程[M].北京:中国人民大学出版社,2001:62-63.

权等都有明确的法律规定,一旦新闻工作者侵犯了公民的权利便构成了侵权,便要承担相应的法律责任。此外,一些国家的重要主管机关,如国家新闻出版总署,制定的行政法规也是人们评价新闻媒介及其工作者的重要依据。

以2000年为界,2000年之前,报纸、广播、电视还是大众传播的主要方式,2000年之后,互联网的大规模普及,使得大众传播的渠道大大拓宽。渠道的打通使得传受模式也发生了相应的变化。首先,网络信息传播容量拥有无限的延展性。传播的规模等都得到了空前的拓展,传播的速度加快,信息的辐射面呈几何倍数扩大,这是网络信息传播的巨大优势。其次,网络媒体传播的双向互动性,也给了受众极大的互动主动权,使得传受双方的互动关系更加灵活。相对于传统媒体趋向线性传播的模式,网络新闻传播的互动性使受众反馈更加突出。Web2.0之后,自媒体更成为网络新闻的重要来源之一,传播者与接收者的界限彻底消失。无论是传播者还是接收者,都可以看作网络传播中的一个点,每一个点都可以向其他点发送信息,同时每一个点也都可以向发送信息的点传回反馈信息,网络传播呈现出交织的网状结构。进入融媒体时代,网络媒体已成为社会传播的主要方式之一,网络传播的非线性特征,使得传统传播学研究当中的诸如5w、申农-韦弗、控制论等传播模式,面临着更多维度的挑战。

视角聚焦到新媒体领域,2000年以前中国新媒体立法偏重于保护网络系统与安全问题,2000年之后媒体法律重点转向了网络信息安全与传播规范领域。主要包括新媒体服务许可及备案制度、新媒体从事登载新闻业务审批制度、信息传播禁载内容、网络服务提供者义务责任规定等几个方面。立法模式上,既在现有法规中做相应的修改补充,又另行制定专门的法规来规范媒体行为。

随着社会主义市场经济体制的确立,全社会加快法制现代化的进程、完善法制体系的要求已经十分明确和迫切。市场经济归根到底是平等互利的法制经济,市场经济条件下的媒介的传播需要依靠法制来规范和调节,这不仅是法制社会的基本要求,同样也是媒介本身发展的内在要求。

媒介的法制化管理,是以国家立法、执法、守法和法律监督等活动为核心的电子媒介管理活动的合称,它的根本特征是以法律作为电子媒介管理活动中各个层面互动关系的最高准则,它强调的是把电子媒介的管理活动纳入规范化、制度化的轨道,具有严肃性、规范性、强制性的特点。电子媒介的法制化管理是一个复杂的系统工程,不仅关乎电子媒介本身,同时还涉及社会制度、社会环境等多个方面。

一、新闻传播法律群来源及架构

法律体系是指以专门法、综合法为纲,以专项法规和配套法规及地方法规为目组成的和谐的法律有机体。广播电视事业所处的法制环境除媒介管理的法规之外,还牵涉到宪法及民法、刑法、行政法等各部门法的内容,不同层级、不同领域的法律法规构成中国完整的广播电视事业法规体系。

传统理论把法律关系分为公法关系与私法关系。前者指国家与普通公民、法人与其他组织之间的关系以及国家机关及其组成人员之间的关系。后者指普通公民、法人和其他组织之间的关系。公法关系包括宪法、行政法、刑法、经济法、社会法部门,私法关系包括民法、商法。

新闻传播领域的法律关系涉及各个法律部门,既有公法关系,也渗透着私法关系,很多情况下还会发生交叉与重叠,表现出公法与私法的双重属性。具体而言,中国新闻传播法律体系以宪法为核心,分为7个法律部门。[1]

1. 宪法相关法律部门

宪法相关法律是与宪法配套、直接保障宪法实施和国家政权运作等方面的法律规范。举例来说如《立法法》(2015),虽没有对大众传播活动及新闻播报做直接性的规范,但作为国家司法体系的基本法律,对中国法律体系、立法权限和程序等作了系统规定,因此对于新闻传播领域法治建设的重要性不言而喻。再譬如,《国家安全法》(2015)从总体上为国家安全提供了法律保障,传播领域的文化安全、网络安全等自然包含在内。其他如关乎国家主权、领土完整和尊严的《反分裂国家法》(2005)、《国徽法》(2020)、《国旗法》(2020)、《国歌法》(2017)等,也为信息传播划定了不得逾越的底线。

2. 民法商法部门

民法调整平等主体的自然人、法人和非法人组织之间的人身关系和财产关系,遵循平等、自愿、公平、诚信、不得违反法律和公序良俗等基本原则。商法调整商事主体之间的商事关系,遵循民法基本原则,同时秉承保障交易自由、等价有偿、便捷安全等原则。新闻传播领域存在错综复杂的民法关系,受《民法典》(2020)规定的原则调整。传播行为主体侵害他人民事权益形成的关系受《民法典侵权责任编》调整。知识产权法分支的《著作权法》(2020)、《商标法》(2019)等是人所共知的新闻传播领域的重要法律。随着新闻传播行业产业化,民法中的《民法典合同编》与商法中的《公司法》(2018)、《证券法》(2019)等也日益重要;后者还规定了特定信息披露和传播的特殊规则。[2]

3. 行政法部门

行政法调整行政机关与行政管理相对人之间因行政管理活动而发生的关系,既保障行政机关依法行使职权,又保障公民、法人等的合法权益。《行政处罚法》(2021)、《行政强制法》(2011)、《行政许可法》(2019)、《监察法》(2018)等作为基础行政法,涵盖了包括管理新闻传播活动在内的一切行政行为。同时还有一系列专业行政法分支,如保障国家安全的《保守国家秘密法》(2010),维护社会秩序的《治安管理处罚法》(2012)、《突发事件应对法》(2007)、《反恐怖主义法》(2018)等,卫生和环境防护的《气象法》(2016)、《传染病防治法》(2013)、《食品安全法》(2018)、《防震减灾法》(2008)、《环境保护法》(2014)等,都有管理相关信息获取、储存、加工、制作、发布、传播等内容,包括倡导、支持、授权、允许、限制、禁止等诸多规范。至于有关文化教育的分支中,《电影产业促进法》(2016)是至今仅有的

---

[1] 魏永征.新闻传播法教程[M].北京:中国人民大学出版社,2019:8.
[2] 魏永征.新闻传播法教程[M].北京:中国人民大学出版社,2019:8.

两部传媒领域的专门法之一;而《国家通用语言文字法》(2000)则提供了传播符号系统的基本规范。

4. 经济法部门

其调整的是国家基于社会整体利益对经济活动进行干预、管理和调控而形成的法律关系,包括宏观调控和市场规制两个分支。前者包括财税、金融和各种重要资产、基础设施的行业管理,如果说传统媒体同《邮政法》(2009)密切相关,那么如今保障互联间设施和资源安全的《网络安全法》(2016)作为网络领域的基础性法律,由于将信息安全作为网络安全的重要内容而予以专门规制,可以认为是我国第一部传媒专门法。后者包括竞争法如《反不正当竞争法》(2017)、《反垄断法》(2007)和消费者法如《消费者权益保护法》(2014)、《广告法》(2018)等,是传媒产业发展必须遵循的法律,同时也是相关信息传播的规范。

5. 社会法部门

其功能是国家遵循公平和谐和适度干预原则,通过国家和社会积极履行责任,以法律手段对劳动者、失业者以及需要特别扶助的群体的权益提供必要的保障。

对于新闻传播的意义主要在两方面:

一是新闻传播须对若干特殊群体予以特别保护,如《未成年人保护法》(2012)、《预防未成年人犯罪法》(2012)、《妇女权益保障法》(2018)、《残疾人保障法》(2018)等;

二是随着传媒业体制改革深化,传媒工作者自身权益也需要得到保障,如《劳动法》(2018)、《工会法》(2009)等。①

6. 刑法部门

刑法调整国家司法机关与犯罪人之间的法律关系。刑罚,是对严重危害社会行为的严厉处罚,也是对国家制度、社会秩序和相关社会关系最有力的保护。现行《刑法》(1997,后经10次修正)共有469条罪名。据统计,其中非法披露、传播信息和言论、作品的行为造成危害而构成的罪名有30多条,属于对不法言论和信息传播的惩治;破坏、非法利用传播工具行为构成的罪名有10条左右,属于对传媒资源和正当传播活动的保护。②

7. 诉讼法与非诉讼程序法部门

诉讼法调整因诉讼活动而产生的社会关系,主要是行政、司法机关和诉讼当事人之间的关系。案件和诉讼信息经过披露和传播足以形成舆论,对司法产生这样或那样的影响,所以新闻传播必须遵循我国三大诉讼法即《民事诉讼法》(2017)、《刑事诉讼法》(2018)、《行政诉讼法》(2017)的基本原则以及司法机关的相关规定,不得妨碍司法公正。

---

① 魏永征.新闻传播法教程[M].北京:中国人民大学出版社,2019:8.
② 魏永征.新闻传播法教程[M].北京:中国人民大学出版社,2019:8.

二、与时俱进的互联网新闻传播法

如今网络已经渗透到社会生活、公共事务的方方面面,已下沉为国家的基础设施的重要环节,网络空间也日益呈现出"全球公域"的特征。虽然网络不具备实体性特征,但国家依然对领属范围内的网络传播活动拥有管辖权。

自2014年媒体融合上升为国家战略以来,传统媒体融合新媒体发展不断深化。2018年8月,习近平在全国宣传思想工作会议上强调"做好新形势下宣传思想工作,必须自觉承担起举旗帜、聚民心、育新人、兴文化、展形象的使命任务……推动宣传思想工作不断强起来,促进全体人民在理想信念、价值理念、道德观念上紧紧团结在一起,为服务党和国家事业全局作出更大贡献。"[1]这一论断明确了新时代媒体融合工作的核心任务和价值目标。经过多年融合发展实践,媒体融合的核心价值不断凝聚和凸显,与新媒体平台合作已经深入传统媒体从业者工作理念,传统媒体与新媒体融合姿态越来越好、速度越来越快、主动性越来越强、形式越来越多样、合作越来越深入。2019年以来,融合发展切实成为媒体全行业自觉,而中国互联网新闻传播法律法规也保持着与时俱进。

中国的网络管理法律体系起步于20世纪80年代,按法律效力等级来区分,属于国家法律一级的有2000年12月28日第九届全国人大十九次会议通过的《全国人民代表大会常务委员会关于维护互联网安全的决定》,属于行政法规的有《中华人民共和国电信条例》《中华人民共和国计算机信息系统安全保护条例》《计算机信息网络国际联网管理暂行规定》《互联网信息服务管理办法》《计算机软件保护条例》《互联网上网服务营业场所管理条例》等6部。属于部门规章与地方性法规一级的,则已经有上百件。从内容上看,涉及网络安全、网络信息服务与管理、网络著作权保护、电子商务、个人信息保护、未成年人保护、网络侵权以及预防和惩治网络犯罪等方面。这些内容构成中国现行网络传播法制的基本框架。中国网络传播管理法规主要有《中华人民共和国网络安全法》《中华人民共和国计算机信息系统安全保护条例》《中华人民共和国计算机信息网络国际联网管理暂行规定》《中华人民共和国电信条例》《互联网信息服务管理办法》《计算机软件保护条例》《互联网新闻信息服务管理规定》《互联网著作权行政保护办法》《信息网络传播权保护条例》等。

这些法规和文件对从事登载新闻业务的互联网站的条件及设立程序、上传新闻内容的禁止性条件、网络安全、网上知识产权的保护等一系列问题做出了明确规定,对于规范和管理国内新闻网站的建设和活动,抵御网上有害信息的思想渗透,维护国家安全等方面起到了积极的作用,是中国依法治网的主要依据。

自2000年以来,中国在网络立法方面颁布了一系列有关条例,加强了网络新闻和信息传播内容的管理,不仅规范了市场的经营行为,也奠定了整个中国互联网市场发展环境的法制基础。中国网络媒介法规的内容主要包括网络安全问题、网络内容和网络侵权。

---

[1] 习近平.论党的宣传思想工作[M].北京:中央文献出版社,2020:339,337.

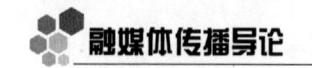

1. 网络安全法规

中国从 20 世纪 90 年代中期至今,出台了一批专门针对信息网络安全的法律、法规及行政规章。主要有:① 国务院 1996 年 2 月 1 日颁布的《中华人民共和国计算机信息网络国际互联网管理暂行规定》。它是目前中国计算机互联网络方面效力最高的法律规定。该规定对网络传播的内容、目的进行规范和限制。② 国务院 1994 年 2 月 18 日颁布的《中华人民共和国计算机信息系统安全保护条例》,该条例规定由公安部主管全国计算机信息系统安全保护工作;任何组织或个人,不得利用计算机信息系统从事危害国家利益、集体利益和公民合法权益的活动,不得危害计算机信息系统的安全。③ 国务院批准、公安部 1997 年发布《计算机信息网络安全保护管理办法》对网络安全进行规范。④ 公安部 1997 年 12 月 30 日发布《计算机信息网络联网安全保护管理办法》,该办法第四条至第七条以列举的方式详细规定了不得利用计算机联网从事各种违法行为。⑤ 2000 年 4 月 26 日公安部发布《计算机病毒防治管理办法》,明确规定:任何单位和个人不得制作计算机病毒。⑥ 2015 年 8 月 29 日,新修订的《中华人民共和国刑法修正案(九)》对非法入侵计算机系统、网络服务渎职、拒不履行信息网络安全管理义务等若干信息网络犯罪行为做出了更为明确的补充规定。⑦ 2016 年 12 月 20 日,最高人民法院、最高人民检察院、公安部联合发布《关于办理电信网络诈骗等刑事案件适用法律若干问题的意见》,进一步明确打击电信网络诈骗的法律标准,统一执法尺度等。⑧ 2016 年 11 月,人大常委会通过《中华人民共和国网络安全法》,该法对网络运行安全和网络信息安全领域的问题做出了明确规范,成为中国网络生态治理的基础性法律。

2. 网络内容管理法规

2000 年中国政府出台了一系列的管理措施,对网络内容进行一种多元的管理。2000 年 9 月 20 日国务院出台《互联网信息服务管理办法》,对网络服务商的责任提出了具体要求。要求网络信息服务商记录提供的信息内容及发布时间、网址、域名;网络接入服务商记录上网用户的上网时间、用户账号、互联网地址和域名、主叫电话号码等信息,并对 9 类信息进行严格禁止,其内容包括:违法违宪;危害国家安全、损害国家利益;引发民族矛盾;破坏宗教政策;破坏社会稳定、扰乱社会秩序如造谣、侮辱、诽谤、色情、暴力等。2000 年 10 月 8 日,信息产业部出台了《互联网电子公告服务管理规定》,该规定对电子公告服务商提出了明确的责任要求,但是,在实际推广中收效甚微,原因是没有一个有效的技术手段来保证其可靠性。2000 年 11 月 7 日,国务院新闻办与信息产业部出台《互联网站从事登载新闻业务管理暂行规定》,主要对网络信息源进行了严格的控制,文件重申了对 9 类违法信息的严厉禁止。

3. 网络著作权保护法规

中国关于网络著作权的立法中,有 1992 年 4 月 6 日原机械电子工业部发布的《计算机软件著作权登记办法》,1999年2月24日国务院办公厅转发的《国家版权局关于不得使用非法复制的计算机软件的通知》,1999年12月5日国家版权局发布的《关于制作数字化制品的著作权规定》,2000年11月6日国务院新闻办公室、信息产业部联合发布的《互联网站从事登载新闻业务管理暂行规定》,2003年5月10日文化部发布的《互联网文化管理暂行规定》及2005年4月30日由国家版权局和信息产业部发布实施的《互联网著作权行政保护办法》等。2013年1月,国务院新修订的《信息网络传播权保护条例》,对网络传播权利保护、权利限制以及网络服务提供者责任免除等作了详细规定。

三、中国融媒体法制化管理的现实与未来

融媒体技术改变了传统媒体单向信息输出方式,是技术、内容和组织方式的全方位革新,其对于大数据、云计算等技术手段和媒体组织矩阵的依赖对融媒体伦理与法制化管理提出了更高的要求。

融媒体伦理与网络社群伦理关系紧密。人与人之间的关系是形成社区的基础,社区需要规则,规则应当在保障人的自由的前提下维护安全和秩序。人渴望自由,网络也不例外。但是网络中人的自由权利也应该有一个限度和边界。因为对自由的合理限制、对权利范围的科学界定,是人与人之间相互尊重、和睦共处的需要,尤其是在没有统一政府、没有管理中心的互联网络中。

犯罪学实证研究表明,就普通人而言,一旦离开他经常生活其中的社区而临时进入陌生的社区,预防违法犯罪的道德约束力就会减弱。而一个现实社会中的人,通过技术手段在隐藏了真实身份进入网络后,现实社会的道德约束力是否会对他产生同样的作用,就值得怀疑。同时,即使道德能够起到同样的约束力,也因为任何一个社区不可能有统一的道德规范、道德无强制实施的效力,所以伦理道德问题仅靠道德本身无能为力。

于是,当网上不法行为频繁发生时,当网络纠纷被不断诉诸法庭时,政府和司法机构介入网络便成为必然的事情。但与此同时又产生了新的问题,即政府的介入是为了维护网络的安全和秩序,是为了保障网络的自由和网民的权利,但是,如果政府权力的介入缺乏法律的制约,将会成为网民新的不安。一个网民基于他对现实社会国家法律的理解,自以为他在BBS、博客(或微博)的言论并没有妨碍公众秩序、社会风俗或者他人权利,然而,他受到了来自主管机构或者警察的警告,而权力对他的干预并无法律的授权。这时,在任何法制化初期的国家经常出现的政府权力与公民权利冲突的老问题,就会在网络重新出现。如何确认网络的自由、保障网民的权利,如何规范网络的秩序、规制政府的权力,这个现实社会生活中的宪法性问题在网络法律中也必须予以科学的解答,进而制定符合群众意愿和法治要求的网络法律规则。

首先,网络安全公法。网络自身面临的安全问题在网络刚一诞生时就出现了,黑客作为网络不法分子被人们认识可追溯到20世纪70年代末、80年代初,黑客们往往利用计算机系统技术上的漏洞实施犯罪。因此,早些年的技术安全问题往往可以通过技术

的方式加以解决。然而,技术的进步是永恒的,技术的不断更新迭代也带来了新的问题。依据《网络安全法》,网络安全的范围被确定为"运行安全"和"信息安全"两个方面。具体而言,又可以细分为涉及国家安全、国计民生、公共利益的关键信息基础设施的保护;"关键信息基础设施运行安全"的保护;网络数据安全的保护和网络内容安全的保护等方面。

其次,网络安全私法。在网络中,私法面临着广泛的挑战。除了现在屡有所闻的网络名誉权纠纷、电子商务领域的合同纠纷外,网络信息资源的数字化和信息交流的双向、交互和无纸化特征也在影响着私法。

因此,我们可以将中国融媒体法制化管理的现实困境总结为:

一是网络的"无形"特征与网络传播权问题。同一切有形财产相比,电子网络是相对"无形"的。在数字化时代,急行于互联网上的是"没有颜色、尺寸或重量,能以光速传播"[1]的"比特",无论是文字作品,抑或是声音作品、图像作品,其最小单位都是比特,而不再是构成有形物的"原子",一切智力创作的成果均可以化作"比特"在网上传输。这就天然地决定了计算机网络上的法制管理与现实法制管理有很大的区别,在网络构成的"虚拟社会"里,网络信息的"无形"特征更甚于现实社会。这一特征也决定了网络中信息安全保护的难度以及相关法律制度的特殊性。

二是信息的地域性正日益模糊甚至消失的问题。以知识产权为例,知识产权一般而言"只能依一定国家的法律产生,又只能在其依法产生的地域内有效"[2]。知识产权又总是归属于特定地域的自然人或者法人。而在数字化时代,这样的地域已经没有法律意义了。一方面,互联网络本身就是在无政府状态下、在高技术的推动下自发形成的。另一方面,在信息时代,时间和空间与经济和法律的相关性减弱了。而在正向后信息化时代迈进的今天,随着信息的极端个人化,"脑力劳动的许多活动,由于较少时空的依附性,将能更快地超越地理的限制","后信息时代将消除地理的限制"[3]。在这样一个时代,作为人类智力创作成果的知识产权应当归属于哪个国家的主权管辖之下,而当某一行为具有知识产权法的意义时,又如何确定这一行为的发生地,都已困难重重。甚至连知识产权归属于何人也已经成了问题。"阅读者将不仅是人,也有计算机程序;譬如,它们会通读本书,并自动整理出一份摘要。著作权法规定,如果你对材料进行了总结整理,那么这份材料的知识产权将归你所有。我怀疑立法者有没有想过,动手搞摘要总结的可能是没有生命的实体或是盗版机器人。"[4]

三是数字化对网络法规的行政管理带来了前所未有的挑战。在物质世界中,行政机关对违反法律法规的行为往往可以"人赃俱获"惩戒落到实处;而在数字化的虚拟世界里,信息的流动不是以"物"为载体的,它往往在为政府、世人所不知的情况下,在四通八达而

---

[1] 尼葛洛庞帝.数字化生存[M].胡泳,等译.海口:海南出版社,1996:24.
[2] 郑成思.知识产权[M].北京:法律出版社,1997:19.
[3] 尼葛洛庞帝.数字化生存[M].胡泳,等译.海口:海南出版社,1996:192-195.
[4] 尼葛洛庞帝.数字化生存[M].胡泳,等译.海口:海南出版社,1996:77.

且从未有一个中心机构管理的网络里自由流动。

如果无法启动司法程序,立法就是一纸空文。在融媒体时代,法律欲树立新的尊严,必须直面网络的现实,寻求立法的对策,这就需要做到以下几点。

1. 借鉴世界各国经验

互联网在全球的发展很快,并且由于传播技术上的特点,给管理带来了前所未有的难度。在网络管理上西方国家共同面临的主要困难是：① 任何人都可以通过一部联网电脑调阅网络间传送的任何文字和图像,其过程无须登记,甚至可以用匿名,因而对网络内容的接收者极难控制。② 通过网络提供或传播信息的集团极多,所传播信息的数量极大,主题五花八门,无所不有,官方极难设立机构检查。③ 互联网络四通八达,某处被禁止入网的信息,可轻易地在别处进入网络,或改头换面以另一种形式进入网络。鉴于这些复杂的问题,西方许多国家政府一方面呼吁网络使用各方自我约束,承担起制止网络被"污染"的责任;同时又呼吁举行国际会议,在世界范围内为网络管理制订法律框架,以便共同遵守,联合管制。

英国对互联网络的管理采取的措施主要有订立法规、政府管理、加强执法、行业自律、技术研究等,于 1985 年颁布了《版权(计算机软件)修改法》,1996 年以后修订了原有的一些法律和法规,成立了互联网络安全组织、互联网络检查组织,与警察局共同打击网上犯罪。同时,政府动员了数十家网上服务公司成立了"互联网络服务提供商协会",由它制定自律性行规。

德国联邦议院于 1997 年 6 月 13 日通过、1997 年 8 月 1 日开始实施的《规定信息和通信服务的一般条件的联邦法令——信息和通信服务法》是世界上第一部规范互联网的法律。该法律涉及了有关互联网的方方面面,从 ISP 的责任、保护个人隐私、数字签名、网络犯罪到保护未成年人等等,是一部全面的综合性法律。

中国政府从 20 世纪 90 年代中期至今,已经出台了一批专门针对信息网络安全的法律、法规及行政规章。但总的来看,缺乏网络信息方面的基本法,有关规定多是法规或规章,也由于立法层次较低,缺乏权威性,直接影响了法律效力,在某些方面缺位或缺空比较严重,如法律或法规应该对网络信息管理和保护中的一些主要问题作出规定,却没有明确规定。因此,还需要借鉴世界各国的成功做法,在进一步完善现有法律法规的基础上,制定新的法律法规,以建立更加完善的网络传播法律法规体系。

2. 应对现实问题和挑战

从近年来网络传播管理的实践看,中国除面临与西方国家类似的管理难题之外,还受到网络谣言信息等新问题的困扰。据国家互联网信息办公室的统计,仅 2012 年 3 月监测到的各类网络谣言信息就高达 21 万余条。而中国相关法律法规数量甚少。除了刑法对谣言治理作出具体规定外,其他相关法规只是用"不得""不准"等字眼提出原则性要求,缺乏相应惩罚机制,所以通过法律途径只能追究极少数故意制造、传播谣言者的责任,对于大部分缺乏主观判断、故意传播的当事人责任无法追究。再者,对如何依法监督、纠正和惩处违法行为,如何举报、立案、取证、审判、惩处的程序与机制未作规定,特别是有些网络谣言,往往真伪难辨。

为有效应对这些现实问题和挑战,2013年9月9日,最高人民法院、最高人民检察院发布了《关于办理利用信息网络实施诽谤等刑事案件适用法律若干问题的解释》。该司法解释于2013年9月5日由最高人民法院审判委员会第1589次会议、2013年9月2日由最高人民检察院第十二届检查委员会第9次会议通过,自2013年9月10日起施行。该《解释》共有十条,主要规定了以下八个方面的内容:明确了利用信息网络实施诽谤犯罪的行为方式,即"捏造事实诽谤他人"的认定问题;明确了利用信息网络实施诽谤行为的入罪标准,即"情节严重"的认定问题;明确了利用信息网络实施诽谤犯罪适用公诉程序的条件,即"严重危害社会秩序和国家利益"的认定问题;明确了利用信息网络实施寻衅滋事犯罪的认定问题;明确了利用信息网络实施敲诈勒索犯罪的认定问题;明确了利用信息网络实施非法经营犯罪的认定及处罚问题;明确了利用信息网络实施诽谤、寻衅滋事、敲诈勒索、非法经营等犯罪的共同犯罪内容;明确了利用信息网络实施诽谤、寻衅滋事、敲诈勒索、非法经营犯罪与其他犯罪的数罪问题及其处罚原则。类似这类制度文件出台,对依法打击利用信息网络实施相关犯罪,保护人民群众合法权益,维护社会公共秩序,保障公民表达权和监督权的实现,促进信息网络健康发展有着重大意义和深远影响。

网络文化的传媒功能非常突出,媒体功能是多数网站极力强化的功能。同时,它还有沟通交往功能、娱乐功能、思想教育功能、知识传承功能、民意表达汇聚功能、社会动员功能等。就中国来说,网络文化的传媒功能、娱乐功能、民意表达功能非常突出,网络文化多元、多样、多变,呈现出与现实生活的明显互动。同时,中国的网络文化也存在着一些问题,譬如,低俗恶搞流行、暴力现象严重、虚假消息众多等等。网上的不良文化容易引发社会问题,如文化的低俗化,青少年对暴力行为的模仿、虚假信息引起的社会秩序混乱、对知识产权的侵犯等。

要创造良好的融媒体传播环境,就必须加强网络文化管理。当前,中国网络文化管理存在着一些难题,譬如网络文化的多样性造成的管理分工困难。互联网是一种多种形态相结合的媒体,它将文字、图片、音频、视频结合在一起,难以按传统方式加以区分和管理。再如内容控制方面,对音频和视频的内容难以识别和过滤,对于良莠不齐的内容一味地封堵和过滤并不能有效地去除糟粕、保留精华等。

要保障网络文化健康有序运行,就要从多个层面,包括立法、技术管理等方面积极探索有效的方法,同时还要加强互联网企业和电信运营商的责任、自律等。加强网络文化建设和管理,充分发挥互联网在新闻传播乃至中国社会主义文化建设中的重要作用,将有利于增强新闻传播的社会效果,有利于提高全民族的思想道德素质和科学文化素质,有利于加强社会主义精神文明的辐射力和感染力,有利于增强我国的软实力。

融媒体传播案例

穿越直播　重返70年前英雄之城

2015年,为纪念中国人民抗日战争暨世界反法西斯战争胜利70周年,华龙网策划了《穿越直播 重返70年前英雄之城》主题页面。此专题内容独家,报道持续时间长。"铭记历史、缅怀先烈、珍爱和平、开创未来"的主旋律贯穿了整个专题。作品获第26届中国新闻奖网页设计项目一等奖。

作品内容包括"漫'话'抗战重庆""抗战答题游戏""纪念抗战胜利""放飞和平鸽"等几个篇章,主打"穿越直播"——从1945年8月15日起至1945年9月3日,每天一场"现场"直播。在"漫'话'抗战重庆"篇章里,受众可通过点击页面中的不同部分,观看到战时画家在重庆创作的漫画,了解当时重庆人民的勇敢、智慧和坚韧。而在"抗战答题游戏"篇章,受众可在轻松活泼的互动游戏中,加深对中国人民抗日战争中的一些重要知识点的了解。而通过"放飞和平鸽"环节,让受众在参与其中的同时,进一步强化中国人民不忘历史、珍爱和平的期盼。

整个作品从灰色调逐步过渡到现实色彩,突出了新旧对比,寓意中国人民取得胜利的艰辛,不仅体现了穿越的主题,而且拉近了与70年前抗战故事的距离。页面下方设有从1945年8月15日至1945年9月3日的不同日期,人们点击这些不同的日期,就可看到当时各天的报道,既了解其事,又感知历史。而采用网络直播的形式,通过多媒体手段报道,还原当时历史场景,不仅记录与传播了当年发生的新闻,带大家重温了抗战的烽火岁月,还让受众真切感知了中国军民的骁勇与坚韧、对胜利的欣喜和对和平的珍爱。而大量运用漫画场景设计,也容易激发受众接收信息的兴致。这种内容与技术、文字与图像视频、PC端与移动端的贯通,真正体现了全媒体融合传播的理念。

本章思考题

1. 你认为本书中区别道德伦理与法律有必要吗?为什么?
2. 如何看待新闻传播主体在新闻传播中的道德伦理责任?
3. 互联网环境下的新闻传播主体与传统媒介新闻传播主体有哪些区别与联系?
4. 中国新媒体法规主要有哪些?
5. 中国电子媒介法制化管理的努力方向是什么?

阅读参考书目

1. 希伦·A.洛厄里,梅尔文·L.德弗勒.大众传播效果研究的里程碑[M].刘海龙,译.北京:中国人民大学出版社,2009.
2. 克劳斯·布鲁恩·延森.媒介融合:网络传播、大众传播和人际传播的三重维度[M].刘君,译.上海:复旦大学出版社,2012.

3. 克利福德·G.克里斯琴斯,等.媒介伦理:案例与道德推理[M].北京:中国人民大学出版社,2014.

4. 菲利普·帕特森,李·威尔金斯.媒介伦理学:第4版[M].李青藜,译.北京:中国人民大学出版社,2006.

5. 乔尔·鲁蒂诺,安东尼·格雷博什.媒体与信息伦理学[M].霍政欣,等译.北京:北京大学出版社,2009.

6. 哈罗德·拉斯韦尔.社会传播的结构与功能[M].何道宽,译.北京:中国传媒大学出版社,2015.

7. 孟威.媒介伦理的道德论据[M].北京:经济管理出版社,2012.

8. 迈克尔·J.奎因.信息时代的伦理学:第8版[M].岑少宇,译.上海:上海科技教育出版社,2022.

下篇
融媒体传播平台

第六章 报纸媒体传播

教学目的与要求

通过本章学习,了解报纸媒体的概念以及中国和世界报业的发展史;把握报纸媒体的传播特性;熟悉报纸的报道内容和版面编排;理解报纸受众分类及主要的报纸受众观;懂得报纸的传播效果及其影响因素。

第一节 报纸媒体概述

大众传播的发展是技术进步和人类社会发展的结果。随着口语传播和手抄文字传播为主的时代结束,人类社会进入印刷传播时代,此时报纸成为这一时代的主角。报纸按照时间可以分为日报、隔日报、周报、旬报等;按照报纸的版式可以分为对开、四开、八开、十六开等;按照读者对象可以分为综合类报刊、专业类报刊和行业类报刊;根据主管单位可以分为中央类报刊和地方类报刊;根据报纸的经营状况可以分为党报和都市报。

一、报纸的定义

报纸又称新闻纸,是指以刊载新闻和发表评论为主,面向公众定期、连续发行的纸质出版物,它有固定名称,通常散页印刷,不装订,没有封面。①

二、中国报业的诞生和发展

中国报业发展历史悠久。中国是世界上最先有报纸和最先有印刷报纸的国家,中国有将近1300年的封建社会办报的历史,有100多年外国人在中国办报的历史,有100多年资产阶级办报的历史,有大半个世纪无产阶级办报的历史。②

---

① 中国大百科全书编辑部.中国大百科全书:新闻出版[M].北京:中国大百科全书出版社,1990:25.
② 姚福申.凸现学科意识 评述客观公正:读徐培汀著《中国新闻传播学说史(1949~2005)》[J].新闻记者,2006(8):75-76.

（一）中国古代报纸

中国是世界上最先有报纸的国家,中国的报纸始于唐代。唐代的进奏院状被认为是最早有新闻纸属性的传播资料。进奏院状主要涉及皇帝的活动、诏旨、官吏的任免、官僚的奏章以及其他军事政治方面的重要信息。这些进奏院状不定期由都城传发,它和公文不同,其提供的信息大多为朝廷政务活动,很多为进奏官自行采集,这些都说明进奏院状有了一定报纸的作用,是一种原始的报纸。

宋代,中国的新闻事业进一步发展。此时,出现了官方发布的邸报和民间小报共存的局面。小报是中国新闻史上最先出现的非官方报纸,也是人们对非官方报刊的统称。小报也刊载新闻和时事政治,其盛行于南宋,发行的内容多为朝廷没有公开的信息,此时,小报的读者群体极为广泛。小报的出现打破了官报的垄断,开启了中国民间办报历史的新篇章。

明代除了邸报外,官方的主要新闻媒介为塘报和告示。塘报的主要内容为军事信息,告示主要是由中央到地方逐级向公众公布信息的传播工具。明代源于宋代的小报获准公开出版,民间的报房获准公开营业。同时,明代的农民起义用的揭帖、旗报等新闻传播手段在一定程度上起到了类似报纸的作用。

清代是中国古代新闻事业的最后一段历程。封建官报邸报趋于定型,此时民间报房主要集中在行政中心北京,所以,这些民间报房所出的报纸统称为京报,出版京报的目的主要是营利,报纸出版后,由送报人直接送给订户,京报的订户群体极为广泛。除了北京的报纸发展较繁荣,清代地方新闻事业也有一定的发展,其中辕门抄就是一种以报道地方官场消息为主的报纸,主要出版于各省省会和一些重要的府城,由当地熟悉官场情况的人分别编印和发行。

（二）外国人在华办报

1. 早期宗教报刊

在中国,近代报刊是由外国人创办的。其办报的目的是打开国门,为侵华做思想上的准备。首先在中国办报的是英国人,第一批办报人是基督教传教士。1815 年 8 月 15 日,《察世俗每月统记传》在马六甲正式创刊,这是第一个中国近代报刊,也是外国人创办的第一个以中国人为宣传对象的报刊,是月刊,雕版印刷。其主编是来华的基督教传教士马礼逊。此时的《察世俗每月统记传》宣称以"阐发基督教教义为根本要务",进行伦理道德方面的说教,也介绍一些天文学方面的知识。

《察世俗每月统记传》停刊不久,1833 年 8 月 1 日,另一份期刊《东西洋考每月统记传》在中国广州创刊,其创办人是普鲁士传教士郭士力,他积极为英国当局效力,对外国侵华事业有浓厚的兴趣,其宣称《东西洋考每月统记传》的宗旨是为在华外国人服务,刊物的主要目标是宣扬西方文化制度的优越性,以征服中国人的骄傲自大。

2. 在华外文报刊

除了中文报刊,这一时期,大批在华外报相继创刊,1822 年 9 月 12 日在澳门创刊的葡文报刊《蜜蜂华报》是在我国出版的第一份外文报刊,1827年11月在广州创刊的第一家英文报纸《广州纪录报》由鸦片商人马地臣创办,有强烈政治色彩,鼓吹对华侵略政策,为鸦片贸易辩护,这是当时在广州影响最大的外文报刊。

鸦片战争后,繁荣的商业推动外报在香港发展,香港具有优越的外报发展条件。此时1842年3月17日创办于澳门,后迁入香港的《中国之友》以及《香港纪录报》《孖剌报》是当时在香港有重要影响的英文报纸,这几家报纸刊载言论,经常就英国对华关系、经济政策和市政建设等问题发表言论。

3. 中文商业报刊

上海最早的一家中文报纸是1861年11月在上海创办的《上海新报》,这家报纸由字林洋行出资创办,起初为周刊,后改为日报,这是一家商业性的报刊。《上海新报》是伴随着帝国主义对华侵略活动逐渐扩大而诞生的,他们需要中文报刊为其做广告、刊登各类商业告示、传递商业信息,以达到倾销商品的目的。《上海新报》一直将各类商业信息的传播放在首位,其中常见的专栏有刊登船名、船期以及船只停靠的码头等有关航运消息的专栏,这些专栏编排醒目,使人一目了然。

提到近代中文报刊史上的商业类报刊,《申报》是最具影响力的。《申报》由英国商人美查于1872年4月30日创刊。《申报》是中国近代史上出版时间最长的中文报刊,其主笔和经营人员基本上都是中国人。美查创办《申报》的目的是营利,其将报纸当作产品进行经营。为了通过办报来创造利润,《申报》非常注重自己的内容和发行,因此《申报》非常注重言论,以吸引政界、知识界和绝大多数的下层人士订阅。同时,也注重刊载文艺作品,使文艺成为报纸必备的一栏,并逐渐形成副刊。此外《申报》还不断改进新闻报道,《申报》的新闻注重社会新闻报道,揭露百姓所受的压制和痛苦。除了《申报》外,《字林沪报》和《新闻报》使上海的中文外报进入繁荣时期,逐渐形成了三足鼎立的局面。

(三)国人自办报到民国初期的报业

1. 中国人自办报刊开端

中国人在国内创办的第一张报纸是1873年8月在汉口创办的《昭文新报》,创办人为艾小梅。[①] 虽然创办不久就停刊了,但这是中国人自己创办报纸的正式开端。在我国的第一批自办报刊中,影响最大、历史最久的为1874年2月4日王韬主编的香港《循环日报》。王韬创办《循环日报》的目的就是学习西方先进的科学文化,振兴中华、抵御外患,进行爱国主义的变法自强宣传。该报每期两张4版,双面印刷,创刊不久,几乎每期刊登论说文一篇,评论中外时事政治,阐明严峻的国际形势。其创办10年间所达到的思想水平和推动社会改革所做的努力,使其成为我国第一个以政论为主的报刊。[②]

---

① 万京华.中国近代新闻通讯业的历史缘起[R].第十届世界华文传媒与华夏文明国际学术研讨会,2017年11月.

② 都海虹.《北洋官报》研究[D].石家庄:河北大学,2018.

2. 维新运动时期的报刊

中日甲午战争爆发后,以康有为为首的资产阶级维新派进行了震惊中外的"公车上书",提出一系列变法主张,不久,维新派把办报作为变法的一项重要内容提出。经过短时间的筹备,1895年8月15日,维新派在北京创办了第一张报纸《万国公报》,该报的出版,在京师引起强烈的反响。在《万国公报》的鼓吹和游说下,一些官员和知识分子成立强学会,该报后改名为《中外纪闻》,于1895年12月正式出版,该报的出版在封建顽固派中引起恐慌。后上海的强学会又创办了《强学报》,旗帜鲜明地倡导变法维新。

随着时局变化,《强学报》和《中外纪闻》被查封,维新派于1896年8月9日又创办了《时务报》,梁启超任主笔。该报上发表的梁启超的《论报馆有益于国事》一文为梁启超系统论述报刊功能的重要文章。此时,维新派对报刊业务进行改进和创新:重视政论的作用,把评论融入新闻报道中。

3. 民主革命时期的新闻事业

戊戌变法后,康、梁流亡海外。1898年12月23日他们在横滨创办了《清议报》,将报纸的宗旨定位为"主持清议,开发民智"。该报停刊后不久,1902年2月8日,梁启超又创刊了《新民丛报》,该报将焦点集中在"新民"上。此时,维新派主要报刊的主要发行人、编撰人和康有为、梁启超有很深的渊源。

当维新派在鼓吹保皇时,资产阶级革命派极力主张废除封建专制,建立民主共和政体。其中资产阶级革命派的先行者孙中山早期的社会政治活动,主要是宣传活动。1900年1月25日创刊于香港的《中国日报》是资产阶级革命派的第一份报纸。[①] 该报是由孙中山领导创办的,主要宣传爱国救亡、排满和民主思想,抨击清政府,反对保皇派的主张。此时,革命派在海外和美洲、南洋一带创办许多报刊,海外华侨报刊进一步发展。

4. 辛亥革命时期的报业

20世纪初,中国革命形势日益高涨,分散的革命团体已不能适应革命发展的需要,需要由报刊来宣传革命纲领,以便形成统一行动。经筹备1905年11月26日《民报》在东京创刊,这是一份大型政论时事类刊物,孙中山在《发刊词》中第一次提出了民族主义、民权主义和民生主义的政治纲领。《民报》早期的宣传内容基本上为以排满为中心的民族主义,以创立民国为中心的民权主义,以土地国有、平均地权为中心的民生主义,这就是孙中山提出的"三民主义"。该报于1910年2月停刊。1905年—1911年,革命派在上海先后出版十几家报刊,其中影响最大的是于右任等人创办的《神州日报》《民呼日报》《民吁日报》和《民立报》,这是同盟会在东南地区进行革命宣传的重要报刊。其中《神州日报》是革命派创办的第一份现代化大型日报。

---

① 陈志强.报业与中国近代政治的变迁[J].南昌大学学报,2007(2):112-117+135.

5. 民国时期的报业

民国初期,受辛亥革命胜利的推动,新闻事业出现短暂的繁荣。据统计,民国元年,全国报纸增加到 500 家,总数达到了 4200 万份,均创下历史新高。民国初年的新闻事业和清末相比,有了明显的变化,1911 年 10 月 16 日在武昌创办的《中华民国公报》是中国历史上第一个资产阶级政权的官办言论机关。1912 年 1 月 29 日出版的《临时政府公报》成为中国历史上第一个资产阶级共和国国家机关报。此时,"鼓吹实业、教育救国"的经济报刊、教育报刊大量出版。

民国初年,政党、团体种类繁多,后基本形成了国民党、共和党、民主党、统一党四个大党,他们都有自己的政党报刊,但是,随着袁世凯攫取国家大权,其通过残害报人、关停报刊、创办御用报刊、收买报人等手段,使报刊从民初的 500 家锐减到 139 家,造成了新闻史上的"癸丑报灾"。

(四)"五四"时期到新中国成立前的报业

1."五四"时期的报业

"五四"时期,以报刊为主要阵地的新文化运动的发生和发展,是贯穿这个时期新闻史的一条主线,其中最具有代表性的当属《新青年》。[①] 1915 年 9 月 15 日,陈独秀创办了《新青年》(之前是《青年杂志》,第二卷起改名),该报的宗旨是改造青年思想,随着时局的发展,反对封建文化思想,批孔成为当务之急,《新青年》批孔运动拉开了"五四"时期反对封建文化思想和新文化运动的序幕,随着《新青年》坚持反对军阀政府、批判封建思想文化的斗争,反映和推动了日益高涨的反对军阀的爱国运动,《新青年》在广大知识青年中产生强烈的反响。

1918 年 12 月 22 日,《每周评论》在北京创刊,这是一张四开四版的小型政治报,这个报纸的创刊弥补了读者对时事评述的需求。前 25 期的主编是陈独秀,陈独秀把"主张公理,反对强权"作为办刊宗旨,当时的主要撰稿人有李大钊、胡适等。由于新文化运动的主要发起人和大将都在北大任职,北大成为新文化运动的中心,当时一大批学生刊物创刊,其中最有影响的是《国民》《新潮》。

1919 年 7 月 14 日《湘江评论》在长沙创办,主编是毛泽东,该刊以评论为主。1919 年 7 月 21 日,《天津学生联合会报》创刊,当时周恩来以"飞飞"为笔名执笔许多重要的文章。1920 年 11 月 7 日,《共产党》月刊在上海创刊,这是一份半秘密半公开的刊物,此时,上海、北京和广州等地的共产主义小组相继成立,他们创办了一批以工人为对象的通俗报刊《劳动界》《劳动音》《劳动者》等刊物。

---

① 童兵.百年大党对党媒的引领、规范和关爱:兼记党媒对中国共产党百年成长的贡献[J].新闻大学,2021(6):1-10+121.

2. 中国共产党成立和大革命时期的报业

中国共产党成立后,中国共产党报刊崛起。党的"一大"就将出版杂志、日报和周报的内容写入决议。1922年9月13日,《向导》周报在上海创刊,蔡和森为主编,这是中国共产党的第一个政治机关报,其主要围绕"反帝反封建军阀"任务开展宣传,积极宣传党的统一战线,这些都受到读者的热烈欢迎,发行量也迅速上升。

第一次国共合作时期,中国国民党中宣部主持的报纸《政治周报》于1925年12月5日在广州创刊,最初由毛泽东任主编,他提出办报是为了革命,为了使中华民族得到解放。该报高举孙中山先生的新三民主义,宣传了其"联俄、联共、扶助农工"的政策。还卓有成效地进行了反对帝国主义、反对军阀的斗争。

3. 土地革命战争时期的报业

第一次国内革命战争失败时,中国共产党的新闻事业损失惨重。中共领导的革命力量及时转到农村。1931年12月11日,《红色中华》在瑞金创刊,这是中国共产党在中央根据地办的机关报。该刊突出宣传了加强地方苏维埃建设的任务,还揭露了日本帝国主义侵略我国的罪行。随着抗日形势的转机,《红色中华》于1937年1月29日改名为《新中华报》,并作为苏维埃中央政府的机关报,积极为抗日民族统一战线奋斗。

1928年2月,国民党第一个中央直属报《中央日报》在上海创刊,该报除了阐明党义外,着重提出以"拥护中央,消除反侧,巩固党基,维护国本"为职责,由于《中央日报》编辑方针脱离群众,采访力量薄弱,因此读者较少。随着蒋介石在党内地位巩固,国民党加强了新闻宣传,《中央日报》实行社长制,言论报道上直接对国民党中央负责。

4. 全民族抗日战争时期的报业

1937年夏,日本帝国主义发动全面侵华战争,中国人民奋起抗战,抗战新闻事业迅猛发展。此时,抗战报刊崛起,成为国统区新闻战线的显著特点。1938年8月19日,进步新闻工作者邹韬奋在上海创办《抗日》三日刊。他积极宣传共产党的抗日救国主张,揭露各地压制抗战工作的情况,及时报道和评论抗战的局势和国内外的反响。[1]

1937年8月24日,《救亡日报》在上海创刊,这是上海文化界救亡协会的机关报,在宣传上始终以中国共产党提出的抗日民族统一战线和全面抗战的正确思想为指导,报道抗日斗争,分析抗日形势,鼓舞抗日斗志,该报以丰富的内容、精辟的言论与生动活泼的形式,深受读者欢迎。

1937年12月11日,《群众》周刊在武汉出版。一个月后《新华日报》也在武汉创刊,这是中共在国统区公开出版的第一份大型日报,由中共中央长江局直接领导。《新华日报》和《群众》周刊是中国共产党创办的全国性的党报党刊,这些报刊都以巩固和加强民族统一战线为使命。皖南事变后,《新华日报》和《群众》周刊迁到重庆出版。

抗战时期,根据地的新闻事业也有很大发展。1939年2月7日,中共中央将《新中

---

[1] 李蕊平.试析在汉报刊对武汉会战的舆论宣传[D].武汉:华中师范大学,2011.

华报》改组为中共中央机关报。毛泽东在《新中华报》改组一周年时发文指出,该报的政治方向是"强调团结和进步,反对一切危害抗战的乌烟瘴气,以期抗日事业有进一步的胜利"。

1941年5月16日,《解放日报》在延安创刊,这是中国共产党在抗日根据地出版的第一份大型中央机关报。后该报进行改版,强调党报的党性、群众性、组织性和战斗性,在重大问题的宣传报道上体现出高度的原则性和灵活性,并讲究新闻业务的技术性。《解放日报》先后对版面、社论、新闻报道、副刊等进行了全方位的改革,这次改革从内容到形式、从编辑思想到编排技术都是一次根本的改革。

5. 全国解放战争时期的报业

抗战胜利后,国民党抢先在收复区建立自己的新闻阵地,共产党也在上海办起了一批报刊,但处境艰难。《新华日报》《群众》杂志相继迁出上海。在日本投降的第二天,中国共产党就在上海办起了《新生活报》,这是共产党在上海的重要宣传阵地。此时,在中国共产党的报刊中,影响较大的有《联合日报》,该报是根据中共中央南方局提出的争取在上海办一份民间日报的意见而创办的;《文萃》周刊是根据毛泽东、周恩来关于尽快去上海等地办报的意见而创办的;《建国日报》是根据周恩来指示,于9月22日由重庆抵沪后筹划出版的。

《新华日报》和《群众》杂志,作为共产党在国统区公开出版的报纸,具有合法地位。然而全面内战爆发后,蒋介石进一步控制舆论,大批报刊被摧残。解放战争时期,解放区的新闻事业经历了迅速发展,新办了一批报刊,如《七七日报》《新华日报》(华中版)等。新开辟的东北解放区也迅速创办了《东北日报》和各省级部分城市报纸。1946年6月,蒋介石集团发动全面内战,解放区新闻事业被迫收缩。《解放日报》于3月14日撤出延安。《解放日报》停刊后两年时间内,中共中央没有再办官方报刊,而是加强了新华社的工作。

(五)新中国成立到社会主义现代化建设时期的报刊

1. 新中国成立和向社会主义过渡时期的报刊

新中国成立后,中国共产党完成了对旧中国新闻事业的清理和整顿。1950年春,全国新闻工作会议调查统计,全国有公营和私营报纸253种,总发行量245万份。包括共产党的机关报,共计151家,约占全国报纸总数的59%,位居各类报纸首位。而最具代表性的是1948年6月15日创刊于河北省平山县的《人民日报》,初为中共中央华北局机关报,后改为中共中央机关报。这一阶段《人民日报》经历了从地方性报纸向全国性报纸的初步发展。

除了机关报外,这一时期全国共有17家工会报纸,约占全国报纸总数的7%,这类报纸的主要读者对象是工会干部和工人群众。[①] 其中1949年7月15日创刊于北京的《工人日报》是中华全国总工会的机关报。其主要内容是宣传组织全国财贸、农林、文教等各行

---

① 郭春领.建国初期政治传播探析[D].开封:河南大学,2011.

各业职工生活、先进生产经验和劳动模范事迹;这一时期共有23家农民报纸,约占全国报纸总数的9%,如《山西农民》《黑龙江农民报》等,这类报纸以广大农村干部群众为读者对象,宣传内容通俗生动,发行面广;这一时期共有17家青少年类报纸,约占全国报纸总数的7%,其中1951年4月27日创刊的《中国青年报》是中国新民主主义青年团中央机关报,后成为团中央的机关报,它以广大青年团员和青年团干为主要读者对象;这一时期民主党派民主人士主办的报纸共计15家,约占全国报纸总数的6%。其中最著名的是1949年6月16日创刊于北京的《光明日报》,《光明日报》以知识分子为主要读者对象,传播国内外重大新闻宣传报道,文教界统一战线方面的动态。除此之外,还创刊了少数民族文字报纸、人民军队报纸、专业报纸等,同时完成了对私营报业的改造,初步形成了中国共产党领导的新中国报业的新格局。

2. 社会主义建设全面展开及"文革"时期的报刊

1956年上半年,中共中央提出"百花齐放,百家争鸣"的方针,报纸上就开始注意"鸣放"。1956年7月,《人民日报》改版,着重从三个方面改进工作,其中一个方面就是要开展自由讨论,体现"双百方针"的精神。在开展"大鸣大放"方面表现较为突出的,还有《文汇报》和《光明日报》。其中,《文汇报》是中共上海市委领导下以知识分子为主要对象、以宣传文教方针政策为主的社会主义报纸,该报非常注意贯彻党的"双百方针",在这方面做了不少有益的工作。"大鸣大放"开展一段时间后,党中央开展"反右"运动。其中,《人民日报》对新闻界的反"右"派斗争起了重要的指导和推动作用。但是,反"右"派斗争的批判出现了一些偏差。"大跃进"时期新闻宣传对"大跃进"工作起到推波助澜的作用,在宣传生产建设成就、宣传推广先进经验、宣传政策理论等方面存在一定的片面性。之后的"文革"十年,新闻事业也遭受了挫折。

3. 改革开放初期的报业

中共十一届三中全会召开,实现了新中国成立以来具有深远意义的历史转折。此时,中国的报业也发生了巨大的改变。1978年5月11日,《光明日报》刊发特约评论员文章,题目是"实践是检验真理的唯一标准",该文是中国进入社会主义现代化建设时期思想解放的宣言。该文的发表引发了一场广泛的讨论,提高了广大新闻工作者的马克思主义理论水平,从而为新闻界自身的进一步拨乱反正做了理论上的准备。这场讨论在中国新闻史上留下了光辉的一页。

4. 20世纪80年代以后报业的发展变化

20世纪80年代后,随着改革开放和经济的发展,新闻界也迎来了巨大的变化。首先是报纸的种类和发行量都有了大幅的增加。据统计,自1980年1月1日至1985年3月1日,全国新创办报纸1008家,平均不到两天就有一家新的报纸创刊。1978年全国有邮发报纸253家,到1989年全国统一登记公开发行的报纸达到1618家,是1978年时的6.4倍。此外还有数以千计的内部刊号的报纸。其次,报业的采编队伍进一步壮大。到1989

年,中国已经拥有一支10万多人的报业队伍,比1983年增加了58%。此外,报纸呈现出多样化发展的趋势,报纸的品种日益增多。如党的机关报、专业性行业性报纸、对象性报纸、服务性报纸以及少数民族报刊和外文报刊。中国共产党机关报在中国报业结构中居于核心地位并发挥着主导作用。

20世纪90年代,随着市场经济的发展和受众对信息需求的提高,一大批市场化报纸迅速崛起,其以普通市民为主要的传播对象,强调新闻性,内容丰富,贴近生活,敢于进行舆论监督,中国报业的发展进入黄金时期,报纸的发行量和广告份额逐年攀升。进入21世纪后,网络媒体的发展给报业带来了巨大的冲击,尤其是随着移动社交媒体的发展,报纸的广告、发行双双下滑,报人离职、报纸停刊已经不是新闻。随着融合传播的加速,报纸开始了新的转身。

三、世界主要国家报纸的诞生与发展

西方报纸是资本主义商品经济的产物。资本主义时代是从16世纪开始的,其主要表现是社会规模扩大、社会变动加速、生产分工精细。此时,社会规模的扩大,打破了自给自足的自然经济,人们迫切需要大量的政治、军事、经济、文化等方面的信息。社会对信息量的需求在激增,需要信息的人在激增,资本主义商品经济不但使新闻事业的产生有了社会必要,而且为新闻事业的产生准备了全部物质手段。随着大工业生产的发展,各类学校大量地兴办起来,整个社会的文化水准在提高,为报纸创造了读者群。资产阶级还创建了大量巨大的城市,使城市人口比农村人口大大增加。这就便利了报刊的新闻采集和发行。最后,资本的原始积累在增加,资本的集中加速,使资本家有可能独资或合资办报刊,这也是资本主义国家报刊私有化的原因。

(一)美国报业的发展

1690年9月25日,本杰明·哈里斯在波士顿创办了《国内外公共事件》,该报是一份六寸宽九寸半长、四个版的报纸,有国外新闻,也有本地新闻,这是美国第一张报纸。1704年4月,约翰·坎贝尔创办了美国第一张连续发行的报纸——《波士顿新闻信》。1719年新任邮政局长威廉·布鲁克于12月21日创办另一份周报《波士顿公报》。1741年与《新英格兰周报》合并,这是美国新闻史上第一次报刊合并交易。1721年8月,詹姆斯·富兰克林创办了《新英格兰报》,该报与当时的官报迥然不同。

美国独立战争期间,北美报刊在这场战争的酝酿准备和进程中发挥了巨大的作用。1783年独立战争结束后,建立了共和政体的资产阶级政权。此后的半个多世纪里,新闻出版一直是党派间争夺权力的工具,大多数报刊都依附于党派,公开宣称自己所属的政党主张。[1]当时联邦派的主要报纸有:1784年4月15日汉密尔顿出资创办《美国公报》半

---

[1] 顾承卫,马均水.论媒介商业化与从业者的人格转型[J].西安电子科技大学学报,2007(2):121-129.

月刊,韦伯斯特的《智慧女神报》;1797 年 3 月 4 日威廉柯贝特在费城创办的《建筑公报》,以及亚历山大·汉密尔顿的《纽约晚邮报》。反联邦派的报刊有 1791 年 10 月 31 日创办的《国民公报》半月刊,贝奇和杜安创办的《曙光女神报》。

19 世纪初开始的工业革命,促使美国经济快速发展,印刷出版技术大为改良。此时廉价报刊超越政党报刊成为大众阅读的主体。本杰明·戴于 1833 年 9 月 3 日在纽约创办的《太阳报》是美国第一份成功的廉价报刊。该报坚持低价发行,并注意刊登趣味性的新闻吸引读者。该报主要靠报童在街头销售,成为美国资产阶级报业开拓史上的重要里程碑。1835 年 5 月 6 日,贝内特在纽约创办《先驱报》,该报确立了报纸以新闻报道为主的原则。报道面广、速度快,文字通俗易懂。其在新闻报道方面的做法,使其在美国著名廉价报纸中占有一席之地。1841 年 4 月 10 日,格里利创办了《论坛报》,该报确立了报纸理性原则,重视言论,大量刊登鼓吹社会改革的文章。1851 年 9 月 18 日雷蒙德创办了《纽约每日时报》(后改为《纽约时报》),该报创刊后新闻报道详尽准确、言论平和平稳。

19 世纪中叶开始,美国报刊的大众化趋势继续发展,报纸数量大量增加。1883 年,普利策买下纽约《世界报》,1895 年赫斯特来到纽约购得一份陷入困境的报纸,后更名为《纽约新闻报》,注重犯罪新闻、丑闻、灾祸报道和各种特写,在经营中发展起来的黄色新闻,引发全国报纸的效仿。

"二战"中,美国报业经历合并和兼并,早报和晚报由一家经营,报纸经营现代化,报纸数量减少,但是销量大幅增加。"二战"后,报纸的发行量持续上升,但日报的总数却在下降,报团在战后新一轮的竞争中间有的衰落,有的更迭,呈现出新的格局,此时,跨媒介与跨行业的垄断开始逐步发展起来。

20 世纪 90 年代初,美国有英文报刊 1626 种,日发行量超过 6300 万份,美国仍是世界报业最发达的国家。但是,从 20 世纪 90 年代中后期至今,由于电子媒体的冲击,美国报纸发行量大幅下降,报纸价格上涨,一些报纸经营惨淡,要么出卖,要么倒闭,大批职员被迫离职。21 世纪以来,美国报业为了冲出困境,进行多种探索,如开发电子网络报纸,改进广告,与受众建立良好关系等方法,但仍改变不了受网络媒体、社交媒体等新型媒体挤压的困境。也因此,美国报业都开始了融合传播的转向。

(二)英国报业的发展

早在 13 世纪,英国就有手抄新闻书。1621 年(一说 1622 年)8 月 13 日,出版商博恩和迈克尔创办了英国第一家定期刊物《每周新闻》。1641 年 11 月汤姆斯发行的《国会纪闻》是第一家专门报道国会新闻的周刊,打破了长期不许报道国内新闻的禁令。在克伦威尔独裁时期,只允许出版两种官方报纸——《政治信使报》和《公众情报者》。1644 年,约翰·弥尔顿(也译米尔顿)在不征求书刊检查机构同意的情况下,发表了著名的政论小册子——《论出版自由》。至今仍被西方称为关于出版自由思想的经典论著。

资产阶级革命后,英国确立君主立宪制,国会废除了压制出版业的出版法案,报业的发展活跃起来。1702 年英国第一家日报——《每日新闻》由马利特在伦敦创办,该报后与《自由英国人》《伦敦新闻》合并改名为《每日公报》,成为保守党的报纸,这也是世界上第一家政党日报。1785年1月1日,近现代史上有重要影响的《泰晤士报》创办,其创办者认为,报纸应该是时代的记录,因此应该尽量公正翔实。

1855年6月29日,《每日电讯报》创刊,该报力争质高价廉,是英国廉价报纸的先驱。1896年,北延在伦敦创办《每日邮报》,该报的成功标志着英国现代资产阶级报业的开端。两次世界大战期间,英国的报业竞争日趋激烈,整个报业因兼并而更加集中,此时由于《英国日报》星期日停止发行,星期报随之兴起,这也是英国报业的一大特色。

"二战"后,英国报业继续发展,1954年是英国日报销售数量最高的年份,每日销售2900万份,平均每1.28人拥有一张报纸。20世纪60年代中期开始,报纸销量下滑,种类减少,整个报业出现衰退和停止的局面,此时竞争改变了报团的分配格局,新闻国际公司、镜报报业公司和联合报业公司基本上控制着整个报业的局势。目前,英国影响比较大的报纸是《泰晤士报》《每日电讯报》《卫报》和《金融时报》。但是,它们同样受到电子媒体的冲击,生存发展面临考验。

(三)法国报业的发展

法国在资产阶级革命以前,长期实行中央集权统治。早期的报刊都要经过国王特许发行。1631年1月,旺多姆在法国巴黎出版了法国第一份周刊《普通新闻》,它仅仅生存了10个月。1631年5月《公报》诞生,创始人勒诺多被认为是"法国新闻之父"。1777年1月1日,法国历史上第一张日报《巴黎日报》诞生。

资产阶级革命是法国报刊史上的一个重要阶段,第一次确立了新闻自由的原则。据记载,1788年法国报刊约有60种,1789年有250种,整个革命时期出现过的报刊达到了1350种。其中1789年9月12日创办的《巴黎记者报》(后改名为《人民之友报》),发表了许多政论文章,宣扬暴力革命,谴责君主以及立宪派的妥协行为。《人民之友报》在马拉的主持下,成为法国资产阶级革命中办得最出色、影响最广泛的报纸,是革命民主派的喉舌。

法国大革命后,政党报刊长期居于统治地位,拿破仑执政时期只保留了四家官报,分别是《箴言报》《巴黎日报》《帝国日报》和《法兰西公报》。"七月王朝"时期,新闻出版的管制放宽,政党报刊增多。"七月革命"中,法国曾出现过廉价报刊,但都是昙花一现,最成功的廉价报刊是1836年7月1日由吉拉丹创刊的《新闻报》和同一天杜塔克创办的《世纪报》。吉拉丹不仅是法国廉价报纸的创始人,而且还是报纸企业化的先驱。法国廉价报纸在19世纪下半叶得到了发展,其中最有影响力的是法国巴黎的四大日报——《小报》《小巴黎人报》《晨报》和《日报》。

"二战"以后,法国报业恢复和发展。政党报刊明显衰落,商业性报刊成为报业的主体,地方报也迅速崛起。报纸不断进行集中兼并,并逐渐形成了垄断化格局。法国形成了埃尔桑报团、阿歇特报团、阿莫里报团、世界出版集团、巴亚德报团等。其中法国影响力最大的报纸是创刊于1944年12月18日的《世界报》,此外还有《法兰西晚报》《费加罗报》《国际先驱论坛报》和《回声报》等。

(四)德国报业的发展

德国是欧洲活字印刷的发源地,同时也是世界上最早出现真正报纸的国家。近代报刊产生的标志是定期刊物的出现,而世界上最早的定期刊物诞生于德国。1609 年德国境内出现两种周报——《通告》《报道》,这两份周报是德国最早的定期刊物。1615 年艾莫尔在法兰克福创办的《法兰克福报》,被视为世界上第一家真正的报纸,艾莫尔也被称为"德国报业之父"。1660 年德国出版的《莱比锡新闻》(最初为周报,1663 年改为日报)成为德国也是世界上第一家日报。

1798 年德国出现了一份有影响的商业性报纸《总汇报》,它被恩格斯称为德国的《泰晤士报》。1842 年,在莱茵地区创办的资产阶级民主派报纸《莱茵报》,是德国第一家具有广泛影响的资产阶级反对派报纸,恩格斯称它为德国现代期刊的先声。1848 年 6 月 1 日,为了继承《莱茵报》的革命传统,又表明两者之间的区别,马克思和恩格斯创办了《新莱茵报》,该报在无产阶级报刊史上写下了光辉的一页,它的报道思想、宣传特色和战斗传统是无产阶级新闻事业的宝贵精神财富。

"二战"以后,德国先后经历联邦德国的报业、民主德国的报业和统一后的德国报业。联邦德国时期有著名的《世界报》《法兰克福报》和《南德意志报》,民主德国时期,新闻业是在苏联的影响和扶持下发展起来的,此时他们在苏军的协助下创办了《柏林日报》,"两德"统一后,德国报业开始了私有化的进程。

第二节 报纸媒体传播特征

报纸作为最早的大众传播媒介,曾在传播史中扮演过重要的角色。但随着广播、电视和互联网的发展,报纸在与其他媒介竞争中开始有所衰落。了解报纸媒体的传播优势和劣势,有助于在融合传播中取长补短。

一、报纸媒体的传播优势

报纸作为人类历史上存在时间最长的媒介,21 世纪以来,其发展虽然受到一定的限制,但是相较于其他媒介类型,报纸依然有着自己独特的优势。

(一)保存性较好,史料价值较高

作为纸质媒介之一,报纸不易流逝,可以长久保存。作为读思之物,报纸也符合人们长久形成的阅读习惯,给人稳固可靠的呈现感觉,加之前期采访写作周期较长,白纸黑字,使其公信力较强。同时,长久保存的特点也使报纸的阅读率能随着时间的延伸而提高,且具有史料价值,因而也被誉为"历史的教科书"。

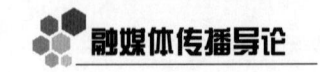

（二）深度信息较多，传播语境高

报纸是以文字为主的传播媒介。文字具有抽象性，属于"高语境"的传播，适合读者反复阅读和仔细回味，尤其在一些深度报道中的作用更为明显。所谓深度报道就是对新闻事件和社会现象作深入揭示与分析，并预测其发展方向的报道方式，包括述评性报道、分析报道和调查报道，其对事件的深度调查、解释和分析，能够将事件的前因后果、来龙去脉完整地呈现给读者。因此，深度报道也成为报刊应对广播、电视等媒介挑战的撒手锏。[①]

（三）传阅率较高，分享性较好

报纸是非线性传播的媒介，散页印刷的形式便于携带、折叠和传阅分享，受众可以根据自己的时间、地点和场景的不同，安排自己的阅读，既可以通过快速浏览标题熟悉内容，也可以对重要内容实施精读细读，同时还可以和其他人一起分享内容，具有较高的阅读自由。

二、报纸媒体的传播劣势

中国新闻出版研究院第十八次全国国民阅读调查显示，2020年中国成年国民的报纸阅读率为25.5%，较2019年的27.6%下降了2.1个百分点；而中国成年国民报纸的阅读率在2015年为45.7%，2016年阅读率为39.7%；同时，2020年中国成年国民的报纸阅读时长为5.71分钟，少于2019年的6.08分钟。[②] 总体来看，中国成年国民报纸的阅读率、阅读时间和阅读份数都在逐年降低。报纸的阅读量、订阅量也连年下降，这与报纸媒体自身传播的劣势密不可分。

（一）时效性差

传播技术进步的直接影响之一就是传播速度的加快。报纸的制作流程一般需要经过选题、采访、写稿、编辑、印刷、发行等多个环节。虽然这有助于保持报纸严谨的传播风格，但流程烦琐、环节过多的特点也使整个周期显得较长，传播速度较慢。这恰与当前信息时代快速传播的要求不相适应，传播时效性问题也因此成为报纸传播的最大劣势。

（二）现场感差

报纸是以文字、图片为主要传播符号的媒体。从前者看，字、词、句形成的文章本身是编码的结果，读者阅读需要经历信息解码和转码过程，这本身就是读者思维抽象化的结果。尽管文字报道可以通过叙述、描写、抒情、议论等手法强化报道的现场感和代入感，但总体而言，报纸无论是用文字报道还是用图片报道，都与声画并茂、有静有动、有光有影的

[①] 冯一粟.大众传媒导论：第2版[M].北京：科学出版社，2010：57.
[②] 第十八次全国国民阅读调查报告[EB/OL].（2021-04-24）[2022-06-28]. https://www.thepaper.cn/newsDetail_forward_12369739.

现代融合传播符号所呈现的内容的真实感、现场感和生动感无法相比。

（三）受众范围小

报纸属于文字传播，其受众的阅读受到文化水平的限制，尤其是深度报道和专业性报道，因此受众群体有限。同时，与新媒体相比，报纸原先便于携带的优势也被取代，其阅读场景有一定限制，很难作为最好的伴随性媒体。

第三节　报纸媒体的传播内容与版面编排

报纸媒体的传播效果不仅取决于它刊登的消息、通信等具体的新闻稿，而且在相当程度上也取决于它的版面编排形式。

一、报纸媒体的传播内容

一份报纸最重要的就是内容的构成。当前，报纸的主要内容构成有四类，即新闻、评论、副刊和广告，它们被誉为报纸的四大构成要件，报纸的传播内容是报纸核心竞争力和风格特色形成的基础。

（一）新闻报道

1. 消息

新闻是指对已经发生和正在发生的事实的报道。狭义的新闻指消息，广义的新闻不仅仅指消息，还包括通讯、特写、深度报道等。可见消息在新闻体裁中的重要性，它历来是新闻报道的主要形式，主要是指以简要的文字迅速报道新闻事实的一种体裁。消息一般包含动态消息和综合性新闻。动态新闻以迅速简洁报道新近发生的事件、反映事物发展过程中的新动态为基本特征。[①] 综合新闻是指对同类事物或者一个事物的多侧面进行的归纳综合报道，主要以反映新动态、新成就、新思想、新问题为主，在报道上要尽可能做到点面结合，既要有总体，又要有个性特点，避免泛泛而谈。

2. 通讯

通讯是指综合运用叙述、描写、抒情和议论等多种手法，较为详尽地报道具有新闻价值的人物、事件的一种新闻体裁。[②] 与消息相比，新闻通讯有其自身的特点，它以新闻性区别于文学作品，又以故事性、形象性区别于消息。[③] 按内容分可分为人物通讯、事件通讯、

---

① 刘海贵,尹德刚.新闻采访写作新编:第2版[M].上海:复旦大学出版社,1997:160.
② 梁山.电力新闻读本[M].北京:中国电力出版社,2007:94.
③ 吴汉江.报刊语言研究[M].广州:暨南大学出版社,2015:55.

风貌通讯、工作通讯、社会观察通讯;按形式可分为专访、新闻故事、集纳、巡礼、纪实、见闻、特写、速写、侧记、散记、采访札记等。

人物通讯是以人物的事实、言行、命运、思想为报道内容的通讯。这种通讯着重刻画人物的时代特征和精神风貌,往往通过描写、记叙等反映人物特点。如人民日报报道的人物通讯《一个人,一辈子,一道渠——贵州遵义老支书黄大发的无悔人生》就是一篇优秀的人物通讯。它报道了一个共产党人艰苦奋斗、不忘初心的故事。事件通讯就是较为详细地报道一些重大新闻事件。如解放军报刊发的长篇通讯《英雄屹立喀喇昆仑》,首次披露2020年6月中印边境对峙事件详细过程,使读者了解事件的真实经过。工作通讯主要是用通讯的方式分析工作中的经验、一些普遍存在的问题。风貌通讯主要用来反映风土人情和社会新貌。新闻故事则主要是以故事的形式反映新人新事,一般篇幅较小,主题内容集中,对故事情节刻画较为细腻,既有新闻性,又有故事性。

3. 新闻特写

特写又称特稿,通常是指报纸上篇幅较长的某类稿件,这类稿件没有正规的新闻导语,写的是有关某人、某机构的一桩新闻事件,或者某一政治事件、社会事件。[①] 特写原本是电影表现手法的一个术语,新闻界则借用了这一概念,主要是一种再现新闻事件、人物和场景的形象化报道,其以描绘为主要手法,富有文学表现力,具有较强的可读性,同时,它往往截取事件发生中的某个片段或者画面,给人以很强的镜头感。

当前,新闻特写主要包括人物特写、话题特写和事件特写三类。人物特写主要描述人物个体或者群体的人生经历、情感世界和身存状态,人物一般具有独特的人生经历和丰富的故事。话题类特写主要探讨社会上具有争议性的、可能影响读者生活的话题,这类话题主要是长时间存在而非突发性的问题。如互联网讨论比较热烈的三只松鼠广告模特"眯眯眼"辱华事件引发网友关注,虎嗅出品的《一夜之间,"眯眯眼"沦为全民公敌?》就是针对这类话题的一篇话题特写。事件特写是基于某一事件进行的报道,报道主要关注点是事件所反映的世间百态。

4. 深度报道

深度报道是指运用解释、分析、预测等方法,从历史渊源、因果关系、矛盾演变、影响作用、发展趋势等方面报道新闻的形式。[②] 对于深度报道,目前较为常见的分类方式有两种,一种认为深度报道是一种文体,其和消息、通讯、特写不一样;一种则认为深度报道是一种形式。

作为一种文体的深度报道主要包括调查性报道、解释性报道和预测性报道三种类型。调查性报道一般关乎公共利益,其不仅仅揭露社会阴暗面,还揭示社会复杂问题,因此比较容易引起读者的广泛关注。如由《经济参考报》刊发的调查性报道《青海"隐形首富":祁连山非法采煤获利百亿至今未停》就是一篇优秀的调查报道。解释性报道就是在报道新

---

① 詹姆斯·阿伦森.新闻采访和写作[M].北京:新华通讯社,1988:78-79.
② 甘惜分,钱辛波,等.新闻学大辞典[M].郑州:河南人民出版社,1993:153.

闻实践中补充新的事实,即历史性的、环境性的、简历性的、数据性的、反应性的,这样能使正在发生的新闻事件更加明白易懂。① 预测性报道是新闻记者根据现有事实,对某一事态的发展做出的推测和推断,主要是对前景的分析。随着大数据的挖掘和使用,预测性报道在未来有较大的空间。

作为一种形式的深度报道主要包含组合报道、连续报道、系列报道。组合报道就是将某个新闻事件的各个侧面的报道及素材组合在一起,从方方面面对新闻进行透视的一种报道方式。② 连续报道是对正在发生的读者普遍关注的新闻事件,在一段时间内进行持续不断的跟踪报道,力图完整反映事物的起因、经过和结果,就像电视连续剧一样,随着未知的时间发展,持续吸引读者关注。系列报道是指围绕同一主题所进行的多角度、多侧面的立体的连续报道,多个不同侧面集中在同一个主题下,比较系统全面地反映新闻事件。

(二) 新闻评论

新闻评论是新闻编辑或作者对最新发生的有价值的新闻事件和有普遍意义的紧迫问题发议论、讲道理,有鲜明针对性和引导性的一种体裁。主要有社论、评论员文章、时评、短评、编者按和述评等。

1. 社论

社论是报纸以本社名义发表的针对当前某一重大问题或者重大事件发表的权威性评论,代表的是编辑部的观点。政党机关报的社论则代表同级党委的意见。③ 社论的权威性既来自报社编辑部,也来自该报刊所从属的政党和政治团体的权威性。因此,社论处于新闻评论中"头部"位置,其具有鲜明的针对性、政策性和政治性,体现报刊的舆论导向和政党的政治立场,是其他评论文体不可替代的。

2. 评论员文章

评论员文章是在规格上和权威上仅次于社论的一种评论。评论员文章不同于个人署名的一般性评论,而是反映了编辑部的观点和倾向,和社论没有严格的界限,必要时可以升格为社论。评论员文章相比社论其选题更广、论述更为集中、表达更自由,风格也更为多样化,多数情况下是依托有关典型或配合重要报道结合形势任务而发,偏重论述局部性的重要事件和问题。

评论员文章主要包括本报评论员文章和本报特约评论员文章。本报评论员文章由本报评论员撰写或者以本报评论员名义发表,通常不署名或署笔名。特约评论员文章以"特约"表明评论者的身份,即社外人员就当前重大理论问题、思想问题、政策问题和重大改革举措发表独到见解,规格比本报评论员文章高一些,作者一般包括相关党政领导机构或理论学术机构的负责干部、专家。

---

① 张志安.深度报道理论、实践与案例[M].北京:高等教育出版社,2015:10.
② 于泳.组合报道:现代平面媒体深度报道的另一种尝试[J].新闻战线,2005(9):52-54.
③ 中国大百科全书编辑部.中国大百科全书:新闻出版[M].北京:中国大百科全书出版社,1990:232.

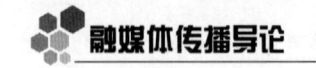

3. 时评

时评即时事评论。它是针对当前的热点现象和读者普遍关注关心的新闻事件，所发表的观点、见解和看法。时评作为新闻评论的一种形式，其特点就在于新闻性和时效性都比较强。同时，要求观点新、思想新、见解新，不能人云亦云。除了都市报上的时评外，党报也非常重视时评。如《人民日报》的时评一直被认为是"业界良心"，其有响亮的标题、犀利的观点、流畅的语言、清晰的论证，常常引发社会的关注和共鸣。

4. 短评

短评是指短小精悍的评论。短评要求快速反应、开门见山、简洁明了，且观点新颖、角度特别、语言掷地有声，能准确表达观点，迅速反映事件本质。短评没有特别的结构要求和语言方式限制，形式风格多样。当前短评主要有两种形式，一种是配合新闻报道一起刊发，对新闻报道的思想、观点表达编辑部意见和态度；另一种是针对社会上的某种现象和问题有针对性地发言。

5. 编者按

编者按是一种依附于新闻报道和其他文稿的简短编者评论，通过画龙点睛的评论、批注或者说明的文字，发挥说明提示、建议点题或者针砭时弊的作用。[①]

编者按一般分为说明性按语和评论性按语。说明性按语旨在说明有关情况，交代背景和事实，是一种铺垫或者总结，让读者可以更好地理解报道的选题和内容，在阅读内容时不至于太突兀。议论性按语主要用于揭示文章的中心思想，同时引申更深刻的意义。

6. 述评

述评是新闻评论中一种特殊的体裁，它是新闻与评论的结合。既要对新闻事实进行报道，也要对事实进行评论，通过夹叙夹议的方式实现述评融合。这就要求述评首先需要对新闻事实进行叙述，使读者了解新闻事实的前因后果和来龙去脉，同时也需要对所叙述的事实进行分析、议论，表明立场。述评虽然由叙述和评论组成，但是两者不是相互割裂的，同时两者的地位和作用不尽相同，"叙"是为"议"服务，是一个基础和铺垫，"议"才是"叙"的目的。

（三）副刊和广告

1. 副刊

副刊是报刊的重要构成要件之一。《中国大百科全书》认为副刊是报纸上刊登文艺性、知识性作品或理论性、学术性文章的固定版面，每天或定期出版，多数有刊名。虽然副刊并非报纸不可或缺的部分，但是副刊作为报纸的重要部分，其拥有自己独立的个性和价

---

① 廖艳君.新闻评论[M].北京：清华大学出版社，2010：123.

值,尤其在个性化报道、审美追求、人文关怀以及为读者提供服务方面有独特的优势。副刊不仅能够提供给读者新闻和评论之外的丰富内容,同时也增强了报刊的文化内涵、批判性、知识性、娱乐性和服务性的属性,丰富了报纸的整体内容和个性。[①] 报纸的副刊文体类别主要有三类:一是文学作品,如小说、杂文、随笔、散文、诗歌和书评等;二是艺术作品,如美术、书法、篆刻、漫画、摄影等艺术形式;三是文史知识和科普作品,如历史、科普知识、科普小品、图表等。无论何种形式的副刊,都希望能通过独特的视角,体现时代的特征、平衡读者的雅俗需求。

2. 广告

广告是报纸的主要收入来源,是整个报业经济的支柱。世界上第一个报纸广告诞生在1650年,可以说历史源远流长。报纸广告根据其在版面中的位置和面积,可以分为整版广告、半版广告、报眼广告、中缝广告等;根据广告内容,可以分为产品广告、品牌广告、公益广告等。在报业发展的黄金时期,报纸广告收入可谓"日进斗金",但随着新媒体的发展,报纸的广告受到巨大冲击。

二、报纸的版面编排

报纸的版面编排既属于新闻编辑学研究的内容,也是报纸编辑的实际工作之一。作为报纸生产的重要环节,报纸编辑在选稿的基础上,需要对整个报纸的不同版面进行合理布局和优化。

(一)版面

版面是读者阅读报纸的第一感知对象。报纸的排版、颜色、图片、线条等多重元素会让读者形成第一印象。通俗讲,版面就是各类稿件在报纸上编排布局的整体产物,是各类稿件内容的整体表现形式,是读者第一接触的对象。[②] 版面在报纸中不仅具有引导与方便读者阅读的导读作用,而且也有表达立场、观点和情感的导向功能,同时也是报纸展现自身个性,区别于其他报刊的重要标志。

(二)版面术语

1. 开张

报纸的面积主要用开张来表示。开张就是以整张新闻纸裁成若干等份数目为标准来表示报纸面积的大小。目前,中国的报纸主要分为两种,即对开大报和四开小报。对开报纸的面积是整张印刷纸的一半,其尺寸为39cm×55cm,如《人民日报》。另一类就是四开小报,报纸的面积是整张印刷纸的四分之一,其尺寸为39cm×27.5cm,如《大河报》。

---

① 魏剑美.报纸副刊学[M].长沙:湖南师范大学出版社,2007:95.
② 蔡雯.新闻编辑学:第2版[M].北京:中国人民大学出版社,2010:342.

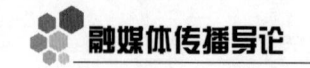

2. 版次

报纸的版次又叫版序，主要用来指报纸版面的先后顺序。一般报纸少则四个版面，多则上百个版面。按照先后顺序给报纸版面排出一个次序叫作自然版序。当前，报纸的版序排版分为自然版序和人为版序。自然版序是每一张报纸独立排序，另一种情况是按照我们习惯阅读书籍的翻阅顺序为报纸安排版序。人为版序调整主要是为了适应厚报时代，根据内容分割而进行的调整。

3. 报头

报头就是报纸第一版刊登报刊名称的地方，主要是用来刊登报名和附加信息，就像每个人的姓名，这也是报刊之间最重要的区别。目前报纸的报名主要有三种。一种是居于报纸上偏左位置横排，一种是居于上偏左位置竖排，还有一种是报头放在上端正中。报头除了报名外，一般还有出版单位、出版时间、总期数、邮发代号等信息。报头的形象设计和位置基本是固定不变的。

4. 报眼

报眼又称报耳，一般是在横排报纸报头旁边的版面。报眼位置不大，但是因其和报头位置平行，所以非常显眼。一般报眼有三种安排。一是用来安排当天非常重要但是字数又不太多的新闻，以时政新闻居多；二是安排当天报纸的内容提要或者导读；三是作为广告位出售。有时报眼不单独使用，和下面的版面打通使用。

5. 通版

报纸上相邻的两个版面打通，联通中缝形成一个统一的版面叫作通版。一般做通版处理的有两种情况，一种是用于报道重大事件，一种是安排一些重要的形象宣传。因为通版版面开阔，可以比较灵活的安排图片、文字和装饰，使整个版面看上去大气庄重。但是一份报纸一期的通版不宜过多，过度使用会降低通版整体的传播效果。

（三）版面语言

版面语言是编辑综合运用版面元素和编排手段，表达情感以及对新闻意义评价的一种特有的表达方式。版面语言是报纸版面表意、传情和叙事的符号。[①] 报纸版面功能的发挥和版面的设计编排，主要通过对版面语言的运用。版面语言的运用主要包括版面空间、编排元素和布局安排来体现。

1. 版面空间

版面空间主要指一个版面所提供的、用来表现编排思想和内容的空间。其中第一个重要的因素就是区域。主要包含前面刚刚提到的版次和区序。一般版次越靠前，传播内

[①] 裴永刚，罗小萍.现代新闻编辑教程[M].北京：法律出版社，2015：245.

容的重要程度就越高,区序主要是依据人的阅读习惯来定,在横排的报纸上,阅读习惯是从上到下、从左到右,所以,报纸编排中上区的重要性大于下区,左区的重要性大于右区。其次,面积也是版面空间中的一个重要元素,同一位置,面积越大的图片和文字就越能够吸引读者的注意,其稿件的新闻价值和重要程度就越高。此外在安排稿件的时候,稿件之间的距离以及稿件在版面上的形状也可以形成内在的关系。把相关联的稿件安排在一起,和其他稿件之间形成一定的距离,就可以在整体上形成自然分割的效果,同时视觉上也容易将形状相同的东西看作一组。

2. 编排元素

编排元素主要是指安排版面所需要的各种手段,主要包含字符、图像、线条、色彩元素。在报纸的日常编排中,不同的字符可以起到不同的视觉提示效果,从而形成不同的风格,是编排思想的重要手段。字符主要包括字体和字号两个方面。字体主要体现在字的长短、圆扁、粗细等形状上,字号主要是指字的大小。标题字号越大,在版面中就越突出。图像也是报纸编排元素中的重要手段,图像在报纸中非常形象直观,相较于文字,更能给读者视觉刺激。线条也是报纸中一种重要的编排手段,一般分为水线和花纹线两类,线条主要用于突出报纸的某些内容,引起读者注意。此外,在报纸的编排中,色彩也是一种重要的表情达意的元素,主要由色相、明度和彩度三个元素组成。不同色彩的运用会对读者的心理产生不同的效果。

3. 布局安排

版面的布局主要是指版面各组成部分以及各部分内部相互联系的表现形式,是版面语言的基本形式。布局主要包括两个方面,一方面是稿件的布局,另一方面是标题和正文的布局。稿件的布局主要是指基础稿件在版面中的形状和接壤。稿件之间的接壤可以分为排列和穿插两种,排列可以使稿件整齐排列在版面,穿插可以使稿件多边相互交错结合在一起。在具体实践中,一般根据版面需要灵活安排。此外,标题和正文的关系也会影响报纸的排版效果。标题和正文的布局结构主要包括排文的基本形式、标题与正文的长度关系、标题自身的排列样式和标题与正文的位置关系。这些元素的恰当安排,不仅能提高版面编排效率,也有助于形成统一的版面风格。

第四节 报纸媒体的受众分析和传播效果

大众传播学中的受众是指不同媒体的信息接收者,如报纸的读者、广播的听众、电影电视的观众、网络的网民。尽管目前受众已经不是单纯的信息接收者,但正如本书第一章所言,它依然作为约定俗成的一个概念,"我们仍然找不出其他替代性的词汇,而可能会继续使用'受众'一词来涵盖不同的情况"[①]。

---

① 丹尼斯·麦奎尔.大众传播理论:第5版[M].崔保国,李琨,译.北京:清华大学出版社,2010:367.

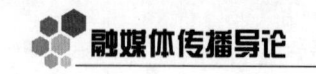

一、报纸媒体的受众分析

读者是报纸媒体的信息接收者。报纸的受众虽有某些与其他媒体受众相似的特点,但由于报纸是以文字、图片为传播符号,加之是以单向传播为主的媒体,因此,报纸受众还具有自身独有的特点。

(一)报纸媒体的受众特点

1. 广泛性

受众的广泛性是指信息的接收者其组合和地域分布上具有广泛性,因为报纸是面向全社会不特定大众公开发行的,即所有的社会成员都是报纸现实或潜在的受众群,无论种族、性别、年龄、职业,这时他们都只有一个共同的身份——报纸读者。[①] 因此这个群体具有广泛性。

2. 混杂性

在报纸的受众中,虽然他们同为报纸读者或者某一家报纸的受众,但他们彼此之间却又同时存在着许多明显的个体差异,如身份地位的悬殊、贫富的差别、文化教育程度的高低、价值观念的不同等,可谓千差万别,这也使报纸的读者具有很大的混杂性。

3. 匿名性

在报纸进行信息传播的过程中,尽管分散的受众成员有时也采用各种形式直接、间接参与媒体进行互动,譬如读者来信、来电反映意见和要求,如邀请受众参与活动等,但总体上,受众对于报纸来说是不见面的,是一种笼统的、隐蔽的存在,因此具有匿名性。

(二)报纸的几种受众观

媒介受众观不但决定媒介和受众的关系,而且影响了媒介的编辑方针、内容特点、风格定位、运作模式和操作方法,决定了媒介的发展方向和在社会中扮演的角色。[②] 因此不同时期报纸的受众观呈现出不同的差异。

1. 受众是学生

这种观点认为受众是受教育对象,媒介肩负教导受众的责任,传递知识,灌输先进思想。媒介和受众定位是教育者和被教育者的关系。如在我国清末民初,一批维新派的知识分子纷纷创办报刊,如梁启超在谈到创办报刊的宗旨时就提到了"开民智、造新民",认为报纸要介绍西方学说,政治、经济、军事、法律、哲学、宗教无所不包,反对旧的传统道德,

---

① 李建新.媒体伐谋:由战略策划、决策到实施[D].上海:复旦大学,2005.
② 林晖.受众·公民·消费者[J].新闻大学,2001(1):5-8.

改变中国思想界的闭塞状态,打开受传统观念束缚的知识分子的眼界,启发他们民主革命的觉悟。这在当时有进步意义,但是新闻媒介最重要的功能是传递信息、沟通情况,教育功能属于附属功能,在特定时期才有用。

2. 受众是"靶子"

这是"魔弹论"视野下的受众观念。这种观念认为媒介是指导员,媒介传递的内容是指示、命令,受众就是"靶子",毫无抵抗能力的,只要传播者射出了"子弹",受众就会被动地接收信息,信息从传播者流向受众,整个过程不可逆。面对组织化的传媒和有目标的传播,其传播的信息就像"子弹"打在受众身上,可以直接快速地反应,左右受众的态度和意见并支配受众的行动,受众显得孤立无援和被动。这种受众观强调了媒体的巨大作用,这一观念不仅和第一次世界大战中对宣传史和宣传技巧的研究有关,也和本能心理学盛行和社会学理论有密切关系,但是,这一观念过分夸大了传媒的作用,忽视了传播的其他影响因素和受众的能动性。

3. 受众是消费者

受众是消费者的观点主要伴随着媒介内容商品化而来。这也是商业性媒介最容易接受和信奉的媒介观。内容商品化主要涉及媒介的信息是如何被转化为可以在市场上销售的产品。传播政治经济学学者文森特·莫斯可认为商品化就是把使用价值转化为交换价值的过程。即决定产品价值的标准由满足个人和社会需要的能力转变为产品能够通过市场带来些什么的过程。[1] 随着传媒的发展,媒介逐渐形成了专业化、组织化的运作模式,源源不断地生产新闻产品。而在激烈的传媒市场化过程中,受众更倾向于购买影响力大、专业水准高、有独家新闻的媒介产品。作为消费者的受众有很大的自主权,对媒介的发展和定位有重要的影响,在相当程度上决定着新闻媒介内容的取舍、新闻媒介的风格定位、新闻媒介变革的方向和进程。从这个意义讲,受众是传媒的财富之源、权力之源。

4. 受众是商品

受众商品化理论最早由传播政治经济学学者斯麦兹于1977年发表在《传播:西方马克思主义的盲点》上,他认为媒介传输给受众的信息、娱乐、教育性的素材,其本质都是刺激物(或"免费午餐"),其目的是获取潜在的受众成员,并维持其忠诚的关注度。因此,广告商支持的传播产业大规模生产的商品,其商品形式就是受众。[2] 受众作为商品,其在市场上被生产者(媒介)和购买者(广告商)进行交易,此时受众商品具有的规格就是"人口统计学特征",包括年龄、性别、收入、家庭构成、居住地等特征,受众在观看广告的过程中,其已被标好价码。在这个过程中实现了受众的商品化。"受众"观看广告的过程即是商业产

---

[1] 文森特·莫斯可.传播政治经济学[M].胡正荣,等译.北京:华夏出版社,2000:140.
[2] SMYTHE D W.Communications:Blindspot of Western Marxism[J].Canadian journal of political and social theory,1977,3(3).

品的推销过程,这一过程促进了商品流通过程中分配与消费这两个环节的缝合。[①] 受众商品化的过程,把媒介、受众和广告商联结在一种有约束力的三位一体的相互关系之中。大众传媒的节目用来构建受众,广告商为了取得受众而付钱给媒介,受众于是被交给广告商。[②] 商品化的过程使媒介产业彻底纳入整个经济体系中。这种受众观是一种异化的受众观。

5. 受众是公民

把受众看成公民,以维护公民权作为媒介责任和运营基础,这是现代民主政治和市场经济内在运作机制在媒介观上的反映。作为公民的受众,其权利更加受人关注。受众权利集中体现在受众的知情权、表达权和舆论监督权上。[③] 受众的知情权就是受众享有通过新闻媒介了解政府及其社会公共事务情况的权利。知情既是受众的正当欲望和需求,也是受众作为公民应当享有的权利。而媒体满足受众的知情权是媒体的义务。受众的表达权是指作为公民受众有通过媒介表达自己意见和权利的自由。表达权也是宪法赋予的公民的基本权利之一。受众作为公民的舆论监督主要包括两个层面,一个是受众通过媒体监督公权力部门及其活动,一个是监督新闻媒介本身。

(三)受众分类、接触行为及评价

受众依据不同的标准有不同的分类方法,不同受众也有不同的媒介接触行为。

1. 读者的分类

报纸读者按照不同的划分类别,可以进行不同的分类。如按照人口统计学进行分类,可以根据性别、年龄、职业、地域、教育水平等划分成不同的次属群体。按照接触新闻媒介的频率可以分为稳定受众和不稳定受众。稳定受众就是比较习惯地、固定地接触和使用一定媒介的受众;不稳定受众是指没有固定习惯偶尔接触媒介的受众。按照不同信息需求可分为一般受众和特殊受众。一般受众是指剔除年龄、性别、教育程度、职业、地域等方面的特性差异和相应兴趣区别,对于新闻媒介的各种传播内容抱有一致的共同需求的受众。他们兴趣广泛,信息需求旺盛,但目的不很明确,信息需求的指向性比较模糊;特殊受众是基于年龄、性别、职业等方面的差异形成不同的兴趣,对某类或某几类信息产生兴趣和相应信息需求。他们兴趣需求较专一,媒介的接触目的明确,信息需求指向鲜明。按照接触媒介的确定性可分为现实受众和潜在受众。现实受众是指已经确实接触、使用新闻媒介的受众。潜在受众是指具备正常的媒介接触能力,但还没有接触、使用媒介的受众。按照新闻媒介明确的传播对象可分为核心受众和边缘受众。核心受众是指媒体的栏目设置、传播内容和个性风格是针对并满足某些相对比较固定、明确的传播对象,这部分即媒体和媒体特定栏目的核心受众。核心受众的兴趣爱好、信息需求反过来强化媒体的传播

[①] 吴鼎铭,石义彬.社交媒体"Feed广告"与网络受众的四重商品化[J].现代传播,2015(6):106-109.
[②] 文森特·莫斯可.传播政治经济学[M].胡正荣,等译.北京:华夏出版社,2000:144.
[③] 周爱群,胡翼青.受众研究的理论与实践[M].南京:江苏人民出版社,2005:16.

个性。边缘受众是指不是媒体及其栏目确定的传播对象,但由于种种特殊原因,也可能对这类传播内容抱有一定兴趣的受众。

2. 读者的接触行为

报纸的阅读指标是评价读者接触行为的重要参考。报纸的接触指标主要包括报纸的接触频率、接触时间的长度、接触时间的分布、接触报纸的途径。读者报刊的实际接触频次是反映读者黏性的重要指标,一般用读者在一定时期内接触报刊的次数除以读者在同期内接触报刊的总次数。一般用读者每日阅读各种报刊的总时间除以一天24小时来计算读者实际接触报刊的日平均时长。读者实际接触报刊月平均次数是指读者在一个月之内接触报刊的总次数除以30天,反映出来的就是读者实际接触报刊的月平均数。读者报纸的接触时间分布和接触报纸的途径则需要进行问卷调查后进行统计分析。

3. 读者的评价

读者的评价指标主要指读者对某一份报纸的满意度、喜爱度、忠诚度和期待度。这其中主要包含了报纸本身的知名度和报刊的美誉度。其中报刊知名度包含提及率和知名度,譬如《人民日报》《南方周末》《南方都市报》就属于提及率和知名度较高的报纸。提及率比较高的报刊其品牌知名度也越高。读者对报刊的美誉度主要包含读者的喜爱率、认同度和提及率。譬如在中国市场化媒体最繁荣的阶段,《南方周末》在读者中具有较高的美誉度,其作为真相的记录者、权力的监督者、公民权利的启蒙者受到一批知识分子读者的热烈欢迎和追捧。

二、报纸媒体的传播效果

传播效果是指带有说服动机的传播行为在受传者身上引起的心理、态度和行为的变化。是传播活动尤其是大众传播媒介的活动对受传者和社会所产生的一切影响和结果的总体。[1] 它主要包括新闻传播的范围是不是广泛,新闻有没有引起接受者的注意,新闻是否改变和强化了接受者的意见以及新闻是否引发了接受者的行为。

(一)报纸传播效果的类型

1. 短期和长期传播效果

短期效果和长期效果的主要区分在于,短期效果主要体现在媒介新闻报道对个体的影响,即媒介中的信息传播对个体所产生的认知、态度和行为上的一些变化。如媒体报道一则少年长时间上网导致眼睛失明的新闻就会对正在使用电子产品的受众产生警示的作用,从而引发其对自身行为的矫正。长期效果主要是指整个媒介的信息传播对社会产生

---

[1] 曾枫.信息公开背景下政府新闻发言人媒介素养研究[D].重庆:西南政法大学,2013.

的影响,如媒体先后报道电子产品对青少年身心发展产生负面影响的各类新闻,就会引发社会的广泛关注,推动相关立法和利益相关者对自身产品进行调整。

2. 预期与非预期传播效果

预期效果就是信息的传播实现了传播者原本期望的目标。非预期效果就是信息的传播未达到传播者原本主张的意图,甚至起到相反的效果。如一些典型人物报道中出现的"用力过猛""翻车"等就是因为呈现的人物形象过于完美、不太真实或者故意拔高而引发受众反感,没有达到典型人物对社会的示范作用,因此报道也没有实现预期的传播效果。

3. 正效果与负效果

当报纸传播的效果对社会和受众有益,受众正确理解了新闻报道的内容,产生了积极的效果,就被称为正效果。这主要表现在新闻报道能够引导受众积极认识事物、能够提高公众的文化水准、能够对相关部门的工作产生推动作用。新闻传播的负效果是指新闻报道给受众和社会带来了消极影响,引发大众不满或者新闻报道与报道者的动机相悖,产生不良影响。这主要表现在新闻报道中虚假报道以及一些暴力、凶杀、贩毒、黄色新闻等内容给受众带来的心理和行为上的消极影响,也包含大量负面报道对受众心理的安全感造成的冲击。

(二)报纸的传播效果的影响要素

报纸的传播效果并不是单一因素在起作用,而是多重因素共同作用下形成的整体的效果。

1. 传播者与传播效果

传播者是信息的来源。传播者自身的特点和外在因素从一开始就以显性或者隐性的形式影响着传播效果,尤其是传播者的权威性和可信赖性。传播者的权威性主要体现在传播者对专业问题和特定问题的发声资格上,如针对新冠疫情防控的救治措施,医疗专家因其专业权威性,比文化学者更有发声资格,新闻报道的可信度更高,效果就更好。可信赖程度主要体现在传播者的个人威望和信息真实性上,如一些娱乐记者经常炒作传播假新闻和假消息,这会降低其作为信源的可信度,从而影响传播效果。对于媒介而言,在进行信息传播时要选择专业权威性强和可信赖度高的信源,从而树立良好的媒介形象。

2. 传播内容与传播效果

传播内容是传播效果影响因素中最为显著的一个。传播内容的影响主要体现在传播者如何呈现内容,即如何对传播内容进行编码和解码上。其包含了内容和方法两个维度的考量。在传播内容上,报纸要充分发挥自己的媒介优势,树立权威性和精品化目标,新闻从业人员应确实扎根一线基层,贴近受众,写出有血有肉和具有鲜活细节的作品,同时要不断创新优化报道形式和报道手段,用受众能够接受和喜好的方式进行传播和互动,唯有这样,媒介的新闻报道才会有好的传播效果。

3. 传播对象与传播效果

传播对象即为受众。受众自身的特性会成为影响甚至制约传播效果的关键性因素之一。如受众的智力因素、价值观念、政治立场和个性特征等都会影响传播效果的实现。如果媒介传播的内容超出了特定年龄段的心理和智力的发育特点,就会产生艰涩难懂的认知障碍,直接影响传播效果;媒介传播的价值观和传播对象所持有的价值观念相左,受众会产生抵触情绪;国际传播中因受众持有的政治立场不同,传播效果也会有很大的差异。此外,受众个人的文化程度、喜好、成长背景等都会对相同的传播内容产生不同的认知,从而影响传播效果。

(三) 报纸传播效果的主要理论

报纸传播理论主要包括受众的欣慰心理理论和报纸的内容选择方面的理论。

1. 使用与满足理论

使用与满足理论起源于20世纪40年代,这种理论把受众看成是有着特定"需求"的个人,把他们的媒介接触活动看作是基于特定的需求动机来使用"媒介",从而使这些需求得到满足的过程。[1] 报纸受众大多基于自身需求,或是为了获取外界的消息,或是将读报纸作为放松休闲的手段,并根据已有的媒介印象选择感兴趣的报纸进行阅读,无论一次的阅读行为是否满足其原有的目的,其都会对媒介产生一个评估和认知,进而影响下一次的选择。但是该理论过于强调受众自身的心理因素,忽略了媒介的传播内容和传播方法所起的作用。

2. 受众参与理论

受众参与理论是在20世纪70年代以后产生的,是随着社会信息化的发展和媒介集中垄断程度达到新的高度,在美国和欧洲、日本等一些发达国家和地区出现的一种新的媒介规范理论。[2] 其产生的背景,首先在于社会信息化的发展,信息在社会政治、经济、文化生活中的作用越来越重要,并与每个社会成员发生越来越直接的联系。其次,在资本主义私人占有制下,媒介垄断使传播资源越来越集中于少数人之手,虽然普通民众使用的媒介种类越来越多,但媒介可用资源反而越来越少,受众参与理论就是在这种矛盾状态下出现的。受众参与论的主要观点认为,媒体是公众的讲坛而不是少数人的传声筒;受众主动参与媒介的欲望在增强;受众参与传播能更好地接受传播的影响,受众的媒介参与行为是受

---

[1] 郭庆光.传播学教程[M].北京:中国人民大学出版社,1999:180.
[2] 刘伯高.政府公共舆论管理研究:构建和谐社会目标下政府公共舆论引导方式转换[D].苏州:苏州大学,2007.

众表达权、反论权的具体表现。

3. 受众选择理论

受众选择理论主要包括选择性注意、选择性理解、选择性记忆。注意是心理活动对一定对象的指向和集中。选择性注意指的是，面对外界诸多刺激或者信息时，仅仅注意到某方面却忽略了其他方面的一种行为。选择性理解是指不同受众基于自身需求、态度和情绪，对同一信息在编码解码的过程中作出不同的解释和理解。选择性记忆是指受众在接收信息时选择对自己有利的、愿意记忆的信息，而忽略掉其他信息的行为。

4. 议程设置理论

议程设置功能作为一种理论假说，最早见于美国传播学家迈库姆斯与肖发表的一篇论文。这一研究表明，大众对当前重要问题的判断与媒介的报道存在着高度的对应关系。大众传媒作为"大事"加以报道的问题，同样也作为大事反映在公众的意识当中，传媒给予的报道越多，报道的位置越显著，公众对该问题的关注度就越高，重视程度也越高。因此，作为大众传媒的报纸具有一种为公众设置议事日程的功能，其新闻报道和信息传递活动以赋予各种议题不同程度显著性的方式，影响着人们对周围世界大事及其重要性的判断。

融媒体传播案例

2019 对话 1949：时代变了 初心未变

2019 年，华龙网-新重庆客户端推出的融媒体作品《2019 对话 1949：时代变了 初心未变》以 H5＋短视频的表现方式，创新使用双屏互动等新媒体技术，紧扣新中国成立 70 周年主题，从 70 年这一特殊时间节点切入，结合"不忘初心、牢记使命"的主题教育，通过现代人与革命志士"隔空对话"，创造了三个沉浸式体验场景。作品获第 30 届中国新闻奖融合创新类一等奖。

作品借助双屏互动、人像合成等技术，实现与用户的交流和互动，通过"平行世界""隔空对话"的沉浸式体验，让当下的小学生、职场女性、大学应届毕业生，分别与革命志士"相遇"于渣滓洞、白公馆，进行隔空对话，交流时代的发展，进而构建起三个不同的完整故事场景，改变了传统叙事"讲故事—听故事"的单一模式，让受众得以在两个平行世界中穿梭体验，感怀时代之变，感悟不变初心。

作品在场景设计上采用漫画与实景相结合的形式，开篇将精心收集的 100 余张老照片进行图形化处理，结合 H5"滑动视觉差"的效果，通过"实景长图"进行展现。同时，充分发挥了融媒体产品"内容为核""技术制胜""互动创新"的优势，采用"单双机互动"方式，同步制作推出两个版本。观看时可选择单人模式，也可邀请其他人双机同步体验，兼具社交属性。单机模式中，不同时代的两位主人公同时出现在同一移动终端的左右两屏画面；双机模式中,两位主人公则可以在两个终端屏幕中互相穿越,分屏互动,从而将游戏中常见的双人分屏合作模式带入主题报道,大大增强了内容的互动性以及内容产品本身的社交属性。

作品设计页面庄重大方,综合运用了手绘动画、视频和拼图的多媒体表现形式,实现了新闻作品从可读到可视、从静态到动态、从一维到多维的升级,满足观众深度体验的需求,加上"双屏"技术的呈现方式,让人耳目一新。而新闻与社交的有机结合,也实现了更大范围的传播,拓展了新闻的互动性。

2019年11月29日,在长沙举办的2019中国新媒体大会上,中国记协新媒体专委会发布《庆祝新中国成立70周年融合报道十大创新案例》,该作品从全国各地推荐的近百件作品中脱颖而出,高票入选,排在地方媒体首位。事实证明,移动互联时代的新闻传播,除了满足用户的信息需求、观点需求、情感需求外,也应充分考虑用户的参与互动,只有这样才能提高传播的到达率和有效性,才能赢得用户特别是年轻用户的认可。[1]

本章思考题

1. 中国近代报刊是在什么历史背景下诞生的?
2. 日本报业发达的原因有哪些?
3. 美国报纸转型有哪些成功经验?
4. 报纸的传播有什么优势和劣势?
5. 报纸评论有什么功能?
6. 为什么说报纸的版面"会说话"?
7. 互联网时代如何提升报纸的影响力?

阅读参考书目

1. 菲利普·迈耶.正在消失的报纸:如何拯救信息时代的新闻业[M].张卫平,译.北京:新华出版社,2007.
2. 方汉奇.中国新闻传播史:第3版[M].北京:中国人民大学出版社,2002.
3. 刘建明.当代新闻学原理[M].北京:清华大学出版社,2003.
4. 刘行芳,刘修兵.西方新闻理论概论[M].武汉:武汉大学出版社,2011.
5. 邵培仁,海阔.大众传播媒介[M].北京:高等教育出版社,2012.
6. 张志安.深度报道理论、实践与案例[M].北京:高等教育出版社,2015.
7. 吴汉江.报刊语言研究[M].广州:暨南大学出版社,2015.
8. 蔡雯.新闻编辑学:第3版[M].北京:中国人民大学出版社,2010.
9. 窦丰昌.媒变:中国报纸全媒体新闻生产[M].广州:中山大学出版社,2016.

---

[1] 刘颜,胡姮.主流媒体提升报道影响力的路径与思考:以融媒体作品《2019对话1949:时代变了 初心未变》为例[J].新闻与写作,2020(11):100.

第七章 广播媒体传播

教学目的与要求

通过本章学习,了解广播的定义和新时代的广播事业;懂得广播媒体的传播特征;掌握广播媒体在传播活动中的传播规律,广播受众的类型、特点和需求,广播媒体受众心理分析与广播媒体受众调查;了解广播媒体的传播效果。

传播技术的创新,推动着传播方式的变革。印刷术的发明与应用,促进了报纸的发展,引发大众传播的第一次革命。19世纪末20世纪初,无线电技术的发展促进了广播的诞生。

第一节 广播媒体概述

随着无线广播的发展,广播成为社会公众实际生活中不可缺少的传播媒介。20世纪中期,广播已经与广大受众须臾不可分离。凭借传播的便捷性和声音的感染力,获得了社会公众的喜爱。按照节目内容的标准,国内通行的"四分法"将广播电视节目分为:新闻性节目;教育性节目;文艺性节目;服务性节目。① 其中,新闻性节目以消息为主,特点是快、实、短、活,主要功能是宣传政策、传播信息、引导舆论、传播知识;教育性节目以传播政治、思想、伦理和科学为主,以推动精神文明建设为目的。集政治思想教育、文化知识教育、科学技术教育、职业技能教育于一身。服务类节目则实用性强,能直接帮助受众解决思想、工作、生活中遇到的实际问题。文艺类节目是文艺与广播相结合的产物,用广播方式播送和传输文化艺术,使受众达到审美与娱乐目的,其具有包容性、群众性、渗透性等特点。②

一、广播的定义

形式逻辑把定义规定为:被定义概念=属+种差。

---

① 金戈.试论广播电视节目分类[J].中国广播电视学刊,1988(3):25-31.
② 陆晔,赵民.当代广播电视概论[M].上海:复旦大学出版社,2002:144-146.

人类传播有自身传播、人际传播和大众传播之分，广播具有大众传播的基本属性，与报纸、刊物、书籍、图片、电影、电视等均属大众传播媒介。广播与上述其他大众传媒相比，区别在于传播符号不同、传播形式不同、传播手段不同。① 另外，广播与电视虽然同属电子媒介，以电子技术为手段，以时间顺序传播的节目形式出现。但是，两者也有区别，电视是以声音和活动着的图像为信息符号，广播仅仅传播声音符号。所以，"声音节目"是广播与其他媒介的种差。②

认识了广播的"属"和"种差"，明确了广播的本质属性，可以将广播定义为：利用电子技术，通过无线电波或导线传送声音节目的大众传播媒介。广播包括三个要素：声音、电波和收发装置。③ 电波（或导线）是广播传播的手段，声音是广播电台与受众之间实行交流的媒介，收发装置就是发射机和接收机（收音机）。广播电台是通过发射装置发射无线电波传送声音节目供受众收听实现其传播目的的。④

二、新时代的广播事业

广播自20世纪20年代初跻身于新闻传播领域，至今已有百年的历史。广播的发展历史经历了创办、发展、繁荣三个发展阶段。由于主客观众多因素，与历史上最好时期相比，广播处于低迷状态。特别是新媒体的产生和发展，使得广播媒体受到极大冲击。新媒体是与传统媒体相对的概念，是指建立在数字技术、互联网技术、移动通信技术上的媒介形态。与报纸、广播、电视、杂志等传统媒体相比，新媒体具有明显的特点和优势。⑤

近年来，中国新媒体发展进一步呈现移动化、融合化和社会化加速的态势。微传播成为主流传播方式，传统媒体和新兴媒体正在加速融合，新媒体的社会化属性增强。在顶层设计的强化下，中国融媒体传播在社会发展中的战略地位进一步凸显。

当前，传统广播积极适应时代发展，发挥自身长处，在一定的传播领域仍然具有比较优势。如交通广播异军突起，音乐广播受到好评，网络广播开辟蓝海。广播厚

图7-1 现代广播直播室

实的物质条件和范围广泛的受众基础，使广播仍具有旺盛的生命力，只要广播媒体不断探索新的传播模式，革新旧的传播观念，以一种新的面貌融入现代融媒体传播中，就能重新焕发生命力。

---

① 杨娜,刘颖.浅析新闻广播的方式和特点[J].新闻天地(下半月刊),2011(2):69-70.
② 王珏.新闻广播电视概论[M].北京:北京广播学院出版社,1996:129-143.
③ 秦学伟.广播传播伴随性规律初探[J].剑南文学:经典教苑,2010(10):237-238.
④ 胡云杰,洪燕.广播模型的构建与分析[J].中国广播,2019(9):39-44.
⑤ 何晶.新媒体时代的应急响应模式变革[J].中国行政管理,2012(4):20-24.

(一) 交通广播异军突起

1991年9月30日,上海人民广播电台交通信息台开播,标志着中国交通广播的诞生。这是上海交通广播电台与上海市交警总队合作的产物。通过现代化的监看设备,全天7时至22时,整点发布交通路况信息,对于疏导交通,产生了非常好的效果,受到群众的欢迎。在此基础上,交通广播将受众锁定为司机和乘车人。司机包括企事业单位专职司机、出租车司机和私家车司机,乘车人是陪伴性的听众,包括企事业单位的领导和员工、白领阶层和私家车司机的家人等。这个庞大的群体具有良好的经济条件,是交通广播的重要受众,蕴藏着丰富的发展潜能。

1995年,中国交通广播发展到13家,2000年增加到42家。交通广播在收听率和广告额两个方面,均走在全国广播界的前面。据2005年的一项调查,在北京地区可以收听到的20多种广播节目中,45.3%的持有驾照的听众选择收听北京交通广播电台,这个收听率把其他节目远远甩在后面。[1] 改革开放带来经济的发展和人们生活方式的改变,汽车保有量持续增加,为交通广播的发展提供了基础。据公安部统计,截至2018年底,全国汽车保有量达2.4亿辆,汽车驾驶人3.69亿人。随着汽车保有量增加,开车出行成为中国人出行的重要选择之一。收音机是汽车的必备硬件,边开车边听广播成为很多司机的选择。由于驾驶的限制,司机在驾驶过程中无法去观看报纸、手机、电影或电视。广播的声音媒介属性的独特优势成为司机的唯一选择。交通广播紧紧锁定特定的收听人群,创造了社会效益和经济效益的骄人成绩,在传统媒体不断败退的态势下,扛起广播发展的大旗。在中国广播遭遇冲击,陷入低谷的时候,交通广播异军突起,拼搏向前,创造辉煌的发展过程。

车载交通广播早期的听众主要是出租车司机,随着私家车数量的增加,车载广播逐渐将定位转向以私家车主为目标听众。随着城镇化发展,人们越来越向大中城市集中。在一些较大的城市,越来越多的人选择在远离城市中心的地段买房,环绕城市的郊区日趋向外延伸,开车上下班的司机越来越多。在驾驶汽车的这段时间,司机大多会选择听广播以获取路况信息、新闻,或者听音乐休闲。得益于广播广告面对的私家车主族群具有强劲的购买力、超高的客户转化、精准消费群体送达率,在传统媒体广告负增长的局面下,只有广播广告逆势上扬维持正增长。根据CSM媒介研究全国网2016年基础调查数据,在全国范围内广播听众中,使用车载广播作为最经常收听途径的比例高达51%,其中城市为58.4%,农村为42.1%。[2] 根据索福瑞《2017中国广播收听年鉴》和赛立信《2017中国广播收听市场年鉴》的数据,中国广播受众最经常使用的收听工具是车载广播。虽然手机等移动终端已经可以连接到车载收听系统,但是限于上网流量与资费、使用便捷程度、收听习惯等,车载广播依旧以传统广播电台节目为主。[3]

中国交通广播为路上的司机、乘客提供实时路况、天气、资讯、娱乐等信息服务。交通广播自诞生以来,以其实时性与真实性赢得了广大受众的喜爱,但是由于社会经济的飞速

---

[1] 何守本,翟信强.从交通台的走红看新闻台的变革[J].新闻战线,2005(4):84-85.
[2] 徐立军.中国广播收听年鉴2017[M].北京:中国传媒大学出版社,2017:6.
[3] 谷征.改革开放40年我国听众调查的五个阶段与发展趋势[J].编辑之友,2018(12):45.

发展,不断出现的各种新型媒体对交通广播造成了很大的冲击,使得交通广播面临巨大的挑战。① 交通广播最主要的功能就是将已经收集到的信息进行整合和处理,然后在原有信息的基础上利用广播的形式播放给受众。现阶段很多受众选择交通广播,就是想准确及时获得现阶段的路况信息。但是与新媒体方式相比,现阶段交通广播的传播速度和效率都较低。内容优势逐渐减弱,路况的实时播报优势也不再明显,与新媒体融合的深度有待提高,对广告依赖严重等问题,严重影响了交通广播的发展。② 为了适应新媒体时代的发展,交通广播必须对自身节目进行创新。③

(二)音乐频道广受好评

由于音乐的声音特质与广播传播声音的特点默契天成,音乐节目和音乐频道在为受众提供无尽的音乐享受方面,可谓尽心尽力。利用数字技术、调频技术发展音乐广播,以适应不同年龄层次、不同音乐爱好者的音乐品位,使广播一直保持较高的收听率。广播作为听的媒介,应把最好的音乐推介给受众。把音乐作为求生存、求发展的拳头产品,吸引受众收听广播节目。

人民广播事业建立以来,我国的音乐广播从广播音乐发展而起,经历了综合化文艺广播、系列化音乐广播、类型化音乐广播三个发展阶段。④ 早期的音乐节目,在综合化定位的广播中多以栏目呈现。随着时代的进步,音乐在广播中散发出独特的魅力,节目比例越来越大。20世纪90年代伴随着系列化电台改革的大潮,音乐广播频率诞生,并快速发展。2002年12月2日,中国大陆第一个类型化音乐广播——中央人民广播电台音乐之声开播,开启了中国广播类型化运营的全新时代。根据央视-索福瑞的调查数据,按频率名称及内容分类,截至2013年年底,在所调查的全国33个主要城市中,共有音乐类频率83个,几乎每个城市都有两个及以上的频率。目前音乐广播已经与新闻广播、交通广播一起,成为中国广播的三大主要频率。

从广播音乐成长为音乐广播,从音乐栏目发展到类型化音乐电台,中国的音乐广播不断发展。然而,面对社会主义文艺大发展大繁荣的新任务,面对网络电台、微电台、客户端,面对新媒体的蓬勃发展,面对媒体融合的时代巨潮,面对音乐广播受众和广告份额的分流,音乐广播要坚持改革创新,自我革新,加快媒体融合,建立新型的音乐广播,最大限度地满足听众对音乐广播专业化、个性化、多样化、互动化的需求。⑤

(三)网络广播开辟蓝海

进入21世纪,随着数字技术和互联网的快速发展,传统媒体遭到新媒体的不断挑战。报纸停刊的消息接踵而至,广播的生存与未来发展问题不断困扰着传媒界。在这种媒介

---

① 宋然睿.探讨新媒体时代交通广播发展的困惑与出路[J].经贸实践,2016(18):92.
② 刘述平,赵雨冰.新媒体时代交通广播发展的困惑与出路[J].中国广播,2014(4):21.
③ 谷征.改革开放40年我国听众调查的五个阶段与发展趋势[J].编辑之友,2018(12):41-48.
④ 刘晓龙.打造富有时代特质和更具竞争力的新型音乐广播[J].中国广播,2015(1):1.
⑤ 陈洁.融合新媒体属性发展音乐广播[J].中国广播,2015(6):39-41.

大融合的环境下,广播开始从单一媒介走向复合型媒介,传统广播开始寻求在互联网平台上的出路。与视频图像相比,单纯声音的处理方法更简单,对硬件的要求更低,传输的带宽可以更小。广播媒体的这些优势,在网络流媒体技术上更明显地体现出来,新的网络广播形态悄然而生。1995年4月,美国西雅图的"进步网络"公司在网页上放置了一个名叫"real audio systems"的声音点播软件,这是广播节目第一次在互联网上的亮相,网络广播宣告诞生。随着互联网技术的不断完善,各国的传统电台纷纷都创办起网络广播,提供音频点播、直播服务,甚至图片、视频等新的领域,以融合求生存。由于拥有互联网传播的优势,网络广播电台的节目可以随时随地选择收听,可以重播,受众的选择性大大增强。节目时长也相应地缩短,更符合受众的碎片化内容需求。

网络广播自诞生以来就发展迅速,其主体主要由传统广播类网络广播电台、商业类网络广播电台、自媒体类网络广播电台三个部分构成。

1. 传统广播类网络广播电台

随着互联网和移动互联网的不断兴起,传统广播已经不能满足当今广播听众的需求。为了留住听众、创新广播发展,传统广播开始被动或者主动地开拓网络空间。1996年12月,珠江经济广播电台开创了中国广播电台通过互联网平台播放节目的先例,中国的网络广播发展便由此展开。早期传统广播电台的终端开拓主要以建设广播网为主,即互联网时代所对应的PC端。广播电台将传统广播节目原封不动,或者简单加工后,发布到网络平台中,供用户以直播或者点播的形式收听。近年来,手机、车载信息系统等移动终端不断发展,传统广播成立专门的工作团队,推出自身App软件、入驻两微一端、与第三方音频平台合作等方式,使广播的收听终端逐渐向移动端转移,以适应用户碎片化的需求,一定程度上扭转了传统广播衰退的趋势。除了实现终端收听的移动化之外,传统广播也逐步实现对融媒体产业矩阵的布局,形成了文字、图片、音频、视频、直播等多种媒介形式的全媒体平台。[①]

2. 商业类网络广播电台

一些专门致力于网络化广播电台建设的互联网服务商,依托其强大的互联网资本和商业支撑,整合优质音频资源,开发先进的技术打造出功能完善、专业性强的商业类网络广播电台。部分社交网站和音乐软件,也开始提供电台服务。

商业类的网络广播电台按照内容类型可分为音乐类、听书类、综合类等。按照内容生产类型的不同又分为UGC、PGC和PUGC(PGC+UGC)三类。UGC(User Generated Content)即以用户生成内容为主的广播电台,譬如荔枝FM、多听FM等。PGC(Professional Generated Content)专业生成内容为内容主要生产方式,主要有考拉FM、阿基米德电台等。PUGC(PGC+UGC)即用户和专业共同进行内容生产的电台,主要包括喜马拉雅FM、蜻蜓FM等。

---

① 邹亚茹.媒介融合背景下我国网络广播发展创新研究[D].兰州:兰州大学,2018.

3. 自媒体类网络广播

在自媒体时代,人人都有麦克风,每个人都可以合理地使用他们手中的话筒,发出自己的声音。电台广播当下在国内面对受众老龄化或窄众化(譬如主要面向司机群体)的趋势。然而在美国,同样是以纯语音为主的播客(Podcast)却方兴未艾,甚至成为一种颇受欢迎的深度报道发布渠道。播客这个词是由苹果公司产品 iPod 和 broadcast 糅合而成,是数字广播技术的一种。Podcast 录制的是网络广播节目,网友可将网上的广播节目下载到自己的 iPod、MP3 播放器,或其他便携式数码声讯播放器中随身收听,享受随时随地的自由。也可以制作讲故事、专访、评论、对话等广播节目,并在网络上发布。

自媒体所创办的网络广播电台大多以微信公众号或者第三方音频软件的形式而存在。譬如逻辑思维微信公众号、十点读书微信公众号、郭德纲相声等。这类网络广播电台通常具有以下特点:一是创办者与听众之间大多具有共同的兴趣爱好,这样一来其创作的音频节目就更容易引起听众的共鸣,节目就更贴近生活,贴近受众;二是电台节目内容以娱乐、情感为主打,通常围绕一个话题展开,节目分类相对较少;三是由自媒体创办的网络电台受到的约束和限制比较少,有更为宽松的创作环境,节目内容创作可以大胆地展开想象,有较强的创新性。与传统广播和新型社交媒体相比,自媒体的网络广播电台总体用户规模仍然较小。自媒体的网络广播电台要求用户主动下载和收听,属于参与度较高的媒介,必须要有忠诚的用户群体。

网络广播与传统广播在赢利模式上还存在重大差别。传统广播以广告收入为主,而网络广播的赢利模式更为多样。广告不再是唯一收入来源,内容付费和社群经济变得更加重要。目前,喜马拉雅 FM 的盈利主要有精准广告、智能硬件和内容付费三块。蜻蜓 FM 的盈利主要有广告、付费内容、粉丝经济、打赏及内容电商等。懒人听书在目前的收入结构中,会员付费占六成,其余四成为广告收入。从卖广告到卖内容,盈利模式已经发生变化,媒体、平台方、广告主、广告公司、受众的市场关系格局被打破。[①]

第二节　广播媒体传播特征

从技术上讲,广播是指通过无线电或者有线电向广大地区传送声音,供受众直接收听的大众传播工具。广播利用电子技术和相关专业设备面向大众传送信息,同时也为大众交换信息提供专业化平台。考察广播传播的过程,广播媒体传播具有以下五个方面的特征。

一、听觉媒介

广播可以看作人的发声器官和听觉器官的延伸。声音是广播媒体信息传播的唯一方

---

① 谷征.改革开放 40 年我国听众调查的五个阶段与发展趋势[J].编辑之友,2018(12):41-48.

式,具有直接、准确的特点。① 声音的魅力在于,它不仅传播了信息,还向这些信息融进了传播方的认识,从而为人们理解、接受信息提供帮助,加以引导。主持人主持节目的风格,对节目的把握,能大大增强节目的吸引力。他们对稿件的再创造、再提高,能对受众认识、理解、接受信息产生很大的影响。

广播传播的信息符号是以声音符号的形式表现的,受众利用专门的收听设备自由地选择频道,收听广播传播的信息。广播信息的传播样式为有线(导线)和无线(卫星传送、地面传送)、网络传送等。

在单位时间内,广播传播的信息大于电视。以新闻广播为例,在30分钟的新闻节目中,一般播出30条以上的新闻稿,1分钟大约播报300字。因此,在信息产生与需求量急剧增加的时代,在较短的时间内提供更多的信息以供受众使用,广播依然具有优势。

由于广播是传播声音符号的,声音符号的生产较之于图像符号和文字符号都要简便易操作。在多媒体技术发展的过程中,广播利用电话、手机短信、网络传递等新技术得心应手。电话内容可以直接插入广播过程。手机短信和网站帖子也可以立即读播。广播可以使用这些技术,形成多元化的传播样式。虽然电视在此方面也有作为,但是由于它的图像优势,插入过程不如广播方便。听觉媒体也导致广播无法向受众展现事件的真实形象。

二、线性传播

广播传播必须在时间的轴线上进行,时间的线形结构决定了广播的播出特点。受众在收听广播的时候,只能跟着广播内容的编排顺时收听,不能像阅读报纸、浏览网络新闻那样,可以自己选择阅读顺序和链接相关项。一些具有录音功能的收音机可以在功能设置上弥补广播传播的这种不足。

顺时传播也带来易逝性。广播的传播载体是电波,转瞬即逝。如果受众没有听到,则无法获得信息。除非采取录音的方法,否则声音信息无法保存下来。广播节目在制作中,必须通俗易懂,避免出现生僻的专业术语、容易产生歧义的词语、抽象的理论知识等,通过一系列方法,为受众留下思考的时间,否则将会影响信息的传播效果。

但是,广播电视是线性传播,观众或听众在同一时间里只能收看收听一种节目,选择一个频道,且必须按照传播者安排的播出顺序逐条收听,不能像看报那样,既可以从头版头条看起也可以从四版报尾看起,可以粗看,也可以细看,可以逐条看,也可以挑选着看。受众或观众只能被动等待广播电视节目的播出,受到广播电视节目的信息轰炸,而不能作出及时的应变。因而,广播电视缺乏双向交流,缺乏受众的及时反馈,在某种程度上阻碍了节目调整以满足受众需要的时机,比较而言,报纸读者更加自由和主动。

三、单向传播

广播采取的是一对多的传播模式,是一种我说你听的传播模式,因此,广播的互动性

---

① 宫承波.广播电视概论[M].北京:中国广播电视出版社,2009:91.

较差。受众在收听广播节目时,如果想与节目互动,难度很大。传统的热线电话方式,仅同时容纳少数受众互动,新的互动方式有短信、微博、微信等,扩大了互动的途径,但总体而言,广播仍然是我说你听的单向传播媒介,互动性较差。在受众本位的时代,受众的参与意识逐渐增强,他们不再仅仅满足于信息接受的角色,他们更希望有表达自己对于广播节目评论的机会。但广播在这一点上,难以满足受众的需求。近年来,网络媒体、手机媒体的迅速发展,其强大的交互性,满足了受众表达与参与的愿望,对广播媒体带来巨大的冲击。面对新媒体的巨大冲击,广播媒体选择了融合发展道路,通过与新媒体联姻,出现了网络广播、手机广播等新型广播形态,极大地增强了广播媒体的互动性与受众参与度。借助互联网技术与移动通信技术,广播受众可以便捷地将信息反馈给传播者,实现传与受的信息互动,在一定程度上弥补广播单向传播的劣势。

四、便捷传播

从广播自身的特点来看,广播具有伴随性强、低成本、快捷、易普及等其他媒体无法比拟的优势。广播在所有媒体中的运营成本最低,与电视、报纸等需要投入大量人力物力进行拍摄制作印刷发行工作的媒体相比,广播从采编制作到发射播出所需设备的资金和人力资源的投入都要低得多。所谓动态广播是指广播在传播信息时,可以做到无传统的截稿时间,在开播的过程中,任何最新发生的事件都可以插入播出的播出样式。广播传统的做法是将稿件编排好以后,等待节目时间表安排的播出时间的到来。动态广播随时等候最新的消息进入播出过程。一般在广播电台的直播间里设有专线电话,供记者随时向电台播报他们所在地方发生的事情,也可以将事件新的进展告诉受众。类似的新闻台,打破传统的广播电台节目按照事先拟定的时间表,顺序播出的格式,基本不需要事先确定播放的具体内容,以小时为单位,由记者或者主播镶嵌来自第一现场的最新消息。动态广播体现出广播传播新闻的优势。与前面介绍过的台湾的新闻频道,还有大陆的交通广播台已经采取的无稿化播出方式一样,无稿化和直播都是广播保持动态传播的主要环节。互动传播依赖于广播传播与接受工具的便捷和声音符号的优势。广播热线电话的开通,为受众创造直接参与广播的机会,让更多的人享有关注社会发表见解的权利。同时,这种参与的过程,也为受众倾诉个人情感问题或者与更多的人分享幸福、快乐提供了方便。这种互动实现传受双方的同步交流,反馈及时,便于传播者及时而准确地调整自我的传播方式。

五、移动媒介

随着科技的发展,广播的接收装置,包括收音机、手机、车载信息系统等,均实现小型化、轻型化,广播因此演变成以移动收听为主的移动媒介。这与传统的固定在电线杆、大树上、楼房高处的播音喇叭明显不同。受众只要拥有一个收听装置,不论在何种地方,以何种姿势都可以直接收听到质量相同的广播节目。由于广播节目是以声音符号为物质存在的形式,声音符号对于收听者的要求很低,只要听觉系统正常都能够成为受众。收听广播可以兼顾他事,也叫作一心二用。所以受众在乘车途中、晨练散步中,或者做重复性的工作时都可以收听感兴趣的节目。

第三节 广播媒体受众分析

受众是大众传播媒介的接触者及其传播内容的使用者,是使用而非一味被动接受媒介所传播的信息的人。① 广播作为大众传播媒介,在传播过程中,全体社会成员都是广播的受众。但只有当实施了收听行为后,才能成为广播的受众。受众是广播节目传播效果的最终裁判。通过受众调查和对调查结果的研究可以深入了解广播的收听情况,使广播电台及时调整节目安排,不断提高节目质量,吸引更多的受众,以及更多的广告客户。

广播电台和其他媒体一样,在整个传播行为过程中始终关心着这样的问题:自己为什么要传播这样的信息,这些信息落到何处,引起何种反映,如何不断提高节目的收听率,如何吸引受众,如何提升受众对节目的忠诚度等等。解决上述问题首先要了解受众,倾听受众的反馈意见。如果不存在反馈,或者迟迟才作出反馈,或反馈微弱的话,这种局面就会引起传播者的疑惑和不安。因此,许多广播电台把受众调查和对调查的研究作为从业人员培训的一项重要内容。重视受众,是广播赖以生存发展的基础,研究受众,是广播发展的支撑。从这个意义上说,受众调查对推动广播事业的发展起到了重要的作用。

一、广播媒体受众的类型

广播媒体的受众,通常亦称为听众。这是一个数量庞大、成分复杂的无组织群体。不同层次和类型的广播受众有着各自的特点。研究受众,首先要了解受众的类型。对受众的分类有两种方法,从人口统计学角度分,包括性别、年龄、区域等因素,从社会经济学的角度分则包括职业、收入、文化程度等因素。这两种划分方法,基本上涵盖了受众调查中受众分类的主要因素。② 为了更方便研究受众,通常按照地域的区别、特征的区别、兴趣的区别、需要的区别、收听状态的区别等③,将受众分成不同的类型。

(一) 地域的区别

受众所处的地域不同,如国外与国内,本地与外地,城市与农村,山区与平原,北方与南方,东部与西部等,会形成作息时间的差别,节目喜好的差别,信息二次传播,节目反馈等差别。譬如国外受众对于某个国家广播电台的旅游类节目感兴趣,而国内受众的兴趣则更广泛。本地的受众更关注广播电台播出的本地新闻,外地人则不太关注。国内许多省市广播电台的受众大多集中在本地,特别是FM调频广播,由于采用的波长较短,传播距离比较短,以当地受众为主,外地受众较少。

---

① 黄匡宇.广播电视学概论:第2版[M].广州:暨南大学出版社,2005:142.
② 欧阳宏生.广播电视学导论[M].成都:四川大学出版社,2007:339.
③ 李岩.广播学导论[M].杭州:浙江大学出版社,2010:89.

(二) 特征、兴趣、需要的区别

受众的年龄、性别、民族、职业、文化程度、信仰、收入等不同,形成受众特征的区别。可以把受众分成老年受众、中年受众、青年受众与少年受众,男性受众与女性受众,汉族受众与少数民族受众,不同职业受众等。受众对广播节目的兴趣是不同的。可以把受众分为体育节目的受众、新闻节目的受众、音乐节目的受众、情感节目的受众等。受众收听广播节目的需要是多样的。有对获取信息的需求,如交通信息、时政信息、健康信息、旅游信息、购物信息等。也有舆论监督的需求,如解决问题的节目。也有艺术欣赏的需求,如音乐节目。广播电台根据受众的需要设置相应的节目,充分满足不同类别受众的需求。特征、兴趣、需要是广播电视专业化发展的依据。

(三) 收听状态的区别

虽然同是收听,但受众收听广播节目时的状态不同,对于广播节目的改进,有着非常重要的意义。有的受众收听或收看是习惯所使,有的则是有针对性地选择节目,有的常常固定收听一档节目,有的完全是随意点到某个电台或节目,有的是在静态中收听节目,有的则处在动态中。譬如出租车司机和乘客,坐在一辆车中,同时收听一档广播节目,但两者的状态完全不同。清晨广场上播放新闻节目,锻炼的老人与匆匆而过的路人都听到了这档节目,两者的状态却完全不同。因此要区别对待这些受众的收听状态。

二、广播媒体受众心理分析

广播传播效果的实现,最终取决于受众。对于传播效果的研究,要深入传播者的传播过程,更要立足于受众的接受过程。在受众的接受过程中,受众的心理起着至关重要的作用。通常从受众需要和动机、心理效应、心理倾向三个方面进行研究。[1]

(一) 需要和动机

广播媒体受众的需要和动机是丰富多样的。人类的一切活动说到底都是为了满足某种需要,对广播媒体的需要也是如此。按照马斯洛的论述,人的需要可划分为生理需要、安全需要、归属和爱的需要、尊严需要和自我实现的需要。德弗勒在《大众传播通论》中列举了以下几种使用媒介的动机:获取所期望信息的需要;迎合一种已经养成的接触媒介的习惯;为了休息和寻求刺激;逃避烦闷或无聊;获得陪伴,避免寂寞。广播由于其传播的便捷和信息容量大,在满足受众对各类信息的需求方面有一定优势。除了向受众提供信息服务,如交通路况信息、天气报道、广告信息等,让受众获得新闻、了解国内外大事、了解方针政策、消遣娱乐、丰富生活增长知识之外,许多广播电台开办谈话节目,为受众提供心理咨询和倾诉语境,满足受众的精神需求。

正是由于受众需要和动机的丰富性和多样性,如何适应和引导受众的需要和动机,成

---

[1] 张潇艺.浅析网络自制综艺节目的受众策略[J].名作欣赏:文学研究(下旬),2016(6):170-171.

为传播者要解决的一个重大问题。受众的需要,直接影响着广播的内容与形式。① 广播传播者只有真正掌握了受众的需要,广播节目才能真正地服务于受众。在强调受众主体性的同时,传播者也要发挥其主体性,不能一味迁就迎合每一名受众,降低广播节目的格调和定位。广播要根据受众的需要和动机,采集、选择、加工处理和发送能最大限度地满足受众的信息,也要适当渗透、融入些潜移默化地影响受众需要和动机的内容,不被受众的不良需要和动机所左右,并以此促进广播电视受众需要和动机的优化。

(二) 受众的心理效应

受众的心理效应指的是受众的心理现象对传播过程和传播效果所产生的影响。它主要包括威信效应、名片效应、自己人效应、晕轮效应、从众效应。这些心理效应,对于广播的传播有利有弊,广播传播者应当实事求是,扬长避短,合理利用。

(三) 受众的心理倾向

受众个性心理倾向是由先天遗传、后天社会环境与实践所造成的,具体表现为不同个性心理特征的受众对广播电视传播内容的喜恶、取舍、理解和评判也不同。受众的心理倾向包括共性心理倾向和个性心理倾向。受众共性心理倾向包括以下六个方面:求新重快。信息社会和资讯时代中,受众对时效的要求与日俱增。求知重趣,受众要求广播电视能使他们增长知识,饶有趣味的知识。求真重美,受众对广播电视传播"真"的要求,对于文艺性节目而言,是艺术的真实,审美要求是非常突出的。求富重乐,社会主义市场经济体制确立以来,受众迫切需要从广播电视中得到富有的具体参照和致富的信息。求深重活,随着对外部世界的深入了解,受众对广播电视传播的信息深度要求更高了,受众对事件原因、背景、意义的探求使广播电视报道的深度成为大势所趋。求实重尊,广播电视受众渴望传授双方相互尊重、相互参与和相互反馈的互动式新型关系。②

三、广播媒体受众调查

(一) 广播受众调查的作用

1. 获得收听率,了解收听情况

广播电台的编辑在得知自己播放的节目有多少受众在听,什么时间和什么节目的收听率最高之后,可以准确设置节目、选择播放内容、确定播出方式和播出时间。根据调查结果调整节目,以适应广播节目市场的需要。如果不进行调查,就贸然推出新栏目或制作播出新节目,很难获得市场的认可,往往以失败告终,所耗费的资金精力声誉的成本,远超受众调查的成本。虽然许多关于收听率的调查不直接关注节目质量的好坏,但是仍然可

---

① 杨改学,刘广亮.受众心理对新闻节目的影响分析[J].青年记者,2011(35):29-30.
② 黄匡宇.广播电视学概论:第2版[M].广州:暨南大学出版社,2005:150-151.

以通过对收听率的分析,了解受众的喜好和欣赏点。

2. 关注舆论焦点,提高节目质量

通过广播媒体受众调查,广播电台节目制作方能够及时了解受众所关心的社会问题,以及不同时期关注的焦点,掌握社会各个层次的兴趣、爱好、价值观念、意见、期待和行为举止等,对社会舆论焦点进行报道,在广播节目中给予反映,充分发挥大众传播媒介的反馈作用。同时,节目制作方也可以根据听众的意见,及时改进节目质量,争取更好的传播效果。

3. 加强受众联系,培养忠实受众

受众调查是广播电台和电视台主动联系受众、加强与受众的互动关系的有效方法。它可以使受众意识到自己的意见是有效的、被重视的,节目正是在充分考虑他们的意见后不断进行调整的。这样,他们就会采取更加主动的姿态与电台和电视台联系,关心节目,成为忠实的受众。

(二) 广播受众调查的方法和形式

对受众全部进行调查当然是最理想的,受经费和操作中实际困难的制约,受众调查通常采用抽样法进行。即选择样本,根据所得样本统计数据推断全体的情况。随机抽样获得的样本就整体而言更具代表性,保证了在一定总体内的每一户被抽取的机会是相等的。配额抽样则是按年龄性别、受教育程度、城市农村居民及社会经济地位等特征来分类,保证样本的组成能与总体中有这些特征的个案在比例上相一致。抽样规模决定抽样的精确度。规模过小,结果难免主观,规模过大又会导致浪费。1986年,《人民日报》委托中国社会科学院新闻研究所进行了一次全国读者抽样调查,为其他媒体树立了榜样,从中央到地方,从学界到业界,从报纸到广播电视,抽样受众调查成为一种常态。[①]

受众调查的主要形式有:分析受众来信(电)、问卷调查法、日记调查法、电话调查法、召开座谈会(研讨会)、互联网大数据分析等。调查主体以媒体自身、上级单位、学界等为主。近年来,商业性调查公司收听率调查成为受众调查的主要方式,广播电台普遍委托专业调查公司进行受众调查。随着车联网的普及与移动音频市场的发展,传播平台大数据与受众抽样调查相结合,能够更准确反映受众收听行为和收听爱好。

1. 分析受众来信(电)

改革开放后的最初几年,鉴于资金、人员、社会环境等条件限制,中国并没有出现成体系的受众调查。在党的群众路线指引下,各广播机构设置专门的受众联系部门。这些受众工作,基本上是通过召开座谈会、接收来电来信与接待来访等方法了解受众,或者进行一些经验性的总结。尤其是受众来信,由于其方便、易操作,成为这一时期电台了解受众的最主要方式。除此之外,电台采用的手机短信、网上留言等形式,由专门人员负责收集

---

① 谷牧.改革开放40年我国听众调查的五个阶段与发展趋势[J].编辑之友,2018(12):42.

整理，作为调查分析的第一手资料。广播电台的编辑常常把受众来信、电话、短信、网上留言、微博微信回复等内容作为节目的题材，将其直接编入听众来信类节目。

2. 问卷调查法

问卷调查是用填写表格的方法收集一系列的客观事实。问卷调查要求能够准确地提出问题，选择调查对象，明确调查目的和任务，提出统计表格和衡量的方法。问卷可以采用多种方法分发到被调查对象手中。要对选定的受众和分发的表格进行登记，以便在收回问卷时及时归类并进行数量分析。问卷调查法的不足在于工作量大，只能提供一次性截面式收听习惯调查，不能提供连续的收听数据，真实性和调查结果的价值存在较大波动。

3. 日记调查法

由于广播的发展，广播广告市场份额上升，广播电台、广告主、广告公司各方急需一个能够得到各方认可的衡量广播广告效果的简单有效标准。为了更深刻反映受众的收听习惯，广播电台在一些愿意记录他们使用广播情况的样本户中发放收听日记卡或日记本，每个人将自己每天收听广播的频率、时间段随时记录在日记卡上，记录一星期，或更长一个时间段受众的收听数据，以此作为计算节目收听率的原始数据。听众调查伴随着传统广播的发展一直持续至今，日记卡方式的收听率调查目前仍是世界上的主流调查方式。

日记卡法是适合广播受众调查的方法。日记卡法成本较低。相比电视广告，广播广告费用低、体量小。只要可以快速、便捷、相对准确地反映节目和广告收听效果，即可满足电台和广告商的需求，调查结果不要求非常精确，但调查成本不能过高。因此，各收听率调查公司在中国进行的收听率调查，均使用日记卡的方式，而不去尝试更加先进、更加精确，成本更高的测量仪。日记卡法要求样本户家庭成员在收听广播时，将相关信息填入日记卡中。但实际上，有些被访者是事后靠回忆来填写日记卡，这样会导致信息不准确。测量仪法相对客观可靠，但成本更高。

4. 电话调查法

电话调查法通过拨打电话的方法，对受众进行访问。电话调查法的优点在于问答即时进行，不像回忆法那样容易出错，比面对面的访问更快捷也更便宜，也不受被调查者的文化程度的影响。电话调查的不足在于许多人讨厌陌生人的电话询问，问题越深入，厌恶感越强。凌晨和深夜节目的收听情况不易获得。缺少电话的家庭，特别是低收入者的收听情况，难以获得。

5. 召开座谈会

召开座谈会是广播电台进行受众调查的有效方法之一。通过邀请相关专家、听众代表、编辑记者、广告厂商等特定人物，围绕某项议题进行面对面的座谈，可以获取其他调查方式无法获得的信息与反馈。广播电台在重新修订节目表或增设新栏目时，要召集各方人士进行座谈，征求他们对节目的意见和对新栏目的建议，将这些意见和建议反馈到节目的设计与编排中。座谈会还可以在电台内部对节目进行质量评定，以促进编辑记者不断提高业务能力和节目质量。

6. 大数据时代的受众调查

传统的调查方法和调查技术,在互联网大数据时代面临着转型和更新换代。在新旧媒体融合、媒介生态格局变迁的大背景下,特别是车联网技术的发展,传统的收听率调查进一步丧失价值。随着新车型的更替,苹果、百度、阿里巴巴、腾讯等国内外互联网企业以及国家电网等诸多巨头的进入,苹果 Car Play、百度 Car Life、阿里 Yun OS Carware、腾讯 AIinCar 等智能车载系统在车机等车载智能硬件中的运用,车联网开始显现雏形,内置智能仪表盘将进入飞速发展时期。[①] 车载媒介与车载信息系统和智能手机的结合将会越来越紧密。原有的传统车载广播已经被车载操作系统中预装的移动音频 App 取代,用户也可以通过智能手机连接车载信息系统呈现移动音频平台内容。目前,喜马拉雅 FM、考拉 FM 等音频 App 已经接入这些系统,或者与之合作。可以预测,随着 5G 技术的普及,上网速度的加快,资费的下降,车联网的普及指日可待,传统广播的最后一块堡垒也将被攻破。受众主要通过音频平台收听节目。这些平台方可以便捷地通过后台获得各种收听数据,传统的收听率调查将进一步丧失价值。

大数据测量同样存在问题。新技术的产生也使得在后台修改数据变得更加方便,虚高的下载量、点击率等数据也存在造假的问题。播客节目和广告由于苹果严格的用户隐私保护政策而无法获取其收听数据,导致难以评估其传播效果。[②] 基于大数据的分析并不完美,传统调研方法仍有其价值。传统收听率调查与大数据测量各有优长,也各有缺陷。广播媒体进行受众调查时,应当根据需要,采用某一种方法,或者将两者相结合使用。

(三)跨平台广播节目受众调查

随着媒体整合的不断推进,广播电台、电视台、互联网等平台已经打通。广播电台不仅通过广播发送节目,也向新媒体平台上输送节目。用户不仅在收音机上收听广播节目,在电脑、手机、平板电脑、车载信息系统等不同平台均可收听广播节目。有鉴于此,传统的广播节目受众调查,应当实现对跨媒体、跨平台的内容产品统一进行受众调查,实现对广播节目在不同平台上真实收听率的把握。

四、欣赏指数与收听率调查

"欣赏"顾名思义为快乐赏鉴。"欣赏"节目主要包括了对节目整体的享受、兴趣、值得收听或者收看等概念,欣赏强调受众对节目的潜意识或者有意识的评价。欣赏应该包括收听时受众付出的智力与情绪上的投入,类似被感动的程度。许多严肃节目收听率不高,但是接收者愿意付出努力,因为这样的节目会让他们学习到感兴趣的内容,使他们显得有知识,继而获得知识上的满足。

---

① 梁帆.收听率调查方法的现状,发展与挑战[J].中国广播,2014(8):11-14.
② 谷牧.改革开放40年我国听众调查的五个阶段与发展趋势.编辑之友[J].2018(12):46.

节目收听率的多少与前期的商业炒作、播出时间的安排、节目中是否有明星出现、节目有没有给听者提供获奖的机会、节目是否满足人们窥视隐私的欲望等有关。这些因素都可能成为收听率提高的关键点,但是不能成为评价一个节目品质好坏的依据。从商业角度来说,只要有收听率就可以投入资金了。但是从文化方面来说,节目的品质永远是第一位的。收听率调查不能告诉你受众对节目的评价,也没有反映受众观看和收听时精力投入的情况和享受这个节目的情况。

收听率调查的可取之处在于简单、明白、来源中立,能够客观地显示听众的实际收听行为,已经受到广泛认同与应用,成为广播电视节目市场运作不可缺少的一环。欣赏指数对于那些旨在提高产品的品牌效应的厂家以及广告代理来讲显得更加有意义。如果说品牌是产品的附加值,它更多地包含了产品在文化循环中获得的认可和信誉。节目的好坏,直接或者间接影响到品牌形象。对于广播电台和节目的评价,应当把收听率调查与节目欣赏指数结合起来。

第四节　广播媒体传播效果

人类社会从符号传播、语言传播、文字传播、印刷传播再到电子传播的历史表明:媒介的不同传播特点,不仅决定了受众的接收心理、接收行为,也同时决定了媒介的传播效果。综合地看,广播媒体传播效果可以归纳为"声、快、广、远、利、逝"六个方面。

一、声音符号的形象性

声音符号作用于人的听觉感官。声音的时空特性可以准确反映发声体的运动、方位和距离,使人的听觉系统具有空间上的现场感和立体感;声音的生理表现特性可以反映人物的年龄、性别和健康状况;声音的心理特性还可以准确表现出人物的情绪变化和个人兴趣,等等。正因为如此,广播媒体能够细腻地表达思想、情感、情绪,真实地传播事物变动状况和现场气氛,具有较强的传真性,呈现给受众的是自然、传神、真切的听觉现象,可以使受众直接感受和理解传播内容,富有很强的感染力。如中央人民广播电台制作的节目《声音档案的百年历程》中,播放了伟大的发明家爱迪生在100多年前用原始留声机录制的一首诗,还有中国革命先驱孙中山先生的讲话录音、列宁的讲话录音等,这些录制于不同时期的声音,给受众的感觉是文字描述难以达到的。

广播以声音为表达手段,因而具有丰富的表现力。声音画面可以传情,可以悦耳,可以传言外之意、意外之情。无论是播音员的声音,记者的声音,还是新闻人物的同期声,在其抑扬顿挫间都会融进他们对传播对象的爱憎之情、褒贬之意。这种带有感情色彩的语声,相较于文字传播,更容易贴近受众,激起受众感情上的共鸣,增强信息传播的现实性,为听众提供了"身临其境"的真实性。[①]受众在接到声音或音响刺激以后,通过想象唤起对

---

① 陆晔,赵民.当代广播电视概论[M].上海:复旦大学出版社,2002:67-69.

事物的形象感,从而把握住抽象的语言文字表达的信息内容。因此,在听广播时,想象的翅膀可以在思维王国里自由地翱翔,受众如临其境,产生真切的接近性。广播播音员以情带声,以声传情,声情并茂的节目内容,就更能激发受众一种亲切的参与感。因为言为心声,听众在心领神会中去感悟那令人遐想的内容。20 世纪 30 年代经济大萧条时期,美国总统罗斯福在广播中进行"炉边谈话",以拉家常的亲切口吻宣传新政,使改革的思想深入每一个家庭,从而鼓舞了人们的信心。广播电视常常可以利用声音与画面的现场性,增强信息的传真效果。在纪实性信息传播中,这种方法用得最多。1949 年 10 月 1 日,毛泽东主席在天安门城楼庄严宣布中华人民共和国成立的激动人心的录音,至今成为历史不朽的回音。

由于声音是广播的唯一表达手段,受众只能靠听觉接收信息,不能像看电视那样可以借助画面理解信息,加之广播声音转瞬即逝,受众如果不是专心收听,很容易出现误听和误判,导致信息变异。此外,由于受众自身的文化知识、思想观念和社会环境等因素的影响,受众对同一广播节目的理解不尽相同,甚至完全误解节目所传播的实际内容。因而,广播传播的特点要求广播稿件和广播节目,从内容到形式,从整体的组合编排到单篇的结构语言,都要扬长避短、力求适宜。

广播利用语言、音乐、音响等声音作为信息载体,成功地实现了人类听觉延伸。这是报纸杂志等媒介所没有的优势。自诞生之日起,广播就表现出卓越非凡的传播能力。无论东方还是西方,无论经济发达还是落后,广播都是重要的大众传播媒介。

二、声音传播的快捷性

广播是电子媒介传播革命的突出产物。它是通过无线电波或导线向受众传送有声节目来进行大众传播的。特别是对无线广播、卫星广播和网络广播,其电子传播速度是每秒 30 万千米,相当于绕地球赤道七圈半,这样的速度,使传播到收听之间的时间差几乎为零,相当于在同一时刻,让地球上的每一个角落都能接收到广播电台的同一个节目。电波的特性使得它不受地域、位置和地理结构等因素的干扰,具有极强的穿透力,覆盖范围非常广泛,可以用"无远弗达"来形容。科学技术的迅猛发展和人文科学的不断丰富,广播不断集结和吸取社会科学与自然科学的精华而日益趋向完美。

三、受众的广泛性

广播媒体因其自身的特点,受众非常广泛。

首先,广播以口头语言传播信息,没有文字阅读能力的要求。它以通俗易懂的声音为表达手段,使只能听懂话语的普通大众,也能把握广播所传播的信息。只要能够听懂,即使是文化程度较低的受众,也能够理解广播媒体传播的信息。广播不像读书看报,需要一定的文化水平,需要认识一定数量的字,需要深层的抽象思维。

其次,广播节目内容丰富,每天 24 小时多套节目,采用多个频率同时播出,从新闻到专题,从消息到评论,从政治到文化,从宏观经济到家长里短……几乎无所不包,无话不说,以适应不同群体的收听需求。广播为人们提供的节目,包含日常生活的方方面面,新闻、文娱、体育、流行音乐、古典音乐、广播剧等,这些受众喜闻乐见的节目,涵括了社会生活的方方面面,深入家庭,雅俗共赏,老少皆宜,满足了不同年龄、不同需要、不同地区、不同收听条件的受众。

最后,广播可以使用多种语言进行播讲,可满足不同文化、民族、地区的受众的需要。特别是国际广播中,如果使用英语这种通用性较高的语言进行传播,听众的范围就是全球。

四、传播距离的无限性

广播通过无线电波或有线电缆传播。从理论上讲,通过无线电波传播时,其传播距离可以达到无限远。它既不受时间的限制,也很少受空间的阻隔,只要具备足够发射能力,它无远不及。特别是当代的网络广播,通过互联网能让其信号达到世界上的任何角落。利用传播快速性的优势,广播可以将一些重大事件或突发新闻及时地进行传播。这种优势是报纸、杂志、期刊不可企及的。

广播作为电子媒介,它们在承袭既有传播方式的构成因素时,同电传输紧密结合起来,而无论声音或画面符号,一旦与电传输相结合,不仅自身发生了一系列变化,而且在很大程度上改善了接收渠道,增强了人们的接收能力,各种符号插上了"电翅膀",使"大众传播"能够真正同时面向大众,使各地的大众能够真正同时获得同一信息。信息可以脱离所指事物,以与事物的发展变化相同的速度广泛传播,使人们能够耳闻目睹瞬间变换的大千世界。

五、收听方式的便利性

广播是一种收听便利的传播媒介。只要有一个正常使用的收音机和两枚干电池,就可以走进一个声音的世界。随着科学技术的发展,人类可以制造出小如火柴盒,甚至手表、钢笔式的收音机,许多手机、耳机、音箱、MP3等设备也内置收音机,汽车、飞机则必备收音设备,使得广播的收听方式更加便利。这些收音设备价格不高,可随身携带,不容易损坏,没有收听费用,使其成为人们接收信息、文化娱乐的便利廉价的媒介。无论在经济发达地区还是不发达地区,其传播的优势都非常明显。

广播也是一种收听随意的媒介。受众随时随地都可打开收音机收听广播节目。人们收听广播,既可以专心收听,也可以一边干活、开车、做家务,一边收听。一心二用,而且精力主要花在手中的活儿上。随着汽车的兴起,大家在路上的时候,往往喜欢听电台,而且现在的人工作比较繁重,大家喜欢一边干家务活一边听有声书听电台,声音的力量,永远是那么有魅力。由于广播内容选择的随意性,加上声音直线顺序传播,稍纵即逝,受众收听广播的专注程度不及读报和看电视。因此,如何用声音去吸引受众,用声音去"刺激"受众,用声音感染受众,使广播节目在受众脑海里留下更深的印象,则是广播媒体传播的重要问题。

六、内容的易逝性

电波和声音转瞬即逝,不留痕迹,收听广播没有思考的余地,比较深奥的问题不易及时理解。不像报纸杂志,能够给观众以时间研读。有些受众为了深入了解广播电视的内容,必须使用一些录音设备,把节目内容有意识地保留起来,这样无疑就增加了受众的时间和经济支出。

网络时代的广播较好地克服了广播易逝性的问题。广播电台的网站、手机 App 等都有回放的功能。比较知名的是喜马拉雅听书网、蜻蜓 FM、荔枝 FM,还有龙卷风网络收音机等。没有听到的内容,可以重播。

融媒体传播案例

6397 公里的守护

第 30 届中国新闻奖新媒体创意互动类一等奖获奖作品《6397 公里的守护》通过运用多媒体叙事语言、组织非线性叙事结构和嵌入交互式叙事风格,进行融合新闻文本的叙事建构和主题表达,取得了良好的传播效果,为新时代融合新闻产品讲好新闻故事提供了创新路径。[①]

2019 年 1 月,生态环境部、发展改革委联合印发《长江保护修复攻坚战行动计划》后,"交汇点新闻"在"六五"环境日前夕策划启动"'长江大保护绿色共成长'行动计划"融媒体新闻行动。新闻行动围绕长江沿线城市开展。新闻行动小组带领"长江大保护小使者",分赴宜宾、重庆、武汉、南京、上海等地,联合当地学校,召开主题班会,采集当地长江水样、空气、土壤样本,共唱《长江之歌》,共绘长江之美。

该作品以习近平生态文明思想为指导,在 H5 页面开头交代了"长江大保护,绿色共成长"新闻行动的背景和意义,并详细叙述了这项融合互动式新闻产品的参与方式,有利于引导受众参与接下来的互动叙事。同时画面设计以主题班会课堂的形式,设置了习近平总书记关于"共抓大保护,不搞大开发"的重要论述的原声音频,给受众创设了一种沉浸式的感知体验。同时,长江水利委员会水文局公布的长江长度 6397 公里为标题关键词,将长江流域的文化与生态保护相结合,采用儿童朗诵古诗词"古韵"加长江生态环境自然原声"新声"的形式,全景记录长江流域生态、文化保护的生动图景,贯彻了习近平总书记"绿水青山就是金山银山"的科学论断。

其次,作品"主体"部分是由长江干线沿线 11 个省市区的主要文化与生态符号建构而成的全景地图,地图上既设置了 11 个地点的标志性建筑、动植物、文化等静态的图案标志,也设计了可移动的江豚瓶、线下"长江大保护"行动的新闻视频等动态画面,受众在进行守护长江的交互体验时,不仅能够看到具有地方特色的诗词和背景知识的文字介绍,还

---

① 孔令淑.融合新闻产品《6397 公里的守护》的叙事策略探析[J].新媒体研究,2021,7(10):84-86.

能够收听儿童诗词朗诵和生态环境自然原声的音频,给受众提供了多样化的互动享受。

最后,融合新闻文本以解锁定制版《长江之歌》的合唱音频结尾,并由轻松欢快的背景音乐贯穿整个融合新闻文本,营造了积极向上、充满希望的叙事氛围,有助于对保护长江生态与文化这一新闻主题的烘托与深化。由于在技术上创新性地采用模拟定位滑动方式,用户浏览更加流畅,操作更加简便,互动性更强。

该作品在"交汇点新闻"客户端首发,人民日报全国党媒平台和腾讯新闻等多家央媒和头部平台转载,参与互动、转赞评10万+,吸引了来自美国、加拿大等海外网友的参加。

正如评委所言,这件作品在互动上的亮点,一方面打通了线下行动和线上展示,使得线上内容有坚实的新闻报道基石,也构成了线上推动线下保护行动的实践内涵。另一方面,在最直观的线上交互创意中,作品通过手机屏幕模拟定位滑动的技术手段,引导用户在长江全景图的重要节点,参与学生"主题班会",感受长江保护图景。完成所有节点的交互操作后,作品设置的"彩蛋"——倾听孩子们共唱长江之歌,使得作品在内容和情绪的结合上达到高潮,而这一切都展现了用户高度参与的交互性,充分体现了一件优秀创意互动作品应该达到的标准,即新闻性、互动性、技术性的高度统一。①

本章思考题

1. 20世纪90年代,中国交通广播异军突起的原因是什么?
2. 融媒体传播时代广播应如何发展?
3. 广播媒体的传播特征是什么?
4. 广播受众调查有什么作用?
5. 广播受众调查的方法有哪些?

阅读参考书目

1. 黄匡宇.广播电视学概论:第2版[M].广州:暨南大学出版社,2005.
2. 宫承波.广播电视概论[M].北京:中国广播电视出版社,2009.
3. 李岩.广播学导论[M].杭州:浙江大学出版社,2010.
4. 弗雷德里克·巴尔比耶,卡特琳娜·贝尔托·拉维尼尔.从狄德罗到因特网:法国传媒史[M].施婉丽,徐艳,俞佳乐,译.上海:上海人民出版社,2009.(阅读第2部分第4章)
5. 支庭支,邱一江.外国新闻传播史[M].广州:暨南大学出版社,2004.(阅读第6章,第7章)
6. 赵玉明.中国广播电视通史:上卷[M].北京:北京广播学院出版社,2000.
7. 佐藤卓己.现代传媒史[M].诸葛蔚东,译.北京:北京大学出版社,2004.(阅读第6章,第7章,第8章)
8. 迈克尔·埃默里,埃德温·埃默里,南希·L.罗伯茨.美国新闻史:大众传播媒介解释史:第9版[M].展江,译.北京:中国人民大学出版社,2009.(阅读第13章,第14章,第15章,第20章)
9. 戴维·克劳利,保罗·海尔.传播的历史:技术、文化和社会:第5版[M].董璐,何道宽,王树国,译.北京:北京大学出版社,2011.(阅读第4部分,第6部分)

---

① 冯海青.线上线下交融创意引领交互[J].中国记者,2020(12):83.

第八章 电视媒体传播

教学目的与要求

通过本章学习,了解电视定义和电视事业的发展;把握电视媒体传播的主要特性;从电视受众的心理分析入手,掌握电视受众的信息接收与反馈流程,并对融媒体传播环境下受众的特质有所认知;在电视媒体传播效果中,需要系统学习"涵化理论""电视成瘾理论"以及"容器人理论",以全面把握电视媒体传播致效的原理与特征。

自从1926年英国人贝尔德成功发明电视之后,人们对电视的兴趣不断高涨,伴随着科技进步和通信技术的发展,先后出现了彩色电视、有线电视、公共电视、卫星电视和数字电视。

第一节 电视媒体概述

电视媒体声像兼备、视听兼顾,具有双通道视听、形象生动和现场参与感强等优势。[①] 电视节目的种类主要有电视新闻节目、电视社教节目、电视文艺节目、电视体育节目四种。其中,电视新闻节目又分为电视消息类节目、电视专题类节目、电视言论类节目、电视谈话类节目;电视社教节目又分为电视社教专题节目、电视纪录片;电视文艺节目又分为电视文艺专题节目、电视晚会及综艺节目、电视音乐节目、电视戏曲曲艺节目、电视剧;电视体育节目则可以分为体育新闻、体育节目专栏和体育比赛节目。

一、电视定义

电视这个词在不同的环境下有不同的内涵和外延。譬如:
(1)从电视工程看,电视是指将连续的、动态的图像和声音转换为电子信号,并通过各

[①] 赵亚夫.公共史学与高校历史教学[J].甘肃社会科学,2014(1):91-92.

种渠道传输电子信号,然后再将电子信号还原为图像和声音的技术。[①]

（2）从使用者看,电视是一种可以及时传送图像和接收声音的装置,通称电视接收机,简称电视机。

（3）从大众媒介角度看,电视是一种传播信息的媒介。

（4）从传播文化角度看,电视是一种特别的社会文化现象。特指人与人之间、人群和人群之间、人群与人之间使用电视作为传播载体进行信息交流、信息传播的一种过程。诸如电视节目的制作、电视信号的传输、电视信号的接收和观众对于电视节目内容的评判和反馈等各个方面。

本书在此使用的是一种通用概念,即电视是指电视媒体,它既是一种及时传播图像声音的媒介,也是一个传播组织机构(电视台)。

二、电视事业的发展

第二次世界大战结束后,世界各国的电视事业逐渐恢复和兴盛。除美国没有完全停止电视广播之外,"二战"期间停播电视的国家中,苏联是第一个恢复和重新开办电视广播的。1945年5月7日,苏联首次纪念无线电节。在这一天,长期中断的电视广播又重新播出节目。从1945年12月起,莫斯科电视中心在欧洲第一个恢复了定期的电视广播,图像扫描为343行。当时莫斯科仅有420台电视接收机。1948年11月4日,莫斯科电视中心进行了图像扫描为625行的首次试播。1952年全苏共有莫斯科、列宁格勒和基辅三座电视中心。到1958年底,全苏共有67座电视台,电视接收机400万架。[②]

英国于1946年7月7日恢复了电视广播。由于战时的英国遭受了严重破坏,恢复播出时发射机只有一部,电视接收机2万架,电视广播的扫描行数是405行。1949年,英国第二座电视台在伯明翰附近开始广播。1952年8月,英国建成5座大功率的电视发射台,覆盖了英国80%的人口居住区。1945年,英国独立电视公司成立,1955年9月正式开播。1957年底,分三阶段建设的全英电视网工程全部建成,覆盖区人口达到全国人口的97%。

日本广播协会于1946年开始继续研究电视,经过几年的试验,从1950年11月起,在东京进行定期试验广播,1952年1月正式播出。1952年2月,大阪也开始了电视试验广播。1952年8月,经过一场争论以后,日本政府电视管理委员会做出决定,允许私人经营电视广播。1953年1月26日,政府发出第一号许可证给日本广播协会,准予正式经营电视广播。2月1日,日本广播协会的东京电视台正式播出。

美国的电视广播在"二战"期间没有中断,但战时维持播出的只有6家电视台。当时全国共有电视机8000台。1945年美国政府在战后恢复颁发电视广播执照,但申请者不多。这一时期,哥伦比亚广播公司发明的彩色电视系统不能与黑白电视兼容,生产电视机的企业在犹豫观望。1947年,美国政府决定放弃哥伦比亚广播公司的彩色电视技术,致力于黑白电视的发展。这样,新的电视台便如雨后春笋般出现。到1948年底已有电视台41

---

① 刘历.论当代电视发展与受众需求[J].艺术评鉴,2016(3):167-168.
② 刘爱清,王锋.广播电视概论[M].北京:广播电影电视出版社,1997:43.

家,有电视台的城市达 23 座。电视机从 1947 年的 20 万台猛增至 100 万台。1950 年,电视台发展到 104 座,电视机又增加到 1000 万台,全国电视人口覆盖率达 24%。1954 年又是电视发展最快的一年,电视台达到 415 座,电视机达到 3200 万台,普及率占人口的 65%。到 1960 年,全美国有电视台 573 座,电视机 5000 多万台,普及率达 87%。

从 20 世纪 50 年代起,电视事业有了突飞猛进的长足发展。不仅电视台增多,接受成本下降,更为普及,大量进入人们的家庭,而且电视技术日臻完善,传播技术质量和性能逐步提高,新的传播形式也不断涌现,形成了多媒介、多形式、多系统相结合的电视传播体系。①

公共电视即教育电视来源于教育广播。1953 年 5 月 12 日,美国第一座教育电视台 KUHT 开播,从此教育电视就缓慢而稳步地发展起来。1954 年为 10 座,1955 年 17 座,1959 年 44 座,1964 年达到 101 座。1967 年,美国政府颁布了《公共广播法》,从此开始用"公共广播"和"公共电视"(PTV)表示专门从事社会教育的公益性广播电视事业。美国根据公共广播法,成立了非营利企业公共广播公司(CPB)。1969 年该公司成立了专门的节目发行机构"公共广播服务中心"。到 90 年代,美国的公共电视台发展到 350 座。公共电视台的经费来源,一部分为政府拨款,大部分是社会捐助,包括家庭捐款。美国公共电视已经成为一个有影响的广播网,与三大商业广播网并列成为全国电视观众最欢迎的电视机构之一。它所办的节目中,儿童教育节目影响最大,全世界有几十个国家的电视台播映它的儿童节目。

当前,主流的电视终端已发展为高清晰度电视。高清晰度电视(HDTV)的目标是提高视频的质量,以适合在大屏幕的家庭影院系统上观看,该系统将垂直扫描线的数量加倍并加宽了图像的宽度。HDTV 的最初计划包括一个在日本发展的模拟系统,但到 1994 年就成为一个全数字的系统。就像 CD 是将声波采样后把这些样本转化成数字形式一样,数字电视系统也是将画面分解成细小元素(像素),然后以数字形式编码。然而,电视画面比声音复杂,即使使用数字压缩技术也需要更大的容量或带宽来传输。HDTV 画面的线数和宽度是普通 NTSC 信号两倍的带宽。实际上,未来的数字电视能通过互联网传递"低清晰度"的数字信号,而绕过所有的当地电视,且对传递的频谱没有任何要求。虽然互联网上的视频直播仍然不理想,但可以从网上下载视频播放。互联网可以向观众传递世界各地的节目,没有任何广播公司和有线频道能做到这一点。如果家庭连入互联网的速度能够提高,那么未来就可能在万维网上传递高质量的视频了。

第二节 电视媒体传播特征

大众传播媒介在进入 20 世纪后发生了翻天覆地的变化,特别是电视的异军突起,成为大众传播史上划时代的一页。随着微波中继线路系统、同步定点通信卫星、直播卫星、

---

① 李佳佩.新媒体背景下传统旅游类广播节目发展瓶颈及应对策略[J].西部广播电视,2018(15):51-52.

4K+5G技术的相继应用,电视传播突破时空制约,迅速、真实、准确地传输各种信息,使传播与接受双方处于共时态之中。① 在互联网时代,"电视"的内涵与外延不断拓展,"视频"的概念更具时代特性,"电视"开始突破大屏限制,视频内容实现多终端覆盖,用户信息实现实时交互。未来,"电视"将突破单一媒介的定位,朝着多媒体应用终端与平台的方向发展。综合来看,电视媒体的传播特征主要体现在以下几个方面:

一、全媒符码

从传播符码上看,电视拥有各种视听符码,足以构成多种多样的节目形态,各种信息的内容经电视编码播出,均可用直观具体可感的图、声、文字等符号直接作用于受众的多种感知器官,在多数题材中,形象、动作、声音、色彩和运动变化的视听形象还具有鲜明的愉悦性和电子表现形式的美感。② 因此,也是最为通俗易懂、人们喜闻乐见的大众传播媒介。③

二、多元融合

从传播内容与形式看,电视媒体有能力从内容到形式上实现"汇天下之精华"。美国的沃·里拉在《作家与银幕》一书中认为,电视"为了满足它那巨大的输出,它要利用全部其他媒体来满足它那贪婪的胃口。像吸血虫一样,它捕食文学、捕食戏剧和电影、捕食新闻报道和无线电广播、捕食音乐会和音乐厅以及辩论会和酒榭的歌舞节目。一个丰盛而包罗万象的菜谱,把它充塞成一个庞然大物"④。电视得以长足发展的一个重要原因就是,它站在之前所有的媒介形式与文化样式的肩膀上,具有宽宏的度量,可以把各种大众传播媒介和文化艺术门类中的作品有选择地融会到屏幕上来,经过消化之后为电视所用,从而不断丰富其自身的语言与表达方式。

三、功能多样

从传播的功能上看,电视在大众传播媒介家族中具有最多样、最广泛的功能。它可以有计划、按比例地统筹兼顾,传递新闻,反映舆论,实行社会教育和知识教育,满足文化娱乐和艺术欣赏需要,并为社会公众提供各种切实的服务。作为新兴的信息产业的一个组成部分,电视经济信息和广告参与经济领域,直接介入经济活动,对繁荣商品经济起到促进作用。电视机可以直接有力地对近期的社会生活发挥这样那样的作用,从长远看,也可日积月累地对一个民族的文化思想、价值观、心理素质的发展和变化产生深远的影响,对

---

① 李青.电视新闻多符码传播特性试析[J].当代传播,1999(4):22-23.
② 刘玉芳.电视影响青少年成长的理论探究[J].中学教学参考,2009(15):123-125.
③ 陈宝琳.电视文化的类型化特征分析[J].新闻爱好者,2009(20):28-29.
④ 张宇丹,孙信茹.应用电视学:理念与技能[M].昆明:云南大学出版社,2004:54.

于少年儿童的"社会化"也具有巨大的影响。[1]

四、传播迅捷

从传播的速度来看,电视以电波为载体,决定其传播速度的迅及性,它以每秒钟绕地球七圈半的速度传递信号,在地球上几乎可能在事件发生的同时传到世界的每个角落。不但可以发出刚刚发生的事件,还可以直播正在发生的事件。由于迅及性,电视的发送与接收达到共时性。电波直入每个家庭,无须经过发行、运输的环节,也就相对降低了传输中的信息损耗,提高了保真度。[2] 电视现场直播是迅及性的最高表现形式,来不及现场直播的节目也用字幕、口播或者插播的形式及时报道出去。[3]

五、视听兼备

从传播编码的组成来看,电视媒体具有视听兼备,客观真实传递信息的特性。[4] 欧洲语言学家罗曼·雅各布森指出,"人类社会中,最社会化、最丰富和最贴近的符号系统显然以视觉和听觉为基础"[5]。影响人们认识外界事物首先靠自己的感觉器官把各种信号输入大脑,所调动的感觉器官越多,对事物的认识就越透彻。观众可以通过眼睛和耳朵两个通道直接了解新闻事件。相比之下,广播通过耳朵感知信息,报纸通过眼睛感知信息,不像电视那样容易理解。正是由于电视的双通道性,一些最新的新闻信息在不中断正常播出的情况下,就可以及时传播出去。这既不中断观众对原来节目的欣赏流程,又可以传递最新消息,使新闻真正做到了无截稿时间,为加强新闻时效性提供了物质保证。这种双通道的共时传播,能给人留下深刻的印象,带来的强烈真实感是其他媒介所不具备的。

凡是人类可见之物或者想见而不得见之物,都可以通过电视极其逼真地再现于人们眼前,电视作为人类眼睛功能的延伸和扩大,是其他媒介无法匹敌的。日本的新闻节目,有大量的采访和直播报道,这些节目的播送方式,日语叫作"生放送",直译为"未经加工的播放"。这告诉我们,面对真正的原生态,电视画面的直觉性表达可以取代一切中间环节,而直接反映对象本身。它把语言、文字信号的"线性"传输变为"信息阵"传输。传输内容的客观真实,满足了观众"百闻不如一见"的心理要求,带来强烈的同频共振效应。[6]

六、现场感强

从传播的客观效果来看,电视媒体通过多元符码"还原"事件现场,营造出高度逼真的

---

[1] 龚莉辉.电视与土家族乡村生活方式变迁[D].武汉:中南民族大学,2008.
[2] 刘大刚.浅谈电视新闻节目特性与剪辑流程[J].赤子,2012(11):34.
[3] 张亚茹,罗忆.国内电视节目形态研究综述[J].新闻世界,2012(10):134-135.
[4] 李光斗.品牌秘籍[M].北京:作家出版社,2002:109.
[5] 郭俊涛.中国网络恶搞视频传播的探索性研究[D].厦门:厦门大学,2008.
[6] 刘大刚.浅谈电视新闻节目特性与剪辑流程[J].赤子,2012(11):34.

现场感,给观众带来身临其境的感觉。现场性决定了电子媒介从业人员必须到达新闻现场进行采访,摄录现场气氛、场景、音响,把当事人的同期声直接传递给观众。在可能的条件下,电子媒介从业人员的报道应在"第一时间"的目击过程中完成,使观众感到身临其境。①

现场这个特定的时空有着重要的内涵。它是新闻事实的起点,是采访报道的场所,是传播过程与时间发生共时性的根据,也是受众关注的焦点。当电子媒介从业人员能够自觉地深入现场采访,观察、捕捉事物的瞬态变化,并将其能动地反映出来,便可获取不尽的创作源泉。新闻的主要事实、新闻现场的环境、时间细节和可能在现场猎获的各方面反应,有记者在摄像机前一一道来,这一系列行为都是要发生和完成于新闻现场这个特定时空,一览无余地暴露于观众面前,自然产生耳闻目睹、身临其境的效果。②

七、渗透率高

从传播与接受的关系上看,观众易于同屏幕上的传播活动形成虚拟的互动关系——交流沟通关系。电视经常播出现场感强烈的实况节目,屏幕上大量的人际交流以及种种直接面向观众的传播活动,众多的观众进入屏幕,直接、间接地参加节目制作等原因,使得电视观众同节目传播者之间产生具有当面交流一般的亲近感、参与感。不同于人们接受报刊、书籍和电影的非同时性(指受众接受它们的传播有先有后),电视传播的目的地是家庭或个人,电视尤其是视频媒体,如手机电视、网络电视、短视频等,已经成为当前人们的"宠儿"和"伴侣",成为"带有温度的媒体"。

八、"低语境"传播

狭义的语境指上下文,又可称为"语流语境";广义的语境指交际过程中说话者用语言表达思想感情时所依赖的各种因素,这些因素或显现为话语中的上下文,或潜在于话语之外的主客观情景之中。③ 文化学者爱德华·T.霍尔认为:"语境的水平决定了有关传播性质的一切,它是所有后来行为(包括象征性行为)依赖的基础。"④"高语境"下,传播信息的大部分存在于特质语境当中或内化于个人身上,很少存在于编码清晰的被传播信息当中,而受众对于信息的理解,则主要依赖于对传者与内容背景的既有了解。⑤ 因此,"高语境传播常常被用作艺术形式……"纸质媒介主要属于"高语境"的传播,需要凭借文字的抽象表达和受众自己由点及面地发散理解来解读内容。"低语境"下,传播信息被置于清晰的编码之中,受众面对的是传播本身的内容。因此,"低语境传播则不统一地凝聚为一体,它们

---

① 李丹丹.浅谈电视新闻节目的特点及发展方向[J].采写编,2014(6):48-50.
② 王淑君.浅谈广播谈话节目的魅力与创新[J].采写编,2013(5):43-44.
③ 毛阳南.浅析主持人语境感受能力[J].大众文艺,2011(17):159-160.
④ 吴兵,刘明峥."弱控制"环境下主导议程的建构[J].新闻战线,2017(6):40-41.
⑤ 吴斌.论电子媒介的舆论作战效应[J].南京政治学院学报,2006(3):114-117.

能够轻易和迅速地变化。过去人们讲,电影是被称为"给那些没有阅读能力的人阅读的连环图画",从某种程度上说,电视也是属于这种"低语境"的传播载体。电视传播内容形象直观,信息解码便利,适应不同文化程度受众接收的要求,也适应了视觉文化时代的要求。

现阶段的电视已经突破了面向大众的单一的传送模式,在经营广播的同时已经兼顾"窄播",改变了少数节目供亿万观众收看,选择范围窄的局面。很多地区的观众已经可以通过有线电视、电缆电视、卫星直播电视所提供的多种频道,选择自己需要和喜欢的节目,大大提高了传播服务的针对性和适应性,使电视传播形成多层次、多网络、纵横交错、各行其道的结构。就这些"窄播"的频道来说,其功能以及服务对象虽然比较集中,然而从宏观上看,整个电视传播更加多样化,为社会提供了更加周到的服务,电视传播的触角更加深入地渗透到社会的各个角落和社会群体之中。

第三节 电视媒体受众分析

电视媒体的受众,是指电视传播信息的接收者,就是我们通常所说的观众,由于研究的角度不同,所以就有了不同的称谓。从电视学的角度看,电视节目是供人看的,因此,电视学的研究对象就相应地称为观众;从传播学的角度看,电视传播的信息是需要人接收的,因此,传播学的研究对象就相应地是受众。有时根据研究的需要,亦称为"受传者"[①]。

受众研究是传播学研究中的重要组成部分。在早期的研究中,受众问题并没有得到充分的重视。随着传播学研究的发展,人们开始从传播效果的差异中认识到受众之间差异的影响因素,逐步确立了受众在传播过程中的地位和作用。随着批判学派的兴起,受众研究在传播学中得到了应有的重视,研究的重心从传者中心向受众中心转移,受众研究的地位逐渐凸显出来,成为传播学学科体系中的重要组成部分。

一、电视媒体受众的内涵与特征

在电视传播过程中,电视媒体受众既是信息的接收者,也是电视媒体的使用者和参与者,是传播链条中极其重要的一环。国外学者从不同的角度对电视媒体受众特征进行了研究,如将观众分为稳定观众与不稳定观众;一般观众与特殊观众;实际观众与潜在观众。所谓的稳定观众,是指长期不间断或很少间断地收看电视的那一部分观众。不稳定观众指间歇式或偶尔地收看电视节目的那一部分观众。这部分观众对电视的观看常处于变动之中,遇到突发性或重大国际国内新闻事件以及同自己的切身利益相关的信息才进行收看。所谓一般受众,指的是那些有共同需要、共同喜好的观众,具有普遍性。特殊观众是指那些有特定需要和喜好的观众,具有个别性,如新闻台、教育台、体育台等。

此外,还有学者根据西方大众传播研究成果,将电视受众结构分成四大类,分别是基

---

① 石长顺.电视传播学[M].武汉:华中科技大学出版社,2000:234.

本受众、参照受众、特约受众和潜在受众。[①]"基本受众是指经常收看电视节目的受众,包括国内外的观众,面广量大,也是电视台的稳定观众,是受众中的主体部分。参照受众是指在环境因素影响下可以争取的部分观众。特约受众是指电视机构委托或聘请,专门通过收看电视进行评议、研究的观众。潜在受众,是指一部分不愿收视、经过创设条件,可以变成参照观众或基本观众的人。"[②]

综合来看,电视媒体受众的特征主要体现在以下三个方面:

一是收视对象的广泛性。电视媒体对象的广泛性与电视传播的特点与优势息息相关,同其他媒体相比,电视媒体传播的信息更加通俗、形象和生动,更加为广大群众所喜闻乐见;此外,这同电视节目的覆盖率高以及收视对象受文化程度、年龄和性别的制约少有直接的联系。收视对象的广泛性还引发电视传播中对民主议题的思考与探讨。如《纽约时报》戏剧评论家克莱夫·巴恩斯曾指出,"电视是第一个真正意义上的民主文化,第一个适用于每个人并完全受控于人民意愿的文化。最可怕的事情是,它就是人民想要的东西"。

二是收视的随意性。首先是电视节目内容的极大丰富,给电视媒体受众很大的选择余地,受众可以在海量的频道范围或视频资源范围内选择收看;其次是电视作为一种家庭媒介,绝大部分受众在观看电视时将其视为伴随性媒体,在相对宽松的环境中,受众可以边看电视边聊天或者边看电视边做家务等,受众的选择度和自由度更高;再次是在移动互联网时代,传统的电视资源转换为视频资源后,越来越多的受众通过手机或者其他移动终端进行点播或实时直播观看,地点和时间的限制进一步放宽,随意性更大。

三是收视的能动性。受众是媒介信息到达的目的地,电视节目最终是服务受众,没有受众的电视节目是没有意义的。[③] 传播者不能选择或者强迫受众接收信息,同样,电视节目也不能选择受众人群,制作方只能依据受众的需求来调整节目内容、改变节目内容甚至策划新的内容。当前,在移动互联的语境下,受众在海量内容需求的基础上更加强调精准需求的满足,电视的观看也从被动的观看变为主动的搜索和点播,受众的主观能动性体现得更加突出。这对电视内容制作方的专业化水平以及对受众的垂直细分掌握提出了更高的要求。

二、电视媒体受众的心理分析

电视媒体传播的最终目的还是吸引和影响受众,进而影响受众的行为。要达到这一目的,则需要把握受众的心理特征与心理需求。开展受众心理研究是电视传播中受众分析的核心议题,只有把握电视受众的心理特征与活动规律,才能改进电视媒体的传播内容与方式,提升电视媒体的传播效果。[④]

[①] 张梅.从受众期待研究我国电视主持人节目的发展策略[D].上海:华东师范大学,2005.
[②] 石长顺.电视传播学[M].武汉:华中科技大学出版社,2000:244.
[③] 洪芳.电视节目创新与受众媒介素养的关系[D].武汉:湖北大学,2012.
[④] 李答民.《终南夜话》节目特色及社会效应探析[J].新闻知识,2004(8):51-52.

一是收视的期待心理。所谓期待心理,是指受众对电视节目的社会心理与审美心理的预求状态。电视即时传播的特性,使受众对电视有了"先睹为快"的期待;连续定期的播出方式,使受众对电视节目有了固定时间、固定栏目收看的期待;大众化的丰富内容,使受众对电视节目有了指向性的期待,甚至特殊的节目形式,如《春节联欢晚会》等都成为受众仪式化的期待。除此之外,受众的收视期待心理还主要表现为信息期待、娱乐期待、移情期待与纪实期待等。

二是收视的定式心理。所谓定式心理,是指受众个体在观看电视之前已有的诸多主观因素组成的心理模式。这是从受众的社会属性和价值观角度来看待如何对电视内容进行选择。在社会学中,社会中的每个人都是历史的人、社会关系的人、文化氛围的人以及社会实践的人。社会历史和文化传统以及它的精神必然会潜移默化地影响受众,在受众心中形成心理定式。电视媒体中存在的新闻报道活动就是为了影响和改变受众的心理指向,使他们的思想接近或树立报道者所期望的价值目标。此外,定式心理又是受众文化结构的反映,通过外在的文化长期熏陶与约束,渐渐内化成受众的自我与超我部分。一旦受众形成较为稳定的收视心理,则更加愿意选择同自身价值判断相同或相似的内容进行观看,并做出判断。在收视的定式心理中,求快、求新、求真是受众在观看电视时共同的心理期待。

三是收视的互动心理。所谓互动心理,是指电视受众在观看电视内容的过程中,电视传播者与电视受众,电视受众与电视受众之间通过电视媒体与人际交往表现出来的心理上相互影响和相互作用的特点。[①] 从电视传播者与电视受众的互动来看,电视传播者同电视受众之间更多是一种"虚拟互动",电视传播者通过现场感的营造,模拟出一种虚拟的"面对面"的即视感,这对电视受众而言具有较强的代入感,产生虚拟的共时性与在场感。从电视受众之间的互动来看,随着移动互联科技的发展,电视的社交属性得到了极大开发,边看边聊的"社交电视"孕育而出,边观屏边分享弹幕的观影方式更为年轻人所接纳,看电视的快乐不仅停留在观影内容的体验上,更在于受众间的交流与分享。

四是收视的满足心理。伊莱休·卡茨的"使用与满足"理论认为,广大的媒介受众成员是积极的,并且带有某种意图来使用媒体,他们通过选择特定的媒介来满足需求,也就是说,受众"使用"媒介的过程,也是受众特定需求得到"满足"的过程。[②] "使用与满足"理论发展了大众传播效果理论,改变了以往将受众作为被动接收信息者的角色定位,而是认为受众对于媒介的"使用"具有主观意图,最终是为了满足受众自身的需求。从电视受众的角度来看,在观看或使用电视媒体中,主要是满足认知环境变化需求、娱乐休闲需求、交往与认同需求、认知学习需求、情感共鸣需求等,通过使用电视媒体,受众达到自我满足和提升的目的,进而达成内心的平衡并在与外界的沟通中起到相应的支撑作用。

[①] 王乔乔.如何推动电视新闻制作艺术的发展[J].新闻爱好者,2013(2):89-91.
[②] 魏然,周树华,罗文辉.媒介效果与社会变迁[M].北京:中国人民大学出版社,2016:233.

三、电视媒体受众信息接收与反馈分析

在探讨电视媒体受众的接收心理后,有必要对电视媒体受众的信息接收与反馈机制进行分析,了解和掌握影响受众收视行为的因素。

(一)电视媒体受众的接收分析

从信息的接收环节来看,可将电视媒体受众的信息接收分为"选择收看""解码收视""理解""记忆""学习"五个环节。"选择收看"环节是信息接收的首要环节,电视信息能否对受众产生影响,受到"受众是否在收看""受众的需求与偏好""收视语境""节目知晓程度""节目类型与结构"等多重因素的影响。符合受众收视期待与收视心理的电视内容更容易优先被选择和接收。

当电视受众接收了相应信息并对其作出偏好性选择后,他们开始对信息进行解读和分析,产生不同的解读效果,这个阶段被称为"解码收视阶段"。借鉴霍尔的编码解码理论,在该阶段,电视受众对信息作出"主权-霸权式解读""协商式解读"和"反抗式解读"。在"主权-霸权式解读"中,电视受众可能完全按照电视节目原本设定的意图和符码进行解读,同传播者的意图高度吻合。在"协商式解读"中,电视受众在部分接受传播者意图的同时也会结合自己所处的社会、文化及利益的具体语境做出相应的判断。在"反抗式解读"中,电视受众因为价值观或利益层面同传播者发生冲突,并且能够清晰地理解传播者的意图,采取了与之"抵触"或"抵抗"的方式进行解读,同编码者意义相背。

在"欣赏与理解"环节,有四个方面对受众接受信息产生着重要影响,分别是"收视语境""实质内容""表现形式"和"受众特征"。这其中"受众特征"最为重要,受众对电视内容的兴趣偏好、已有的知识结构、受教育程度和社会背景等特征直接决定他们对电视节目的理解程度。除此之外,电视的"实质内容"影响也很大,如节目类型形式、易认程度、制作价值、节目宣传推广、明星、气氛、画面质量、节目流畅等因素在节目中所占分量越重,那么受众的满意度就会越高。可以说,这些因素同受众满意度之间存在正比关系。

"记忆和学习"是电视受众对信息作出的主动反馈。记忆,这里指受众储存电视节目信息与正确回想起既往经验的能力。记忆包括若干种类型,譬如肖像记忆、短期记忆与长期记忆、情节记忆与语义记忆等。如果我们假设电视信息具有某些长期效果,那么学习就是受众将这些接收的信息应用到日常体验活动中去的行为。影响手机电视受众记忆与学习的因素主要来自两个方面,一是重要性,二是激发力。这两个因素都是康斯托克等人从心理学角度得出的重要结论。[①] 激发力是指收看电视节目之后,电视发出的信息激发受众具有相似行为的能力,它包含节目信息中的兴奋程度、吸引力、趣味性、与此相联系的行为动机等。电视节目对受众的重要性越大,激发力越强,那它就越有可能被受众记忆和学习。

---

① 丹尼斯·麦奎尔,斯文·温德尔.大众传播模式论[M].祝建华,译.上海:上海译文出版社,2008:60-64.

（二）电视媒体受众的反馈分析

传播学中的反馈是指"解码者对讯息的反应返回编码者的过程"[1]。它常常被拿来与效率相提并论，也是编码者借以了解讯息接收情况的途径。[2] 费斯克指出，"反馈的主要功能，就在于帮助传播者调整讯息，以适应接受者的需要和反应"[3]。电视受众的反馈途径主要由受众同受众之间的互动、受众同电视制作与传播机构的沟通、受众同特定的收视或网络舆情调查中介机构等的互动组成。当前，随着互联科技与即时通信的高度发展，电视受众的反馈渠道与反馈方式更加多元，媒体的受众调研系统也更加科学与高效。这部分内容将在随后的篇幅中有较为详细的论述，在此不再赘述。

四、融媒体传播环境下的电视受众分析

互联网的出现，尤其是移动互联网的兴起较大程度上改变了媒体与受众之间的关系，传统"电视"的概念被"视频"所取代，"受众"的概念也渐渐为"用户"所替代。在新媒体环境下，电视受众的观念和行为都发生了较大的变化，出现了新的趋势，主要表现如下：

（一）电视受众观念的转变

麦奎尔指出，无论媒介环境如何变化，受众始终都是被建构的。[4] 当前，中国的电视面临着前所未有的机遇与挑战，最大的变化在于，电视不仅是信息的接收器，也变成了受众反馈的平台。电视的载体不仅局限于传统的大屏电视终端，凡是能够播放视频流媒体的屏幕都可称为视频播放终端和载体。电视的内涵和外延在移动互联时代都得到了极大的拓展，电视开始朝多媒体终端或平台的方向发展，它依托互联网技术，集图书报刊阅读、广播收听、电影观看、电视节目收看以及其他多种生活服务功能于一体，彻底实现了多媒体融合。对于电视受众而言，传统的"看电视"已经只是开发和使用电视功能中的很小一部分，电视受众更愿意将自己看作是电视的"用户"，更加看重的是对视频内容、产品或平台的服务体验。

（二）电视受众的使用行为变化

电视受众在"使用电视"的过程中，除了能够利用多终端多屏幕使用视频服务外，对电视的传统功能进行拓展，那就是电视的社交功能。在传统电视时代，电视作为家庭媒体出现，电视的视角功能主要是为家庭成员的沟通提供媒介与场域。在新媒体环境下，电视作为社会交往与社会互动的替代物作用仍然存在，但也提供了一种全新的社交方式——虚拟社交。越来越多的受众在观看视频的过程中通过弹幕、留言或边观看视频边即时交流

---

[1] 约翰·费斯克等.关键概念：传播与文化研究词典[M].李彬，译.北京：新华出版社，2004：18.
[2] 邵培仁.传播学：修订版[M].北京：高等教育出版社，2007：304-305.
[3] 约翰·费斯克.传播研究导论：过程与符号[M].许静，译.北京：北京大学出版社，2008：18.
[4] 刘嘉栩.丹尼斯·麦奎尔的电视受众研究[D].北京：中国艺术研究院，2017：40.

的方式展开互动,视频本身已经成为重要的"谈资"或"笑点"。这种选择性更强、交互性更强的电视使用方式将在今后成为主流,这也是媒介技术与社会环境作用下用户的自然选择。

(三)电视受众的分众化趋势

中国电视受众的分化,有着较为清晰的阶段划分。以中国电视发展为例,早期中国电视普及率低,信号弱,频道少,观众只能收看到较少且固定的频道内容,这种电视传播模式被称作"一元模式",即受众个体与其他受众群体一样享有共同空间。随着电视的普及以及各省市开办电视台,电视中可供观众选择的内容增多,节目类型日益丰富,围绕电视媒体形成一种"多元模式"的传播。再后来,频道的大量增加,节目间形成竞争关系,原本稳定的观众在同类型节目中开始寻求原有固定框架外的新节目,形成由中心向边缘扩散的"核心-边缘模式"[1]。而媒介分化的最后一个阶段,被称作"分裂模式",在这个模式下,"受众以不固定的方式,分散到许多不同的频道中,只是偶尔会出现受众共享媒介经验的情况"[2]。在新媒介环境下,电视受众的地位大大提升,分众化的策略促进了专业化频道或专业化内容生产的诞生,垂直细分的内容生产将更加贴合目标受众的需求。

(四)电视受众的国际化趋势

英国尼古拉斯·阿伯克龙比教授在其《电视与社会》一书中指出,"在所有的媒体形式中,最突出地表现全球化意识的是电视。电视在有些方面的范围和影响真正是有了国际性"[3]。在他看来,电视传播全球化趋势主要表现在五个方面:第一,电视传播的内容具有国际性。第二,由于卫星技术的快速发展,电视传播可以在国际范围内收看到,虽然世界范围内的电视机数量分布很不均衡。第三,电视制作和传播的所有权越发国际化。第四,电视节目国际贸易在世界贸易进出口中的比重在不断增加。第五,电视制作越来越具有国际性。进入 21 世纪以来,电视传播的全球化特征更加突出。全球受众通过移动终端可以自由地搜寻到自己需要的视频内容,并且进行实时共享与传播,时间与地域的差异进一步"消除"。

第四节 电视媒体传播效果

传播效果的研究在传播学中占据着重要地位,它既是传播起点也是传播的归宿,从某种意义上来说"大众传播理论就是关于传播效果的理论,没有效果理论也就无所谓传播学"。早期的传播学效果研究主要集中于个体的、直接的、短期的、务实的研究;后期的传播效果则集中于社会的、间接的、长期的、务虚的研究。在本节中,对于电视传播效果的研究,引入的是作为仪式观传播效应的"媒介事件",注重长期与潜在效应的"涵化理论",关

---

[1] 丹尼斯·麦奎尔.受众分析[M].刘燕南,等译.北京:中国人民大学出版社,2006:167.
[2] 王恩.分化与重聚辩证视角下的广告受众研究[D].长沙:湖南大学,2010.
[3] 尼古拉斯·阿伯克龙比.电视与社会[M].张永喜,等译.南京:南京大学出版社,2001:111.

注收视快感形成沉迷效应的"电视成瘾理论",还有对个人社会化与人格形成负面效应的"容器人理论"。通过对这些理论的解析,全面剖析大众传播时代的电视以及全媒体时代的电视对受众产生的影响,揭示电视传播致效的内在规律。

一、电视传播与涵化分析

格伯纳等学者认为,电视是有史以来最广泛地为人所共享的形象与信息,是美国社会的主要文化力量。他们认为对电视效果的研究应着眼于长期的和潜在的效果,这种研究就是将电视作为受众的心理、行为以及受众如何认识现实的培养者来进行对待和分析。电视的效果就体现在电视对社会成员长期的培养过程中,电视的效果研究就是分析这个"培养"或"涵化"的过程。

在传播学研究历史上,电视的涵化理论研究可能是时间最长,涉及面最广的研究项目。涵化理论的代表作,是格伯纳等学者在1975年发表的《与电视相处》。他们的研究有别于耶鲁学派的心理学取向和哥伦比亚学派的社会学取向两大主流效果研究取向,开辟出"文化取向"的第三大效果研究取向。为此,电视涵化理论又被称为"文化指标"研究。所谓文化指标,是一套标示文化变迁的符号环境系统,这套新的环境符号系统是经由科技革命所带来的信息生产,其大众产品经快速分配后创造出来。文化指标的作用是帮助决策和指导有效的社会行为。"文化指标"研究主要由三个部分组成,分别是:

第一部分,机构过程分析或制度性过程分析(institution process analysis)。即通过对电视机构进行分析,揭示电视内容生产背后的制度性因素或机构性因素。

第二部分,信息系统分析(message system analysis)。主要是采用抽样的方法将电视内容定期采录下来,随后对内容进行定量分析,搞清楚电视向受众传播的特定内容。通过这套系统分析,格伯纳及其小组得到了一些重要发现:"电视所反映的人物和事件的比例与真实世界中实际发生的差异明显。譬如,在电视中,妇女、少数民族和老人,作为暴力行为的受害者的可能,与实际情况相比,被极大地夸大了。"格伯纳等人的研究还发现,"电视对个人的培养作用是一个多指向的过程。电视既不是简单地创造也不是简单地反映形象、意见和信念,相反,它是一个完整而又能动的过程。机构的需求和目标影响到大量生产信息的创造和传递,而信息又创造、适应、开发和限制了公众的要求、价值观和意识形态。反过来,当受众分别接触持续不断的信息流通时,他们又获得了显著的同一性"[1]。格伯纳等人认为,他们所进行的内容分析就是要揭示电视的主流倾向,以便进一步研究电视文化的主流信息如何影响受众的观念和行为。

第三部分,培养分析(cultivation analysis),目的是研究受众收看电视对于社会现实理解的影响。在调研的过程中,格伯纳等研究小组将电视节目分成新闻节目、公共事务节目、娱乐性节目和广告节目四大类,这四类节目组成较为完整的信息体系与价值体系。研究小组通过对电视受众长期抽样问卷调查发现,看电视越多,受到的影响越深。每天收看2—4小时的重度观众同每天收看1—2小时的轻度观众在价值观和行为准则方面存在差

---

[1] 石长顺.电视传播学[M].武汉:华中科技大学出版社,2000:299.

异,譬如,对一些社会问题的看法,重度观众的看法趋于一致而轻度观众的看法则较为多元。从更长期的效果来看,无论是重度观众还是轻度观众,都会因为频繁接触电视而变得与电视所呈现出的"主流倾向"类似。格伯纳认为,电视促成的"主流"倾向效果影响了20世纪美国人的世界观。

二、电视传播与成瘾效应

(一) 电视成瘾的概念与内涵

在了解"电视成瘾"的概念之前,有必要对"成瘾"的概念有所了解。根据世界卫生组织(World Health Organization,缩写为WHO)对"成瘾"的定义,是指"一种慢性或周期的沉迷状态,因为有着无法抗拒再度使用的欲望,而借由重复地使用天然或人工合成药物所导致"[①]。根据此定义,"电视成瘾"是指电视受众"由无节制的看电视而导致的一种慢性或周期性的着迷状态,并且带来难以抗拒的再度观看欲望,同时对看电视带来的快感一直有生理及心理依赖"[②]。在某些方面,严重的电视瘾患者的生活像吸毒者或酗酒者一样完全失去平衡,他们生活在一种身不由己的状态中,无法再去做任何会带来成熟、发展或是成就感的事情。[③]

因为电视所具有的某些特质,让一些电视受众能够获得相应的刺激和快感,多次重复使用后使其沉溺其中,在失去时间感的同时也对其他事物失去兴趣,产生高度的依赖感和需求感。尤其是当前随着移动传媒的兴起,"电视"改头换面,以直播、短视频等样式出现,导致不少受众沉迷其中,甚至出现了"抖音中毒"的现象。综合来看,"电视成瘾"主要有三个显著特征:一是观看时间长,内容选择度低。电视成瘾者平均接触电视或视频的时间超过4个小时以上,而且对电视内容或视频内容依赖度高,选择度较低。对于自己尤其感兴趣的内容可以超长时间观看,严重者甚至会主动寻求电视中的相应体验。二是对于电视受众而言重要的学习、社交、休闲活动受到看电视的影响而减少或放弃。成瘾者由于过度沉迷电视而影响了正常的学习和生活,以致产生诸如睡眠不足、记忆力减退、人际关系不融洽等生理、心理及社交等问题。三是出现电视受众自我难以把控的情形。成瘾者往往能够意识到沉迷电视对自己产生的负面影响,但难以管控收视行为;严重者甚至完全迷失在影像建构的世界中,生活在"楚门的世界"之虚幻感觉中,难以自拔。

(二) 电视成瘾相关理论研究

在传播学界,诸多学者对电视成瘾的现象进行过细致的研究。罗宾·史密斯在其《电视成瘾》一文中指出,电视成瘾的研究始于20世纪50年代,"当电视开始普及时,人们十分关注电视收视经历以及电视潜在的引人上瘾的力量"。电视成瘾的研究在60年底趋于低

---

① 迟舒文.高校大学生网络成瘾社会学研究[D].长春:吉林大学,2008.
② 王章峰,安桂玲.透视青少年"电视成瘾"现象[J].电影评介,2007(10):82.
③ 伍蔚然.新传播环境下关于涵化理论适应性的思考[J].新闻世界,2014(8):407-408.

潮,70年代起,关于电视传播致效与电视成瘾的研究重新兴起,于80年代成为传播效果研究中的热门议题并延续至今。不少学者通过对电视成瘾的研究,提出了相应的理论假设,主要有以下四种理论分析:

1. 压力减轻理论

该理论基于这样的假设:电视成瘾者利用电视的娱乐、信息等功能缓解或逃避其在现实社会中所遇到的压力。一些研究者认为,如果电视具有潜在的引人上瘾的力量,那么,这种力量来自这样的事实,即通过用别人的思想代替自己的思想就能减轻人的消极情感,将因复述个人问题而引起的痛苦减小到最小的程度。甚至有研究者发现,"人们所选择的节目往往是那些最有指望减轻他们消极情感状态的节目"。通过情感与压力的转移,电视受众可以暂时获得缓解。现实中的问题若长期得不到解决,受众会选择长期依赖电视媒体并形成病态心理。

2. 逃避理论

持该理论观点的学者认为,从大量的个案研究来看,有受众成为电视成瘾患者,并非被电视本身的内容所吸引,而是为了逃避现实,恐惧同现实社会的人进行交往而选择大量收看电视。这样选择的结果是,不但无助于现实问题的解决,而且会变得越来越难以将电视所营造的虚幻世界同现实世界区隔开来。

3. 社会不适应理论

该理论研究的学者从电视成瘾者的现实空间研究入手,发现成瘾者出现沉迷的根本原因是他们现实社会中的人际关系存在较大问题,如不会处理家庭关系或者是朋友关系紧张,导致他们无法适应社会,而选择将电视作为情感宣泄与情绪表达的替代品,将问题或沟通搁置一边,导致矛盾或隔阂越来越深,形成恶性循环,最后难以适应社会生活。

4. 唤起理论

该理论认为,受众迷恋电视的主要原因是电视作为刺激源能够满足他们的多重幻想与刺激,激发电视受众的兴奋度,具有唤起神经感觉的潜能。电视成瘾的受众"习惯高水平的兴奋以及将已获取的兴奋保持在一个特定水平上"。但是,"一旦这种水平的兴奋消退时,他们收看电视的行为就会中断,他就会变懒散、厌倦和不舒适等"[1]。

三、电视传播与"容器人"效应

(一)"容器人"理论的概念与内涵

"容器人"理论关注的是电视等大众传播媒介对个人社会化和人格形成过程的负面影

---

[1] 石长顺.电视传播学[M].武汉:华中科技大学出版社,2000:297.

响。所谓的"容器人","是指人的内心其实是处于一个透明的罐状容器或玻璃杯中,隔着透明的玻璃,人们可以很轻松地看到对方,能清晰地看到对方的言行举止、辉煌发展,但是如果想走进对方的内心,却会产生一种容器之间的碰撞,无法走进对方的内心,和对方达成心灵的默契、温情的信任"[①]。

(二)新媒介环境下"容器人"的新特质

当前,随着移动互联科技的兴起,智能终端成为现代人生活必不可少的要件。传统的电视的内容边界同其他媒体的内容边界日益模糊,成为人们诸多电子消费的内容之一。在移动、交互、杂糅的新媒体传播时代,"容器人"的特质发生了一些新的变化,主要体现在以下三个方面:

1. 重视虚拟社交,忽视现实交往

当前,电视的功能得到极大的扩展,无论是传统的电视用户还是新媒体的视频用户都有了更多的选择空间,他们不仅可以自由地徜徉在无穷的内容中,而且可以发起实时的文字、图片、表情包共享以及开展视音频的实时交互。新的媒介赋予受众更强的自主选择性、更大的选择空间,好奇心与探索欲引导受众不断走进智能媒体打造的容器世界的深处。受众长期浸润于此,更愿意投身虚拟交往,追求标新立异的独特性,虚拟世界表达的畅快性,在虚拟空间的获得感与认同感往往要高于现实世界。"容器人"在虚拟空间更倾向于通过扮演各种假想的角色来弥补现实世界的缺失,这种角色扮演本身就具有很强的欺骗性。因此,新媒介环境下的"容器人"容易陷入虚拟交往繁荣的假象中,实则同现实社会交往渐行渐远。

2. 体验娱乐至死,乐于"享受"孤独

中野牧认为,在传统电视媒体时代下的"容器人"知道自己是孤立且封闭的,他们希望打破这种壁垒,冲破内心孤独的状态,他们会选择与周围的人接触,但是这么接触只是停留在容器壁外沿的碰撞,不能达到精神世界的沟通。这个时代下的"容器人"尚有自我意识,不相信外部权威,只是对大众传媒的信息高度依赖。进入新媒介时代后,电视和网络媒介不仅提供了强大的社交功能,而且丰富的娱乐选项让受众沉溺其中。如果说传统电视媒体时代造就的"容器人"渴望打破孤独,那么,新媒介时代形成的"容器人"则更乐于享受孤独,成为电子媒介产品的"俘虏"。美国媒体文化研究者、批判家尼尔·波兹曼在其著作《娱乐至死》中就曾指出:"通过电视和网络媒介,娱乐得以达到至死的目的;一切都以娱乐的方式呈现;人类心甘情愿成为娱乐的附庸,最终成为娱乐至死的物种。"[②]

3. 媒体依赖更重,诱发身心问题

当前,观看电视的主要屏幕已经从客厅的大屏转变为手机的方寸之屏。长时间观看

---

① 梁锋.容器人[J].新闻前哨,2014(3):91.
② 杨迪.畅所欲言的预言:重读《娱乐至死》[J].南风,2016(20):21-22.

视频内容,会诱发受众心理与心理的双重健康问题。从生理角度来看,频繁或长时间观看视频会引发视力或颈椎方面的疾病,屏幕辐射还会对受众的中枢神经系统造成技能性障碍,引起头痛、头昏等症状。从心理层面来分析,正常的社会交往被视频体验所替代,一方面容易产生媒体依赖症或媒体焦虑症,另一方面也会让受众更加沉溺于视听画面所建构出来的虚拟世界而不愿投身现实空间的体验,影响对现实世界的正确认知与判断。[1]

融媒体传播案例

铁血铸军魂

央视新闻移动网在中国人民解放军建军90周年之际,精心策划并制作推出拥有最新新媒体展现形式、互动功能的创意H5系列产品《铁血铸军魂》。产品包含《铸魂》《砺剑》和《红色记忆》三大板块,与阅兵系列直播《沙场点兵》组成独家创意H5产品集。用户可通过自主切换,实现交互浏览。作品获第28届中国新闻奖融媒互动类二等奖。

《铸魂》采用横向滑动的长轴画卷设计,打造长轴画卷的视觉感官体验,画面设计多个触发点,通过停留坐标显示播放交互动画及音效,记录人民军队90载光荣历程和强军兴军的伟大梦想。《砺剑》以"一镜到底"的形式,通过从远及近的观察角度和元素间的位移动画,带来穿透式的场景融入感,跨越90年展示我国人民军队武器装备演进史。《红色记忆》强调用户互动感,通过电影放映机将视频与答题结合,吸引用户趣味答题,加深对经典历史事件的印象。

从时新性上看,《铁血铸军魂》是在2017年中国人民解放军建军90周年推出的融媒体式新闻作品,深切符合当时的社会热点关注事件,在国家各大主流媒体大力宣传此次阅兵的大舆论大关注背景下,配合此次阅兵推出在移动互联网融媒体平台的系列报道,具有相当的新闻价值。

从重要性上看,《铁血铸军魂》H5通过"一镜到底"的技术创新,在央视新闻移动网、央视新闻客户端、央视新闻官方微博微信等首发,被新华网、人民网等多家主流媒体转载,H5的技术创新及自主切换功能引发网友高度评价和积极转发。

从接近性上看,《铁血铸军魂》中每个板块都提供了一些予以用户自主性的交互式选择,比如评论、为战士点击"解冻"、选择性阅读、远近景拖动和问答问题等等。

《铁血铸军魂》的三个板块在融媒体的一致性配合上表现极为优秀,解说或配乐都切合相应的画面气氛,图片与文字解说、视频解说配合的同时,还具有层次性的动态变化体验。

---

[1] 刘金环.智能手机造就的新型"容器人"特征分析[J].新闻研究导刊,2016(19):70-71.

本章思考题

1. 中国电视的发展主要分为哪几个阶段？
2. 电视媒体的传播特性主要体现在哪些方面？
3. 如何全面而准确地认识电视受众的信息接收与反馈？
4. 融媒体传播环境下的受众有哪些新的特征？
5. 涵化理论中的"文化指标"包含哪三个方面？
6. 如何看待"抖音中毒"现象？

阅读参考书目

1. 郭镇之.中国电视史[M].北京:中国人民大学出版社,1991.
2. 佐藤卓己.现代传媒史[M].诸葛蔚东,译.北京:北京大学出版社,2004.(阅读第9章)
3. 戴维·克劳利,保罗·海尔.传播的历史:技术、文化和社会:第5版[M].董璐,何道宽,王树国,译.北京:北京大学出版社,2011.(阅读第7部分)
4. 凯文·威廉姆斯.一天给我一个谋杀案:英国大众传播史[M].刘琛,译.上海:上海人民出版社,2008.(阅读第8章)
5. 迈克尔·埃默里,埃德温·埃默里,南希·L.罗伯茨.美国新闻史:大众传播媒介解释史:第9版[M].展江,译.北京:中国人民大学出版社,2009.(阅读第16章,第17章,第18章)
6. 弗雷德里克·巴尔比耶,卡特琳娜·贝尔托·拉维尼尔.从狄德罗到因特网:法国传媒史[M].上海:上海人民出版社,2009.(阅读第3部分第1章、第2章)
7. 王纬.镜头里的"第四势力":美国电视新闻节目[M].北京:北京广播学院出版社,1999.
8. 尼古拉斯·阿伯克龙比.电视与社会[M].张永喜,鲍贵,陈光明,译.南京:南京大学出版社,2001.
9. 张柱.新媒体时代的电视新闻生产平台思维与流程再造[M].北京:中国人民大学出版社,2016.

第九章　网络媒体传播

教学目的与要求

通过本章学习,了解网络媒体的基本概念、发展阶段及中国网络媒体的发展概况;懂得网络媒体的主要表现形式和特征;掌握网络媒体传播结构、网民心理、网民行为和网络媒体的传播效果。

互联网的产生和发展给人类社会带来了一股新的巨大力量,深刻影响着人类社会生活,为人类的传播活动开辟了一个崭新的空间。网络媒体传播改变了传播过程中传者和受者之间的关系,传受一体化、沉浸式体验、参与式互动、协作式创作与社交化传播……网络媒体传播无时不在、无处不在、无所不能地渗透进人们生产生活的方方面面,影响了人类传播生态的变化。

第一节　网络媒体概述

网络媒体是利用互联网来传播、交流的媒体,即借助计算机通信网络,采用数字一元化处理方式、面向大众的信息平台。网络媒体能成为独立的传播载体,得益于计算机网络的快速发展和广泛运用,故称为网络媒体(Net Media,或 Online Media)。1998 年 5 月,在联合国新闻委员会年会上,全球最大最普及的计算机信息网络——互联网被正式确定为"第四媒体",因此,网络媒体亦称互联网媒体(Internet Media)。

一、计算机网络的出现和发展

美国未来学家阿尔温·托夫勒提出,社会文明是由科学技术革命所推动的,而当代科学技术革命的主要内容是以计算机网络和通信技术为代表的信息革命。现代网络在技术上属于计算机网络,计算机的产生与发展、分布式通信的诞生和网络协议的统一是现代网络实现的基本条件。

(一)计算机网络的定义

计算机网络指若干地理位置不同并有独立功能的计算机,通过信息设备和线路相互连接起来以实现信息传输和资源共享的一种计算机系统。网络上每台计算机被称为一个节点。

计算机可以完成多种任务,可被看成一个功能强大的系统。计算机系统由硬件和软件两部分组成,人们要通过软件才能使用计算机的硬件。计算机网络系统主要组成部分为：网络通信系统、网络操作系统和网络应用系统。网络通信系统实现节点间的数据通信,主要涉及传输介质、拓扑结构、介质访问控制等一系列技术。这是网络技术的核心和基础。网络操作系统是网络用户与计算机网络之间的接口,是对网络资源进行有效管理的系统。提供基本的网络服务、网络操作界面、网络安全性和可靠性措施等。

网络应用系统是根据应用需要而开发的基于网络环境的应用系统,主要功能是为用户提供各种应用服务,包括在操作界面中运行的文字、图像、语音和动画等各类应用软件。

(二) 计算机网络的主要分类

1. 按照互联规模和通信方式分类

可分为局域网、城域网和广域网。这三种网络的比较如表 9-1 所示。[1]

表 9-1 LAN、MAN 和 WAN 的比较

	局域网(LAN)	城域网(MAN)	广域网(WAN)
地理范围	室内、校园内部	建筑物之间,城区内	国内、国际
所有者和运营者	单位所有和运营	若干单位共有或公用	通信运营公司所有
互联和通信方式	共享介质、分组广播	共享介质、分组广播	共享介质、分组交换数据
拓扑结构	总线型、星型和环形	总线型、星型和环形	不规则的网状结构
主要应用	分布式数据处理、办公自动化	LAN 互联、综合声音、视频和数据业务	远程数据传输

2. 按传输数据是否通过传输介质可分为有线网络和无线网络

在有线网络中,各计算机间必须用一定的介质如双绞线、同轴电缆、光纤等连接。无线网络则采用视线介质(无线介质),包括微波、电磁波、红外线或激光等作为传输介质。它所采用的频段和调制技术包括：扩频调制、红外光和窄带调制。前两者主要用于无线局域网,后者主要用于无线广域网。后者主要依赖于三种物理链路,即蜂窝通信网、专用移动通信网、卫星移动通信网。

(三) 网络协议

计算机网络为了实现实体(各种应用程序、文件传送软件、数据库管理系统、电子邮件系统及终端)间的通信,需要为它们制定交流的规则,这些规则的集合统称"互联网协议"

---

[1] 雷震甲.网络工程师教程[M].北京:清华大学出版社,2004:54.

(Internet Protocol Suite),即能够使联网的计算机间得以互通的网络语言。网络体系结构的标准化使基于通信协议的网络体系结构能够通用。国际标准化组织 ISO(International Organization for Standardization)提出开放系统互联 OSI(Open System Interconnection)参考模型,采用结构化的设计和实现技术,即采用分层或层次结构的协议集合实现通信体系结构的统一。OSI 参考模型分为物理层、数据链路层、网络层、传输层、会话层、表示层和应用层等七个层次。常用的计算机网络协议有 IPX、TCP/IP、NetBEUI 等,其中 TCP/IP 协议作为对 OSI 模型的简化,成为互联网使用的协议,由 IP 协议和 TCP 协议组成。

IP 协议指定了要传输的信息包的结构,它要求计算机将要发送的信息分为若干较短的小包,小包除了包含一部分信息外还包括被送往目的地的地址等。TCP 协议规定为防止传输过程中小包丢失而进行校验的方法,以确保信息传输的正确性。TCP/IP 协议是保证计算机网络中数据完整传输的两个基本协议,是互联网的基础。[1]

二、互联网的诞生与发展

(一) 互联网的诞生

互联网和网络在技术领域是两个概念,但在非计算机领域,一般所指的网络都是互联网。互联网是目前世界上最大的国际性互联网络,它由大量的大大小小的网络连接而成,是人们接触最多的网络。

互联网源于 1969 年诞生于美国的阿帕网(ARPANET),它是美国国防部的高级计划研究署 ARPA(Advanced Research Projects Agency)只有 4 台计算机相连的一个实验性网络。为应付可能的战争破坏,ARPARNET 的设计目标之一是即使它受到外来袭击仍能正常工作,即计算机可通过任一路由而不是固定路由发送信息,这种特性使计算机网络更安全。随着美国许多研究机构和大学加入阿帕网,网络节点增多。1974 年,温顿·瑟夫(Vint Cerf)和鲍勃·坎(Bob Khan)提出了 TCP/IP 协议。1976 年,阿帕网上的节点计算机发展到 57 个,连接各种不同计算机 100 多台,联网用户 2000 多人。1979 年,ARPA 成立了一个非正式的委员会——网际控制与配置委员会 ICCB(Internet Control and Configuration Board),以协调、指导网际互联协议和体系结构设计。新的网络协议定名为 TCP/IP 协议,即传输控制协议/网际协议。1983 年被指定为互联网的标准协议,被所有网络采纳,标志着全球互联网的正式诞生。不久,ARPANET 分为专门用于军事通信的 MILnet 和网络研究的 ARPAnet,两个网络可以通信和资源共享,这种网际互联的网络被称为 DARPA Internet,后改称 Internet(互联网)。

(二) 互联网的普及发展

计算机网络技术的发展使互联网从实验室走向大众,进入社会商业应用,服务提供商和内容提供商随之出现。初时的商用互联网仍存在较高门槛,直到 1989 年,欧洲粒子物

---

[1] 柳泽花.网络新闻传播实务[M].武汉:华中科技大学出版社,2002:39-40.

理实验室的蒂姆·伯纳斯·李(Tim Berners-Lee)提出 WWW(World Wide Web 万维网)构想,使互联网技术平民化,为互联网成为大众传播媒介奠定了基础。

WWW 的普及使"WEB 网站"(简称网站)成为互联网主要的信息获取渠道,网站之间联系更紧密,切换更方便。随着电子邮件、BBS、网络游戏等的出现,门户网站也开始发展。互联网继而成为大众传播媒介。随着网络信息越来越多,专业搜索技术应运而生,诞生了以 Google、百度为代表的网络蜘蛛型搜索引擎(简称搜索引擎)和以 Yahoo! 为代表的基于人工分类目录的搜索引擎(简称分类目录)两种。后来发展迅速,从文字搜索发展到多媒体搜索;从一般搜索向专业化搜索扩展,并进一步与社区结合;从被动搜索结果到记忆搜索条件主动整合、满足搜索需要的进一步智能化发展。随着语义网技术和社会化搜索引擎思想的发展,还可通过人工介入优化搜索结果。

1990 年 7 月,ARPANET 退役,NSFNET 成为互联网的主干网,向全社会开放,互联网进入了以资源共享为中心的实用服务阶段。从此互联网迅速发展,很快走向了整个世界。

三、网络媒体出现并快速发展

随着技术的变革,互联网进入了商业化应用阶段,服务提供商和内容提供商开始为互联网上提供信息供登录网络的用户进行信息浏览和个人交流,中国的瀛海威时空当时提供的就是这样的简单的网络服务模式。早期的互联网内容服务还包括信息检索系统 Gopher 和网络新闻组 Usenet 等,互联网逐步走向大众领域。

(一)互联网的媒体化发展

万维网之父蒂姆·伯纳斯-李提出的 WWW 的技术构想,被认为是继 TCP/IP 协议出现并成为互联网的标准协议之后互联网技术发展的第二次飞跃。WWW 的主要贡献在于利用互联网传送超文本信息,包括文字、图像、音视频等多媒体化信息,信息之间以超链接的方式进行互联。随后出现了基于 WWW 的各种浏览器,这种图形化的网络操作界面使网络的操作变得简单易用,网络上的各种信息通过链接的方式互联互通,不再是一个个信息孤岛,所有的网上信息使互联网变成了一个内容网络。随着 WWW 的普及与发展,Web 网站成为互联网主要的信息获取渠道,网站之间的链接切换日益方便,这一时期出现的电子邮件应用、BBS(有电子布告栏或网络论坛)、网络游戏等,专业化的互联网技术开始平民化普及应用,内容和用户不断增长。

1994 年 4 月 20 日,中国实现与国际互联网的第一条 TCP/IP 全功能链接,成为互联网大家庭中一员,同年 5 月 15 日,中科院高能物理研究所设立国内第一个 Web 服务器,推出中国首套介绍高科技发展的网页,其中一个栏目还提供包括经济、文化、商贸等图文信息(后更名为"中国之窗"),成为中国利用国际互联网发布信息的主要渠道之一。此后,人们的生活悄然发生了变化,各大传统媒体的内容开始上网,出现了各种报纸的电子版、网络版,但大部分内容还是照搬报纸的主要内容。

网站的普及和不断增多,网络信息内容的几何级增长让用户查找信息变得困难,搜索引擎技术开始发展,随着这一技术和网络内容不断丰富,搜索引擎如今不仅可以进行文字搜索,还可满足人们多媒体内容搜索、智能化搜索、社会化搜索等让网上信息逐渐更加简单易用。快速性、海量性和互动性的网络信息的互联互通与简便易用,让互联网成为新闻信息传播的重要新型媒介,在商业、政治、经济、文化和传媒等各领域都开始发展和兴盛起来。

此时的网络媒体传播形式是以网站为主要平台,以内容为核心的传播模式,也可以称为大众门户模式,其主要特点为:

(1) 一站式内容展示。门户的意思就是进入一个网站,它会提供尽可能全面的各种多媒体信息,并且以频道的形式进行信息分类。

(2) 门户网站以内容吸引和聚集用户。门户网站时代,用户进入一个门户,可以浏览网页内容获得信息、可以在论坛版块参与各种主题内容的论坛交流等。

(3) 网站是传播的控制者,网民相对被动。一方面,网站提供什么信息网民就接受什么样的信息,网站提供给网民的是无差异信息,无法更加细致更加个性化。另一方面,网民只能浏览网站信息,不能修改网站上的内容也不能及时反馈,只能在少数开放留言的论坛发布简单的信息反馈。

(4) 门户式网络传播呈现出"中心化"倾向。中国四大门户网站新浪、搜狐、网易、腾讯等,成立于互联网在中国发展之初的 1997 年和 1998 年之间,聚集了相对丰富的各种信息内容并吸引了大量的网络用户。

(5) 网站内容的传播效果测量困难。网站的传播效果还仍旧像传统报纸广播电视时代以发行量和收视听率一样,以网站浏览量和用户规模来进行模糊计算监测,无法进行基于用户个性特点的内容精准化细分,也无法对用户的上网行为和喜好进行监测,网站的竞争就是用户规模的竞争。

(二) Web2.0 时代

Web2.0 是相对之前互联网静态、信息和人、人与人之间难以交互的低级形态的一个概念。人们把 Web2.0 出现之前的网络叫作 Web1.0,至于 Web3.0、Web4.0 也只是互联网发展到更高级技术形态和阶段的称谓。

Web2.0 这个词最早出现在 1999 年,但作为概念被普遍认可和使用则始于蒂姆·奥莱利创办的 O'Reilly Media 公司联合其他几家公司在 2004 年发起的首届 Web2.0 大会。从技术上看,Web2.0 主要指的是允许用户参与网站内容建设和交互的技术,也就是网络不仅是"可读"的也变得"可写",但更多时候 Web2.0 被当作一种新的思维。Web2.0 的一个关键原则是用户越多服务越好,服务主要扮演着一个智能代理的角色,将网络上的各个边缘连接起来,同时充分利用了用户自身的力量。在维基百科相关词条中,Web2.0 的含义包括三个层次:① 它是基于互联网和移动通信的应用,它将传播变成一种互动的对话;② 它是建立在 Web2.0 的思想与技术基础上的网络应用,它促成了 UGC 的生产与交换;③ 社会化媒体是社会性互动的媒介,而社会性互动是社会性传播的一个超集(集合的一个概念,此指社会性互动比社会性传播涉及面更广)。借助随时随地联网且可扩展的通信技术,社会化媒体在很大程度上改变了组织、社群以及个体之间的沟通方式。

Web2.0 是关于人和互联网交互方式的一种改变——人们不再被动地接受门户网站

的编辑们发布的信息,而是主动参与创造信息。这一时期涌现出大量的以个人博客(Blog)为代表的个人网站,每一个人在网络当中的节点,真正发挥了信息传播和交流的作用。当每个接入互联网的节点都可以平等地进行信息生产和交流的时候,互联网的真正价值才显现了出来。所以 Web2.0 的模式特点可以概括为:① 每个节点都是一个传播的中心;② 关系成为传播的渠道;③ 社交和分享是个体传播的动力;④ 个性化信息服务应运而生;⑤ 信息与观点的传播路径更加直接可感,易于测量和干预;⑥ 传播的层级更丰富;⑦ 传播格局整体上呈现去中心化和新的再中心化样态。

基于以上特征,联系人们对于社会化媒体的界定——互联网上基于用户社会关系的内容生产与交换平台。① 在这里,互联网包含传统意义上的互联网和后来兴起的移动互联网。用户既包含个体的用户也包括作为组织、机构、媒体在内的所有接入互联网的节点。

Web2.0 是互联网的一次理念和思想体系的升级换代,从原来的自上而下的,由少数资源控制者集中控制主导的互联网体系转变为自下而上的,由广大用户集体智慧和力量主导的互联网体系 Web2.0,内在的动力来源是将互联网的主导权交还个人,从而充分发掘个人的积极性,使之参与到体系中来。

虽然人们对于 Web2.0 的定义和特征的概括不尽相同,但有一点是共同的,即 Web2.0 是以人为中心,而不是以内容为中心;另一个共识是,它是一种用户参与的架构,既指网站内容建设也指网站的整体生态系统的建设。与 Web2.0 相关的主要技术有 RSS、博客、播客、维基、SNS、微博、微信等。可以看出,Web2.0 所强调的核心思想与社会化媒体的本质一致,但 Web2.0 还与时间相关,通常把 2004 年开始的互联网时期称为 Web2.0,而社会化媒体则是一个不受时间阶段限制的概念。

(三)社会化媒体的兴盛

安东尼·梅菲尔德(Antony Mayfield)被认为是最早提出社会化媒体的人。2007 年,他在在线出版的《什么是社会化媒体》中指出,社会化媒体是一系列在线媒体的总称,其主要特点是参与、公开、对话、社区化、连通性。社会化媒体最大的特点是赋予每个人创造并传播内容的能力,作者将社会化媒体的基本形态分为社交网站、博客、维基博客、论坛、内容社区和微博等。②

社会化媒体是基于用户社会关系的内容生产与传播平台,其主要特征表现在:

1. 内容生产与社交相融合

一方面,社会关系和社交的需求促进了社会化媒体平台上的内容生产:不从属于专业媒体的个体或组织,通过各种网络手段进行自主的信息传播的自媒体不断涌现并产生了大量的网络多媒体内容,即 UGC 式内容生产;另一方面,社交渠道成为内容的传播渠道,这些内容成为人们交往的主要形式和纽带。

---

① 彭兰.社会化媒体理论与实践解析[M].北京:中国人民大学出版社,2015:2.
② What is social media icrossing ebook[DB/OL].(2008-08-01)[2019-01-03].http://www.icrossing.co.uk/fileadmin/uploads/ebooks/what is social media icrossing ebook.pdf.

2. 用户是社会化媒体平台上的主角

社会化平台上的主角是进驻的各种用户,这些用户包括个人、各种组织团体、政府职能部门机构等,当然传统媒体机构和新生媒体机构也扮演重要角色。网站的运营者作为平台的提供者,提供服务和管理。

3. 每个用户节点都是一个传播中心

网络上每个节点都是一个传播中心,他们同时兼顾信息生产者、传播者和接受者多重角色,他们经常进行协作式内容生产。

4. 社会化媒体和大众媒体相结合

从传播学角度看,社会化媒体能产生大众传播的效果,只是内容生产者更多元、内容更丰富和个性化,并且内容的接受者是平台上聚合了多种社交需要的主体。与以往的信息结构与重构的思路不同,Web2.0着重点在用户群的解构与重构,经过现实社会过滤和筛选后,由真实的个人和真实的社会关系组成的信息网络,自动承担了网络信息的选择、过滤、传播和互动,使信息与用户间的匹配更自然、精准、智能和高效。

5. 社交和分享成为传播的动力

尤其对于个人社交账号来说这一特点尤其明显,同时也进行其他信息和观点的生产和交流。

6. 传播的多层级性

信息在每个节点传播时都可再加工创作,可以对原始信息进行不同的编辑变形,增加了信息的附加值,当然,有时也会带来相反的结果,造成信息在传递过程中出现损耗甚至产生虚假信息。

7. 整个传播格局呈现去中心化和再中心化的局面

互联网上每个接入互联网的节点间理论上是平等的,但由于增加了主体节点的社会角色和错综复杂的关系,他们对信息权力等的不同掌握使互联网上的信息节点在实践中并不完全对等,影响力和传播力会有差异。

社会化媒体促进了公民新闻与自媒体的繁荣,也对专业媒体的信息传播模式和传播格局带来了重大冲击和挑战,影响大众传播媒介的传播格局。

四、多元网络传播主体共同发展走向融合

(一)媒体融合的现实要求

网络媒体传播主体的多元化,带来信息和意见传播的迅速流通,加之社交化媒体的使

用,网络媒体平台内容越来越丰富,人们的信息需求也更加多样。媒体的竞争和网络媒体用户的需求进一步发展,媒介传播格局变革中传统媒体探索对新媒体技术的利用,各种新媒体亦寻求深入发展,所以优势互补进行媒体融合发展成为共识。

受众接受信息的习惯和媒介接触方式发生变化,尤其是移动互联网的发展和便携式移动终端的普及,人们开始养成了随时随地的媒介使用习惯。

传统媒体有着优厚的传播实力,但是因为媒介接触易得性不足而一直流失受众,带来一系列问题,所以积极尝试电子化、数字化;同时网络媒体在商业化发展过程中用即时通信、邮箱、搜索、游戏和购物等聚集了大量用户,他们急需提升网站的黏性让这些用户多一些停留,需要更丰富的内容和话题来吸引用户,所以他们之间在竞争中找到了互补融合之路。

(二) 探索尝试媒体融合的主要形式

媒体融合概念最早由美国麻省理工学院媒体实验室的浦尔教授1983年在《自有的技术》一书中提出,指各种媒介呈现出多功能一体化的发展趋势。媒体的数字化、网络化、移动化,在媒介传播领域产生的结果就是各种媒体之间界限变得模糊、功能相互交叉、市场不断汇聚。2003年,美国学者李奇·高登在《融合一词的意义与内涵》一文中进一步总结了媒体融合在不同传播语境下的六类含义,即媒体科技融合、媒体所有权合并、媒体战术性联合、媒体组织结构性融合、新闻采访技能融合以及新闻叙事形式融合。[①] 这使得人们对媒体融合的内涵有了更为全面具体的认识。

中国人民大学新闻学院蔡雯教授提出,媒体融合是指在以数字技术、网络技术和电子通信技术为核心的科学技术的推动下,组成大媒体业的各产业组织,在经济利益和社会需求的驱动下,通过合作、并购和整合等手段,实现不同媒介形态的内容融合、传播渠道融合和媒介终端融合的过程。彭兰教授则从新闻媒体运作的角度,将媒体融合分为四个层次:业务形态融合、市场融合、载体融合以及机构融合。

当前的媒体融合包括技术融合、业务融合、平台与市场融合和产业融合等层面都有较多的尝试。比较有代表性的如"中央厨房"式,通过一个集中平台整合多种媒介资源,围绕内容采集、生产与分发业务进行统一调度。这部分内容已在前面相关章节进行了详细阐述。

媒体融合要求传统媒体和网络媒体重新审视受众需求进而做出改变。譬如,对新闻价值要素权重的重新赋值、媒介传播质量判定标准的调适和从内容到产品、从受众到用户等的思维上发生转变。要对内容和形式进行整合优化,而不是大而全的简单相加。

媒体融合过程中新闻信息生产的主要模式有:① UGC模式,通过用户生产的内容进行整合使用;② 众包模式,就是大众在开放平台进行协作式写作;③ 迭代新闻模式,是新闻信息再生产过程中经过完善,不断推出新的更优化的版本,满足用户参与定制的信息需求,新闻从快到深分快讯、初稿、报道、背景、分析、互动和定制7个阶段;④ 融合新闻模式,

---

① 宋昭勋.新闻传播学中Convergence一词溯源及内涵[J].现代传播,2006(1):51-53.

运用多媒体的表现方式,形成无缝、连贯的"叙事流"。①

五、网络媒体高速化和智能化发展

(一)高速发展下的时空变化

移动互联网不仅是互联网的升级,也是大众传播的升级。它带来了革命性的变化。首先从时间上考察,人们接受信息更加碎片化,所以内容提供上要能适应用户的媒介使用场景。内容不断更新推送,适应人们的碎片化接受只能把大块内容切碎。其次从空间上考察,智能化的网络媒体和平台根据受众定位进行适当的信息服务,并且把新闻生产空间从"媒体空间"转移到"现场空间",某种程度上要求传播者必须在新闻现场,而不论这个传播者是不是职业的信息报道者。移动接收必然会带来对场景的重视。在媒介接收终端的表现就是从互联网 PC 端接收信息的博客时代,到以手机等便携式终端处理信息的微博微信时代。"微传播"充分适应了网络媒体高速发展带来的这种时空上的变化。

(二)网络智能化发展

人们用超文本和多媒体技术把互联网改造成为第二代互联网,以解决不断遇到的问题。利用互联网把分散在不同地理位置的电脑组织成一个"虚拟的超级计算机",每台参与计算的计算机就是一个"节点",而整个计算是由成千上万个"节点"组成的"一张网格"。网格计算的优势有两个:一是数据处理能力超强;二是能充分利用网上的闲置处理能力,可以更好地管理网上资源,将之虚拟成为一个空前强大的一体化信息系统,在动态变化的网络环境中消除信息孤岛,共享资源和协同解决问题,从而让用户从中享受可灵活控制的、智能的、协作式的信息服务,并获得前所未有的使用方便性和超强能力。

网格计算诞生后"云计算"(Cloud Computing)的思想也被提出。其目标是将网络中的服务器作为一种共享的资源,用户可随时获取、按需使用。用户利用网络服务器(即"云")而不是 PC 来完成文档、图像或者视频处理等,用户无须不断更新 PC 的软硬件,就可享受到性能不断优化的服务。不同设备间的数据与应用还可实现共享,因为这些数据与应用并不是在自己的电脑上,而是在"云"端。共享网络上功能强大的服务器,不再完全依赖个人终端,可以用任意终端在网络提供的基础设施中完成工作。而语义网、虚拟现实技术和 3D 技术的发展让互联网不仅更智能,让计算机能"看懂"网页的内容,从人们的网络搜索和浏览结果筛选出人们需要的内容,而且使网络与现实社会的交融更加密切。

(三)智能化媒体的特征和内容生产的模式

智能化媒体的特征表现在三个方面,即万物皆媒、人机合一和自我进化。也就是说因为物物相连,任何信息内容都可以在任何载体进行发送和接收,不再依赖特定的终端,还能更好地适应人的要求,进行智能化判断进而实现自我进化。

---

① 李良荣.网络与新媒体概论[M].北京:高等教育出版社,2016:106.

从内容生产角度考察智能化媒体的生产主要有：① 个性化新闻。个性化新闻主要体现在以下三个层面，一是个性化推送，二是对话式呈现，三是定制化信息生产。② 机器新闻写作。随着机器深度学习、语义分析等能力的提高，未来机器写作着力在被人们所诟病的写作不够自由个性、没有质感与温度及没有人的创造力等方面实现突破。③ 传感器新闻。如 GPS 等传感系统可以持续稳定地记录某些信息，使其最终为新闻事件的呈现所使用。另外目前用得比较多的传感器就是无人机。传感器现阶段主要有两种使用方法，第一种是作为信息采集工具，第二种是作为用户反馈的采集工具。④ 临场化新闻。临场化新闻就是要解决用户与现场的关系，就是要让用户接收信息时有一种进入现场的感觉。主要有以下三种形式实现，即网络视频新闻直播，VR 和 AR 新闻，VR 和 AR 直播。⑤ 分布式新闻。智能化互联网的另一个含义是用机器集成人的智慧，社交媒体的应用使新闻生产逐步趋向分布式即多种主体在自组织模式下共同参与某一个话题的报道。

当然，从人本的角度来看，无论网络智能发展到什么程度，人工智能有多么便利，从所有事物最后要关照的根本来说，不能遗漏人的基础作用。

第二节 网络媒体传播特征

网络媒体的出现开辟了人类传播活动的新领域。正如每一次科技进步都推动了人类历史发展，网络媒体以其独特和前所未有的优势成为现代社会信息传递和操作的主要媒介之一，深刻地改变了人们的生产生活。而这一切与互联网的特性密切相连。

一、互联网的基本特性

计算机科学认为，所谓"网络"是指互联起来的自主计算机的集合。这一定义包含了三个意思：第一，计算机网络要通过通信信道（有线或无线的）相连接；第二，计算机之间没有主从关系，各节点之间平等独立，采用分布式结构，任何一个节点的存在与否不会影响整个网络；第三，计算机网络是一个计算机群体。① 计算机科学中的"网络"概念是一种狭义上的概念，但是它已经揭示了"网络"工具的基本特性。

1. 数据自由流动

网络技术是消解了中央控制的技术，其特点是多路由、分布式、分散化，每台入网的计算机都可以成为主机；传播主体多元化使信息传播权不再由特定的集团或组织控制，网络上每个人都可以成为传播主体，信息和意见可以无限制地表达出来；而传播主体的多元化也使网络能够更好地反映社会的多元文化。

---

① 李大友.程序设计：程序员[M].北京：人民邮电出版社，2001：274.

2. 节点多向交互

交互性是网络媒体区别于传统媒体最大的优势之一。第一，互联网传播速度快和超文本链接的特征使传播和接收几乎没有时间差，发出信息的同时就可以得到反馈；第二，主受之间、受众之间交互能力大大提高；第三，传受角色可互换。

3. 信息丰富性的增值

前文已经提过，梅特卡夫法则论证了网络上联网的计算机越多，每台电脑的价值就越大，"增殖"以指数关系不断变大。互联网信息的广容性、信息范围的无疆域性，特别是超文本链接组合，使互联网中信息传播路径呈现出非线性特征，可以无穷发散，向各方向延伸。由于每个节点都是资源，因此，节点越多资源就越多，传播的范围就越广，传播的时间也就越长。而信息的不断增值必然使整个网络功能得以不断增值，在各节点影响力不断增值的同时，也使整个网络的影响力得以增值。

4. 先天的技术优势

网络是以数字技术为基础的媒介，数字技术是互联网存在的前提。人类历史上只有网络是在其出现之际就采用数字技术的媒介，其他媒体尽管现在也多是数字化的媒介，但都是由其他形态向数字化转变后的结果。这就使网络媒体从出现之初就显示出强大的技术生命力，也使它具有融合其他媒介的先天优势。

二、网络传播的总体特点

（一）数字化下的再中心化

数字技术就是把模拟信号经过取样、量化和编码并转化为数字信号的技术。数字技术使网络传播不仅便于复制和传输，而且便于不同信息间的相互转化，所有形式的信息都可以经过数字比特的一元化处理成为网络中统一的数据流。此外，数字技术带来的数字化环境还为其他媒介的传播融合提供了开放的接口，为网络在破除传播中心化的同时，成为融合传播中心化的媒介铺平了道路。

（二）多媒体的呈现方式

多媒体技术是由电脑控制的，以集成化、数字化方式处理信息，以交互方式显示信息的技术。多媒体技术中，信息被综合运用离散媒体和连续媒体两种形式一同表现出来。可综合运用文本、图片、音频、视频等多种形式，营造多维的信息环境，充分发挥了多种媒体呈现的综合效果。

（三）渠道与平台的开放性

网络作为一个信息交流的平台，是一个开放的而非封闭的系统。开放性使得网络可以跨国界传播,来自世界各地的信息与文化在网上交流、碰撞;另一方面,网络的一个本质要求是信息共享,因此网上信息无论是源还是流都是开放的。

三、网络媒体的传播优势

与传统的媒介相比,网络媒体的传播优势突出表现为复合性、连通性、开放性、多级化与网状化。

(一)传播的复合性

1. 传播形态的复合性

网络媒体是集人际传播、群体传播、组织传播和大众传播等多种形态为一体的复合性媒体,各种传播形态之间形成了相互交织、共同作用的复杂关系。传播既可以是"点对面"的也可以是"点对点"的;可以是一级传播也可以是多级传播;既可同步传播也可异步传播。信息的传播可能会跨越多种传播形态,在多个传播渠道中进行多级传播,呈现出"复合式"的传播,并也因此常常出现传播的信息和意见被放大、扭曲、衰减等现象。也就是说,传者一旦将信息发送到网络媒体中,就对自己传播的原始信息失去了控制,而同时作为接受者的其他主体则可以对信息进行各种主动性的理解、加工、评论、转发或者再造,对传播过程和结果的影响十分明显。

2. 传播功能的复合性

这些功能主要包括:个人层面上有人际交流、个人情绪的调节、人脉资源的积累、自我形象的塑造和个人生活、学习、工作平台等功能;群体层面上有已有群体的维系、新群体的发展、群体文化的形成与维系、群体间的互动等功能;组织层面上有组织的工作平台、组织内的信息沟通、组织文化的形成与维系、组织外的信息传播、组织对外公关等功能;社会层面上有传播社会信息、形成社会舆论、监测社会环境、社会文化的发展与传承、社会服务等。当然,以上功能并不是彼此独立而是相互交融、共同作用的。

3. 话语空间的复合性

网络媒体传播形态的复合性决定了它兼具"公共话语空间"和"私人话语空间"的性质。"公共空间"(Public Sphere,也译为公共领域)是德国哲学家尤尔根·哈贝马斯(Jürgen Habermas)提出的概念。作为公共话语空间意味着网络是允许个体进行意见表达的公开场所,个体在空间里的话语表达可以被他人听到或看到。但在这个空间里,个体拥有更多的是说话的"权利"而不是"权力"。个体说的话能否被人听到能被多少人听到,除了取决于他的节点链接数外,还取决于他的话题是否被关注、表现方式能否被接受、观点能否引起共鸣或者争鸣。但无疑网络确已成为人们物质交往和精神交往的"公共空间",尽管在这种空间中的交往并不一定平等。网络媒体也是一种"私人话语空间"。电子邮件、聊天室、及时通信工具,甚至博客、微博微信等都被一些网民视为纯私人的表达。在

"私人话语空间"里,个体的需求不同,个体的意见形成与表达方式与"公共话语空间"也有较明显的区分。但由于网络媒体本身的开放性,网络的"公共话语空间"与"私人话语空间"的界限并不总是清晰的。认识网络媒体"公""私"兼具的特性,有助于提醒人们对网络中的言行可能产生的社会后果有足够的预估。

(二)传播的连通性

网络媒体是复杂而巨大的网。从底层结构来说,它的各个节点是可以相互连通的。超链接使网络信息可以彼此相连,不同平台和应用能够打通进而实现传播的全网化运动,而网络更高层面的连通性表现为传播者与受众以及受众之间的连通。

1. 信息的连通性

网络技术结构连通性的特点,使信息之间的联系不再是线性、一元的,而是网状、多元的,并表现为时间维度上和空间维度上的连通。信息的连通性并不表明所有网页间都存在直接联系,不同网页被链接的数量也存在很大差异。一个网页被其他网页链接数量的多少成为影响力的衡量指标,影响力大的网站或网页被链接的数量往往更大。

2. 传受之间的连通性

传统大众传播中的传者与受众并不能直接连通。但在网络媒体的传播中,传播者与受众之间可以直接连通。传受间的沟通方式不再是简单的反馈与交流,而是一种你中有我、我中有你的共同协作,甚至很多时候传受关系可相互转化,也因此使网络媒体整体的传播效果更加明显。

3. 受众之间的连通性

网络的连通性使受众可以远隔千里与素未谋面的受众产生各种联系。这种连通性对于受众在信息选择时的价值取向、网络舆论的走向和网络文化的形成等都会产生直接的影响。一方面,受众彼此的影响已经超越时空,形成了新的无疆域的网络虚拟社区,这也意味着看似分散的虚拟社区具有高度的聚合性,能使分散的、隐藏的个人选择外化为一种"集体"的选择;另一方面,这也使网络中弱小的个人意见可以强势汇集,产生巨大的网络舆论,并在一定的时候由线上转入线下,甚至形成虚拟空间和现实空间的同步共振。

(三)传播的开放性

技术的开放性给网络媒体的传播具有了开放性,这主要体现在网络的传播环境、传播过程以及传播内容上。

1. 传播环境的开放性

网络传播开放性的宏观表现是传播环境的开放性。从大众传播的角度看,网络传播的参与者可以是任何可利用网络的人,这使网络传播的环境变得更加多元与复杂。尽管政府部门、相关机构以及专业化媒体的把关功能仍然起作用,但与以往相比较,传播参与者的多元化所带来的信息构成的多元化与流向的多向性,使网络媒体传播整体环境的可控度降低。

2. 传播过程的开放性

相较传统媒体受出版周期和播出时段等限制,网络媒体传播可以全天候处于信息发布状态,对突发事件或动态发展事物可及时发布、全程跟踪、滚动报道。此外,由于网络传播过程中各要素与环节都处于开放状态,信息发布之后会呈现出多平台、多层次级的传播,不仅传播范围更广、速度更快,而且也常常因此产生"信息畸变"。

3. 传播内容的开放性

网络传播内容的开放性最直接地表现为内容生产的协作性,类似于"维基"式的开放生产——人人都可以浏览、创建和更改文本,网络系统对所有的修改痕迹都会留有记录,以便事后对内容进行查验、追踪、恢复,以此确保人人都可以基于同一主题的内容进行写作、修改、扩展和传播。这种协作式写作在媒介传播中有着重要的意义:新闻价值公众确认、新闻信息全程提供、新闻分析多元展开。这种在同一平台围绕同一信息主题或为实现同一个传播目标而展开的网际协作,不仅将使信息更加丰富、解析更加多元、验证更加苛刻、讨论更加理性,而且也使公众可全程参与新闻的生产与传播,这对于制约新闻信息传播过程中种种原因导致的偏见与误差,让报道更准确、均衡、公正、深刻具有巨大的作用。①

(四) 传播的多级性

与传统媒体的"多级"传播相比,网络的多级传播不仅作用范围更大、程度更高,而且包括了更多的组合形式。在传统媒体多级传播中,一级之后的传播通常是在媒体之外完成的,而网络的多级传播可以完全利用网络实现。由于网络传播路径是网状化的,理论上每条信息都可能借助其他节点从一个点扩散到一个面。这些点可能是大众传播的节点(如新闻网站、商业网站),也可能是群体传播的节点(如虚拟社区),或者是人际传播的节点(如线上关系圈),抑或是组织传播的节点(如政府、企业的网站),这些节点虽然不一定都直接链接,但网络化结构使这些节点的传播渠道形成了看似独立、实则关联的关系。网络多极化传播正是在这些大众传播渠道、群体传播渠道、人际传播渠道、组织传播渠道的综合作用下,使传播环节数可以无限增加,传播级数可以无限增加。

当然,并非所有信息都会以多级方式流动。信息能进入多级流动状态有一定的动因,如信息本身与受众兴趣的吻合度、信息发布的方式等。

(五) 传播的精准性

网络技术的发展与大数据技术的普及应用,使网络媒体受众的媒介使用习惯、偏好、

---

① 高钢.谁是未来新闻的报道者:维基技术的本质及对新闻报道的影响[J].国际新闻界,2008(6):60-65.

信息接受程度甚至具体的个人基础信息都可以被网络运营者轻松掌握。网络媒体利用算法技术对受众的网络行为数据进行挖掘、分析、反馈、修正等，生成用户模型和内容模型，实现内容的个性化、定制式精准推送和有效供给。

第三节　网络媒体受众分析

大众传播学将不同媒体的信息接收者如读者、听者、观众、网民统称为受众。而传媒经济学则将某种媒体的使用者称为这种媒体的用户。进入网络时代之后，网民、用户、受众等概念仍在不同领域混合使用。这表明网络媒体仍具有大众传播的基本特点，网民既是网络信息的接收者、网络媒体的使用者，仍具有大众传播中受众、用户的一般特征。但由于网络传播兼具了大众传播、组织传播、人际传播等各类传播的形态，以往被动的"信息接受者"已向着有选择、有购买行为的主动"信息接收者"转变。特别是随着信息商品价值的不断提升、网络信息内容生产方式的改变，网络受众已经向既传播又接受，既消费又生产等多种角色转变。

一、网络传播时代的受众观

正是由于网络媒体使大众传播、组织传播、人际传播等不同传播之间的界限越发模糊，以往不同传播形态中相对固定的角色开始消弭，因此，网络受众的概念虽仍具有传播学意义上约定俗成的价值，但很难清晰区分网络媒体传播中不同角色之间的差异性，也使大众传播学的各种受众观在保持原有部分特征的同时，相应产生了或多或少的改变。以下只以三种受众观为例。

（一）受众观的变与不变

1. 作为社会成员群体的受众观

这种观点认为受众并不是孤立的个人的集合，而是分属于不同的社会团体或群体，大众传播不可能随心所欲地左右受众。特别是受众在作为社会集团或群体成员行动时具有能动性，表现为：一是"能动选择"，即有选择地接触那些与自己的群体利益、规范或文化背景相合的传播内容；二是"能动解释"，即按照自己的政治、经济利益或意识形态来理解或解释大众传播的信息。网络受众虽然更加分散，更不具有传统传播学地理区域上的限定性，但网络的汇聚能力特别是虚拟社会与现实社会某种程度的一致性，使得社会成员群体的受众观仍具有网络社会学的价值。

2. 作为"市场"或"消费体"的受众观

"受众即市场"是随着大众传播媒介企业化经营而形成的。此观点认为，传播媒介的信息生产和传播是通过媒介竞争向潜在的消费者提供商品或服务的活动，而受众是"具有特定的社会经济侧面像的、潜在的消费者的集合体"。此观点的局限性在于它容易把传媒与受众的关系固化为买方和卖方的关系,更多地着眼于与受众的商品购买行为有关的特定属性,而不能反映更深层次的社会形态和意识属性,容易把"商品销售量"——收视率、发行量、点击率作为判断传媒成功与否的唯一标准,把复杂的传播关系简化为买卖关系,把公益性和社会效益标准放在次要的位置上。尽管如此,网络信息商品价值的不断提升,特别是"流量"概念的引入以及作为判断信息传播的重要标准,这种受众观在网络传播时代仍具有广泛的影响。

3. 作为权利主体的受众观

这种观点认为,受众不仅仅是传媒信息的使用者和消费者,作为社会共同体的成员或公众还应拥有各种各样的正当权利,包括知情权、参与权、接近权、隐私权、监督权等等。由于互联网提供了更便捷的信息获取和传播渠道,网络受众因此也更加积极主动地维护自己的上述权力。

(1) 网络受众的接近权。

接近权(Right to Access)发端于20世纪60年代的美国。1967年,美国学者J·巴隆在《哈佛大学法学评论》上发表的论文《接触媒介:一项新的第一修正案权利》(Access to the Press: A New First Amendment Right)中首次提出,并于1973年在《接近权:为谁的言论自由》(Freedom of the Press for Whom: The Right of Access to Mass Media)一书中进行了系统的阐述。中国学者郭庆光认为,媒介接近权即一般社会成员利用传播媒介阐述主张、发表言论以及开展各种社会活动和文化活动的权利,这项权利也要求传媒应有向受众开放的义务和责任。以网络为代表的数字化媒体为公民这一权利的实现提供了较好的技术支持。特别是网络上自媒体的出现,使民众的媒介接近权、使用权得到了基本解决。但是也应该看到,教育水平导致知识结构、媒介素养与软硬件资源拥有上的差异,仍存在新的"知识沟"的问题。

(2) 网络受众的知情权。

网络的海量信息、多级传播以及各类搜索技术的不断推出,使网络受众的知情权较之以往有了更多的满足。这既是网络技术发展带来的便利,使网民可以便捷地利用各种方式寻找信息,也是不同的网络媒体、网民个体,以及各级政府和职能部门利用网络媒体发布信息、及时回应民众询问等政务信息公开化的结果。以中国为例。在走好"网络群众路线"的要求下,各级政府部门的官方微博、微信和客户端等平台,已经逐渐成为政府信息发布和上下沟通的重要渠道。特别是在抖音、快手等短视频和直播平台等新兴领域的网络媒体上,已经有越来越多的官方进驻,真正实现了群众在哪里政府部门的信息发布就跟到哪里。

(3) 网络受众的参与权。

参与权与网民在信息传播中的参与性不同,强调的是一种政治参与的权利,网络媒体为民众参政议政提供了良好的机会。一方面,公民利用网络参与到公共管理之中,对于政府制定公共政策益处良多。公民依托网络可以自由表达自身的利益诉求,政府在参考公民实际诉求的基础上再制定公共政策,不仅科学合理,也更易满足公民诉求。另一方面,公共管理中公民网络参与程度越高,系列公共政策在出台后的实际实施阻力就越低。① 正如习近平总书记所指出的那样,网民来自老百姓,老百姓上了网,民意也就上了网。只有让民众主动利用网络参政议政,才能了解人民群众在想什么、呼什么、盼什么,才能知道抓什么、改什么、推进什么,才能真正想人民群众之所想、急人民群众之所急,而不至于陷入主观臆断。才能妥善协调好社会各方面的利益关系,促进好和维护好社会公平正义,才能保证全体人民在共建共享发展中有更多的获得感,才能有效地促进人的全面发展,实现全体人民群众的共同富裕。

(4) 网络受众的监督权。

网民的传播活动深刻影响着网络传播媒介的传播渠道和传播环境。"知屋漏者在宇下,知政失者在草野。"2016年习近平在"4·19"讲话中指出,现在"很多网民称自己为'草根',那网络就是现在的一个'草野'","网民大多数是普通群众,来自四面八方,各自经历不同,观点和想法肯定是五花八门的,不能要求他们对所有问题都看得那么准、说得那么对"②。他要求各级党政机关和领导干部"经常上网看看,潜潜水、聊聊天、发发声",对广大网民要多一些包容和耐心,对建设性意见要及时吸纳,对困难要及时帮助,对不了解情况的要及时宣介,对模糊认识要及时廓清,对怨气怨言要及时化解,对错误看法要及时引导和纠正。对网上那些出于善意的批评,不论是对党和政府工作提的还是对领导干部个人提的,不论是和风细雨的还是忠言逆耳的,不仅要欢迎而且要认真研究和吸取。可以看出在当下中国,社会公众在网络时代已有了更多更大的监督权利。

(5) 网络受众的隐私权。

网络的开放性成为社会民众使用网络的双刃剑。一方面它大大提升了社会公众的知情权、媒介接近权、使用权和监督权,另一方面,网络的开放和透明程度越高,网络受众隐私权的保护也就越发复杂。现实中很多网民甚至不得不在出让部分隐私权的情况下才能享受网络的使用权。因此,如何在网络时代有效保持民众的隐私权,已经成为网络媒体传播需要研究的重大现实问题之一。

(二) 受众的"被动"到"主动"和共动

互联网发展过程中一个非常大的特点就是受众的角色变化。受众从单向被动到互动的变化是受众观的第一次变革,而从互动走向"共动"则是网络媒体传播中受众观的第二次变革。互联网时代被称为"所有人对所有人的传播""人人都有麦克风""人人都有摄像头"的时代。原来单向、被动的"受众"如今则能够参与传播过程,他们可以通过对自己认为重要的新闻进行评论、转发等行为,提升新闻的传播价值,提高某些事件的关注度。譬如微博等媒体"热搜榜"等,就代表了受众对某些传播热点的形成是主动的;也可以通过讨论将个人意见汇集成公共舆论。受众变成网络媒体传播中的消费者的同时也是网络媒体内容的贡献者。也正如前文所说,受众是信息产品的消费者、传播活动的译码者、参与者

---

① 赵鹏,马常松.公民网络参政不能"跑偏走调"[EB/OL].(2017-04-25)[2023-01-05].http://theory.people.com.cn/n1/2017/0425/c112848-29233322.html.
② 习近平.论党的宣传思想工作[M].北京:中央文献出版社,2020:195.

和反馈者。

传统大众传播中,受众使用媒介的动机主要是有获取信息、获取知识、情感需要、娱乐和逃避现实的需要。他们处于信息传播的末端,对传播者生产和传播的内容进行阅读收听收看,几乎不参与信息生产环节,无法及时反馈,是一种被动的行为。基于戴维·莫利(David Morley)对"接受(Reception)"的定义——一种符号学过程,通过这个过程——受众不同程度地阅读和理解已经被传递的信息,并根据这些信息的含义,在他们所处的环境和经历中采取行动。但网络媒体受众这些动机界限比较模糊。在由数字媒体、移动媒体和参与式社交化媒体等组成的基于网络的新兴媒介发展过程中,人们对媒介的使用更加积极主动,"接受"变得越来越隐形化。特别是当人们更多地沉浸在参与式文化中时,他们更多地主张其权利和其媒介行动主义的实现。

二、网络受众的总体特点

随着网络技术的发展,各类硬软件以及上网成本越来越低廉,网络普及率越来越高,网民开始向低龄化和高龄化两端延伸,社会覆盖面已经由最初的少数向整个社会拓展。人类社会的信息化和网络化结构已经开始形成,各种社会生产生活都开始了数据化和网络化改造,呈现出德国社会学家恩斯特·曼海姆(Ernst Manheim)20世纪30年代提出的"人类关系的媒介化"景象,"网络不仅是一种传播媒介,也是一种生存空间"。[①] 在这种由网络媒体构成的社会生活环境中,人们的"生活就是网","网就是生活"。这使人们对世界的认识、媒介的使用以及参与社会活动的方式具有了网络时代的全新特点,因而对网络媒体受众的研究和考察也有了更多的维度。

(一)自我确认的意识更加明显

网络媒体传播打破了传统媒体时代线性传播秩序对受众接受媒介信息的约束,其表现主要为网络受众更加主动地上网搜索和阅看媒介内容,并主动留言、互动反馈,用参与的方式来表达自己的意见;用户主动提供各种信息内容,无论是在论坛、即时通信、博客,还是在SNS、微博、微信中,用户都会自主地创造出大量的内容。在群体互动的各种网络空间里,网民通过信息的交流和思想的交锋展示自己的存在价值,通过自我的展示来实现身份和自我形象的塑造,获得社会归属,争取社会认同。所以生活和交往的网络化使得网络媒体受众对网络信息的需要更加主动化。

(二)推动信息增值的行为更加主动

作为网络时代信息的消费者与生产者,受众不仅是影响网络媒体结构和社会系统的外部因素,而且自身就是重要的组成部分。他们推动网络信息增值与转化的行为也更加主动。首先,网民评论成为最具活力的具有新闻解读意义的原创内容之一,这些评论不仅丰富了网络传播的观察视角,而且对于提升信息的影响力起到了重要的作用;其次,技术

[①] 彭兰.网络传播概论:第4版[M].北京:中国人民大学出版社,2017:163.

的发展使网民可以利用博客、微博、维基、微信、小视频等方式进行信息的原创、整合与评论,这些行为日益与媒体网站和商业网站等力量交织在一起,进行增值和加大了整个网络传播的影响;再次,网民已经成为网络舆论的主要力量,也进一步推动和影响着政府网站、媒体网站、商业网站等各类传播主体的传播行为。

(三) 碎片化和场景化传受成为常态

当以 PC 为代表的有线互联网转入以手机等便携式终端为代表的移动互联网时代之后,网络媒体传播也同时进入了碎片化、场景化的时代。

碎片化第一个层面指信息来源的多元化、观察视角的分散化、信息文本的零散性和信息要素的不完整性;第二个层面是意见性信息传播的碎片化,这个意义上的碎片,不仅指零散性,更指意见的异质性、分裂性。① 最初因为手机屏幕小但是出于内容显示的需要,从手机报、微博、微信和微电影等鼓励创作微小内容,到后来的短视频直播平台等都适应了网民信息接受与传播的主要方式;另一方面,新一代互联网传播的无时无处不在的特点对人们时间的分割越来越细,两者互相影响也使网民将碎片化传播作为自己传播的主要方式。

PC 时代人们只能在相对固定的环境中使用互联网,移动互联网时代的人们可以随时随地接收传播信息和进行社交活动。美国学者梅罗维茨著作《消失的地域》认为,"场景"是一种由媒介信息所营造的行为与心理的环境氛围。罗伯特·斯考伯和谢尔·伊斯雷尔提出,互联网时代的"context"应该是基于移动设备、社交媒体、大数据、传感器和定位系统提供的一种应用技术,以及由此营造的一种在场感。② 5G 为移动设备、社交媒体、大数据、传感器和定位系统的进一步结合提供了可能。"出行""医疗""支付""工作"等具体场景均和移动传播深度融合。中国人民大学新闻学院新媒体研究所与腾讯"企鹅智酷"对移动媒体的用户调查显示,"休息或闲暇时间""卫生间"和"床上(醒来或睡前)"成为移动媒体用户阅读新闻的重要场景。③ 微信的线下赋能也细分到出行、零售、餐饮、公众生活这4个场景。④ 这也使网民将碎片化、场景化作为传播信息、接受信息的生活常态。但大量的碎片化信息也在一定程度上将受众的时间切割成碎片,并导致了知识接受的碎片化、思维方式的碎片化等等。

(四) 用跨屏整合多任务

网络技术的更新迭代使许多内容的跨屏使用更加无缝而混杂,跨屏已经成为当前媒介生态的显著特征之一。跨屏传播原指同一个信息在不同屏幕上传播的过程。如电视节目既可以在电视大屏中播放,也可以在手机、平板电脑这类小屏幕中播放。现在跨屏更多

---

① 彭兰.碎片化社会背景下的碎片化传播及其价值实现[J].今传媒,2011,19(10):9-11.
② 蔡斐."场景"概念的兴起[N].中国社会科学报,2017-04-20(3).
③ 周文韬,孙志男.5G 背景下人民网等主流网络媒体融合转型的可能性分析[EB/OL].(2019-01-19)[2023-01-15].http://media.people.com.cn/GB/n1/2019/0113/c424558-30524720.html.
④ 2019 微信公开课在广州开幕,微信公开课讲师符帆分享了《2018 微信年度数据报告》,从沟通表情、作息、饮食、出行以及阅读等方面,总结分析了不同年龄段用户人群的使用习惯数据。

是指在同一屏幕间无缝切换完成多项任务的能力。如手机在通话的同时还能录音、观看文字,甚至同时进行弹窗、评价并参与传播。跨屏不仅整合了网络传播的多种功能,更为重要的是它整合了网络受众的同一时段中多种行为的并行实施,既有利于网络受众碎片化时间的整合,也有利于从整体上降低媒介的使用成本,并客观上增强了用户对媒体的使用黏性和忠诚度。随着手机跨屏能力的不断提升,网络受众对其的使用频率、使用范围、使用时间也变得更多、更广、更长。

(五)沉浸传播下的强依赖

"沉浸传播(Immersive Communication)是一种全新的信息传播方式,它是以人为中心、以连接了所有媒介形态的人类大环境为媒介而实现的无时不在、无处不在、无所不能的传播。它是使一个人完全专注的,也完全专注于个人的动态定制的传播过程。它所实现的理想传播效果是让人看不到、摸不到、感觉不到的超越时空的泛在体验。"[1]在沉浸传播系统中,各种媒介从浅层融合变成深度彻底的你中有我、我中有你,媒介与人、与环境融合为一。沉浸传播跨越融合了物理世界和虚拟世界的时空,新闻的生产过程与传播过程同步进行、互为沉浸。[2] 而沉浸传播的无处不在也使网民本身陷于对网络媒体的强烈依赖。

三、网民的心理

网民行为与网民的心理相关联。网民心理既有个体心理,也有参与群体时的心理。虽然网民在不同时候有不同的心理,个体心理或群体心理也受多种因素的影响。但只要网民上网并参与了传播活动,他们更多是某种个体与群体交织的心理状态。

(一)网民及心理影响

1. 网民的界定

根据屠忠俊、吴廷俊的《网络新闻传播导论》中对网民的定义:有账号、保障有一定的上网时间,并以网络为主要信息渠道的网络使用者。中国互联网络信息中心(CNNIC)自1997年成立至今每年发布两次中国互联网发展状况统计调查报告,其权威性和客观性值得信赖,其在调查中对网民的界定是:半年内使用过互联网的6周岁及以上中国公民。两种网民的界定基本描述了如今网民的主体,都可借鉴使用。

2. 影响网民心理的因素

(1)个体性。

传统受众是"较大数量的""异质的"传播对象,是"不定量的多数",网络技术使每个受

---

[1] 李沁.沉浸传播:第三媒介时代的传播范式[M].北京:清华大学出版社,2013:43.
[2] 李沁.沉浸新闻模式:无界时空的全民狂欢[J].现代传播,2017(7):141-147.

众作为一个"个体"存在有了意义。如尼葛洛庞帝所说,在数字化生存的情况下,我就是"我",不是人口统计学中的一个"子集"。传统大众传播是"点对面"的,传媒组织不会针对某人的特别需求进行传播,个体受众的特定需求通过其在"大众化"的信息产品中进行挑选而得以部分满足。而网络"点对点"传播能够为个体"量身定做"提供个体需要的信息,进行"个性化"服务。网民个性化特征表现在三个方面:第一,行为选择方面,更独立、更隐蔽;第二,行为制约方面,交往者之间互相依赖和制约较弱,个性得到充分张扬;第三,在行为评价方面,网民行为缺少社会评价,评价网民行为的主体是网民自己,由于个体之间的道德水准存在差异,网民行为也呈现多样性。

(2) 虚拟性。

网络受众是在网络虚拟环境下接受网络信息或服务,网络提供了一种充分张扬人们个性的环境。在"匿名"的状况下,受众的需求与其在现实世界的需求会有偏离,或者说他们更追求在现实世界里得不到的需求。另外,人在网络环境下的表现往往不是单一的。有时人会在不同心情下或不同环境里扮演不同的角色,一个受众可能会分化成几个看上去完全不相关的人,甚至有时受众自己都很难对自己做出准确描述。

因此,网络受众不像物理世界受众那样清晰可感。要更好地了解"虚拟化"的受众,可借助心理学、社会心理学等理论。虽然从表面看,有些人在网络中面目全非,但一个人在网络中会变成什么样子总有其现实基础。应该说,网络生活是一面镜子,它把人的某些特征夸大某些特征缩小,但如果没有现实的人就没有镜中的像。在现实与虚拟世界中,人的心理并没有发生本质的变化,只是因为环境的变化,有些心理表现会较现实环境中更强烈一些,有些则淡一些。因此,对人的深层心理进行研究,才能更好地理解与把握网络受众。

(3) 自主性。

网络技术使受众根据自己的需要"拉出"信息,可以更加自由地选择自己喜欢的网站、信息或服务。更重要的是,受众的媒介消费行为在时间上和空间上有了更多自主性。他们不必再根据电视台、电台的时间表来安排自己的行动,不会为了收看喜欢的电视节目而不得不放弃其他社交活动。网络受众的网络接受习惯是多任务的,可以同时进行信息获取和社交、游戏等,甚至很多的网络媒体信息本身就利用了娱乐或者社交的应用场景。网络受众加入传播过程中,提出自己对信息的需求,可以对传播的内容提出看法,也可以将自己认为有价值的信息放到网上传播。参与性不仅意味着传播者与受众之间界限的模糊、受众地位的提高,受众更是内容的创造者,UGC 时代一些媒介集团甚至"众包"一些新闻业务,真正实现用户对大众传媒内容的直接生产。

(三) 网民一般心理

对网民心理的研究涉及许多方面,如网上的印象修饰(即个体如何驾驭自己的在线表现),网上的角色扮演,网上的性别角色的刻板印象,网上的利他行为;受挫、网上失控、网上冲突及网上的宣泄和攻击性行为;网上的团体竞赛、团体互动及网上的从众现象;网上的强迫症、焦虑症等。以往对受众心理的研究习惯于这样一种思路:媒介刺激的何种特点对受众心理产生了何种影响。

传播学的先驱者之一,德国心理学家库尔德·勒温(Kurt Le win),在格式塔思想路线下提出了"场理论",用以研究心理现象。根据场论,行为必须用个体的心理场来解释。①

勒温的"场理论"为探求受众心理提供了一种全新的思路。他在"场理论"中提出的重要概念叫"生活空间"(Life Space),即人的行为是人和环境的交互作用。其公式为:

$$(行为)B=f(生活空间 Ls)=f(人 P \cdot 环境 E)②$$

由于"生活空间"和"心理生活空间"内涵相同③,这个公式也可理解为:(行为)$B=f$(心理生活空间 Mls)$=f$(人 $P \cdot$ 环境 E),B 表示行为,f 表示函数,P 表示个体,E 表示环境。

该公式表明:人的行为(或心理生活空间)是个体 P 与环境 E 的函数,即行为(或心理生活空间)"随着个体和环境这两个因素的变化而变化"④。这个公式在一定程度上解释了受众的行为或心理生活空间。

"心理生活空间"是勒温场论中的一个十分重要的术语,它是对人的行为方式中的"B"(即行为)的又一种表述,它们都是由个人 P 和环境 E 所构成的。这里就出现了一个问题:把 $B=f(P \cdot E)$ 演化为 $B=f$(心理生活空间 Mls)$=f(P \cdot E)$ 有没有必要?增加"心理生活空间"是否多此一举?

勒温在《拓扑心理学》书中对他提出这个术语这样解释:"在心理学中,通过大致地区分个体(P)和他的环境(E),人们能够开始描述整个群体。每一心理事件取决于个体的状态,同时也取决于环境,虽然个体和环境的相对重要性在不同个案中有所不同。因此我们能够把适合于每一心理事件的公式 $B=f(SE)$ 陈述为 $B=f(PE)$。近年的实验工作越来越多地表明心理学的所有领域中的这种双重关系。"⑤

网络环境即网民的心理环境,是指能满足网民需要的,并在其头脑中实际发生作用的环境。这个环境与网民的交互作用构成了网民的心理生活空间,即网民的行为。⑥

1. 网络环境与网民心理

很多研究者非常关注网络环境是否改变了人们的心理作用机制,不少研究表明,网络并不会改变人们的心理,但它改变了心理机制作用的环境。⑦

(1) 匿名环境与网民心理。

网络的匿名环境可能会引发人们上网的心理机制作用。匿名心理指的是在一种没有社会约束力的匿名状态下,人可能失去社会责任感和自我控制力。这里的匿名是指产生社会聚集的人们彼此不认识,因此很难出现事后追究。网络交流中缺失社会情境线索,包括个人的职位、环境、表情、动作等,人们往往自认为处于一种匿名状态。在互联网技术发展的初期,网络匿名性使一些网民自我控制力减弱,攻击性增强,表现为宣泄情绪、非理性和极端言论等,使一些不负责任的言论和虚假信息泛滥。但是实际上,IP 地址可以使人在

---

① 刘京林.浅析网民的心理生活空间[J].新闻三昧,2002(5):54-56.
② Patricia Wallace.互联网心理学[M].谢影,苟建新,译.北京:中国轻工业出版社,2001:131.
③ Patricia Wallace.互联网心理学[M].谢影,苟建新,译.北京:中国轻工业出版社,2001:209.
④ Patricia Wallace.互联网心理学[M].谢影,苟建新,译.北京:中国轻工业出版社,2001:44.
⑤ 库尔德·勒温.拓扑心理学原理[M].竺培梁,译.北京:北京大学出版社,1997:11.
⑥ 刘京林.浅析网民的心理生活空间[J].新闻三昧,2002(6):53-55.
⑦ 彭兰.网络传播概论:第3版[M].北京:中国人民大学出版社,2012:269.

网上的行为并不真正匿名,且随着对网络使用的管理不断规范化,全面实行网络实名制之后,这种匿名的环境会发生很大变化,人们的网上行为会越来越接近在现实中的行为表现。

因此,网络匿名的"保护性"只能作用于网民在网络中孤立的个人行为方面,并且前提是网民的所作所为不会给他人带来危害,不会产生负面的社会影响。而在与其他网民交往时,特别是在熟人社区,网络的约束力仍然还是存在的,匿名性带来的影响也有限。不过,受网民群体的影响而使个人在网上出现一些不良言行,但它并非网络匿名性带来的结果,譬如"人肉搜索"引起的网络"暴民"现象,则是"群体心理"对网民个体的影响。

(2)虚拟环境与网民的自我角色认定心理。

网络环境给人们带来的不是真正的匿名心理,但这种和现实世界相异的、通过电脑屏幕和键盘的交流,是虚拟环境下的交流,所以,网民在网上的角色可以自由选择和转换。社会心理学认为,角色是指处于一定社会地位的个体,依据社会对个体行为的期望系统,在社会化过程中将社会期望内化为对自身的期望系统而获得和形成的外在行为模式。

社会身份是社会赋予个体的,譬如年龄、性别、国籍、职业、财富等。在社会生活的不同场景中,人们必须变换自己的角色,以适应这些场景的特殊需要。根据角色的特征,可分为先赋性角色与获得性角色、活跃性角色与潜隐性角色、非正式角色和政治角色、现实角色与虚拟角色等。网络赋予人们更多的是虚拟角色,网民会选择扮演何种角色是其内心的一种直接反应。网民在网络世界里的表现,和他们在现实世界里的心理感受相关。

(3)网络受众的选择性心理。

受众总是按照一定的需求来选择媒介或信息的。美国著名传播学者约瑟夫·克拉珀(Joseph T. Klapper)在研究受众时指出,受众的选择心理表现有"选择性接触"(selective exposure)、"选择性理解"(selective perception)和"选择性记忆"(selective retention)[①]。在网络这个信息海洋里,网民的选择性在网络受众的信息应用中会更突出,一方面是由于受众必须对信息有所挑选才能在有限的时间内获得必要的信息,另一方面是因为网络越来越大的开放性更大程度地给予受众主动选择的可能。

(4)网民在网络中的社会群体心理。

美国心理学家利昂·费斯汀格(Leon Festinger)提出的"认知失调理论",亦称为"认知不和谐理论""认知不协调理论"(Theory of Cognitive Dissonance,或译为"认知一贯性理论" Theory of Cognitive Consistency)认为,人们在观点、态度、行为等之间具有一种一致或平衡的取向,即两个认知元素之间要达到一致的趋向。费斯汀格认为,当出现认知失调时,人们会感到心理上的不舒服。对于群体可能给个体产生的心理影响,费斯汀格的"认知失调理论"做出的解释是,社会群体是个体认知失调的主要来源,也是他消除和减少可能存在的失调的主要来源。个体减少由群体引起的失调的方法,一是改变自己的观点,

---

① "选择性接触"是指个人倾向于接触那些与自己既有态度一致的传播而回避那些与自己既有态度不一致的传播;"选择性理解"是指人们的理解倾向于受到愿望、需要、态度以及其他心理因素的影响;"选择性记忆"是指个人对信息的回忆倾向于受到愿望、需要、态度以及其他心理因素的影响。详见沃纳·J.赛佛林,小詹姆斯·W.坦卡德.传播理论:起源、方法与应用[M].郭镇之,等译.北京:中国传媒大学出版社,2006:77.

使之与别人的认知一致;二是影响他人的观点,使之与自己的观点一致;第三是贬损别人、认为别人是白痴等。心理学家研究个体是如何在态度、信仰、价值观、行为等方面,追求与他人的和谐一致的。因为"一致"让人不至于产生"心理的紧张"或不舒服感。

此外,这方面的相关理论还包括:美国心理学家弗里茨·海德(Fritz Heider)的"平衡理论"(Balance Theory)、西奥多·纽科姆(Theodore Mead Newcomb)的"对称理论"(Symmetry Theory)、查尔斯·E.奥斯古德(Charles E·Osgood)的"调和理论"(Congruity Theory)等。①

其中,奥斯古德的"调和理论"(congruity theory),着重研究个体与"对象"及对象的"来源"三者间的关系。他认为,当个体对"来源"和"对象"态度相似,而"来源"对"对象"主张否定时,或是当他对"来源"与"对象"态度不同,而"来源"对"对象"主张肯定时,不调和都会存在。即三者之间只有一个否定关系,或者所有关系都是否定的,就会出现不平衡。这一点,与海德的"平衡"关系的模式一致。例如,当一个人从一个他不信任的媒体那得知一个评价负面的事件,如果这个人同样对这个事件持负面评价的话,会产生"不调和",因为这时三个关系都是否定的,因此,为了达到调和,个体很可能改变自己对这个事件的态度。

奥斯古德的理论,更强调个体对"来源"的态度的意义。因此,从传播者角度看,赢得受者的信任与好感,是让对方接受自己观点的一个有效方法。在网络这样的环境中,人们的心理虽然没有本质改变,但是否会在作用的程度上有所不同?是否还会受到其他心理因素的干扰?对此,需要做出更多的研究。有人分析过网上论坛中网民的心态:① 事业型。这类网民在BBS上认认真真地写文章、发表文章。目的是获得认同,取得一定的网络地位。这是基于一种被认同的意愿。② 认真型。这类网民在生活中有经济地位和社会地位,上网时间不多,心态平和,写文章也较认真。这是一种较平常的心理,只是出于一种交流的愿望。③ 游戏型。上网时间多,文章较煽情,会获得较高的跟帖率,常会在论坛上抛头露面,是保持论坛兴旺的重要因素。这与表现心理有一定的类似之处。④ 发泄型。这类网民的意见一般会与论坛上其他人的意见相左。在一个小小的论坛上就存在着这么多心态,可见网络上的受众心态是极为复杂的。另外,由于网络在公开发布信息方面仍具有大众媒介的特征,并且对大众媒介的信息发布方式进行了新的整合,网络上的受众依然持有在接触大众媒介时的心态,只是在实现方式上有所转变。因此,网络这个大众传播平台和人际传播平台的结合体,发挥着两种不同的作用,满足着受众不同方面的需要。

网络受众的心理是在一般受众接触媒介时的寻求心理、娱乐心理和宣泄心理基础上的再发展,有更加具体和丰富的内容,这与网络的媒介特性密切相关。网络是大众传播和人际传播的结合,受众接收公开发布的信息时拥有充分的人际互动,并且网络对大众媒介的信息发布方式进行了新的整合,其受众依然抱有在接触大众媒介时的心态,只是在实现方式上有所转变。因此,网络作为多种传播平台,发挥着不同的作用,满足着受众不同方面的需要。

---

① 沃纳·J.赛佛林,小詹姆斯·W.坦卡德.传播理论:起源、方法与应用[M].郭镇之,等译.北京:中国传媒大学出版社,2006:116-123.

2. 网络作为大众传播平台时的受众心理

当网络作为大众传播平台时,受众接触它所传递的信息时基于两种心理需求:知识的需求和娱乐的需求。只是这种心理更加主动和切实可行,也更加复杂化和混合化——网上各种各样海量信息共时存在,人们在寻求知识的同时也会顺带寻求娱乐。

(1) 信息寻求心理。

网络上存在着大量的信息,它们多以网页的形式保存。同一个主题的信息可以通过搜索引擎同时列出,这就方便了受众进行信息归类,也方便了受众找寻自己需要的信息。但网上海量的信息也使受众寻求信息的心理变得更加复杂。他们搜索信息也搜索娱乐,搜索新闻也搜索自己关心的明星和小说。由于寻求方式更简便,网上受众的寻求目标也开始散漫化——漫无目的地搜索本身就是一种乐趣。

(2) 参与心理。

网络与大众传媒的重要区别就是即使在公开发布信息这一领域,受众仍有很强的参与权。很多门户网站的新闻后都有网友评论链接,而一些精彩的论坛帖子也会被放到相关的新闻专题中。这种参与性的诱惑力无疑是巨大的,在网络的人际交流中,个人当然很容易脱颖而出,但是能被网络传播者所认同,进入只有传播者才可以发布的信息领域,是一件很有吸引力的事。因为这意味着受众也能加入被一小部分专业传播者把握的空间,是被认同的重要表现形式。受众有被认同的需要,并且其满足程度是不同的。因此,对受众来说,也许会有这样一种情况:被网站工作者认同比被论坛中的网友认同更重要,满足程度更高。所以,网络所提供的参与度能使受众的参与心理获得很大程度的满足,由此更激发了参与心理的产生。

(3) 新奇心理。

网络有着无穷无尽的信息,无论何时都能给人以新奇感。信息无时无刻不在更新,受众的新奇心理也就时刻都可被满足。网络媒体的信息安排某种程度上说是随机的,任何的突发事件报道都可以迅速发布,无须长时间的制作。受众在网络上可以随时寻找新奇感。譬如在抖音等短视频平台上的受众,沉浸在浩如烟海的短视频的世界时就像在超市中漫无目的地散步的顾客,随时发现着自己从未想过却突然间很感兴趣的新事物,这种可能性迎合了受众的新奇心理,总想到这些平台去看看。

3. 网络作为人际传播平台时的受众心理

网络的吸引力有相当一部分来自它对人际交流机制的开拓,当受众身处网络的人际交流平台时,其心理需求得到了较好的延伸。现实生活人际传播受个人的外表、身份、兴趣爱好、谈吐等限制,制约着人际交往的广度和深度。网络中这一切似乎都不重要,现实中拙于言辞的人可以在网络上谈笑风生,深受众人喜爱。网络的隐匿性使人们人际间心理需要得到了无限满足,却也带来了现实与虚拟的更大差异,引起一些问题。当网上的受众处于人际交流状态时,有如下心理特征:

(1) 要求被认同的心理。

当一个人在现实中被认同度不高时,就希望能在网上找到寄托。无论是聊天室一呼百应,还是论坛中挥洒自如,网民在网上体验着被认同的快乐。这种心理不仅能在网上的公众交流场合得到满足,也能在网络私人交流中实现。当一个普通网民收到知名网民的电子邮件,或者和网上初结识的网民聊得很投机时,都会产生这种认同感。

(2) 渴望交流的心理。

有的网民现实中不善与人交流,但又有交流的愿望,于是就上网交流。在网上这些变得更容易,不需要看到对方的表情,没有强大的临场反应、口才,依然可以聊得很好。但长期只上网交流可能会造成该网民现实交往能力的退化——网络的虚拟性在一定程度上消解了许多现实中依然存在的因素,造成现实和虚拟世界的极大落差,影响个人的心理发展。

(3) 代入的心理。

"代入"是受众心理需求的重要方面,它满足受众无力实现却又想获得虚幻满足的心态。网络平台给予人们虚拟身份,以各种方式把受众卷入这种代入,较典型的是网络社区和网络游戏。如果说网络社区是建立在现实社区的模型之上,有一定的现实基础,那么网络武侠游戏则是"代入"的高级虚拟形式,遨游于完全虚幻的武侠世界,感受一种极富情节性的历程等,显然比看电视和小说更能满足"代入心理"。而虚拟现实等技术可能带来网络"代入心理"的一种升级版本。

(4) 逃避的心理。

这与宣泄心理有相似之处,在网上受众可通过各种形式逃避现实、逃避压力,在网上与人交流、上网寻求娱乐信息、参与网络游戏都可暂时逃避现实。一些攻击性行为,如在论坛上无休止地反驳他人,甚至谩骂等都被看作是一种逃避心理,是因为受众能以一种匿名的身份接触网络,使受众某种程度上可以抛开责任感,去掉顾忌,进行在现实生活中不敢为之事,以宣泄自己的情绪。

由于能实现全方位的交流,网络媒体为受众的心理提供了延展的空间。受众的心理特征在网络上表现得多样化和复杂化,实现的方式也更加多元化。

第四节　网络媒体传播效果

媒介的传播效果是媒介所传播的信息对受众的思想、态度和行为所产生的实际影响。它是传播活动的出发点和归宿,是传受双方的原动力。传播效果问题是传播研究最集中的领域,也是传播学研究的重要内容。传统经典传播效果理论对网络媒体传播效果的适用性问题仍然是当前网络媒体传播效果研究的重点。从现实看,网络媒体的传播实践极大丰富和发展了经典传播效果理论。

一、网络媒体传播效果的含义

传播效果是指由传播活动引起的受众在情感、认识和行为方面的反应。

网络媒体传播效果就是由网络媒体传播活动所引发的用户在情感、认识和行为等方面的反应,重点关注网络媒体传播产生的社会效应和受众反应。因为网络媒体传播拥有人际传播、群体传播、组织传播与大众传播等多种传播形态,所以网络媒体传播的传播效果更加复杂,分类也更加繁多。譬如,从网络传播的效果状态上看,有从受众情绪变化、态度改变可感觉到的显态效果,有思想上有所触动,但情绪、态度上暂无显现的潜态效果;从效果显示时间上看,有网络媒体传播的即时效果和延缓效果,即有的传播效果立竿见影,有的传播效果则需较长时间积累或间隔才能显现出来;从效果存在时间看,有暂时效果和持久效果的区别;从网络媒体传播效果的社会作用上看,有正面效果和负面效果;从对信息社会的冲击力上看,又可分为个别效果、一般效果和社会效果。有时从网络媒体传播信息内容和指向产生结果上看,又有规范效果、确认效果、共鸣效果、理解效果等等。

二、网络传播效果的类型和表现

总体上看,可以从网络媒体传播产生的传播效应与作用效果、微观效果和宏观效果、短期效果和长期效果的角度去衡量和考察。①

(一)传播效应与作用效果

传播效果关注的重点是传播活动对受众的影响,产生影响的前提是广泛的传播,因此需要从传播效应与作用效果两个层面去考察传播影响。

1. 传播效应

传播效应衡量的是特定对象的传播范围与影响面。在网络中这种传播效应可以通过一条信息的转发量、点击量等进行直接衡量,但仅关注这种量上的指标还不够,还应关注网络传播对特定对象的传播能量的改变。即考察单一传播对象时,网络传播的效应应包括放大、削弱、催化和裂变等。②

(1)放大效应。

网络传播可能将一件小事或小话题的影响不断放大,最后在整个网络甚至整个社会产生影响。放大效应的产生有一些相应条件,首先被传播对象能引起多数人的关注,其次人们在信息扩散过程中还在进行着频繁的意见传播,没有与信息相伴的意见传播,单纯的信息传播很难产生放大效应。

(2)削弱效应。

有些对象本来已经有了一定的影响面,如在传统媒体中已有广泛报道,但网络对它产生削弱效应。这种情况发生时,通常说明媒体的判断、选择与网络受众的选择判断发生了偏离,有时可能是受同期传播的其他对象的影响,从而使传播效果受到抑制。

(3)催化效应。

催化是指在催化剂参与下导致事物的性质发生变化的反应过程。网络传播中也有催化效应的发生,催化效应的产生不仅意味着广泛的传播面,同时也意味着事物的属性在人

---

① 彭兰.网络传播概论:第4版[M].北京:中国人民大学出版社,2017:299.
② 彭兰.网络传播概论:第4版[M].北京:中国人民大学出版社,2017:299.

们眼中发生了变化。譬如,"华南虎事件"本来只是一张照片的真伪问题,但在网络传播过程中,人们对它的认识角度变成了看待与判断政府诚信、信息公开等问题。这种催化效应正是复杂网络空间下多极传播后,人们多重认识综合反应的结果。

(4) 裂变效应。

网络媒体传播中存在类似靠原子核分裂而释放出能量的物理裂变过程。一个话题在传播过程中会不断被分解并衍生出大量的新话题,从而产生强大的传播能量。

网络中往往同时出现很多传播对象与过程的交织作用,对于多个传播对象,网络传播的效应常体现为聚变效应和正反馈效应。

(5) 聚变效应。

物理学的聚变是由较轻的原子核聚合成较重的原子核而释放出能量的过程。网络传播可以将一些弱小的话题或声音聚集起来,汇聚成一种强大的声音,通过这一过程,每个弱小的声音的能量会发生质的改变,这与物理中的聚变效应相似,是网络媒体传播的一个重要特色。

(6) 正反馈效应。

当几个对象同时传播时,网络传播会产生一种使强者更强、弱者更弱的正反馈效应,也就是使原来引人注目的事物更加醒目,原来处于劣势的传播对象则会被更加边缘化。

值得注意的是,以上各种传播效应有时候是同时发生的。

2. 作用效果

传播效应反映了传播活动本身是否引起关注,但如果传播效果仅仅研究传播的范围和声势,仍然无法说明传播是否真的在受众端起了作用以及起了何种作用。传播效应只是说明了影响面,但无法说明影响的程度。因此,传播效果的另一个层面是作用效果及所传播的事物在受众端引起的反应。主要包括:

(1) 引起受众注意的程度。

传播并不必然意味着被关注,受众注意是传播作用于受众的第一个环节,在网络中这种注意程度可通过页面访问量、点击率、转发量等来衡量。

(2) 激发受众获取的程度。

受众注意表明受众感知到了信息的存在,而信息要产生作用往往需要被受众接受、阅读、讨论。网络中受众的获取程度可以通过下载量、搜索量、评论量、保存量等衡量,点击率也在一定程度上反映受众的获取程度。

(3) 影响受众态度的程度。

传播要真正产生影响就要引起受众态度的变化,这可以通过网络的各种意见表达渠道进行分析,但这种分析应该是动态比较而非静态评价,也可通过调查来进行有针对性的研究。传播对受众态度的影响既有短期的也有长期的。

(4) 影响受众行为的程度。

传播对人的行为的改变是一种更深刻的影响,有些影响可以直接观察到。譬如,由传播引发的某些活动体现的是网络对于多数人的短期作用结果,而对个体行为的长期影响也是一个重要的研究方向。

（二）微观效果与宏观效果

网络中每个具体传播活动都会产生一定的效果，无论是人际传播、群体传播、组织传播还是大众传播。单一传播活动中受传者所产生的反应是微观的，更多是从受众反应这个层面来反映传播活动的具体影响的。

研究网络传播的微观效果，可以从操作层面上考察影响网络传播效果的实际因素，如传播手段、传播渠道、传播情境等对传播效果产生的影响，特别是考察网络媒体和网络传播的特性是如何作用于传播效果生成过程的。有时传播活动由于与社会环境等因素共同作用，会产生宏观社会效果。而网络中的各种传播活动的累积交叉通常又会产生更宏观的效应，它们不仅作用于受众，更会影响社会。在研究网络传播的宏观效果时，可借鉴传统大众传播效果理论，如议程设置理论、沉默的螺旋理论等已有的理论框架。研究网络传播对人们的微观与宏观影响，有助于更深入地认识网络传播的社会意义和网络舆论形成的过程，以及它与社会舆论的互动过程。有助于认识网络在政治、经济、文化等活动中所扮演的角色，以及它与社会活动的各种因素之间的互动作用。

（三）短期效果与长期效果

从效果产生作用的时间上，可分为短期效果和长期效果。

1. 短期效果

是传播活动短期内带来的效应。短期效果的表现是对传播对象当时的影响力，以及当时受众所受到的影响，社会的及时反映。它更多地表现在人们的态度、意见和具体的行动等方面。

2. 长期效果

是各种传播活动以及网络日积月累的影响所带来的长远效应。表现为长期浸染于网络的人们的价值观、行为方式、思维方式等发生的变化以及社会和文化的累积。传统传播理论中的知沟理论、培养理论等对研究网络传播的长期效果具有重要的借鉴作用。

（四）网络传播效果的复杂性和综合性

可以看出，网络媒体传播在效果形成方面显得更为复杂，作用因素也更为多样。这种复杂性表现为：

首先，网络媒体传播中多种传播形态与多种传播途径的交织形成了复杂的传播结构，导致了传播效果形成机制的复杂化。譬如，某一信息或新闻报道一旦与公共兴趣吻合，就会在网络空间中以人际传播、群体传播、组织传播和大众传播等多种传播形态与传播渠道迅速扩展，产生放大、催化、裂变等效应，传播者不能对传播范围、渠道等进行控制，因而对最终的传播效果难以预估。

其次，信息在传播过程中的失真现象也使传播效果的控制与预估变得困难。人们在进行信息传播时常常不是原样复制而是进行选择性加工与再生产式传播。如根据自己的需要对信息进行修改或将自己的意见与评价附加在原始信息上。

最后,网络媒体传播情境多样化也使传播效果产生差异。传播效果的形成不仅取决于传播手段与渠道,还与传播情境中人与人的关系紧密相关。对于传播效果起作用的社会心理,无论是受众心理还是其他群体心理,都与人的关系所形成的情境相关。

因此,对于网络传播效果的研究需要在了解传播的结构、过程及各种具体的传播情境的前提下,考察各种传播形态的交叉作用。对于网络中的议程设置、沉默的螺旋等理论都需要充分考虑其复杂性,不能简单对待。

网络媒体传播中一些民众关心议论的热点事件往往具有即时效果和延缓效果并存的特点。尤其是一些短期难以解决而每次发生类似事件都会唤起民众在网上不断讨论的话题,长尾理论也在此过程中起作用。如帮扶跌倒的老人、医患关系等问题。偶然事件在网络媒体传播中的短期或即时影响,往往会对下次事件的传播产生延缓效果,如果对社会产生良好的影响就是正效果,否则就会出现负效果,并且一定条件下正负效果可以相互转化。

三、网络传播环境中的经典传播效果理论

传播效果研究从"魔弹论"到弱效果论再到有限效果论(或适度效果论),每个阶段都有不少理论的提出,但是在网络媒体传播环境下,这些理论是否依然起作用或者经典理论的适用性问题依然值得研究。

(一)网络媒体传播与议程设置理论

议程设置理论研究的是媒体报道内容与公众关注内容及相关态度之间的关系。网络媒体传播中是否还存在议程设置理论?从网络传播的实践看答案是肯定的。媒体虽然不能决定人们怎么想,却可以决定人们想什么,用户对网络媒体信息的消费依然遵循选择性注意、选择性理解、选择性记忆。网络的分权特点似乎给议程设置带来了挑战,但仍在整体的网络传播中发挥着重要作用。

1. 议程设置理论

美国传播学家麦库姆斯和唐纳德·肖 1968 年提出的议程设置理论,其主要观点是:大众传播具有一种为公众设置议事日程的功能,传媒的新闻报道和信息传达活动已赋予各种议题不同程度的显著性的方式,影响着人们对周围世界的"大事"及其重要性的判断。大众传媒作为大事加以报道的,也被作为大事反映在公众的意识中,传媒给予的强调越多,公众对该问题的重视程度也就越高。后来对理论的修订认为:议程设置是一个过程,既能影响人们思考些什么,也能影响人们怎样思考。

议程设置可以分成两个层次。首先,它所考察的不是某家媒体的某次报道产生的短期效果,而是作为整体的大众传播在较长时间内的一系列报道所产生的中长期的、综合的、宏观的社会效果;其次,议程设置理论还暗示媒体对外部世界的报道不是镜子式的反映,而是根据自身价值观和报道方针,有目的地取舍选择他们认为最重要的部分或方面进

行加工整理,并以一定的结构秩序以报道事实的方式将其提供给受众。因此,作为人们获取外界信息的主渠道的大众传媒在很大程度上影响着人们对周围环境的认识和判断。

麦库姆斯和肖之后,美国学者芬克豪泽进一步提出了媒体进行议程设置的五种机制:① 媒介顺应事件的流程;② 过度报道重要而罕见的事情;③ 对总体上不具有价值的事件,选择报道其有新闻价值的部分;④ 制造有新闻价值的事件或称"伪事件";⑤ 事件的总结报道,或按有新闻价值的事件的报道方式来描述无新闻价值的事件。

20世纪80年代,美国学者丹尼里恩和瑞思提出了"媒介间议程设置"的概念,他们通过研究指出,媒介之间有时相互设置议程,相互炒作。这种现象在网络媒体传播中也经常出现,值得进一步研究。

2. 议程融合理论及其对议程设置理论的发展

1999年,肖和两位助手提出的议程融合理论指出,媒体设置的议程具有一种聚集社会群体的功能,因为人有对"群体的归属感"的需要,因此人们会积极主动地使用各种媒体,并且人们在使用和挑选传播媒介及其议程的时候是有意识有目的的,他们把议程设置中的大众媒体议程界定为个体议程、社群议程和媒体议程三部分。

议程设置首先影响人们对关注对象及事物重要性的判断,接下来还会影响人们对某一对象的属性的判断,进而影响人们思考问题的框架,人们通过融入议程的方式加入群体,在网络传播的综合属性中,网络媒体的社交化也使得某些议程得以设置,议程设置的主体不再只局限于大众传播媒介。

3. 网络媒体传播满足议程设置理论的相关条件

经过对议程设置理论和网络媒体传播特征的研究,可以发现,网络媒体传播中议程设置理论依然存在。首先,议程设置的假说认为,人们对议题的关注程度主要取决于这些议题被报道的频率和强度。由于网络媒体传播的网络化结构,网络媒体信息呈病毒式传播扩散,并且可以方便快捷地操作实现某些事件被报道的频率和强度的提高。其次,网络媒体传播中大众传播、群体传播、组织传播和人际传播交织融合在一起,在议题的设置上互相补充。再次,网络媒体中信息与意见传播互相交织。意见又促进了信息的进一步扩散,有助于提高信息被报道的频率和强度等。最后,利用网络技术传者、报道对象和受者可以建立直接的联系。传者与当事人的影响会被直接地传递给受众,更有利于提高事件的关注程度,形成议题。

另外,研究认为传媒的议程设置对认知水准高、政治关心程度高,以及从事较好社会职业的人影响较小。也就是说,网民素质的提升可以较好地避免被带入人为的或者"伪议程"的炒作之中。

4. 网络议程设置的特点

在当前网络应用高度普及化的全媒体环境下,网络传播的议程常常能够成为社会的议程。网络议程的特点主要有:

(1) 网络媒体的议程既可以是单一主体设置的也可以是多元主体共同作用的结果。

个体、群体、媒体网站、商业网站等不同主体的不同话题经共同作用后往往会形成热点,产生网络议程设置的功能。有时一些细小甚至是虚假信息或话题在经过网络水军、网络写手、商业公司的共同作用下,也被不断放大并形成境内与境外、线上与线下相互呼应的议程。

(2) 智能技术的应用以及数据算法也对议程设置产生了推动作用,只是表现得更为隐蔽。由于网络平台可以对用户上网活动痕迹进行跟踪监测和记录,并根据网友对信息的点击、驻留、点赞、收藏、转发、评论等数据进行分析,判断用户网络媒体信息接受的特点、爱好、习惯,在此基础上个性化、定制化地推送某些信息,这使得这类信息会在某些个体或群体中产生放大效应并起到议程设置的作用。

(3) 网络对传统媒体议程设置的能动作用主要表现为对传统媒体议题的放大、削弱和重建作用等。一方面,网络媒体中的很多话题是网络媒体首先发起的,然后经传统媒体的跟进报道而起到了放大扩散的效果;另一方面,传统媒体某些议程如果可能具有吸引力,网络媒体同样也会及时跟进放大这些议程,甚至是反复设置这些议程。

(4) 一些信息在网上传播后可能形成多个不同的议题。其中一些议题可能在网络上非常火热,但在现实社会当中并不会形成一致的讨论,这样这些议题只在网络中的部分网民当中聚焦。而由此引发的其他议程也可能会引起传统媒体或社会的关注,从而形成同一话题却产生网上网下不同的议程的现象。这些不同的议程既可能在短时间内造成网上网下议程的不同步,但也可能很快形成线上线下议程的同频共振。

此外,从网络议程多重设置的可能性上看,网络媒体与网民之间的互动也能产生议程设置的作用。在社交化媒体语境下,受众心理和行为都发生了很大的改变,很多受众更倾向于在互联网上进行"自我议程"的设置,一些网络媒体为提高用户使用黏性和用户关注度,产生流量效应,不仅会配合网民的这些"自我设置"的议程,甚至会通过在页面上灵活插入某个话题链接,以问答方式吸引网民加入某个话题的讨论中。譬如,一段时间里中国华为公司"孟晚舟事件"引发了强烈关注,国内一些网站及时把这个话题链接在相关内容的页面上,一方面借助热点话题进行流量导入;另一方面这种提醒式的设置也可以让网民在浏览网页时随手点击关注和讨论,使这些点击形成较高的关注度,从而成为议程设置的一部分。而类似于"知乎"提问、"悟空问答"等各类看似"随机"设置的问题,实则也是网络媒体设置议程的手法之一。可见,与传统媒体议程设置相比,网络媒体的议程设置更加便捷、更加灵活、更加多样。

(二) 网络媒体传播与沉默的螺旋理论

1. 沉默的螺旋理论

1974年,德国社会学家诺依曼首次在论文中提出"沉默的螺旋"理论。诺伊曼强调,因为人的社会天性,为了防止交往中陷入孤立,人总是寻求与周围的关系的和谐,这样就形成一种沉默的螺旋现象:当人们感觉到自己的意见(可能是一种新的意见或者是业已存在的意见)属于多数或处于优势的时候,便倾向于积极大胆地发表这种意见,当发现自己的意见属于少数或处于劣势时,遇到公开发表的机会,可能为防止孤立而保持沉默。意见一方的沉默造成另一方意见的增势,如此循环往复,便形成一种一方越来越强大另一方越来越沉默下去的螺旋发展过程。

诺依曼"沉默的螺旋"的研究表明:沉默的螺旋可以是一个过程,一种新的朝气蓬勃的舆论,通过这一过程得到发展或者原有舆论的内涵通过这一过程得以扩散。此假说包括以下几个要点:第一,社会使背离社会的个人产生孤独感;第二,个人经常恐惧孤独;第三,对孤独的恐惧感使个人不断地估计社会接受的观点是什么;第四,估计的结果影响了个人在公开场合的行为,特别是公开表达观点还是隐藏自己的观点;第五,人们使用大众媒介评估多数人的意见,前面四个假定共同作用形成、巩固和改变了公众观念。[1] 这表明,大众传播媒介以三种方式影响"沉默的螺旋":第一,对何者是主导意见形成印象;第二,对何种意见正在增强形成印象;第三,对何种意见可以公开发表而不会遭受孤立形成印象。

2. "沉默的螺旋"理论的假设变更

弱关系网络中人们所属群体的松散结构和共同规范体缺失,使得假设一发生变更。网络社会个体的孤独感降低,在一个网络社区中得不到支持的观点,可在其他社区获得支持,因此不会觉得背离了整个社会。假设二的变更,即孤独威慑的削弱,由于网络缩小了时空的距离,不管持任何观点的人总能得到一定数量的人的支持,个人不再恐惧孤独。第三个假设认为恐惧孤独感使人们努力去估计民意状况。网络的虚拟性使得人们不一定非要得到网络社会的认同。假设四的变更,即估计民意不会造成观点隐藏。网络是个个性张扬的空间,反对意见的发表不会对个体造成实质性的影响,因此持反对意见的人可以无所顾忌地发表自己的意见。前四个假设的变更,使得第五个假设也发生变化。

虽然网络媒体传播中个体发声从匿名性到"前台匿名后台实名",人们在网络媒体中表达意见开始有所顾忌,但很多情况下个人的真实信息是受到保护的,实名注册是对网络用户言行的一种约束,只要是在法律规范之内进行自由意见传播是没有问题的。此外,在一些关乎自身利益的议题中,人们常常并不会受到太多来自群体的压力而选择沉默。

3. 对沉默的螺旋理论的实践修正

网络媒体传播对"沉默的螺旋"理论的修正主要体现在:网络传播由于宽容开放讨论空间的存在,异常意见不会因大众媒介的支配性意见和人际支持的减少而日趋衰减,而会在不断地讨论和争执中检验其正确性和合理性。特别是在匿名性较强、人际连接较松散的环境下,意见的发表者的孤独恐惧感明显弱化,更趋向于大胆表达不同于他人的观点,甚至在发觉自己的观点处于劣势地位时依然特立独行。但当网民在网上与现实社会关系比较密切的熟人社交(如微信好友圈等强关系社交网络)时,由于个人仍处于与社会学意

---

[1] 马学清.沉默的螺旋在传统大众传播环境中表现方式的差异[J].重庆邮电学院学报,2005(3):375-378.

义相近似的群体中①,因此个体在这个强关系网络群体中发表意见时,往往受到来自现实关系较多的投射,沉默的螺旋理论依然存在。甚至由于迫于熟人群体规范压力会发表并非自己真实想法的意见,而造成"假一致"现象。

(三)"培养"理论的再研究

"培养"理论又称"教化"理论或"涵化"理论,它主要研究大众传播媒介潜移默化的社会效果。媒介本身可以在主观现实和客观现实之间建造起一个新的环境,即"媒介环境",这种媒介环境也被称为"虚拟现实"或"象征性现实"。由于媒介的渗透力越来越强,受众对媒介的依赖性也越来越强,正是这种依赖性使传播活动潜移默化的社会效果得以实现。

传统传播理论中的"媒介系统依赖论(Media Dependency Theory)"认为,一种新的媒介在社会中站稳脚跟后,便会在人与媒介之间形成一种依赖关系,这种关系具有双向性质,但相互依赖中较强的一方是媒介,它们主要从传播内容方面控制着人,人们越是指望收到有用信息,只要他们还没有失望,他们的依赖性就越强烈。② 这类理论分别从依赖关系本身、依赖的双向性质、个人和社团与媒介的依赖关系、依赖的认识论根源、依赖的象征互动论根源、相互依赖中的冲突与平衡关系、依赖的变化波纹等角度进行研究。

互联网可以向用户提供几乎无所不包的信息,新颖的传播方式也时时吸引着用户,以此建立的用户与网络间的依赖关系比传统媒介与受众的关系更密切和牢固。这种个人、群体、媒介和社会系统之间的相互作用、相互影响和相互依赖的互动关系就是一种新的媒介生态关系。

任何传播都可以看作是某种信息的流动,而信息之所以流动是因为存在"信息势差"(亦称"信息位差"),即信息多是由"有信息或多信息"向"无信息或少信息"的区域(方向)流动。互联网空间的海量信息是任何传统媒体、群体组织或个体都无法比拟的,也因此对个体、群体形成了更强的"信息势差"。一方面,网络信息源源不断单向地流向它的使用者;另一方面,网络媒体的信息查询属性、问题解答功能等,也使人们有了"内事不决问度娘"(百度搜索),"外事不决问谷哥"(谷歌搜索)的依赖感。此外,网络媒体的支付属性、游戏属性(广义上娱乐游戏也是一种信息形式)等多种平台、功能合于一身的特点,也让人们从原来单纯的信息依赖关系变成了对网络媒体全方位依赖的"网络关系"。

不仅如此,这种关系还在相当程度上培育着人们对客观现实社会的认知与体悟。即使有人骄傲地宣称网络媒体瓦解了传统大众媒体的传播桎梏,让人们有了更加独立、更加自信的自我认知,但实际上在对网络如此依赖的条件下,人们仍是无时无刻不浸淫在由网络创造的"媒介真实"当中。需要注意的是,由于个体对网络的需求不同,因此受网络的影响也不尽相同,只有那些对网络需求更多、更依赖网络的受众才有如此的网络关系。

---

① 一般认为社会群体的主要特征有:有明确的成员关系;有持续的相互交往;有一致的群体意识和规范;有一定的分工协作;有一致行动的能力。详见郑杭生,等.社会学概论新修:修订本[M].北京:中国人民大学出版社,1998:190-191.

② 李河.得乐园失乐园:网络与文明的传说[M].北京:中国人民大学出版社,1997:69.

正是在这样强烈的依赖之下,无论是个体还是群体以及整个社会都更容易"沉浸"在网络媒体之中。对于前者,原有"依赖论"的不少理论假设在充分考虑新的传播环境的条件下,还能够用于研究网络向用户提供信息时形成的关系;而对于后者这几乎是一个全新的课题,只有传播理论中的"培养论"(cultivation analysis)可以参照,同时也还需要运用更多学科的知识进行综合研究。[①]

融媒体传播案例

村里最远那一户

2020年是中国全面建成小康社会、决战脱贫攻坚之年。无论是多么偏远的人家,党和政府的关怀都从未缺位。为了这最深切的牵挂,为了精准地帮扶,所有的努力从未松懈,帮助"村里最远那一户"迈向小康的脚步也未停歇。湖南日报大型融媒体新闻专题《村里最远那一户》正是以小切口、大主题的报道,致敬扶贫这项千秋德政,致敬这个伟大征程中行走的人们。该作品获第31届中国新闻奖网络新闻专题一等奖。

2020年8月至10月,湖南日报·新湖南派出14路记者,跋山涉水,走进湖南14市州、14个贫困村里最偏僻的角落,记录下了动人的脱贫故事。这些故事有态度、有深度、有温度。从当年的10月1日起,新湖南客户端每天推出一户人家的故事。同年10月17日,在国家"扶贫日"的当天,华声在线推出了大型融媒体专题《村里最远那一户》。作品以独特的时间、采用独特的角度、选择了一批独特的人物,以文、图、视等全媒体素材、融媒体手法,全景呈现了脱贫攻坚最一线、最基层的真实情况,使报道的生命力、说服力与影响力得到了深度的交融。稿件刊发后,被学习强国等20多个媒体平台转载,专题在华声在线双首页、新湖南客户端首屏、百度新闻等显著位置推荐,点击量达1681万。

整体看,《村里最远那一户》系列报道高度重视全媒体传播效果,稿件采写契合新媒体气质,呈现上采用海报、视频、图文等多种形式制作,便于客户端、微信、微博及抖音等不同端口的传播。该专题内容厚重,呈现形式丰富立体,以宣传视频作为开机页并大量运用高清大图和多种动画的交互效果,加强了视觉的冲击力。此外,为强化融合传播效果,专题还量身打造了一个手机端版本。手机端版本既保留了PC端专题的大气设计和动态效果,又更加注意挖掘移动传播的元素,整个屏幕一改传统竖版的设计,采用了左右滑屏的方式,使观看更加灵动,由于采取了互动点赞的形式,即14个贫困户脱贫后的笑脸与心声在屏幕端口滚动轮播,网友可为其点赞助力,不仅大大提升了专题的互动性[②],也很好地适应了大屏与小屏、固定与移动的多环境的传播。

---

① 陈力丹.论网络传播的自由与控制[J].新闻与传播研究,1999(3):14-21+93.
② 盛伟山.爬最高的山,走最险的路:《村里最远那一户》创作实践与感悟[J].新闻战线,2021(23):39.

本章思考题

1. 什么是网络媒体？
2. 网络媒体传播特征有哪些？
3. 网络媒体受众有哪些特点？
4. 试分析网民上网的心理特征。
5. 网络媒体传播中是否存在议程设置？有哪些特点？
6. 如何看待网络媒体的传播效果？

阅读参考书目

1. 库尔德·勒温.拓扑心理学原理[M].竺培梁,译.北京:北京大学出版社,1997.
2. 简·梵·迪克.网络社会:新媒体的社会层面:第2版[M].蔡静,译.北京:清华大学出版社,2016.
3. 莱文森.新新媒介[M].何道宽,译.上海:复旦大学出版社,2014.
4. 罗伯特·斯考伯.即将到来的场景时代[M].赵乾坤,周宝曜,译.北京:北京联合出版公司,2014.
5. 马丁·李斯特,乔恩·多维,赛斯·吉丁斯,伊恩·格兰特,基兰·凯利.新媒体批判导论:第2版[M].吴炜华,付晓光,译.上海:复旦大学出版社,2016.
6. 凯斯·桑斯坦.网络共和国[M].黄维明,译.上海:上海人民出版社,2003.
7. 多米尼克·吴尔敦.信息不等于传播[M].宋嘉宁,译.北京:中国传媒大学出版社,2012.
8. 李沁.沉浸传播:第三媒介时代的传播范式[M].北京:清华大学出版社,2013.
9. 彭兰.社会化媒体:理论与实践解析[M].北京:中国人民大学出版社,2015.
10. 吴晨光.超越门户[M].北京:中国人民大学出版社,2015.

第十章 新型媒体传播

> **教学目的与要求**
>
> 通过本章学习,了解新型媒体的界定和主要特征;懂得不同新型媒体的传播特点以及对人类现实生活尤其是传播活动的影响;掌握各类新型媒体所共有的基本特征与传播规律。

当今基于数字技术、网络技术和移动通信技术的新型媒体成为重要的信息集散枢纽。基于网络的各类新型媒体的出现,不仅改变了人类传播的生态环境,也给人类社会的生产生活乃至人自身发展带来了巨大影响。

第一节 新型媒体概述

麦克卢汉说过,我们对新型媒体的理解在很大程度上源自观看"后视镜"。除了将新型媒体与之前的媒体进行比较,我们没有别的了解新型媒体的途径。因此,对什么是"不太新"的媒体,以及什么是新型媒体的先锋的理解,就显得至关重要。

一、何谓"新型媒体"

"新型媒体"是一个相对的历时性概念,不同时期的界定也各不相同。

17世纪初,欧洲国家出现了世界上第一份现代意义上的印刷报纸。相对于口语传播、人际传播,报纸定时、定向、定量的信息传播方式,界定了工业时代新的传播标准。商业广播台出现后,无线电广播技术的方便快捷以及对时空限制的突破,迅速体现出新一代媒体的独特魅力。进入电视时代,及时直观的画面表达和强烈的现场感和逼真感使得电视成为媒体新的宠儿。互联网出现后,人们的生产生活和思维方式都随之发生了巨大的变化,信息技术渗透到人类生活的方方面面,信息传播的主导权也随之发生了变化。

当前很多对于新型媒体的理解,比较典型的观点是将手机电视、网络电视(IPTV)、网络广播、博客、楼宇电视、车载移动电视、光纤通信网、都市双向传播有线电视网、高清电视、互联网、手机短信、数字杂志、数字报纸、数字广播、数字电视、数字电影、触媒体等不做区分全部列入新型媒体。这种界定不仅过于宽泛,更重要的是存在着逻辑错误,也没有抓住新型媒体的内涵和外延。从技术上看,新型媒体是数字化的;从传播渠道看,新型媒体依赖于网络而存在;从传播特征看,新型媒体具有高度的交互性。"数字化""网络化"和"交互性"是新型媒体的根本特征。前面所说的对于新型媒体的宽泛理解仅仅是建立在数字化的基础之上,但如果用交互性来衡量,一些所谓的"新型媒体"如车载移动电视、楼宇电视、网络广播、数字电影等等,其实只是"以新形式出现的传统媒体"罢了。

新型媒体不仅有传统媒体所具备的信息传播功能,更是人们互动交流、优化生存的重要手段,从某种意义上说,新型媒体给人类提供了信息化生存的新方式。基于以上理解,新型媒体可以定义为"由数字网络技术支撑的所有交互式媒体"的统称。从外延来看,目前热度较大的主要包括智能手机媒体、各类社交媒体(如博客、微博、微信、网络互动直播)、各类互动多媒体等。

纽约福德姆大学教授保罗·莱文森认为,当代媒介可以分为三类。互联网诞生之前的一切媒介都是旧媒介,是时间空间定位不变的媒介,表现为由专业人士生产,自上而下控制,如报刊、广播、电视等;互联网上诞生的第一代媒介是新媒介,指上传于互联网,便于受众在方便的时间去使用的媒介,如电子邮件、网上书店、报刊网络版、留言板等;互联网上诞生的第二代媒介为新新媒介,主要有博客、播客、脸谱、推特等,其生产者本身也是消费者,多由非专业人士生产,个人选择性自主性强,没有自上而下的控制,与现在所熟知的"自媒体"较为相似。本书前面单独论述过网络媒体,因此本章所指的新型媒体更多是指莱文森所说的互联网第二代媒介——"新新媒介"。

二、新型媒体的技术支撑

一种新的传播技术的出现带来的最为明显的成就就是新型媒体的出现。当前多种技术的合力作用,不断催化各种新型媒体的涌现。其中,数字技术、网络技术、移动通信技术以及大数据、云计算等技术是最基础也是最核心的技术。

(一)数字技术

所谓数字技术是在计算机中设计的一种信息编码方式,即二进制编码。数字技术将数字"0"或"1"作为信息的最小单位——比特(bit),任何信息都可以通过"0"或"1"的排列组合表达。基于这一编码方式,信息可以在计算机、通信光缆中表达、传播、处理和存储。因此数字技术也被认为是信息社会的基础。数字技术是新型媒体赖以存在和发展的核心技术。一方面,新型媒体的运行离不开软件系统,而软件系统的开发离不开数字技术。另一方面,数字技术提供了信息生产、传播和处理的统一标准,不仅可以使文本、声音、图像等不同形式的信息得以表达,不同媒介上的信息也可以相互共通,媒体融合与信息交互成为可能。

(二)计算机网络技术

计算机网络技术构建了信息传播的通道。计算机网络通过电缆、电话线或无线通信,在网络操作系统、网络管理软件及网络通信协议的管理和协调下将两台以上的计算机互联起来,从而使不同地理位置的具有独立功能的多台计算机实现资源共享和信息传递。计算机网络技术满足了新型媒体信息传递的需要。目前,新型媒体的信息服务主要基于因特网,通过因特网的信息共享,任何一台计算机都可以通过网络访问其他任何计算机中的公开信息。在计算机网络中,每一个用户作为一个服务终端发布信息,信息在因特网中汇总,并根据每一个终端的需要反馈信息。这种信息的处理方式与新型媒体"所有人对所有人传播"的模式有很大的相似性。

(三)移动通信技术

移动通信技术,顾名思义,其关键词在"移动"二字。移动通信技术实现了移动体之间以及移动体与固定体之间的通信,信息的传播不再依托于实体网络,而是通过无线网络随时随地进行。

第一代移动通信技术(1G)早在20世纪80年代就在北欧、北美和日本等国家和地区启用。这一时期的移动通信没有全球统一的运营标准,只能提供模拟语音服务,且由于带宽的限制不能进行长途漫游,第一代移动通信只是一种区域性的移动通话系统。随着数字技术的发展,第二代移动通信技术(2G)诞生。第二代移动通信技术以数字语音传输技术为核心,不仅可以提供语音服务,也能提供数据业务,支持用户随时随地收发信息、浏览网页。第三代移动通信技术(3G)是将无线通信与多媒体通信结合的移动通信系统。第三代移动通信技术与前两代的主要区别在于支持智能信号处理,数据传输速度大幅提高,能够传输图片、声音、视频流等多种媒体形式,信息服务更趋多样,用户体验更加流畅。第四代移动通信技术(4G)是继第三代之后的又一次无线通信技术演进,以提高移动设备无线访问互联网的速度为主要目标,通信速度更快,网络频谱更宽,通信更加灵活,智能性能更高。因此,第四代移动通信技术中,语音通话功能已经不再是设备的主要功能,用户将更多地通过手持设备获取以往在电脑上才能获得的服务。

目前第五代移动通信技术(5G)其峰值理论传输速度可达每秒数十Gb,比4G网络的传输速度快数百倍,能满足高移动性、无缝漫游和无缝覆盖,以融合和统一的标准,提供人与人、人与物以及物与物之间高速、安全和自由的联通。5G的好处体现在它有三大应用场景:增强型移动宽带、超可靠低时延和海量机器类通信,所带来的不仅是网速的提升,还将无线通信应用到更多的地方,让许多之前停留在理论阶段或者某些因为条件限制而刚起步的科技得到广泛的应用,如智慧城市、智能家居、无人机、增强现实、虚拟现实、物联网等。

(四)云计算技术

云计算(Cloud Computing)是基于互联网相关服务的增加、使用和交互模式,通常涉及通过互联网来提供动态易扩展且经常是虚拟化的资源,它是通过使计算分布在大量的分布式计算机上,而非本地计算机或远程服务器中,企业数据中心的运行将与互联网更相似。这使得企业能够将资源切换到需要的应用上,根据需求访问计算机和存储系统。

云计算服务能将大量用网络连接的计算资源统一管理和调度,构成一个计算资源池向用户按需服务。它的一个重大变革是从以设备为中心转向以信息为中心。设备包括应用程序只是来去匆匆的过客,而信息及人们在信息中的投资则是必须要长期保留的资产。在"云计算"时代,"云"会替人们做存储和计算的工作。人们只需要一部能上网的手机,一旦需要就可以在任何地点用手机快速地找到自己需要的资料并处理他们。人们不用担心资料丢失。云计算服务能够根据用户的位置、时间、偏好等信息,实时地对需求做出预期。在这一全新的模式下,信息的搜索将会是为用户而做,而不再是由用户来做。无论采用什么设备,无论需要哪种按需服务,用户都将得到一致且连贯的终极体验。

(五)大数据技术

随着云时代的来临,大数据(Big Data)也吸引了越来越多的关注。大数据是一种规模大到在获取、存储、管理、分析方面大大超出了传统数据库软件工具能力范围的数据集合。大数据具备5V特点(IBM 提出):大量(Volume)、高速(Velocity)、多样(Variety)、低价值密度(Value)、真实性(Veracity)。

大数据技术的战略意义不在于掌握庞大的数据信息,而在于对这些含有意义的数据进行专业化处理。这是因为单个数据或者少量数据受到随机性和偶然性的影响会比较大,但是大量的数据则会呈现出趋势性和必然性。人们可以通过数据分析,在海量数据中进行比对、抽取,寻找出趋势性的规律来挖掘特性信息,辅助决策。

(六)人工智能/机器学习技术

人工智能(AI)是计算机科学的一个分支,它企图了解智能的实质,并生产出一种新的能以人类智能相似的方式做出反应的智能机器,该领域的研究包括机器人、语言识别、图像识别、自然语言处理和专家系统等。人工智能从诞生以来,理论和技术日益成熟,应用领域也不断扩大。而机器学习是人工智能的核心,它专门研究计算机怎样模拟或实现人类的学习行为,以获取新的知识或技能,重新组织已有的知识结构使之不断改善自身的性能。机器学习是使计算机具有智能的根本途径。

当前互联网发展和竞争的趋势就是广域网络空间中的人与人、人与物、物与物实现其价值匹配与功能整合的高度智能化。人工智能与机器学习技术不断地推动信息采集、数据分析、信息整合与信息推送的整个流程,对于当前信息传播领域的冲击巨大。

(七)虚拟现实/增强现实技术

随着网络视频的发展和VR/AR应用的深化,视频和VR/AR平台,也逐渐成为一种新的新闻分发平台。VR/AR技术的重要意义在于,让人们不再依赖于抽象的符号来简洁理解媒介中的世界,而是以近乎真实的方式直接体验媒体中的世界。在VR/AR新闻里,人们可以直接"进入"现场并根据自己的兴趣进行观察与体验,他们对于信息的认知也更多取决于自己的临场观察。

三、新型媒体对传播环境的影响

美国传播学者约书亚·梅罗维茨(Joshua Meyrowitz)在他的名著《消失的地域:电子媒介对社会行为的影响》一书中提出:"当一种新的因素被导入一种旧的环境中时,我们所得到的并非该旧情境加该新因素,而是一种新的环境。当然,新的程度取决于新因素在多大程度上改变旧系统。"①麦克卢汉更是直接断言:"环境不仅是容器,而且是使内容完全改变的过程。新媒介是新环境。"②新型媒体技术的产生和普及,不仅使社会媒介不断产生兴衰更替,导致社会媒介矩阵重新结构,而且也从整体上对社会媒介环境以及生存演化于其中的社会、文化产生重大而深远的影响。

(一)传播生态的泛化

与报纸、广播、电视等传统媒体相比,新型媒体融合了媒体的多种传播形态,媒体之间的界限日益模糊,社会群体之间的区别也逐渐消解。在新型媒体环境中,所有人与所有人之间依赖关系进行信息传播,信息关联更加频繁、直接,传播生态呈现出泛化特征。

1. 传播层级泛化

大众传播的二级传播理论认为,信息往往首先从某一个信息源经意见领袖再传播到普通民众那里。二级传播理论提出了信息传播的两个阶段:第一个阶段是信息传达的过程,第二个阶段是人际影响的过程。③ 新型媒体时代传播层级得以重构。新型媒体的传播实现了个人对个人、个人对多人、多人对个人、多人对多人的传播,传播呈现出非线性的特点。在这种情况下,受众在传播过程中的层级差异变得模糊,传受双方享有平等的信息源以及信息发布和接收的权利,即在传播通道中享有对等的可利用资源,传统传播中的意见领袖的影响力被削弱,任何个体或群体都有可能成为新的意见领袖,人人都可以发表个人见解并与他人沟通互动,真正实现了所有人对所有人的传播。

2. 传播关系泛化

由于人的局限,传统的人际传播往往受制于一定的地域空间和现实的社会关系,一个人所能延展的人际关系广度十分有限。而在新型媒体时代,网络社会高度的开放性、自由性极大地促进了传播关系的泛化。借助于新型媒体,人际交往最大限度地摆脱了时空的限制和社会属性上的障碍。不同地区、不同职业、不同文化背景、不同信仰和社会地位上的个人都可以借助新型媒体传播手段进行自由的无障碍的沟通与交流。新型媒体中的交

---

① 约书亚·梅罗维茨.消失的地域:电子媒介对社会行为的影响[M].肖志军,译.北京:清华大学出版社,2002:18.
② 马歇尔·麦克卢汉.理解媒介[M].何道宽,译.北京:商务印书馆,2000:343.
③ 保罗·F.拉扎斯菲尔德,等.人民的选择:选民如何在总统选战中做决定:第3版[M].唐茜,译.北京:中国人民大学出版社,2012:128-129.

流双方往往是随机形成的,交流平台开放且活跃,沟通内容、方式和技巧可以即时调整,人与人之间思想、态度、情感的交流关联互动性强,个人的人际关系在一定的时空范围内被无限延展。

3. 传播介质泛化

媒体融合带来传播介质泛化,单纯依赖某一单一媒体的传播已经改变,传统媒体电子化、数字化成为主流。在数字技术和网络技术的推动下,手机报纸、手机电视、手机广播、手机播客等传播形式快速涌现,手机上网的用户体验正不断完善;互联网络融合了多媒体和超文本的特性,电子邮件、文件传输、网络电视、网络广播拥有广泛的用户群体;自媒体快速崛起,人人都可以是信息的发布者,都可以积极主动地介入信息传播过程之中并影响传播效果;移动智能终端与电脑的界限逐渐消失,网络功能与移动功能不断融合,传播效力在跨媒介中扩展衍生。

4. 传播主体泛化

新型媒体环境下,信息传播已不再单单由传播主体所主导,受众改变了以往被动接受的地位,自主地寻找和接收信息,同时也主动发布信息,承担传播客体与主体的双重角色。传播主体的不唯一改变了传统的传受关系,传播主体的多元化满足了不同社会群体发声的需要,也为丰富信息数量、提高信息质量创造了条件。

(二) 传播格局的改变

新型媒体的出现,打破了原来由传统媒体主导的相对稳定的传媒生态,传媒格局重新调整。

首先,"融媒体"打破了传统媒体与新型媒体的界限。一方面,新型媒体与传统媒体在市场上的竞争直接影响了传统媒体的受众预算和广告份额,网络电视、互动直播、微信、微博等新型媒体形式直接占有了传统媒介的市场,并分流了受众对传统媒体的消费兴趣和能力。同时,新型媒体强大的媒介整合能力、多媒体的信息服务更能满足受众对信息的多重需求,传统媒体必须不断求新求变扬长避短,竞争压力剧增。另一方面,新型媒体改变了传统媒体的运营模式和权利分配。新型媒体的运营机构一般为网络公司、通信运营商等高新技术企业,盈利模式不再单纯依靠广告,在线服务扩展了收入来源。[1] 正是基于以上原因,传统媒体为了生存,纷纷寻求新型媒体的运作方式,采用融合的形式让传统媒体获得新生。

其次,社交媒体成为人们社会关系在网络空间延伸的助推器。新型媒体为网民提供了个性化的专属的信息发布平台,由社交网络构成的人际传播渠道逐渐成为公共信息传播的基础设施,在这些平台上,媒体内容的再分发能力,很大程度上取决于它们激活的人际传播网络的规模。社交媒体所采用的"人际网络+大众传播"模式,可以逐渐满足复杂的社会需要,构建接近现实社会、融于现实社会甚至超于现实社会的网络社会关系,从而

---

[1] 官承波.新型媒体概论[M].北京:中国广播电视出版社,2007:10.

为人们的现实生活提供替代和补充。以社交网络来传递公共信息，这是大众传播出现之前的公共信息传播模式。因此，在某种意义上，社会化媒体带来的是一种"回归"。

再次，自媒体的兴起昭示着个体价值在新型媒体传播环境中得到极大的尊重。自媒体又称"公民媒体"或"个人媒体"，是指私人化、平民化、普泛化、自主化的传播者，向不特定的大多数或者特定的单个人传递规范性及非规范性信息的新型媒体的总称。如果说社交媒体关注的是人的社会关系在网络空间的延伸，那么自媒体则更为关注普通个体的价值传播。

最后，智能化媒体的出现或将展开传播领域的新维度。人工智能、深度学习等技术的运用让机器主动介入传播各个环节成为可能，而人的作用也在某些领域慢慢可以被取代。有理由推测，当有一天物联网极度发达，机器和机器之间借助人工智能可以进行有效互动传播时，有可能会对传播领域造成颠覆性的影响。尽管任何时候人的作用都是无法完全被取代的，但是到那时现有的媒介观、受众观、效果论等理论体系可能面临极大挑战，人类社会中的传媒格局也必将有根本性改观。

第二节　新型媒体传播特征

新型媒体是由数字网络技术支撑的所有交互式媒体的统称。由于新型媒体的概念具有相对性、历时性，所以从严格意义上讲，原有的所谓新型媒体与今天的新型媒体有很大的差别。在互联网刚刚起步发展的时期，网络媒体几乎就是新型媒体的同义语，而如今的新型媒体除了具有网络媒体传播的特征（如信息海量化、超时空、开放性、非线性、多媒体融合性等等）之外，又出现了许多与时代发展和技术进步相关联的新特征。

一、自由的移动传播

早在2004年，诺基亚（中国）投资有限公司总裁何庆源就提出，移动性与传统媒介和互联网的融合将引领新媒介的未来，移动终端正在成为继互联网之后的又一新兴媒介，这个观点准确地预测和判断了移动传播方式的崛起。

所谓移动传播，顾名思义，就是指以移动终端为载体获取信息的传播。随着移动通信技术的飞速发展，人们越来越多地通过手机等移动智能终端与他人沟通或从互联网上处理信息，移动传播已经成为人们日常生活中获取信息的主要渠道之一。

（一）移动传播的优势

移动传播技术是人类传播进步的重大里程碑之一，它最大的变革性意义在于解除了传播的时空限制，让人们始终处于信息传播的网络节点之上、处于随时随地可沟通的状态之中。除此之外，移动传播的下列优势也让其成为新型媒体传播时代的重要技术支撑：

1. 终端便携确保传播的易得性

以手机为代表的移动终端的最大优势是可以随身携带。人们就像携带钥匙和钱包一样把手机握在手里、放在口袋里,并以此为媒介与外界保持着不间断的联系。移动终端如今也常常以可穿戴设备的形式出现,便携性甚至超过了手机,这样就实现了人与媒体的无缝连接,将时间与空间融合在一起,成为新的"人的延伸"。

2. 高覆盖率确保受众的范围

首先是移动终端的高覆盖率。全球移动通信系统协会(GSMA)智库发布的《2022 全球移动经济发展》报告显示,2021 年全球移动互联网用户数达到 42 亿。预计到 2025 年,全球移动用户数将从 53 亿上升到 57 亿,覆盖人口从 67% 上升到 70%。[1] 截至 2021 年 12 月,中国网民使用手机上网的比例达 99.7%;即时通信用户规模达 10.07 亿,占网民整体的 97.5%。[2] 仅从手机用户来看,中国移动终端已经基本覆盖了整个人群。其次是信号覆盖率。截至 2021 年 12 月,中国移动电话基站总数达 996 万,其中,4G 基站数为 590 万,5G 基站数为 142.5 万,基本实现主要人群居住地的全覆盖。

3. 宽兼容性确保传播内容的丰富性

以智能手机为代表的移动终端拥有极好的兼容性。一方面,兼容了文本、图片、声音、影像等多种传播手段,突破了单一媒体的局限。另一方面,兼容了大量的信息处理平台,不仅社交网站、电子商务、手机广告等服务成为运营商主要的竞争点,同时 IOS、安卓、鸿蒙、Windows 等主要移动终端操作系统平台也提供了丰富的应用程序。

4. 高集成度确保传授双方对传播的依赖性

除了操作系统和软件应用以外,移动终端的硬件功能集成度也越来越高。譬如,智能手机除通话、短信等基本功能外,诸如上网、拍摄、录音、广播、定位导航、视频播放、支付、线上办公、线上教学等各式功能都被集成到便携终端中,并成为人们生活工作中不可或缺的一部分。"一机在手走天下"让人们对移动终端产生了越来越大的依赖性,而信息也借此能够全天候渗透到人们的生活中。

(二)移动传播自由

在移动通信领域,终端的移动极大地影响着信号的传输能力,而信号的传输能力决定着信息量的大小和传播效果的好坏。移动技术的发展使移动信号传输能力得以不断提升。从最早的 2G 技术开始实现数字通信以来,移动数据带宽从 150Kbps 飞速发展到如今

---

[1] GSMA 发布《2022 全球移动经济发展》报告[EB/OL].(2022-03-25)[2022-07-05].https://baijiahao.baidu.com/s?id=1728235458057287608&wfr=spider&for=pc.

[2] 中国互联网信息中心.第 49 次中国互联网络发展状况统计报告[EB/OL].(2022-02-25)[2022-07-05].http://www.cnnic.net.cn/hlwfzyj/hlwxzbg/hlwtjbg/202202/t20220225_71727.htm.

5G 的 10Gbps 以上,其所提供的服务也从单一的语音服务发展到了几乎无所不包的各类智能服务,这不仅是速度和数量的简单增加,更重要的是交互传播的自由。

1. 带宽决定移动传播的自由度

移动数字通信多年前就已经普及,然而技术代差让人们的交互体验前后有着天壤之别。2G 时代,手机传播利用移动通信网络传递最多的信息形式是数字语音通话;GPRS 技术所带来的彩信功能,继而让人们眼前为之一亮;3G 网络足以支持更高的带宽,让用户开始体验视频通话,各类自拍照片、现场短视频、语音消息逐渐往来于用户的手机之间;到了今天,4G/5G 技术让人们在指尖就能随时进行视频直播、大文件高速传输、获取多种个性化服务……

由此可见,人们的交互式传播在移动环境下的体验并不能一概而论,不同的带宽限制着人们传播信息的内容和形式。因此带宽在某种意义上决定了移动传播的质量与效果、决定了人类传播自由的实现程度。只有在 4G/5G 网络得到广泛应用的当下,新型媒体才真正在移动状态下、单位时间内传输能够与广播、电视、固定网络等媒体匹敌的丰富信息类型和更高的数据量,让人们在移动交互中得以享受更大的传播自由。

2. 费率和接入点数量决定着移动受众的在线时间

永远在线是移动传播的重要内在要求。但如果在线时间无法保证,即使移动终端再便携、功能再强大,也很难凸显出移动传播的意义和价值。移动传播经历了最早 CMNET/WAP 每 MB 几元钱的时代,那时的人们用手机沟通之后常常是随手关闭数据服务或者寻找 WiFi 接入点,以防止不必要的流量损失,在这种情况下,"永远在线"也就无从谈起。近年来,WiFi 接入点日益普及,移动通信成本也大大降低,几十元包月不限量的数据服务让人们真正能够保持永远在线,从而确保了移动传播环境下新型媒体的优势得到真正发挥。

二、增强的交互性

交互性是所有网络媒体都具备的特性之一,然而对新型媒体而言,交互性的特征则更加突出,其形式和内容也更加丰富多样。

(一) 多样化的交互渠道

本章所论述的新型媒体,相对于传统媒体乃至前一章所论述的网络媒体而言,有着更为多样化的传播交互渠道,这主要体现在:

1. 终端硬件功能多样化

以智能手机为代表的新型媒体在硬件方面集成度越来越高。智能手机的电话、短信功能已经极大地被边缘化。相应地,其数据处理功能、在线交流功能、浏览功能、各类在线互动参与功能以及数据采集记录(录音、录像)功能等等,都被集成在便携度极高的设备之内。又如,VR 头盔集成了互动立体影像传输与呈现、人体动态感知、感官反馈、语音(文字、画面)传输、多设备联机互动等功能。科技的发展让新型媒体终端硬件功能不断得到强化,增强了传播沟通能力。

2. 终端软件应用多样化

相对于其他媒体,新型媒体面向具体应用的各类软件、App 层出不穷,人们的需求方向就是软件的开发方向。譬如,手机 QQ 和微信共同作为即时通信 App,却面向不同的交互圈子;高德导航与携程旅行作为功能不同的两款 App,却又能数据互通,便于用户出行。不同的应用让用户能更快地找到各自所属的交流群体。

3. 受众交流方式多样化

从符号形式来看,新型媒体允许受众交流时按需综合使用文字、图像、音频、视频等多种形式;从对话方式来看,新型媒体提供即时交互和延时交互(如留言点评功能)等方式;从身份识别角度看,新型媒体既能够让受众之间进行实名交流,也能够让他们进行匿名甚至角色扮演交流(如手游等);从对象范围来看,新型媒体允许点对点交流,也可以实现点对面交流(如微信群、微博等)。

(二) 日益顺畅的人机交互

信息传播在传统媒体的理解中只能出现在人与人之间,因为传统媒体只是信息传输渠道,本身不提供信息。然而新型媒体时代则颠覆了这种认知。

首先,物联网中的传感器,作为信息的采集手段,拓展了人认识世界的能力。譬如,可穿戴设备能够感知人体的各种运动变化,让人能够随时了解自身的健康状况,甚至可以通过联网给予人以反馈,提出相应的健康维护建议等;再譬如,通过与智能家电的人机交互,可以了解室内空气状况、温度、湿度,了解天气状况以及出行建议等。

其次,语音识别、手势识别、面部识别等生物识别技术的日渐成熟,让机器与人交流的成功率和准确度大大提高,方便人们更加精确地掌控身边的传播工具。

三、映射社会关系

"媒介是人的延伸",这一论断最开始是从人类认识世界能力的角度提出的。媒介发展的历史也不断地证明这一论断的重要性。新型媒体出现以来,人类认识世界的能力被大大延伸的同时,现实中人与人之间的关系也顺理成章地被投射到了网络空间中去,新型媒体因此也对整个人类社会产生了更大的影响。

(一) 自媒体对个性化的彰显

自媒体又称"公民媒体"或"个人媒体",是指私人化、平民化、普泛化、自主化的传播者,以现代化、电子化的手段,向不特定的大多数或者特定的单个人传递规范性及非规范性信息的新型媒体的总称。如博客、微博、微信、抖音、百度官方贴吧、论坛/BBS、各类视频直播都可以归为自媒体的范畴。

普通大众经由数字科技强化与全球知识体系的联系之后,自媒体给他们提供了分享他们自身的事实与新闻的途径。自媒体能够迅速发展繁荣,是与它自身的特点分不开的。

1. 平民化个性化

新型媒体让"旁观者"转变成为"当事人",人们自主地在自己的"媒体"上"想写就写""想说就说",每个"草根"都可以利用互联网来表达自己想要表达的观点,传递自己生活的阴晴圆缺,构建自己的社交网络。

2. 自媒体低门槛易操作

自媒体用户只需要通过简单的注册申请,根据服务商提供的网络空间和可选的模板,就可以利用版面管理工具,在网络上发布文字、音乐、图片、视频等信息,创建属于自己的"媒体"。其进入门槛低,操作运作简单,让自媒体大受欢迎,发展迅速。

3. 自媒体交互强传播快

没有空间和时间的限制,得益于数字科技的发展,任何时间、任何地点,人们都可以经营自己的"媒体",信息能够迅速传播,时效性大大增强。作品从制作到发表,其迅速、高效,是传统的电视、报纸媒介所无法企及的。自媒体能够迅速地将信息传播到受众中,受众也可以迅速地对信息传播的效果进行反馈。自媒体与受众的距离近乎为零,其交互性的强大也是任何传统媒介望尘莫及的。从某种意义上说,它是个体在网络空间当中寻求个人定位的渠道之一,是人们在社会上的定位的继续。

(二)社交媒体对人们社会关系的补充

社交媒体是新型媒体发展到"社交网络＋大众传播"模式下的产物,是互联网上基于用户关系的内容生产与交换平台。在这种模式下,新型媒体的承载能力已经远超传播节点本身,甚至能够将现实生活的人与人之间的社会关系也继承下来,并在一定程度上提供给人们维系、改变甚至重建身边社会关系的机会。

四、智能化

人工智能技术在新闻传播领域的全面渗透是近年来的一个现象级的发展。新型媒体的发展,很大程度上与人工智能技术的引入和应用关联在一起。在可以预见的未来,互联网发展和竞争的高地就是对于广域网络空间中的人与人、人与物、物与物实现其价值匹配与功能整合的高度智能化,新型媒体也必将呈现出更明显的智能化趋势。目前,新型媒体的智能化至少表现在如下几个方面:

(一)传感器技术的进步让信息采集智能化

传统媒体时代,信息的采集完全依赖人力提供的信息和数据作为新闻制作的原材料。智能媒体时代,以传感器为载体、大数据处理技术为支撑的传感器技术对丰富和优化新闻源起到了重要的作用。互联网时代传感器无处不在,智能手机、刷卡器、射频识别标签、电子芯片、条形码读码器、可穿戴设备、GPS、无人机、遥感卫星都属于传感器的范畴。传感器是进行数据挖掘、分析的全新天地,每个物体都可以通过传感器源源不断地传输数据,这大大扩展了获取数据的渠道。同时,传感器在挖掘信息的深度和广度、提升信息和数据的准确性方面有着传统信息来源无法比拟的独特优势。

(二)先进算法与机器学习能力结合让加工过程智能化

同新闻采写领域开始使用机器人写稿一样,新型媒体中人工智能的使用可以分析传感器采集到的数据,并进行信息挖掘、深度研判,甚至可以在各种与人交互的过程中学习人的习惯,优化自己的算法,改进处理方式。譬如,智能家庭系统通过分析室内空气质量决定是否打开空气净化器;再譬如,智能汽车通过分析路况信息以及用户需求实现自动驾驶功能等等。

(三)个性化数据分析让内容推送智能化

个性化信息是提高新闻信息传播效果的有效途径,也是新型媒体的一大发展趋势。智能化对信息传播的优化主要表现在以下几个方面:

1. 打造内容平台——优化整合各层次新闻信息

新型媒体作为一种"高维"媒体,其内容平台构建的根本目的在于在信息丰富的基础上,实现新闻信息专题化,即对新闻信息不同形式的内容如文字、图片、音频、视频等实现分类筛选、整合与深度加工,满足受众对信息全方位、多层次的认知需求。正如推特 CEO 迪克·科斯特罗所说:"我们要为我们的用户在组织内容方面提供更好的服务,我们不仅要按照时间顺序提供最快最新的内容,还要按照话题、主题、专题来组织内容。"①

2. 打造大数据资源平台——个性化服务基础

大数据资源平台的建构其本质是以大数据与算法为依托,在保证用户流量的基础上,通过利用大数据挖掘和分析技术,对用户行为进行长期的系统跟踪与分析,从而掌握用户的内容偏好,为用户打造个性化"档案",建立起信息服务的大数据资源,为实现受众与信息的精准定向匹配奠定基础,建立起内容产品通往用户的"直通车"式的数据通路,从而更好地满足用户需求。

3. 打造受众沉淀平台——增强受众黏性

所谓受众沉淀平台是指传媒机构通过优势内容传递以及线上线下特色活动的开展,保证受众的黏性,并实现受众信息需求的规范化与规律化,进而对优质受众的相关数据进行整合、清洗、认证、管理、记录以及深入挖掘与分析,通过智能化、个性化信息与数据服

---

① 喻国明,焦建,张鑫."平台型媒体"的缘起、理论与操作关键[J].中国人民大学学报,2015(6):120-127.

务,为受众打造特别的新闻阅读体验,提高受众的参与度与满意度。[①] 受众沉淀平台的建立是未来媒体发展的最终目标,它代表着受众与媒体之间关系的稳定性。而受众沉淀平台的真正建立无疑对媒体优势内容的生产与整合以及大数据算法的精准度均提出了较高的要求。

五、仿真化

如果说多媒体化是网络媒体时代传播内容的主要特征,那么在新型媒体时代,随着受众对信息可感知性需求的增加,"仿真体验"成为提高受众认知的最佳选择。借助全景显示、虚拟现实、增强现实、全息投影等技术,新型媒体可以为受众重构场景、打造身临其境的现场感。

譬如,从2016年"两会"开始,国内如新华社、《经济日报》《光明日报》等多家媒体均开始采用VR设备对两会进行全景式报道,新浪网推出的VR全景式图片报道《人民大会堂全景巡游》,网民只需打开手机便可实现对人民大会堂内各个方位的场景体验。新型媒体运用虚拟现实和增强现实技术能够对受众感官体验给予极大的满足,甚至可以第一人称的逻辑展开叙述,使受众由传统媒体时代的被动观看者、局外旁观者变成新闻的"现场"目击者、"事件"参与者,受众真实体验场景中的对话,并通过加入交互动画实现场景转移与新闻事件的发展和递进,增强受众的主动性。

第三节 社交媒体

移动网络技术的快速发展以及智能手机的日益普及,催生了社交网络SNS(Social Networking Services)。1967年,美国哈佛大学教授米尔格林提出了"六度分割理论",即你和任何一个陌生人之间所间隔的人不会超过六个,也就是说,最多通过六个人你就能够认识任何一个陌生人。这一理论被认为是社交网络的理论来源。

社交网络亦称社会性网络服务,是利用P2P技术建立的基于个人的社会性网络服务技术,旨在帮助人们建立社会性的网络关系。通过这一技术,个人可以与老朋友互通有无保持联系,也可以依据六度分割理论结识新朋友拓展关系网,从而进入"泛社交时代"。另外,信息也在社交网络之中传播。以每一个个体为节点,信息通过社交网络在无数的节点之间传播,每一个节点都扮演着信息接收者与传播者的双重角色。

一、什么是社交媒体

新型媒体因其便捷性、功能多样性而天然地对于人们的社会生活具有渗透力。当新型媒体与人们的社会生活相结合,形成"人际网络+大众传播"的模式,就具备了强烈的社

[①] 郭全中.重建用户连接的三大平台建设[J].新闻与写作,2015(10):44-47.

交化特征,形成了所谓的社交媒体。

社交媒体(Social Media),亦称为社会化媒体、社会性媒体,是指允许人们撰写、分享、评价、讨论、相互沟通的网站和技术,是人们彼此之间分享观点和经验的工具和平台。社交媒体中传播的信息由网民自发撰写、提取,并在网络空间中低成本甚至无成本传播。人数众多和自发传播是社交媒体的两个必要条件。社交媒体给予了人们尤其是普通人创造内容并传播内容的能力和随时随地自由交流的工具。如今,社交媒体已经成为信息发布、信息交流和信息传播的重要平台。

互联网的发展不断影响着人们的工作与生活,甚至已经成为这其中不可或缺的一部分。每天,人们在朋友圈里看看大家的新鲜事,打开微博关注自己感兴趣的人,点评一本好书、一部电影或者一个不错的餐馆,分享一首歌、一张图或者一部原创视频,淘一件自己喜欢的商品,在微信上和好友聊聊天……每天,人们都在和社交媒体打交道。

具体来说,社交媒体的主要形态有:电子商务类(如淘宝网、ebay等)、视频分享类(如优酷网、Youtube、抖音等)、音乐分享类(QQ音乐、酷狗音乐、网易云音乐等)、图片分享类(如Instagram、Pinterest等)、点评类(如大众点评、豆瓣网等)、论坛类(如猫扑、天涯、百度贴吧、强国论坛等)、即时通信类(如QQ、微信等)、博客类(如博客、微博、Twitter等)、社交网站类(如Facebook等)、维基类(如维基百科、百度百科等)、问答类(如爱问、知乎等)、网络书签类(如百度学术、360DOC等)、RSS订阅类(如有道等)。如果按照属性的不同,社交媒体又可以分为五类:第一类为创作发表型,主要由博客网站和论坛网站、微博组成;第二类为资源共享型,主要包括照片分享网站、视频分享网站、音乐分享网站和评论网;第三类是协同编辑型,包括维基以及社交型问答网站;第四类是社交服务型,如社交网站、即时通信等;第五类是C2C商务型,代表网站是淘宝网等。①

二、社交媒体的特征

社交媒体体现出来的特点,使其可以逐渐满足人们复杂的社会需要,构建接近现实社会、融于现实社会甚至超于现实社会的网络社会关系,从而为人们的现实生活提供替代和补充。具体来说,社交媒体具有以下特点:

(一)准实名化

所谓"准实名",是介于匿名和实名之间的一种状态,也是社交媒体独有的受众状态。在传统媒体传播中,受众由于传播的单向性,几乎没有可能出现在公众的视野之中,自然也就无从谈起实名还是匿名。而在普通网络媒体互动之中,绝大多数情况下,受众是匿名的。社交媒体则不同,由于社交媒体建立在人们既有的社会关系网之上,受众在很多情况下是相互知道对方是谁的(如微信朋友圈);即使用了网名,人们也往往能够将一个社交媒体中的人与现实生活中的人对应起来。即使有的情况下不知道对方的真实身份,但是通

---

① 曹博林.社交媒体:概念、发展历程、特征与未来:兼谈当下对社交媒体认识的模糊之处[J].湖南广播电视大学学报,2011(3):67.

过视频交流也能够将人的形象对应起来。这种互动参与者身份与现实可对应的现象就叫作"准实名"现象。这种"准实名化"的社交媒体的交流真实感更强,也更有利于传播效果的实现。

(二) 即时性

有价值的信息往往是最有时效性的信息。传统媒体上发布的信息多需要经过获取、编辑到发布等不同环节。而社交媒体具有即采、即编、即发的特点,利用 SNS 技术,信息可以在点对点之间直接、快速传输。不仅 QQ、MSN 等即时通信工具可以把远距离的信息传播变成面对面交流,依托客户端、微博等社交媒体也可以及时获取新鲜事、留言、评论和消息推送,大大减少了信息到达与受众接收之间的时间差,使信息传播即时实时。

(三) 参与性

社交媒体改变了传统媒体以内容为中心的传播模式,而是以人为中心,强调人的参与性。社交媒体信息的传播是基于关系的传播,传播网络与人的关系网密切相关。社交媒体把人与内容的关系拓展为人与人的关系,利用某一话题或具体的形象吸引受众主动参与进来,受众在接收信息的同时也在发布着自己所掌握的信息,甚至随时对整个传播过程产生影响。因此,受众不仅在消费内容,也在生产和传播内容,在传播关系中的角色更加丰富,介入的效果也更加明显。

(四) 开放性

社交网络的开放性体现在以下几个方面。首先,社交媒体中没有泾渭分明的传者和受众,信息不再单纯地从固定的传者流向固定的受众,而是通过平等的信息交互,信息从泛化的一方流向泛化的另一方,每一个节点都具有传者与受众的双重角色。其次,社交媒体受众享有充分的信息主导权,可以就话题自由评论、转发、反馈和分享,支持受众的广泛参与。最后,从内容上看,社交媒体受众可以充分发掘个人的积极性能动地创造内容,可以自由生产不同内容不同形式的信息,广罗天下,无所不包。

(五) 平等性

社交媒体与信息的大众传播相对应,并充分发挥网络信息传播的优势,体现出平等性的特点。一方面,社交媒体为每个人提供了平等的发声平台,每个用户都可以自由发布信息,平等地享有自由表达和处理信息的权利;另一方面,社交媒体赋予了每个人尤其是普通大众平等的影响力,普通大众也可以与知名人士、意见领袖一样对信息传播施加影响,甚至最终改变既有的传播效果。目前,微博用户中呈现出知名"大 V"、意见领袖和草根用户三足鼎立的局面,正是社交媒体平等性的体现。

(六) 复向性

与传统媒体的单向传播比较,社交媒体的传播完成了信息的去中心化。一方面,受众主动地选择信息、获取信息和接收信息使其可以快速获取自己感兴趣的信息而不是被动接收他人传递的信息；另一方面，受众可以自由地转发分享信息，由受众变为传播者，实现信息的二次甚至多次传播。在这样的传播模式下，信息去中心化，不仅来源多元，而且去向多元，信息传播表现为一对一、一对多、多对多的双向或多向传播，信息传播的广度和效力大幅提升。

（七）片段性

社交媒体基于网络的多用户的快速传播使其信息呈现出碎片化、片段化的特点，信息呈现的往往不是事件的全貌而是一个个局部的片段，部分地表现事件。信息的片段性一方面是源于追求信息时效性的需要，另一方面则与用户的随意表达有关。社交媒体方便用户表达的特性使用户很少花费大量的时间和精力来描述信息，而是随意地根据自己的主观印象描述信息，用户一般没有经过深思熟虑。另外，如微博等社交媒体在信息生产中有明确的字数限制，用户也不可能过多地传递信息。因此，社交媒体单条信息表现出片段性，常常需要多条信息的相互补充和验证才能反映事件的全貌。

（八）群聚性

社交网络的一个典型特征是人们通过互联网可以迅速聚集成一个个"朋友圈"，这一"朋友圈"与现实社会中的关系网相似，同时又是现实社会关系网的补充。一方面，通过"朋友圈"，用户可以分享共同的兴趣，突破了时间和地域的限制，或者基于共同或相近的爱好、习惯、职业、背景等结识新的朋友，进一步拓展"朋友圈"。另一方面，社交媒体有助于情感互动。首先，社交媒体方便了用户第一时间获取同一"朋友圈"用户的最新信息，及时与其他用户沟通交流；其次，每一个用户都是信息传播的节点，信息在不同节点之间的传播有助于加强理解和认同，并在两个或以上节点之间促成沟通；最后，信息在不同节点之间的累积传播形成共振效应，大量相关信息的集中碰撞也进一步强化了不同用户之间的互动。

（九）融合性

近年来，单一的社交媒体平台已经难以满足社交受众的不同需求，不同类型的社交媒体相互融合已经成为必然的趋势。

首先，受众承担的不同角色的需要。每一个用户都是复杂关系下的个体。对个体用户而言，一个人既可以是报纸的读者、广播的听众、电视的观众，也可以是网络的使用者。单单在网络环境之中，尤其是在社交网络之中，用户也在扮演着信息的生产者、传播者和接收者的身份。在这样的复杂关系下，单一平台具备的功能越完备越丰富，具有多重角色的用户在这一平台中实现各种角色的成本也就越低，角色转换更加便利。另外，一些用户同时在多个社交媒体平台中保持在线，即便是在单一的社交媒体之中，也未必只从事着单一的社交活动和固定某个单一角色。用户对某一角色的特定需求往往与用户所处的环境有关，因此，用户的角色变化是随时随地的，承担某一角色的时间和频次也是不可预测的。虽然受众的角色变换体现出各种随机性，但受众实现角色变换所需的时间和平台等客观条件却并不能够保证实时可行，在这样的矛盾之中，能够融合不同需求的社交媒体平台就越来越引起社交媒体运营商与用户的关注和青睐。不同社交媒体之间通过链接等形式跨媒体的融合成为社交媒体发展的趋势。

其次,经济利益的刺激。在传统媒体时代,投放广告或者现场展示是企业宣传的重要途径。但如今单纯依靠广告或者发布会已经不能够满足企业宣传的需要,社交媒体已经成为真正具有宣传影响力的"主流媒体",显露出日益重要的平台价值。一方面,社交媒体具有广泛的受众群和庞大的关系网。广告的目的是广而告之,宣传的目的是使人认同,对于商业营销而言,让更多的人了解并接受自己的理念才是成功的营销。社交媒体为商业营销提供了方便。在社交媒体中,数量庞大的受众几乎每天都用大量的时间和精力接收和传播社交媒体的信息,而且具有相对固定的频率,具备了商品营销所需的人口规模;社交媒体的融合也带来了不同媒体平台间受众关系的重新整合,营销信息可以在多个平台之间相互传播和影响。另一方面,社交媒体具有丰富的展现形式,可以充分满足商业营销的创新需求,社交媒体的融合使展现形式的多样性更加稳固,运作方也更乐意使用新颖的、开放的、丰富的传播平台。现在,商业营销已经成为社交媒体的一个重要方面。

社交媒体的融合也带来了传播的融合。社交媒体本身即具有丰富的功能各异的类别,媒体间的融合汲取了不同媒体的优长,建立起跨平台的信息无缝交流与社会交往关系的整合。一方面,受众可以与不同平台的好友进行跨平台的交流和信息传播,或者通过视频、音乐的分享,或者通过游戏娱乐,只要受众需要,就可以实时与好友分享自己的状态,摆脱了传播平台之间的限制,每一个用户都时刻处在社交关系网络之中。另一方面,社交媒体的融合强化了单一媒体的传播功能。视频分享与用户沟通结合,既增强了视频分享的吸引力,又丰富了用户间交流的内容和形式;游戏娱乐与视频分享结合,用户可以录制自己游戏时的画面分享给其他玩家或用户,既可以向其他好友介绍推广,也可以相互交流经验心得。

三、社交媒体背后的参与式文化

参与式文化(Participatory Culture),最初由美国传播学家 Henry Jenkins 于 1992 年提出。指的是以 Web2.0 网络为平台,以全体网民为主题,通过某种身份认同,以积极主动地创作媒介文本、传播媒介内容、加强网络交往为主要形式所创造出来的一种自由、平等、公开、包容、共享的新型媒介文化样式。

如果说网络媒体时代的来临,使得受众参与信息传播成为可能,那么随着社交媒体的不断发展,社会发生的最明显的相应改变就是参与式文化俨然成为"全民文化"。随着社交媒体设备的智能化和移动化,以及新的、功能更加整合的社交媒体的出现,越来越多的用户开始使用社交媒体。在如此情境下,一方面几乎所有社交媒体都对受众的参与非常重视,鼓励受众参与互动;另一方面,传统媒体和政府机构也纷纷开通官方微博、微信等,加入构建参与式文化的大军之中。在参与式文化之下,社交媒体的受众表现出如下特征:

(一)参与活动依赖于 Web2.0 网络技术

Web2.0 是相对于网站主导生成内容的 Web1.0 而言的,指的是一个利用 Web 的平台、由受众主导而生成内容的互联网产品模式,也叫第二代互联网,Web2.0 可以说是信息技术发展引发网络革命所带来的面向未来、以人为本的创新 2.0 模式在互联网领域的典型体现,是由专业人员织网到所有受众参与织网的创新民主化进程的生动注释。Web2.0 以去中心化、开放、共享为显著特征。

(1) 用户分享。在 Web2.0 模式下,用户可以不受时间和地域的限制分享各种观点。用户可以得到自己需要的信息也可以发布自己的观点。

(2) 信息聚合。信息在网络上不断积累,不会丢失。

(3) 以兴趣为聚合点的社群。在 Web2.0 模式下,聚集的是对某个或者某些问题感兴趣的群体,在无形中已经产生了细分市场。

(4) 开放的平台,活跃的用户。平台对于用户来说是开放的,而且用户因为兴趣而保持比较高的忠诚度,他们会积极地参与其中。

Web2.0 为社交媒体受众营造了一种自然、灵活的沟通氛围,也搭建了他们聚合的基础舞台。社交媒体的受众所有的网上活动,都建立在 Web2.0 基础之上,受到技术底层的约束。从某种意义上讲,Web2.0 相关技术的改变能够直接影响和完全控制社交媒体受众的网络行为方式。

(二) 注重关系建立与身份认同

社交媒体处于"社交网络+大众传播"的运行模式之下,因此,其受众的心理和行为会同时受到现实社交关系和网络传播规律的双重影响。

首先,社交媒体"准实名化"的特征,会让受众的社交网络行为自觉不自觉地受到现实社会关系的约束。很多社交网络关系(如微信朋友圈、微信工作群等)直接就是现实社交网络在社交媒体上的投射,受众因受现实生活的约束,在社交媒体上也会继续维持相似的社会关系。这就会导致受众行为相对于普通网络媒体中的匿名行为而言更加规范,相互之间传达的信息也相对真实可靠。

其次,受众在社交媒体上建立的社交关系也会反向投射到现实生活之中。在社交类网站的真实模拟下,社区成员的工作、感情和现实生活都紧密相连,线上的活动很有可能延伸至线下(如某兴趣爱好论坛组织线下活动)。这样,社区成员间的关系就可能超出虚拟层面。

再次,除现实关系的影响以外,社交媒体的受众还会根据自身的兴趣爱好或关注领域在社交媒体中寻求某个社区的认同,有时他们加入的这种社区还不止一个。

最后,受众为了强化身份认同并取得社区中的相应地位,普遍会采取相应方式来经营自身形象。受众形象经营往往是一个长期积累的过程,可能包括申请加 V 认证、培养粉丝、赚取相应积分或勋章、发布尽可能多的高质量的帖子以获得他人的认可等类似的行为。这种自我经营,本质上是受众在现实环境中社会地位诉求在社交网络上的投射。

(三) 推崇个性化

社交媒体的受众同时也经常作为传播者出现,他们会出于形象经营的目的在社交媒体采取各种方式来展现自己的个性。

(1) 个性化自己的形象设定,包括头像、签名等,将自己的喜好与气质外化;
(2) 个性化自己发布的内容(包括形式),并通过这种方式,展示自己的关注方向和主张;
(3) 个性化自身使用社交媒体行为的本身,包括参与板块、参与时间段、参与方式等。

个性化反映了社交媒体受众渴求被关注的心理,有时也是个人重新塑造与现实中自我不同形象的方式和渠道。富有个性的媒介文化是公民参与的基本前提,也是参与式文化的基本要素;参与的积极性是在个性发展诉求被尊重的前提下才能被调动出来的。

(四) 强调集体智慧

发挥集体智慧,通过团队协作解决问题是公民参与力量的集中体现。每个人都作为知识链中的一环,以一种自发的协同机制深度参与到互联网的信息传播中去。如"维基百科""百度百科""新浪爱问"等平台的协同机制,个人、群体和内容之间得到了充分互动,集体智慧也得到了最大程度的体现。

四、社交媒体的失范

媒介本身是一个生态系统,系统各要素之间维持着动态的相对稳定的结构。传统媒体在长期发展过程中一直保持着相互竞争、相互补充的平衡发展,社交媒体的介入必然引起媒介生态的重新调整。在新型媒体环境下,开放、自由带来了监管和控制的难度,社交媒体的失范也给媒介生态的健康发展带来了挑战。

(一) 信息爆炸

网络技术的发展和媒介的发达使得信息采集、传播的速度和规模达到了空前的水平,人类拥有的信息量以指数函数的速度剧增,时间周期越来越短。信息的骤增和膨胀超出了人们的信息承载能力,信息泛滥、信息超载、信息浪费对人们的生产生活和身心健康带来了巨大挑战。

(二) 信息污染

信息污染是指媒介信息中混入了有害的、欺骗性或误导性的信息,对媒介生态、人类身心和社会环境带来不良影响,集中表现为社交媒体的自由性带来的虚假信息和不良信息的泛滥。尤其是虚假信息,由于鉴别难度大,管控滞后,加之社交媒体高度的自由、开放、广泛、迅速,虚假信息带来了恶劣的社会影响。

(三) 网络侵权

网络侵权是指在网络环境中发生的侵权行为。目前,社交媒体中常见的侵权行为主要有:窃取、监视个人网络数据的隐私权侵犯;制造散布关于他人不实信息的名誉权侵犯;窃取、抄袭或擅自传播他人作品的著作权侵犯等。

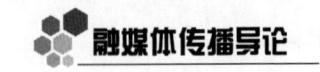

（四）非理性表达

社交媒体的自由开放为公民的非理性表达创造了条件。在这一自由发表意见的平台上，难免泥沙俱下、鱼龙混杂。信息生产者娱乐、发泄的社会心理，信息传播者的沉默螺旋效应和群体无意识心理，信息接收者盲目从众。另外，个体因为隐于群体之中而往往更容易做出非常态的决策和判断，行为趋向极端化，从而加剧了社交媒体信息表达中的从众流瀑和非理性行为。

目前，社交媒体发展中出现的种种问题已经引起社会的普遍重视。人们应该认识到，无论社交媒体如何发展，其根本仍然是人们认识世界、改造世界的工具。只有充分提高使用者——人的素质，弘扬社会公德、优良美德，提高媒介素养，发挥新型媒体的积极作用，才能改善媒体生态继而促进社会的健康发展。

五、社交媒体的舆论引导

近年来，社交媒体凭借其传播速度快、范围广等特点成为重大事件传播的"加速器"。社会公众通过微博、微信、论坛等社交媒体平台时时关注事件发展、参与讨论，由此民众自我表达与参与传播的权利得到释放，从而掀起一场空前的舆论热潮。

（一）社交媒体时代舆论传播的路径

1. 网状的传播路径

在网络信息传播中信息源是传播方式和路径的主要决定因素。传统媒体的优势在于垄断信息源、独享话语权，而社交媒体时代是"人人皆记"的新型媒体时代，其信息源遍布公众生活，每个人都可以通过手机和网络将各种信息传播出去。所以，社交媒体的传播路径不再延续传统媒体一对多的扇形模式，而是多对多的网状模式。

2. 爆炸式的传播路径

传统媒体舆论传播以渐进式缓慢展开，其传播受众也是由特定媒体的受众群渐次展开，传播影响如同一粒石子投到水面所形成的波纹，由中心向四周荡漾开来。而社交媒体舆论传播以微博、微信等微媒介为主，就像是引爆炸弹，其传播时间更快、受众范围更广、效果影响更大。同时，公众的参与使其发生连续性爆炸效应，使得舆论持续升温，不断增强传播的影响力。另外，社交媒体爆炸式传播通常在爆炸前毫无预兆，使人们往往在毫无准备的情况下遭遇舆论压力和舆论困境，对其预防和干预都比传统媒体更显困难。

（二）社交媒体时代舆论传播的引导

虽然社交媒体时代下的微媒介对社会舆论传播影响巨大，但在舆论传播中网络舆论主导权导向、网络谣言等负面因素已经影响到了良性舆论场的结构。因此，探讨如何引导舆论传播意义重大。

1. 建立健全科学规范的网络舆论监管系统

社交媒体时代不同于传统媒体时代,舆论传播缺少正确且专业的引导,舆论传播过程中信息核实的环节空缺,舆论发布者通常以个人的价值观为判断标准随心所欲地进行信息传播,对公共突发事件及社会人员的行为随意评判,言语激愤,偏离事实。因此,建立健全科学规范的网络舆论监管系统,加强监管系统中人员的培养与职责划分,是有效避免谣言散布的关键性策略。

2. 加强舆论引导,始终把握舆论传播主导权

"互联网+"时代,网络互联互通,信息传播速度迅猛,舆论传播载体多元化,要想把握舆论传播主导权,避免网络舆论主导权倒向,必须用主流的媒体加强引导,及时准确把握舆情变化。舆论引导方式,应类似于大禹治水,疏堵结合。生硬地删帖、辟谣,单纯地告诫公众不信谣、不传谣,显得苍白无力,也无济于事。所以,应该在第一时间发布正面信息,将党与政府的声音传达给公众,尤其是发生突发事件时,更应该及时、准确、有效地开展相关新闻报道,引导社交媒体舆论健康发展。另外,把握突发事件前期的话语权也极为重要。社交媒体时代下,想要把握舆论传播的时机,必须要及时上报事实真相,把握舆论发展的关键节点,消除谣言。特别是有关部门应在微博、微信等微媒介平台上第一时间(一小时甚至是几十分钟内)发布准确、真实、有针对性的信息,以赢得舆论引导的最佳时机和主动权。

3. 把握舆情发展规律,完善舆论传播预警机制

社会媒体舆论引导的实践表明,社交媒体上从某一热点议题的出现到舆论的衍生、爆发直至平息呈现出规律性和可控性。据此,进一步完善舆论传播预警机制,利用先进的舆情监测软件和分析系统获取微博、微信等微媒介中的舆情数据,从海量的数据信息中提取有价值的内容,对舆情发展趋势做出准确预判,可以有效地实现对社交媒体舆论传播的实时动态引导。

4. 完善政府信息公开制度

从目前互联网发展来看,无论是建立舆论监管系统还是网上舆论传播预警机制,都不能从根本上消除网络舆论蝴蝶效应,提高政府信息公开程度才是关键。要通过政府公报、政府网站、新闻发布会以及报刊、广播、电视等便于公众知晓的方式,及时传导权威信息,避免网络舆论暴力产生。既要发挥好传统媒体在舆论传播中的作用,也要以社交媒体为基础建立信息发布与互动机制。

第四节 "云"传播

新型媒体在信息形式上追求多种媒体形式综合化、在信息结构上追求信息操作非线

性、在信息传播途径上追求无线化、在信息吞吐量上追求宽带化。这里的综合化、非线性、无线化、宽带化，在当代传播中的内涵已经不再局限于技术含义，而更主要的是代表了人类更宽广、更自由的延伸，代表了人们在信息时代对于信息资源的追求和和谐利用趋向。

媒介对人无以复加的延伸究竟有没有尽头？世界已被传播的力量凝聚成为信息的村落，它的未来又会是什么样子？"云计算"似乎给了我们一个可能的答案。

一、云计算的概念和应用

云计算（Cloud Computing）是一种新兴的商业计算模型。该模型借助网格计算（Grid Computing）、分布式计算（Distributed Computing）、网络存储（Network Storage Technologies）、虚拟化（Virtualization）等技术将高性能计算资源整合成为一个系统（云），并使用先进的商业模式把强大的计算能力按需分发到终端用户手中。其核心理念就是通过不断提高"云"的处理能力，进而减少用户终端的处理负担，最终使用户终端简化成一个单纯的输入输出设备，并能按需享受"云"的强大计算处理能力。云计算的本质是计算能力的资源化与商业化。云计算中的所谓"云"，从狭义上来看是指分布于全球范围内提供计算资源的整个网络，或叫作资源池（Resource Pool）；从广义上来讲，还包括使用资源池的各种类型的用户终端以及资源池所提供的各种服务。

如今，云计算已经成为世界许多商业或IT集团的重要盈利模式之一；Amazon、IBM、Google、Microsoft等都是云计算的倡导者和受益者。诸如大家所熟悉的Google Docs服务，使用云存储技术，开箱即用，通过Web浏览器，在线创建、修改、上传和存储，实时共享，这时个人电脑仅仅是个输入输出设备，远程超级计算机为人们管理一切；又如Microsoft的Office Web App服务，利用了软件的云端服务，可以让用户在本地计算机上不装Office软件就可以利用网络来编辑Office文档，并继而存储在网络账户上便于传输和交换。远程的超级计算机担负了软件的运行和数据的运算。

云计算目前已经得到了广泛的应用，从它这种解放用户终端、随时随处可以分享万亿次超级计算能力资源的颠覆性的运转模型来看，其对社会的影响是巨大的。或许正如微软创始人比尔·盖茨所说，云计算时代，640KB内存对任何个人用户来说已完全够用。

二、"云传播"及其传播模式分析

科学技术的进步总是会推动传播领域的发展。云计算技术的初步应用已经把"云传播"带到我们的面前。所谓"云传播"是指以云计算技术为支撑，采用终端节点外公用的高性能编解码与控制系统进行信息云端交换的传播方式。"云传播"是网络传播在云计算时代的新形态，也是当前新型媒体传播后台所普遍采用的技术支持手段之一。

在接入网的协助下，传播者的信息或计算请求在云端生成成型的传播内容并存储，计算结果与解决方案在其他节点接入云的时候被分发。因此，对"云传播"概念及其传播模式可做如下理解：其一，"云传播"仍然属于网络传播范畴，云计算技术的全新理念使其成为网络传播在新的发展阶段中的表现形式之一；其二，信息内容虽来源于终端，但由于采用云计算技术,其编码和解码的过程都是在云端而非本地完成的;其三,云端是传播者与受传者公用的;其四,由于云端公用,传播者内容生成的过程就是受传者获取内容的过程,传统意义上的信道就淡化了,信息的传播就简化为云端存储数据指向的改变。

三、"云传播"中淡化的媒介特征

"云传播"虽然脱胎于普通网络传播,其传播模式和普通的网络传播模式却有着明显的区别。后者虽然也可以实现信息的全球化传播,但是由于计算单元和存储单元的相对独立,如果传播者不主动发布信息、受传者不主动搜索信息、不建立专用信息通道、不借助"推"技术或"拉"技术,是难以实现信息的即时传递的。这种状态下,传播媒介对于使用者来说技术要求就很高,媒介本身对信息传播的效果影响就十分明显。事实上,从整个人类传播媒介发展的历史过程来看,传播媒介的每一次发展进步都能够强化人们在传播过程中对传媒技术的依赖,只有那些用得好媒介本身的传播者才能把信息更好地传播出去。于是,大量的精力被花费在掌握媒介的应用上而无暇去顾及人们原本的思想交流;或者说,人的感官在被媒介无限延伸的同时却忘记了自己要传播什么。这种现象,我们可以简单地概括为"被媒介所强化的传播"。而从"云传播"出现开始,这一局面似乎可以得到扭转,人们可以在淡化了的媒介中找回自己被媒介压抑的思想,重新回到人与人和谐交流的局面。

运用了云计算技术支持的新型媒体传播具备如下特征:

(一)存在即被传播

云计算中,计算单元和存储单元都设在云端,这就意味着它们为传统意义上的传播者和受传者所共享,其结果就是信息的"存在即被感知、存在即被传播"。在原理上,传播者传播内容生成的同时,受传者已经能够知道。云这个媒介对于用户来说是"透明"的、淡化的,几乎感觉不到它的存在。

从传播学的角度来看,"存在即被传播"的云计算把传播过程中的信道做到了最短化,同时由于云端的公用化,传受双方的编解码系统是完全一致的,这就保证了信息传播过程中所受干扰的最小化。

(二)模糊的传受角色

由于云的公用性,传播媒介把传播者和受传者的关系拉近到了如同人的左右手,而云就是同时支配左右手的大脑。对于人来说,东西拿在左手还是右手并不重要,因此"云传播"中传播者和受传者的界限也被淡化了;他们在"云传播"扮演的角色更像是整个社会信息神经系统中的独立神经元,每个用户都有可能利用云的强大功能实现牵一发而动全身的效果。这有利于人们与他人、群体乃至大众进行真正的思想上的交流,抑或找回人的自我。虽然现阶段出于"云安全"的考虑和技术条件的原因,用户之间的云端数据交换仍然受到一定的限制,但是我们有理由相信这种限制的合理解决只是个时间上的问题。

（三）易得的超级运算

"云传播"中的数据计算是由云端来完成的，这就意味着用户只要能够连接网络，所用终端哪怕不具备运算能力也能够随时随地分享万亿次超级计算的惊人力量。同时，这种高性能运算的结果，任何能够连接云计算中心的普通家用电脑都能立刻获得。

更为重要的是，这种高性能的计算能力，用户所需的花费是极低的。按照目前的发展趋势，随着云计算用户的逐年增多，花费也将越来越低，这无疑是一个相当低的门槛。用最少的资金，就可以掌握以前无法掌握的大量资源与超级运算能力，人们对于手中信息终端的功能与作用的要求就被淡化，这无论是对个人还是组织都是一个让传播效果最大化的机遇。

（四）全终端的兼容性

云计算技术与IBM公司曾经提出的"普及运算"(Pervasive Computing)技术在理念上有异曲同工之妙，都在追求一种随时随地通过任何渠道都可以接收获取数据并加以数字一元化分析处理的信息处理方式。从技术的角度来看，普及运算的意义在于为信息的传播与异构网络介质分离打下基础，以便使信息业务应用层和传输层分开。因此可以说，普及运算是云计算的先导。二者的区别则在于普及运算的运算在本地，对于用户本身的设备要求较高；而云计算的计算执行在云端，用户得到高度的解放。

以往信息网络上的传播媒介大多是有固定而相对独立的技术标准和信道要求，它们各负其责，但只能满足人们某一方面的传播需求。譬如，人们必须通过电视接收无线信号来看视频，利用移动电话通过卫星网络进行通话，或者利用电脑在因特网上购物……这种模式在有多种智能设备连接并要实现多种应用服务时存在很大的困难，因为这意味着每增加一种设备都需要改写那些应用服务，而每增加一种服务都需要改写那些设备上的应用程序。这种模式发展下去的结果就是社会的信息空间由于被各种各样的技术条块分割而异化。但是当云计算技术广泛应用以后，所有计算都在云端处理，而不依赖于人们手中的终端的具体形态。云计算技术这种兼容所有终端的特性，淡化了媒介终端表现形式和传统的通信技术规范，可以让人们的不同传播需求都可以通过数字一元化处理，然后经过任何网络、利用网络任何节点传播。也正是由于云计算的全终端支持特性，新型媒体传播才具备跨平台数据共享的能力。譬如，手机端发出的信息，在电脑端也能同步显示；电脑端收藏的歌单，在手机端也能够随时听。

云计算的出现把传播媒介对人类延伸的作用又大大向前推进了一步，而整个世界的触手可及就等同于人类自身的无处不在。但是同时，云计算以其无形的淡化的传播方式给人们提供了一个淡化了的媒介。漫步云中，不分你我、不论远近，无时无刻不在传播却又感觉不到传播，这正是云计算作为新型媒体技术在当今时代对人类自由与和谐的最广的延伸。

第五节 智能化媒体

当下,"大数据""云计算""机器学习""深度学习""人工智能"等新概念层出不穷。我们所处的世界被这样的风潮所挟裹,每个行业都不能例外。这些概念所代表的技术,逐渐进入媒体行业。近几年,在内容生产、分发和管理三个方面涌现出了许多人工智能媒体应用,这让人意识到数据驱动未来的时代已经来临,智能化已经是媒体未来的趋势和发展方向。

一、智能化媒体概念

智能化媒体是指由传感器、人工智能、机器学习等技术支撑,通过自主感知、自主分析、自行反馈、人机交互、机器互联等手段主动介入传播各个环节并提供信息与服务的媒体。在很多场合,智能化媒体可以取代人的作用而存在。

智能化媒体的发展刚起步不久,在现阶段,至少具备如下几个特点:

(一)自动感知与分析

智能化媒体应当具备感知、识别、思考等多维度智能,能主动寻求目标受众并融入受众的社会关系网,出现核裂变式的传播。如根据用户的情绪感知为其提供高清、娱乐的内容;根据受众所在的地方、时间和消费习惯,智慧媒体能主动提供家庭娱乐、亲子和家庭购物等信息。

(二)强化智慧服务

智能化媒体不仅要发布资讯信息,而且要根据受众的需求提供如工作、生活、社交等方面的个性化的服务,特别是本地化的服务更能贴近用户的需求。譬如,智能汽车在上班途中可以自主查询路况拥堵信息并能根据查询结果自动为驾驶者切换导航路径;在自主查询到周围空气污染指数提高后可以自动打开空气净化器等等。

(三)不断完善交互体验

"让人保持本性"是机器服务于人的一个重要目标。在人工智能等技术推动下,人机界面(交互方式)越来越向"自然化"发展,语音交互、手势交互、图像识别等手段让人与机器的交流更像是人与人之间的交流。此外,机器之间的交互能力也在不断发展,物联网能够在不知不觉之间就为人做好各项服务。

二、智能化媒体的技术基础

要深刻理解智能化媒体的工作原理,必须了解支撑智能化媒体的技术基础,包括智能

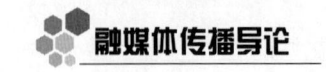

传感器技术、人工智能技术、机器学习技术等。

（一）智能传感器

作为人类获取信息的工具，传感器是现代信息技术的重要组成部分。传统意义上的传感器输出的多是模拟量信号，本身不具备信号处理和组网功能，需连接到特定测量仪表才能完成信号的处理和传输功能。智能传感器能在内部实现对原始数据的加工处理，并且可以通过标准的接口与外界实现数据交换，以及根据实际的需要通过软件控制改变传感器的工作，从而实现智能化、网络化。

智能传感器是传感器与微处理器的结合体，能够模拟人的感官和大脑的协调动作，是一个相对独立的智能单元，可以实现以下功能：

1. 复合敏感功能

智能传感器将多种传感器集成到一起，能够同时测量多种物理量和化学量，给出能够较全面反映物质运动规律的信息。如复合液体传感器，可同时测量介质的温度、流速、压力和密度；复合力学传感器，可同时测量物体某一点的三维振动加速度、速度、位移等。

2. 自适应功能

智能传感器可在条件变化的情况下，在一定范围内使自己的特性自动适应这种变化。通过采用自适应技术，它能自动补偿环境变化引起的参数偏移，提高传感器的重复性和准确度。因为其校正和补偿数值已不再是一个平均值，而是测量点的真实修正值。

3. 信息存储处理功能

智能传感器可以存储大量的信息，并能够实现过程数据处理与传输。简单地说，智能传感器输出的是处理好的数据半成品而不是一堆原始的数据，便于后期继续分析加工。

目前的智能传感器正在向着高精度、高可靠性、宽测量范围、微型化、微功耗及无源化的方向发展，其智能水平也在不断提高。

（二）人工智能

人工智能是计算机科学的一个分支，它企图了解智能的实质和人类智能活动的规律，构造具有一定智能的人工系统，研究如何让机器去完成以往需要人的智力才能胜任的工作，也就是研究如何应用计算机的软硬件来模拟人类某些智能行为的基本理论、方法和技术。人工智能的本质是对人思维的信息过程的模拟，是人的智能的物化。

当前阶段，人工智能的研究目的是促使智能机器会听（语音识别、机器翻译等）、会看（图像识别、文字识别等）、会说（语音合成、人机对话等）、会思考（人机对弈、定理证明等）、会学习（机器学习、知识表示等）、会行动（机器人、自动驾驶汽车等）。该领域的研究包括计算机科学、心理学、语言识别、图像识别、自然语言处理、智能控制、博弈学、神经网络、机器学习和专家系统等。

人工智能最重要的意义在于，可以为这个时代的经济发展，提供一种新的能量，缔造

图 10 - 1 人机对弈

一种新的"虚拟劳动力"。经过多年的发展,人工智能在算法、算力(计算能力)和算料(数据)等"三算"方面取得了重要突破,正处于从"不能用"到"可以用"的技术拐点,但是距离"很好用"还有诸多瓶颈。在可以预见的未来,人工智能将大致向着以下方向发展:

1. 从专用智能向通用智能发展

实现从专用人工智能向通用人工智能的跨越式发展,既是下一代人工智能发展的必然趋势,也是研究与应用领域的重大挑战。

2. 从人工智能向人机混合智能发展

人机混合智能旨在将人的作用或认知模型引入人工智能系统中,提升人工智能系统的性能,使人工智能成为人类智能的自然延伸和拓展,通过人机协同更加高效地解决复杂问题。

3. 从"人工+智能"向自主智能系统发展

当前人工智能领域的大量研究集中在深度学习方面,但是深度学习的局限是需要大量人工干预。譬如人工设计深度神经网络模型、人工设定应用场景、人工采集和标注大量训练数据、用户需要人工适配智能系统等,非常费时费力。因此,科研人员开始关注减少人工干预的自主智能方法,提高机器智能对环境的自主学习能力。

4. 人工智能将加速与其他学科领域交叉渗透

人工智能本身是一门综合性的前沿学科和高度交叉的复合型学科,研究范畴广泛而又异常复杂,其发展需要与其他学科研究深度结合。

5. 人工智能将推动人类进入普惠型智能社会

"人工智能+X"的创新模式将随着技术和产业的发展日趋成熟,对生产力和产业结构产生革命性影响,并推动人类进入普惠型智能社会。中国经济社会转型升级对人工智能有重大需求,在消费场景和行业应用的需求牵引下,需要打破人工智能的感知瓶颈、交互瓶颈和决策瓶颈,促进人工智能技术与社会各行各业的融合提升,建设若干标杆性的应用场景创新,实现低成本、高效益、广范围的普惠型智能社会。

(三) 机器学习

机器学习(Machine Learning,ML)是一门多领域交叉学科,专门研究计算机怎样模拟或实现人类的学习行为,以获取新的知识或技能,重新组织已有的知识结构使之不断改善自身的性能的学科。

机器学习的本质就是"重现人认识世界的过程",通过机器学习,机器可以不断寻求规律、改进算法、获取新知、自我完善、自我提高。它是人工智能的核心,是使计算机具有智能的根本途径。正是因为机器具备了自我学习的能力,才有可能主动积累更多的信息与知识进化出优秀的算法,从经验中不断提高,从而逐步减少对人的依赖、表现出智能化的特征。

三、智能化媒体与传播创新

智能化媒体在人工智能的驱动下,开始主动介入信息生产与信息传播的各个环节。尽管才刚刚起步,智能化水平还有待进一步提高,但是这种创新给整个传播领域带来的冲击是不可估量的。

(一) 传感器技术优化传播信息源

信息采集是传播的第一环节,也是至关重要的一个环节。传感器技术是互联网时代的革命性发明,它的广泛应用有助于推动物联网的实现,也由此有了驱动万物媒介化的可能性。万物皆媒的时代,搭载传感器或数据处理器的任何物体都有可能成为信息的采集者,今天我们已然感受到传感器对信息采集带来的创新形式,具体表现为:

1. 传感器技术拓宽信息来源途径

从本质上讲传感器是一种收集数据信息的方式。目前可作为新闻信息源的传感器数据大致可以分为两类,一类是通过传感器所记录的环境数据,包括温度、湿度、水质、声音、噪音、土壤、交通、空气质量、人流量等信息;另一类是通过传感器所记录的人的生理特征数据,包括心跳、血压、血糖、睡眠、运动、地理定位、情绪等信息。这类人体生理数据主要通过可穿戴设备和智能手机获取。

2. 传感器技术扩增了信息采集的维度

从时间维度上看,传感器获取的信息不仅仅可以描述现在还可预测未来,因为传感器检测到的数据是不断变化的,它可以体现监测对象的动态和趋势,而这一特征是传统媒体无法通过此前的信息采集渠道获取的。

从空间维度上看,传感器获取的信息不仅仅局限于某一区域还可以扩展到更为宏观的范围,因为传感器收集到的数据是永不关闭、不断扩张的,它可以用一种更加广阔的视角洞悉事件的全貌。譬如,近年来兴起的无人机,作为一种飞行传感器,机上搭载各式各样的传感设备,其收集的图像、视频以及影像追踪增加了信息采集的维度,在突发事件直播、灾难性报道等新闻中发挥着越来越重要的作用。

(二)人工智能辅助信息加工

如今,科技的发展让许多看似无法实现的事情变成了现实。以新闻报道领域为例,智能机器人改写了新闻稿件只能由人撰写的历史,机器写作逐渐成为新闻生产的新常态,创新了新闻编写方式。

机器人新闻(Robot Journalism 或 Automated Journalism)是指运用算法程序对输入或搜集的数据自动进行加工处理,依靠计算机程序自动生成"成品"样态的新闻报道。

1. 机器写作加快新闻生产速度

纯人工写作显然已经无法满足受众对新闻时效性的需求,不同媒体在新闻报道领域的竞争乃是分秒之争,谁能抢占先机谁就能树立权威,立于不败之地。机器人在写作速度上具有绝对性的优势,主要原因是强大的数据库为机器人写作提供了数据支持,从数据库中提取相关数据,再套用系统中预先设置的模板,一篇简短的新闻稿在分秒中即可完成,这种速度对人工写作来说望尘莫及。

2. 机器写作擅长海量数据处理

可以大幅度提升新闻生产数量,并消灭人为的技术差错。目前,机器人新闻以简单事实类为主,譬如体育赛事、财经报道、突发事件等。整体特征是篇幅短小,结构简单,写作模式固定无复杂叙事,但对数据的要求很高。机器人与人相比,缺少自我意识和思维能力,但机器人高效的生产力弥补了个性上的缺陷,将传统记者从单调的工作中解放出来,尤其是需要数据处理的新闻,机器人对浩渺如烟的数据非常敏感,能够从海量的数据中快速找到相互关联的内容,并在短时间内写出具有新闻价值的报道。

除了海量内容,机器人对大数据的高效处理也减少了报道差错。大数据时代的今天,通过复杂、琐碎的大数据分析用户的需求信息是一个不可阻挡的发展趋势,可是如果单纯由人力直接进行大数据分析,势必难以胜任,稍不留意输错了一个数字便可能导致严重差错。而机器人新闻是算法自动成稿,只要设计程序无误,机器人对数据处理的精确度相对较高,比记者的报道出错率要低得多。

3. 机器写作减少生产成本

尽管机器人新闻软件程序的设计开发需要大量的资金,但新闻机器人算法一经研发定型就可以持续利用无休止地为媒体工作,不必像对记者一样支付酬金,长远来看可以大

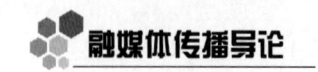

大减少新闻生产的成本。

(三) 基于感官系统与认知逻辑的双重体验

伴随互联网技术与数字媒体技术的发展与普及,受众接受与阅读信息的习惯发生改变,由传统媒体时代文字阅读的"逻辑思考"到新型媒体时代视听阅读的"沉浸体验",受众对信息可感知性的需求增加,这一阅读习惯的改变对内容的生产提出了新的要求,在内容传达上要突出用户认知的"体验性"特征。

1. 场景重构,打造身临其境的在场感

近年来,随着人工智能背景下虚拟现实技术、增强现实技术与混合现实技术的发展,媒体开始尝试利用 VR 与 AR 技术重构场景,为受众打造"身临其境"的在场感,使用户"直接置身"于场景之中,实现现实场景与虚拟场景的融合,让用户暂时地"剥离"所处的环境而置身于"现实"中,从而满足受众对场景与事实的全方位把握与客观认知。

2. "第一人称"视角增强用户的"代入感"

对受众感官体验的满足除了全方位的场景体验外还有交互式的感官感受。VR 与 AR 技术在新闻报道中的使用直接改变了新闻的报道逻辑。传统媒体时代,为保证新闻信息的客观真实,采用第三人称的报道模式,通过对新闻事件的讲述为受众建构新闻事实或客观世界,而 VR 与 AR 技术的使用,则将新闻报道以第一人称的逻辑展开叙述,使用户由传统媒体时代的被动观看者、局外旁观者变成新闻的"现场"目击者、"事件"参与者,用户真实体验场景中的声音与对话,并通过加入交互动画实现场景转移与新闻事件的发展和递进,增强受众的主动性,强化受众对新闻场景的"代入"体验,实现受众与新闻当事人之间的"共情与共振"。

3. 建构知识图谱实现全新认知体验

人工智能时代对新闻信息的体验除场景连接带来的感官体验外还有基于人类认知逻辑至上的个性化认知体验。通过机器人对于不同语料库进行深度学习,对人的认知逻辑精准定位与区分,构建起用户的认知图谱,从而在新闻信息的生产过程中,自动生成适应不同认知水平人群的报道内容与报道方式,帮助编辑选择最为恰当的表述方式,对于用户认知水平之下的内容进行简略表述,而对于用户认知水平之上的内容进行深度解说,使未来的新闻信息报道更具有针对性亦更符合人的认知逻辑,从而使信息更有效地为人类服务,一定程度上净化了人的信息世界,使信息世界变得调理有序。

(四) "聪明算法"让信息产品更"懂你"

从信息资源角度看,除了传统媒体过去所依赖的信息外,用户数据、物联网数据将成为另外两类重要资源。用户数据包括用户主动生产的内容以及他们的行为数据等。用户数据对于新闻生产具有两重意义:其一,用户数据是反映社会情状的一种重要信息。用户

在各种社交平台中发布的信息、意见以及蕴含的情绪,都是社情民意的局部表现。对这些用户数据进行有效收集与分析,可以为传播提供新的拓展维度。其二,用户产生的各种数据是用户场景、需求分析的主要依据,是个性化信息生产与服务的基础。

智能化媒体注重这两类数据的应用,并以这两类数据为依据,进行信息的个性化推送,受众打开的是同一个应用,看到的却可能是各自感兴趣的完全不同的内容,传播效果大大提升。

融媒体传播案例

天渠:遵义老村支书黄大发 36 年引水修渠记

一条万米水渠,跨 36 年建成,过三个村子,绕三重大山,穿三处绝壁。遵义草王坝村老支书黄大发用一辈子的时间,领着村民彻底打破了山村干渴的"宿命",开启了脱贫致富之门。

2017 年 4 月 23 日,澎湃新闻刊发了 H5 产品《长幅互动连环画|天渠:遵义老村支书黄大发 36 年引水修渠记》,17 页的 H5 还原了老支书黄大发从 20 多岁的毛头小伙到 60 岁的花甲老人,青春耗尽,"拿命去换",终于带领村民修通了万米水渠脱贫致富的故事。作品获第 28 届中国新闻奖一等奖。

2017 年 3 月下旬,澎湃新闻文字和视频记者、工程师赴遵义播州区平正仡佬族乡团结村参加中宣部组织的集中采访,前后方报道组经过多次远程会议,商定报道形式和框架。4 月 22 日至 23 日,澎湃新闻先是连续两天推出《天渠——一位村支书的三十六年修渠记》开机屏海报,以宏大的"天渠"二字为题,气势磅礴,背景用动画的形式展现村民带着劳动工具行走于悬崖之上水渠的画面,渠旁就是千米绝壁,场景震撼,山水鸟鸣之声空灵而有"大片"气质。

整个作品以"渠水"为故事的核心进行文案设计,以分镜头漫画的方式,将 H5 设置为 7 个主题章节分别来讲述黄大发的故事,每个章节讲述一个主题,占据 2 页,并选择将 H5 设计成竖向滑动的观看方式,给读者一种如"水"一般自上而下流淌式的阅读体验,从渠水流出的裂纹、树枝,再到公路等,画面都是向下衔接,晕染的,同时用多种元素呈现细节,营造了润物细无声般的精神感受。在向下滑动观看的同时,只要点击"连环画"图案中的喇叭,就可以听到开渠炸石的爆炸声、山洪声、鸟鸣等,让人有如临其境之感。

为了提高事件还原的真实度,整个 H5 制作与画风选用了朴实且带有平面装饰意味的黑白风格创作,角色处理采用写实的手法,生动传神。画面背景与人物主体关系黑白布局得体,以金色作为点缀,稳重大气又不失活跃的细节,带给读者更全面立体、更轻松、却更震撼的阅读体验。譬如,第二页黄大发清唱的当地歌谣,带着历史的沧桑,一开篇就把整个产品的讲述带入高潮。之后,第一次修渠失败、一个字一个字认《新华字典》学习水利知识、挨家挨户走遍 7 个村民组、带头在腰间绑上绳子吊上悬崖、"为了水,我愿拿命来换"、从卡车下过等细节无不令人感动,而最后4名80后和90后的口述,更是体现了天渠精神的传承。

作品的英文报道被世界经济论坛官网转载,并被法国国家电视二台购买落地播放。正如主创人员所说,"主旋律报道只要用心用力用专业去做,挖掘出好的符合新闻规律和人性的中国故事,对于改变西方主流封面媒体对华报道的方向也有着引导作用"[①]。

本章思考题

1. 简述新型媒体的主要特征。
2. 结合实际谈一谈社交媒体对人类传播活动的影响。
3. 简述云传播的基本形态。
4. 结合身边事例谈一谈媒体智能化的发展趋势。
5. 如何看待未来新型媒体与人的关系?

阅读参考书目

1. 克莱·舍基.人人时代:无组织的组织力量[M].胡泳,沈满琳,译.杭州:浙江人民出版社,2015.
2. 艾莉森·艾特瑞尔.互联网心理学:寻找另一个自己[M].于丹妮,译.北京:电子工业出版社,2017.
3. 徐志斌.社交红利:从微信、微博等社交网络中带走用户与收入[M].北京:北京联合出版公司,2014.
4. 尼古拉斯·克里斯塔基斯,詹姆斯·富勒.大连接:社会网络是如何形成的以及对人类现实行为的影响[M].简学,译.北京:中国人民大学出版社,2013.
5. 艾伯特-拉斯洛·巴拉巴西.链接:商业、科学与生活的新思维[M].沈华伟,译.杭州:浙江人民出版社,2013.
6. 马修·弗雷泽,苏特拉·杜塔.社交网络改变世界[M].谈冠华,郭小花,译.北京:中国人民大学出版社,2013.
7. 玛丽贝尔·洛佩兹.指尖上的场景革命:打造移动终端的极致体验感[M].平宏伟,龚倩,徐荣,译.北京:中国人民大学出版社,2016.
8. 吴军.智能时代:大数据与智能革命重新定义未来[M].北京:中信出版社,2016.
9. 马修·利伯曼.社交天性:人类社交的三大驱动力[M].贾拥民,译.杭州:浙江人民出版社,2016.

---

① 李媛.如何以H5形式报道典型人物:澎湃《长幅互动连环画|天渠:遵义老村支书黄大发36年引水修渠记》策划笔记[J].传媒评论,2018(12):22-24.

参考文献

[1] 雷蒙·威廉斯.关键词:文化与社会的词汇[M].刘建基,译.北京:生活·读书·新知三联书店,2005.

[2] 汤姆·斯丹迪奇.从莎草纸到互联网:社交媒体2000年[M].林华,译.北京:中信出版集团,2015.

[3] 马丁·李斯特,乔恩·多维,赛斯·吉丁斯,伊恩·格兰特,基兰·凯利.新媒体批判导论:第2版[M].吴炜华,付晓光,译.上海:复旦大学出版社,2016.

[4] 约书亚·梅罗维茨.消失的地域:电子媒介对社会行为的影响[M].肖志军,译.北京:清华大学出版社,2002.

[5] 戴维·迈尔斯.社会心理学:第8版[M].侯玉波,等译.北京:人民邮电出版社,2006.

[6] 戴维·诺克,杨松.社会网络分析:第2版[M].李兰,译.上海:上海人民出版社,2012.

[7] E·M·罗杰斯.传播学史:一种传记式的方法[M].殷晓蓉,译.上海:上海译文出版社,2012.

[8] 保罗·莱文森.新新媒介[M].何道宽,译.上海:复旦大学出版社,2012.

[9] 尼古拉斯·克里斯塔基斯,詹姆斯·富勒.大连接:社会网络是如何形成的以及对人类现实行为的影响[M].简学,译.北京:中国人民大学出版社,2013.

[10] 罗伯特·斯考伯,谢尔·伊斯雷尔.即将到来的场景时代[M].赵乾坤,周宝曜,译.北京:北京联合出版公司,2014.

[11] 哈罗德·拉斯韦尔.社会传播的结构与功能[M].何道宽,译.北京:中国传媒大学出版社,2015.

[12] 扎法拉尼,阿巴西,刘(Huan Liu).社会媒体挖掘[M].刘挺,秦兵,赵妍妍,译.北京:人民邮电出版社,2015.

[13] 珍妮特·柯罗茨.融合新闻学实务[M].嵇美云,译.北京:清华大学出版社,2016.

[14] 保罗·莱文森.人类历程回放:媒介进化论[M].邬建中,译.重庆:西南师范大学出版社,2017.

[15] 迈克尔·杜斯,玛丽·布朗.追溯柏拉图:传播学起源概论[M].王海,译.北京:科学出版社,2018.

[16] 盖伊·塔克曼.做新闻:现实的社会建构[M].李红涛,译.北京:中国人民大学出版社,2021.

[17] 文森特·莫斯可.传播政治经济学[M].胡正荣,等译.北京:华夏出版社.2000.

[18] 古斯塔夫·勒庞.乌合之众:大众心理研究[M].冯克利,译.北京:中央编译出版社,2005.

[19] 丹尼斯·麦奎尔.大众传播理论:第5版[M].崔保国,李琨,译.北京:清华大学出版社,2010.

[20] 简·梵·迪克.网络社会:新媒体的社会层面:第2版[M].蔡静,译.北京:清华大学出版社,2014.

[21] 马歇尔·麦克卢汉.理论媒介:论人的延伸[M].何道宽,译.南京:译林出版社,2011.

[22] 克劳斯·布鲁恩·延森.媒介融合:网络传播、大众传播和人际传播的三重维度[M].刘君,译.上海:复旦大学出版社,2012.

[23] 保罗·亚当斯.小圈子·大社交[M].王志慧,译.北京:人民邮电出版社,2013.

[24] 维克托·迈尔-舍恩伯格,托马斯·拉姆什.数据资本时代[M].李晓霞,等译.北京:中信出版社,2018.

[25] 川口盛之助.大趋势:世界的终结与开始[M].詹雪,译.北京:东方出版社,2018.

[26] 周爱群,胡翼青.受众研究的理论与实践[M].南京:江苏人民出版社,2005.

[27] 郑超然,程曼丽,等.外国新闻传播史[M].北京:中国人民大学出版社,2010.

[28] 宋亮.都市报新闻学[M].北京:光明日报出版社,2010.

[29] 蔡雯.新闻编辑学:第2版[M].北京:中国人民大学出版社,2010.

[30] 许颖.媒介融合的轨迹[M].北京:中国人民大学出版社,2011.

[31] 喻国明,欧亚,张佰明,王斌.微博:一种新传播形态的考察影响力模型和社会性应用[M].北京:人民日报出版社,2011.

[32] 李沁.沉浸传播:第三媒介时代的传播范式[M].北京:清华大学出版社,2013.

[33] 陆高峰.微传播时代的媒体生态[M].北京:知识产权出版社,2015.

[34] 张志安.深度报道理论、实践与案例[M].北京:高等教育出版社,2015.

[35] 任锦鸾,刘丽华,李波,黄锐.媒体融合与创新[M].北京:中国广播电视出版社,2017.

[36] 谭天.融合与转型:重构中国电视[M].北京:中国广播电视出版社,2017.

[37] 付晓光.互联网思维下的媒体融合[M].北京:中国传媒大学出版社,2017.

[38] 彭兰.网络传播概论:第4版[M].北京:中国人民大学出版社,2017.

[39] 魏永征.新闻传播法教程[M].北京:中国人民大学出版社,2019.

[40] 习近平.论党的宣传思想工作[M].北京:中央文献出版社,2020.